AF533542

Vajrasattva

Heilung und Transformation im Tibetischen Tantra

Lama Thubten Yeshe

Vajrasattva

Heilung und Transformation im Tibetischen Tantra

Mit vollständigen Klausur-Anweisungen

Gesammelt, editiert und

mit Anmerkungen versehen von:

Nicholas Ribush

Diamant Verlag München

Titel der Originale: *The Tantric Path of Purification*
Erschienen bei *Wisdom Publications,* Boston

Bibliografische Information der Deutschen Bibliothek
Die Deutsche Bibliothek verzeichnet diese Publikation in der Deutschen Nationalbibliografie; detaillierte bibliografische Daten sind im Internet über http://dnb.ddb.de abrufbar.

ISBN 978-3-9805798-8-9

2. Auflage 2007

Übersetzung: Tom Geist
Lektorat: Claudia Wellnitz
Satz/Layout: Traudel Reiß
Druck, Buchbindung: Druckerei Steinmeier Nördlingen

Einband: Vajrasattva Yab/Yum von Rob Preece

Inhaltsangabe

Vorwort und Danksagung 8
Einführung 15

Teil 1 Der eigentliche Kommentar 19

1 Warum und wie wir reinigen 19
Die vier Gegenkräfte 24
Karma 27

2 Zuflucht nehmen 35
Zuflucht nehmen und Bodhicitta erzeugen 39
Visualisierung der Zufluchtsobjekte 49
Die drei Arten der Zufluchtnahme 51

3 Innere Zuflucht und Meditation über Leerheit 55
Shunyata verstehen 55
Erzeugen von Bodhicitta 64
Die Vasen-Meditation:
Die Atemübung in neun Runden 68

4 Die eigentliche Yoga-Methode 71
Die Ausgangsvisualisierung 71
Darbringung der Opfergaben an Heruka-Vajrasattva 78
Die Initiation 84
Opfergaben und Lobpreis an Heruka-Vajrasattva 88

5 Die Reinigung 91
Mantra-Rezitation 93

6 Die abschließenden Übungen 99
Widmung 103

Teil 2 Klausuranweisungen 105

7 Sich auf die Klausur vorbereiten 105
Qualifikation für eine Klausur 105
Der passende Ort für eine Klausur 106
Wann sollte die Klausur beginnen 109
Einige allgemeine Vorbereitungen 109
Was sollte man essen 111
Reinigen des Klausurortes 113
Der Meditationssitz 113
Die Gebetskette (Mala) 116
Der Altar 116

8 Die Klausursitzung 121
Der Tagesplan 121
Kurz vor der Sitzung 123
Der Anfang der Sitzung 124
Allgemeine Richtlinien für die Sitzungen 125
Die Sadhana 127
Mantra-Rezitation 127
Ende der Sitzung 130

9 Weitere Ratschläge zur Klausur 131
Zwischen den Sitzungen 131
Klausur im Allgemeinen 135
Gruppen-Klausur 141
Abschließende Bemerkungen 142

Teil 3 Vorträge 147

10 Es gibt nichts Negatives, was nicht völlig bereinigt werden könnte 147

11 Eine Initiation in Heruka-Vajrasattva 157

12 Ein kurzer Kommentar zur Sadhana von Vajrasattva 173
Die Sadhana 176
Fragen und Antworten 182
Klausur 186
Feuer-Puja 187

13 Vajrasattva-Praxis und Höchstes Yogatantra 189

14 Die Qualitäten von Vajrasattva sind schon jetzt in uns vorhanden ... 201

15 Handeln ist alles ... 211

Teil 4 Heruka-Vajrasattva Tsok ... 223

16 Was ist Tsok? ... 223

17 Heruka-Vajrasattva Tsok: Der erste Kommentar ... 227

18 Heruka-Vajrasattva Tsok: Der zweite Kommentar ... 243

Anhang ... 299

1 Die Yoga-Methode des glorreichen, erhabenen Heruka-Vajrasattva ... 300

2 Die Tsok-Opfergabe an Heruka-Vajrasattva ... 313

3 Übersetzung und Erklärung des Hundertsilbenmantras ... 332

4 Segnen der Shi-Dak-Torma ... 334

Anmerkungen ... 337

Glossar ... 347

Vorwort

Im April 1974 gab Lama Thubten Yeshe (1935-1984) erstmals im Kloster Kopan, Nepal, einer Gruppe von etwa fünfundzwanzig westlichen Schülerinnen und Schülern die Initiation und die Erklärungen zur Praxis von Heruka-Vajrasattva.

Einzelheiten aus der bemerkenswerten Lebensgeschichte Lama Yeshes finden sich u. a. in Vicki Mackenzies ausgezeichnetem Buch „Die Wiedergeburt" und im zweiten *Wisdom Magazine*, sowie den Einführungen, Vor- und Nachworten seiner bisher veröffentlichten Bücher (siehe Anhang dieses Buches). Adèle Hulse schreibt an einer offiziellen Biografie, die bei *Wisdom Publications* erscheinen soll.

Die vielleicht aussagekräftigsten Bemerkungen über Lama Yeshes außerordentliche Qualitäten dürften jedoch im Transkript eines Vortrags von Lama Yeshes Hauptschüler, Lama Zopa Rinpoche, mit dem Titel *The Kindness of the Guru*, sowie in verschiedenen weiteren Reden über Lama Yeshe nach seinem Tode im Jahre 1984 zu finden sein[1].

Lama Yeshe war nicht nur die Quintessenz eines Vajra-Meisters, sondern auch die inspirierende Kraft bei der Gründung der *Foundation of the Preservation of the Mahyana Tradition (FPMT, deutsch:* Gesellschaft zur Erhaltung der Mahayana-Tradition), einem weltweiten Netzwerk von teils städtischen, teils ländlichen buddhistischen Meditations- und Lehrzentren, Klöstern, Klausureinrichtungen, Gesundheitszentren und Verlagen.

Ich selbst begegnete Lama Yeshe erstmals im November 1972, als ich am dritten Kopan-Meditationskurs teilnahm, der für mich der erste war. Lama Zopa Rinpoche gab die Belehrungen, und die meisten der 50 Teilnehmer wussten gar nicht, dass es auch noch einen anderen Lama in Kopan gab. Nach etwa einer Woche Kursdauer fand jemand heraus, dass ich Arzt war, und ich wurde gebeten „Lama" zu besuchen, der eine Entzündung am Bein hatte. Man führte mich zum hinteren Teil des alten Hauses von Kopan (das heute leider abgerissen ist). Dort begrüßte mich ein bescheidener tibetischer Mönch mit einem strahlenden Lächeln und einem Dankeschön, obwohl ich noch gar nichts getan hatte. Er wusste, was mir noch verborgen war, nämlich, dass mein Leben begonnen hatte, sich vollkommen zu verändern. Als meine erste Penizillindosis überall im Zimmer herumspritzte, statt in Lamas Gesäßmuskel zu gelangen, lud er mich lächelnd ein: „Morgen probieren wir es noch einmal, mein Lieber." Auf diese Weise begegnete ich Lama ungefähr eine Woche lang täglich, was meine Dharma-Karriere zum Aufblühen brachte, während meine Karriere als Arzt sich langsam verflüchtigte. Achtzehn Monate später zogen die – mittlerweile berühmt gewordenen – Kopan-Kurse, die damals noch zweimal jährlich stattfanden, jedes Mal weit über zweihundert Teilnehmer an, meistens junge Menschen aus dem Westen, die Indien und Nepal bereisten. Zwanzig von uns waren mittlerweile – dem makellosen Vorbild unserer Lehrer folgend – Mönche und Nonnen geworden. Im Frühjahr 1974, direkt nach dem sechsten Kopan-Kurs und vielen Jahren Sutra-Belehrungen über den Stufenweg zur Erleuchtung, kam Lama zu der Überzeugung, dass wir für Tantra bereit seien. Er wählte die Reinigungspraxis von Heruka-Vajrasattva und stellte eine *Sadhana* aus dem Chakrasamvara-Tantra für uns zusammen. Dann gab er eine Reihe von fünf Belehrungen über die Sadhana und ausführliche Unterweisungen darüber, wie man eine Meditationsklausur durchführt.

Das vorliegende Buch enthält Lamas Kommentar zur Praxis von Vajrasattva, detaillierte Klausuranweisungen, die hauptsächlich auf diesen anfänglichen Belehrungen basieren, sechs Vorträge, die hauptsächlich der Vorbereitung auf Heruka-Vajrasattva-Initiationen in verschiedenen FPMT-Zentren auf der ganzen Welt dienten, sowie zwei Kommentare zum Heruka-Vajrasattva-Tsok, den Lama 1982 selbst verfasst hatte. In den Anhängen finden sich Sadhana und Tsok in Lautschrift, da das die Rezitation erleichtert, sowie auf Deutsch. Außerdem wird eine Methode zur Segnung der Opfergaben an die Geister des Ortes, die *shi-dak torma,* erklärt.

Es muss allerdings betont werden, was Lama in seiner Einführung auch selbst hervorhebt: dass man eine Einweihung ins Höchste Yogatantra und entsprechende Erklärungen von einem qualifizierten Lama erhalten haben sollte, wenn man die Praxis von Heruka-Vajrasattva üben will.

In diesem Sinne sollten die Leser auch zur Kenntnis nehmen, dass die in diesem Buch enthaltenen Lehren der mündlichen Überlieferung entstammen und sich an Praktizierende richten. Ausdrücke aus dem Sanskrit und dem Tibetischen werden daher auch nicht in wissenschaftlich korrekter Umschrift wiedergegeben, sondern in einer phonetischen Form, die der tatsächlichen Aussprache möglichst nahe kommt – daher auch keine diakritischen Zeichen.

Außerdem möchte ich noch hinzufügen, dass Lama Yeshe in diesen Lehren häufig von „Menschen aus dem Westen" spricht, was sich auf seine Zuhörer zu jener Zeit bezieht. Nicht-westliche Menschen sollten sich allerdings keinesfalls übergangen fühlen, denn Lamas Weisheit und Mitgefühl strahlten völlig unvoreingenommen in alle zehn Richtungen.

Lamas Kommentar aus dem Jahre 1974 wurde auf Tonband aufgenommen und von den Mönchen und Nonnen des *International Mahayana Institute* transkribiert, bevor sie sich im Sommer 1974 zu einer Klausur über Heruka-Vajrasattva zurückzogen. Ich selbst zog mich mit diesem Kommentar für mehr als vier Monate in die Charok-Höhle in Lawudo zurück, nicht weit von Lawudo Gompa, der Einsiedelei des Lawudo-Lama, dessen Reinkarnation Lama Zopa ist. Es war der Höhepunkt meines Lebens, und ich kann jedem raten, eine Klausur mit Hilfe von Lamas Kommentar durchzuführen. Dabei war es mir eine große Inspiration, zu wissen, dass etwa zehn Vajra-Brüder und -Schwestern über und unter mir auf dem Berg bei Lawudo die gleiche Praxis machten. Es war eine wunderbare Zeit.

Gleichzeitig nahmen etwa zwanzig Meditierende eine Gruppen-Klausur in Kopan in Angriff, und auch heute noch werden jedes Jahr dreimonatige Gruppen-Klausuren über Heruka-Vajrasattva im *Tushita-Klausur-Zentrum* oberhalb von Dharamsala, Indien, und im *Milarepa-Zentrum*, Vermont, USA, sowie gelegentlich in anderen Zentren des FPMT abgehalten.

Nach der Klausur arbeitete Lama mit dem Ehrw. Marcel Bertels und der Ehrw. Yeshe Khadro an der Verbesserung der ursprünglichen Sadhana und des Kommentars. Über zwanzig Jahre haben sich viele Teilnehmer von Vajrasattva-Klausuren auf Marcels ausgezeichnete Fassung des Kommentars gestützt, eine Tonbandabschrift, die sowohl im Kloster Kopan als auch bei *Wisdom Publications* viele Male nachgedruckt wurde. Sie bildet die Basis für Teil 1 und 2 dieses Buches.

Ich begann meine Arbeit am vorliegenden Buch nachdem Lama Yeshe mich 1981 zum Verlagsleiter von *Wisdom Publications* ernannt hatte. Im Anschluss an Lama Yeshes Belehrungen zu den Sechs Yogas von Naropa im *Istituto Lama Tsong Khapa* begaben sich im Frühjahr 1983 sieben von uns in der Nähe von Cecina, Italien, in eine „Herausgeber-Klausur", um einige andere Belehrungen Lamas zur Veröffentlichung vorzubereiten. Dort lernten wir, neben vielen anderen Dingen, dass Lama mit der englischen Sprache so einzigartig kreativ umging, wie Robin Brentano es taktvoll nannte, dass das Redigieren seiner Worte einer Übersetzung gleichkam. Die Herausforderung bei der Herausgabe von Lamas Belehrungen lag darin, einen Text auszuarbeiten, der den Sinn korrekt wiedergab, gleichzeitig aber grammatisch richtig war und dazu noch wie Lamas Sprache klang. Diejenigen unter uns, die sich mit dieser Herausforderung konfrontiert sahen, taten ihr Bestes!

Im April 1983 las ich Lama meinen ersten Entwurf des Hauptkommentars im *Tushita-Klausur-Center* vor, und er machte viele Verbesserungen, Zusätze und weitere Vorschläge. Ich hüte meine Tonbandaufnahmen dieser Begegnungen wie einen Schatz, was auch für alle meine Erinnerungen der anderen Male gilt, zu denen ich Zeit mit Lama verbringen durfte. Alle seine Vorschläge wurden in dieses Buch eingearbeitet.

Die späteren Belehrungen – Lamas Vorträge über Heruka-Vajrasattva und seine Kommentare zu dem von ihm verfassten Heruka-Vajrasattva-Tsok – bearbeitete ich 1993 in Kinglake, Victoria, Australien.

Lama Yeshe war ein großer Befürworter der Reinigungspraxis von Heruka-Vajrasattva. Einmal gab er seiner Hoffnung Ausdruck, dass alle seine Schülerinnen und Schüler sich die Zeit nehmen würden, um die Klausur wenigstens einmal vor ihrem Tode durchzuführen. Nachdem Lama verstorben war, hielten, ganz nach seinem Wunsch, Gruppen von Schülerinnen und Schülern zwölf Monate lang eine Rund-um-die-Uhr-Praxis von Heruka-Vajrasattva aufrecht – im Kloster Kopan, im *Ösel Ling Klausurzentrum*, Spanien, sowie über kürzere Zeiträume im Mahamudra-Zentrum, Neuseeland.

Aus seinem großen Mitgefühl heraus und aufgrund des etwas wackligen Karmas seiner Schüler kehrte Lama Yeshe am 12. Februar 1985 als Lama Ösel Rinpoche auf diese Welt zurück, und wir beten, dass der Tag kommen möge, an dem er wieder selbst die Praxis von Heruka-Vajrasattva lehrt und vielleicht alle Fehler, die sich in dieses Buch eingeschlichen haben, korrigieren kann.

Danksagung

„Vielen Dank, Rinpoche, dass Sie mein Leben verwandelt haben“, sagte ich zu Lama Zopa Rinpoche am Ende meines ersten Kopan-Meditationskurses (er lachte nur). Alle Mitglieder des FPMT danken Lama Zopa Rinpoche, unserem strahlenden Leuchtfeuer von Weisheit und Mitgefühl und lebendigem Vorbild erleuchteter Verwirklichung, zutiefst. Nach dem Tod von Lama Yeshe förderte Lama Zopa die Entwicklung des FPMT, so dass es nun mehr als hundertvierzig Zentren in vielen Ländern der Welt umfasst, während er gleichzeitig eine stetig wachsende Gemeinschaft internationaler Schülerinnen und Schüler zu leiten verstand - sowohl durch sein bemerkenswertes Verhalten als auch durch seine tiefgründigen Lehren.

Dieses Projekt profitierte, wie viele andere jetzt und in der Zukunft, von der außerordentlichen Arbeit, die Peter und Nicole Kedge und die Ehrw. Ailsa Cameron bei der Errichtung und Erhaltung des *Wisdom-Archivs* leisteten, in dem alle Belehrungen Lama Thubten Yeshes und Lama Thubten Zopas gesammelt werden. Diese Diamantmine in Form von Computerdisketten wird noch für lange Zeit Belehrungen zum Wohle aller Wesen liefern, und als die Herausgeber dieser Lehren sind wir äußerst dankbar für ihre sorgsame Arbeit.

Ohne aufzulisten, was sie an konkreter Hilfe geleistet haben - es ist sehr viel gewesen -, möchte ich ebenfalls dem Ehrw. Geshe Lama Lhundrup Rigsel, Direktor des Klosters Kopan, dem Ehrw. Marcel Bertels, der Ehrw. Yeshe Khadro, Martin Willson, der Ehrw. Connie Miller, T. Yeshe, der Ehrw. Sangye Khadro, der Ehrw. Thubten Pemo, der Ehrw. Thubten Wongmo, Ursula Bernis, der Ehrw. Ann Mc.Neill, dem Ehrw. Max Matthews, Jonathan Landaw, der Ehrw. Robina Courtin, dem Ehrw. Roger

Kunsang, Tim McNeill, Thubten Chödak, Piero Cerri, den Mitgliedern der Cecina Mare Herausgeber-Klausur, Mary Moffat, Cookie Claire Ritter, meiner Mutter Beatrice Ribush, Dorian und Allison Ribush, Wendy Cook, dem Ehrw. Geshe Tsulga (Tsultrim Chöpel), David Molk, dem Ehrw. George Churinoff und Vincent Montenegro danken. Dank geht ebenso an alle FPMT-Zentren, in denen die in diesem Buch enthaltenen Lehren erteilt wurden, und an die hingebungsvollen Schülerinnen und Schüler, die die Tonbandabschrift erstellten.

Nicholas Ribush

Einführung

Ein warnendes Wort an die Intellektuellen!

Bei einer Einweihung ruft der Guru die göttliche Energie des Universums an, die sich als göttliche, glückselige Weisheit in der Form der speziellen Gottheit - in diesem Fall Heruka-Vajrasattva - manifestiert. Diese Energie aktiviert eine Kraft im Nervensystem des Schülers, die großteils inaktiv ist, aber nun erwacht und zu schwingen beginnt. Wenn man die angemessene altruistische Geisteshaltung sowie ein Verständnis von Leerheit entwickelt und das Vajrasattva-Mantra rezitiert, kann man die vom Guru aktivierte Schwingung erhalten und sogar verstärken. Wenn man dann durch eine Periode stiller Meditation einen ruhigen, kontemplativen Geist hervorbringt, frei vom gewöhnlichen Fluss verschleiernder, unkontrollierter Gedanken, wird sich die eigene innere Weisheit ganz von selbst zeigen.

Ein Wort der Vorsicht jedoch an alle Intellektuellen. Das Lesen tantrischer Lehren allein, ohne die Kraft der entsprechenden Initiation, ist nichts als intellektueller Zeitvertreib. Nur durch korrekte Praxis unter Anleitung eines vollständig qualifizierten und erfahrenen Meisters kann man sich über den Intellekt, über gewöhnliche konzeptuelle Gedanken hinausentwickeln und die wahre Weisheit eines reinen, spontanen Wesens finden. Damit möchte ich nichts mystifizieren oder irgendjemanden ausschließen, sondern nur sagen, dass man sich selbst betrügt, wenn man denkt, man könne die Methoden des tantrischen Yoga durch Bücherlesen verstehen oder gar die entsprechenden Erfahrungen machen - man gleicht dann einem todkranken Menschen, der sich selbst mit denselben Methoden behandelt, die ihn überhaupt erst krank gemacht haben.

Die Yoga-Methode von Heruka-Vajrasattva sollte nur von denjenigen praktiziert werden, die die Initiation und den mündlichen Kommentar eines wirklich qualifizierten Vajrameisters erhalten haben. Der hier abgedruckte Kommentar ist potenziell von grenzenlosem Wert und sollte sorgfältig studiert werden, bevor man die in ihm beschriebenen Methoden selbst praktiziert; man muss jedoch auch die Einweihung und einen gewissen Grad an Erklärung vom eigenen Meister erhalten. Andernfalls wird die Praxis einem nicht die direkte Erfahrung vermitteln, nach der man sucht, sondern nur eine trockene, intellektuelle Übung bleiben, die relativ wenig hilfreich ist.

Der große tibetische Yogi Dharmavajra erklärte, die höchste Heruka-Vajrasattva-Initiation im Höchsten Yogatantra (*Maha-anuttara*) sei ein besonderes Merkmal der Gelug-Tradition des Tibetischen Buddhismus. Das Höchste Yogatantra enthält Methoden, die einen in nur einem Leben – oder wie im Falle Lama Tsong Khapas in nur drei kurzen Jahren – zur vollen Erleuchtung führen. Natürlich sind diese tiefgründigen Lehren niemals veröffentlicht worden, aber die Methoden existieren noch unverfälscht im Geist bestimmter Praktizierender. Diese esoterischen Lehren des Buddha können ausschließlich durch ungehinderte innere Kommunikation zwischen Vajraguru und Schüler übermittelt werden. Wenige Menschen wissen, dass sich noch derartig kraftvolle Methoden in den Lehren der Gelug-Schule finden lassen.

Eine ganze Tradition tibetischer Yogis hat die Yoga-Methode von Heruka-Vajrasattva zu einer lebendigen Erfahrung gemacht. Bevor man die Erzeugungs- oder die Vollendungsstufe des Höchsten Yogatantra aktualisieren kann, muss man sich selbst reinigen: Die Praxis von Heruka-Vajrasattva ist eine der kraftvollsten Methoden für diese Reinigung. Nachdem man die Einweihung erhalten hat, zieht man sich zu einer Klausur zurück, in der man einhunderttausend Hundertsilbenmantras von

Vajrasattva rezitiert. Dadurch kann man die beiden Stufen des Tantra wesentlich wirkungsvoller praktizieren. Hat man die alten verblendeten Gewohnheiten von Körper, Sprache und Geist nicht bereinigt, wird man keine Verwirklichungen erlangen, selbst wenn man enorme Anstrengungen in die Meditation über den Pfad zur Erleuchtung investiert, weil einem zu viele Hindernisse im Weg liegen.

Daher sollte man Reinigung und Lamrim-Meditation abwechselnd üben. Auch der Versuch einsgerichtete Meditation zu erlangen, wird ohne vorherige Reinigung nur zu Frustration, Hoffnungslosigkeit und Entmutigung über die mangelnden Fortschritte führen. Das geschieht, weil man die Hindernisse, die einem durch den eigenen gewohnheitsmäßig falsch wahrnehmenden Geist und seine Nebenprodukte - den verblendeten Körper und die verblendete Sprache - dauernd in den Weg geworfen werden, noch nicht erkannt oder noch nicht überwunden hat.

Einige fehlgeleitete Praktizierende versuchen Leerheit zu erfahren, indem sie einfach die Existenz sämtlicher Phänomene leugnen, besessen von der Vorstellung, Shunyata sei eine Art vages Nichts. Will man jedoch die rechte Sicht der Leerheit beispielsweise in Übereinstimmung mit den Madhayamaka oder Zen-Schulen der buddhistischen Philosophie gewinnen, muss man sowohl Weisheit als auch Methode praktizieren. Viele Menschen haben großes Interesse an der Weisheit, interessieren sich aber nicht im Geringsten für die Methode. Sie gleichen einem Vogel, der mit gebrochenem Flügel zu fliegen versucht.

Wann immer man in seiner Praxis Unterbrechungen und Hindernissen begegnet, sollte man sich nicht entmutigen oder deprimieren lassen. Man muss einfach erkennen, dass man Reinigung braucht und dass man sich eine Weile mehr auf die Methode als auf die Weisheit konzentrieren muss. Im Laufe der Zeit wird man dann die Verwirklichungen gewinnen, die man sich wünscht.

Teil 1

Der eigentliche Kommentar

1 *Warum und wie wir reinigen*

Diese Unterweisungen sind Ergebnis eurer Bitten. Ich habe nicht etwa gesagt: „Ich möchte euch unterweisen, kommt her und hört mir zu!“ Im Verlauf eurer Studien des Stufenwegs zur Erleuchtung habt ihr verstanden, wie machtvoll euer Geist ist und wie er folgenreiche positive und negative Handlungen erzeugt. In diesem Bewusstsein habt ihr euer Leben betrachtet und das Wesen der Handlungen eures Körpers, eurer Sprache und eures Geistes erkannt. Aus diesem Weisheitswissen heraus habt ihr nun diese Unterweisung erbeten, um euch von den negativen Kräften in euch reinigen zu können.

Auch die Art und Weise, wie ihr um die Lehren gebeten habt, ist ausgezeichnet. Da eure Bitte auf dem Verständnis der Eigenschaften des negativen Geistes basiert, ist sie weder ignorant noch emotional. Da ihr vom Glück begünstigt, intelligent und weise genug seid, diese machtvolle Yoga-Methode praktizieren und so eure negativen Energiekräfte vollständig vernichten zu können, halte ich es für außerordentlich nützlich, euch diese Lehre zu erteilen.

Zuerst einmal seid ihr schon deshalb sehr begünstigt, weil ihr erkennt, dass sich die aus dem unwissenden Geist entstehenden negativen Handlungen überwinden lassen. Denkt daran, wie wenig die meisten Menschen darüber wissen, wie ihre Handlungen entstehen; ebenso wenig kennen sie den Unterschied zwischen positiven und negativen Handlungen und ihren jeweiligen Ergebnissen, Glück und Leiden. Ihr wisst dies alles – darum seid ihr so glücklich zu schätzen. Selbst wenn Menschen diese Zusammenhänge entdecken, ist es noch sehr schwer für sie zu erkennen, wie sie sich vollständig vom Kreislauf aus Ursache und Wirkung, an den sie gebunden sind, befreien können. Das ist alles andere als einfach, und es braucht sehr viel Zeit. Ihr seid glücklich zu schätzen, weil ihr erkannt habt, dass ihr euch reinigen könnt.

Darüber hinaus habt ihr das große Glück, dass eure Weisheit die tiefgründigen Methoden des tantrischen Yoga begreifen kann. Auch das ist sehr schwer zu erreichen. Wie schwer? Nun, wenn westliche Menschen dem Dharma anfänglich begegnen, dann verstehen sie nicht einmal den Sinn von Niederwerfungen: „Warum sollte ich mich niederwerfen? Nein, tut mir leid, das ist nichts für mich." Dabei sind Niederwerfungen so einfach, so leicht zu verstehen! Die Methoden des tantrischen Yoga sind außerordentlich tiefgründig. Es lohnt sich wirklich, diese wirkungsvollen Reinigungspraktiken zu üben.

Lasst es mich noch einmal anders ausdrücken. Wenn wir über den Lamrim – den Pfad zur Befreiung und zu erleuchteten Verwirklichungen – meditieren, stoßen wir auf viele Hindernisse. Wir begreifen nicht, warum es so schwierig ist zu meditieren, unseren Geist zu kontrollieren und Erkenntnisse zu gewinnen. „Warum treffe ich immer wieder auf so viele Hindernisse, sobald ich versuche, etwas Positives zu tun? Im Vergleich dazu war das weltliche Leben viel einfacher. Selbst eine Stunde Meditation ist schon so schwierig." Viele derartige Gedanken und Fragen entstehen. Das liegt nicht nur an einem Mangel an Weisheit, sondern daran, dass sich die negativen Kräfte unseres Körpers, unserer Sprache und unseres Geistes über zahllose Leben hinweg angesammelt haben – sie füllen uns aus wie ein gigantischer Ozean. Würden sie physische Gestalt annehmen, dann würden sie den gesamten Raum füllen. Im Gegensatz dazu ist unser winziges bisschen intellektuelles Weisheitswissen schwach wie das Licht einer kleinen flackernden Kerze. In einer dunklen, windigen Nacht hilft eine kleine Kerze nicht viel weiter.

Unser winziges kerzengleiches Weisheitswissen kann uns nicht vor der überwältigenden Kraft unseres negativen Geistes schützen oder gar von ihr befreien. Es ist die Energie unserer falschen Vorstellungen, unser negativer Geist, der es uns so schwer macht, den für immer friedvollen Pfad der Befreiung zu aktualisieren und Verwirklichungen zu erlangen. Aus diesem Grund brauchen wir eine machtvolle Reinigungspraxis wie die tantrische Yoga-Methode von Heruka-Vajrasattva, um sowohl die Energiekräfte des unwissenden Geistes, als auch die aus ihm entstehenden negativen Handlungen von Körper und Sprache auszumerzen.

Die Yoga-Methode von Heruka-Vajrasattva hat die Kraft, alle negative Energie zu reinigen und damit das zu beseitigen, was uns hauptsächlich hindert, den Pfad zu verwirklichen. Diese unreine Energie schafft nämlich sowohl körperliche als auch geistige Hindernisse und hinterlässt so genannte „Eindrücke", die aus philosophischer Sicht weder Geist noch Materie sind. Wenn es euch interessiert, könnt ihr ein andermal untersuchen, um welche Art Phänomen es sich dabei handelt. Ich komme hier auch nur deshalb auf sie zu sprechen, weil sich das, was ich hier mit „Unheilsamem" meine, durchaus von dem unterscheiden könnte, was ihr bisher darunter verstanden habt. Die meisten westlichen Menschen glauben, der Begriff „Unheilsames" beziehe sich nur auf die offensichtliche Ebene der Emotionen. Dabei umfasst er noch sehr viel tiefere Dinge.

Betrachtet zum Beispiel den physischen Körper. Wenn Menschen zum ersten Mal zu einem Meditationskurs kommen, bereitet ihnen bereits das Sitzen die größten Schwierigkeiten. Irgendetwas in ihrem Nervensystem zieht ihre Energie nach unten, ans untere Ende der Wirbelsäule. Wir empfehlen hier die klassische Meditationshaltung mit gekreuzten Beinen und geradem Rücken, weil dabei die feinstoffliche Energie angemessen fließt und es dadurch viel leichter für euch wird, euren Geist zu kontrollieren. Diese Veränderung in eurem Nervensystem vermittelt euch jedoch das Gefühl, als würde all eure Energie vom Scheitelchakra ins untere Chakra herabfallen. Das erschreckt manche Leute derartig, dass sie fast verrückt werden. Neue Schülerinnen und Schüler haben aber nicht nur mit dem Sitzen Schwierigkeiten, gleichzeitig müssen sie ihren Geist darauf konzentrieren, über lange Zeitspannen hin völlig neue Ideen aufzunehmen, was auch sehr unruhig machen kann. Aufgrund dieser körperlichen und geistigen Probleme fragen sie sich: „Warum um alles in der Welt sitze ich bloß hier?"

Der Druck im unteren Chakra wird durch negative physische Energie verursacht, die wiederum vom negativen Geist kommt. Im Mahayana-Buddhismus legen wir nicht so viel Wert auf die physischen Reaktionen, sondern konzentrieren uns auf die Wurzel aller Probleme – den unwissenden, negativen Geist.

Einsichtsmeditation über den Stufenweg ist zwar der eigentliche Weg zur Befreiung, doch wenn ihr das Gefühl habt, nicht richtig meditieren zu können – zu viele Unterbrechungen, ein Gefühl von Machtlosigkeit, die Unfähigkeit, die eigenen Probleme zu lösen –, solltet ihr euch erinnern, dass es etwas Praktisches zu tun gibt, um die Hindernisse zu beseitigen: Reinigung. Der Erfahrung tibetischer Lamas zufolge sollten wir Sitzungen der Einsichtsmeditation über den Pfad und Sitzungen mit einer kraftvollen Reinigungspraxis – wie der von Heruka-Vajrasattva – abwechselnd praktizieren. Ein derartig kombiniertes Vorgehen sorgt dafür, dass ihr die ersehnten Verwirklichungen ohne Frustration erreicht.

Aber hegt auch wieder keine unrealistischen Erwartungen: „Heute bin ich vollständig negativ, heute Nacht meditiere ich und morgen werde ich dann vollständig rein sein." Ihr könnt euch nicht über Nacht reinigen. Solche Erwartungen sind nicht nur falsch, sie werden selbst zu Hindernissen. Besonders wenn ihr in eine Klausur geht, solltet ihr nichts erwarten – entspannt euch einfach. Ihr braucht nur den festen Entschluss, in diesem

Leben so positiv wie möglich zu handeln. Wenn ihr das tut, werden sich gute Ergebnisse einstellen, ob ihr sie nun erwartet oder nicht. Ihr müsst dann euren Lama nicht um Voraussagen bitten: „Wenn ich meinen Körper, meine Sprache und meinen Geist unter Kontrolle halte, alles Negative meide und nur Gutes tue, werden sich dann positive Ergebnisse einstellen?“ Viele Schülerinnen und Schüler tun das. Warum? Weil sie Karma nicht verstehen. Warum musst du noch so eine Frage stellen, wenn du immer weise handelst und dein Handeln positiv ist?

Denke einfach: „Von jetzt bis zu meinem Tod werde ich so positiv wie möglich handeln, ob ich Verwirklichungen erlange oder nicht; stets will ich versuchen, mein Leben möglichst hilfreich für mich und andere zu machen.“ Was kann man sonst noch erwarten? Diese Art der Erwartung ist wesentlich vernünftiger und logischer als zu denken: „Wenn ich einen Monat meditiere, werde ich Heruka-Vajrasattva.“ Solche Erwartungen bringen euch nur durcheinander.

Obwohl ihr euer ganzes Leben über negative Handlungen angesammelt haben mögt, wird ein positiver Geist zur Zeit des Todes garantieren, dass ihr nicht in den niederen Bereichen wiedergeboren werdet. Diese innere Garantie erhaltet ihr, wenn ihr alles Negative bereinigt. Es ist nicht wie bei gewöhnlichen Garantien: Dieser könnt ihr vollkommen vertrauen. In der Welt verändern sich die Dinge laufend. Weltlichen Garantie-Urkunden kann man niemals vertrauen. Aber die innere Garantie positiven Karmas stellt sicher, dass ihr zum Todeszeitpunkt fähig seid, euren Geist zu kontrollieren, und nicht unter den Einfluss negativer Geisteszustände wie Gier und Hass geratet.

Will man höhere Verwirklichungen erreichen, ist es unerlässlich, die überaus wirksamen Reinigungspraktiken des Vajrayana-Pfades zu üben. Viele Lamas haben bestätigt, dass Reinigung sowohl die Hindernisse der negativen Energie als auch die ihrer Eindrücke zu überwinden vermag.

Während andere Vajrasattva-Praktiken eher die physische Reinigung betonen, ist die Methode von Heruka-Vajrasattva besonders auf die Reinigung des Geistes zugeschnitten. Das macht sie so besonders machtvoll.

Die vier Gegenkräfte

Die Sadhana von Heruka-Vajrasattva gliedert sich in drei Teile: Zufluchtnahme, Erzeugen von Bodhicitta und die eigentliche Yoga-Methode. Warum sind die Zufluchtnahme und das Erzeugen von Bodhicitta Teil der Reinigungspraxis? Weil negative Handlungen gewöhnlich in Bezug zu heiligen Objekten wie den Objekten der Zuflucht oder zu anderen fühlenden Wesen begangen werden.

Ihr könnt selbst sehen, dass das zutrifft. Überprüft es. Die meisten eurer Probleme kommen von euren Mitmenschen, nicht von Ziegelsteinen, Felsen oder Bäumen. Die meisten Probleme bestehen zwischen Leuten, die sich nahe stehen – je enger die Beziehung, desto mehr geistige Komplikationen. Wenn man sich zum Beispiel von Teer fernhält, bleibt man sauber; fasst man den Teer dagegen an, dann ist man bald völlig verschmiert und wird den Dreck nur mit großer Mühe wieder los. Auf die gleiche Weise kann Nähe zu anderen Menschen zu klebrigen Situationen führen.

Anhand einiger Beispiele häufig auftretender unheilsamer Handlungen werden wir diesen Punkt näher erklären. Wir selbst, das Subjekt der Handlung, agieren unter dem Einfluss unseres negativen Geistes, aber gewöhnlich brauchen wir ein Objekt, auf das sich die Handlung bezieht. Das Töten setzt zum Beispiel voraus, dass es ein anderes fühlendes Wesen gibt, dem wir das Leben nehmen. Wenn wir stehlen, muss es einen Eigentümer des Diebesguts geben. Wenn wir lügen, dann muss es jemanden geben, den wir anlügen. Unser unwissender, unzufriedener, gieriger, selbstsüchtiger Geist ist natürlich immer mit im Spiel, aber es müssen auch andere Wesen da sein. Unheilsames wird also immer in Abhängigkeit von anderen geschaffen. Dies negative

Karma reinigen wir durch das Erzeugen von Bodhicitta. Auch im Zusammenhang mit heiligen Objekten sammeln wir negatives Karma an. Aus einem negativen Geisteszustand heraus kritisieren wir vielleicht einen Buddha, machen einen Bodhisattva schlecht, behandeln Texte oder Statuen inkorrekt oder klagen über Mönche und Nonnen. Es gibt zahllose Arten und Weisen, derartig negatives Karma zu schaffen. Das wiederum reinigen wir durch die Zufluchtnahme zu Buddha, Dharma und Sangha.

Um Bodhicitta erzeugen zu können, müssen wir unerträglich großes Mitgefühl für alle fühlenden Wesen empfinden, gleichgültig, welcher Art, Rasse, Nationalität oder philosophischer beziehungsweise religiöser Überzeugung sie angehören. Zugleich müssen wir den starken enthusiastischen Willen haben, sie alle zur vollkommenen Erleuchtung zu führen und die Verantwortung dafür ganz auf uns nehmen. Diese Haltung allein befreit uns von viel Negativem.

Ein Beispiel: Ihr habt eine sehr starke, aber unkontrollierte karmische Beziehung zu euren Eltern. Obwohl sie euch große Güte erwiesen haben, habt ihr ihnen viel Leiden beschert. Ihr könnt die Verbindung mit euren Eltern nicht einfach abschneiden, indem ihr sagt, dass ihr jetzt die Nase endgültig voll habt von ihnen, und dann davonrennen, um in den Bergen zu leben. Die einfache physische Trennung reicht nicht aus. Um das Karma mit euren Eltern zu tilgen, müsst ihr es reinigen, indem ihr großes Mitgefühl für sie empfindet und in Gedanken an sie Bodhicitta erzeugt. Gleichermaßen kann man sein Karma mit anderen nicht intellektuell lösen, indem man einfach sagt, man habe die Beziehung nun beendet und wolle sie nie wieder sehen. Diese Bindungen müssen durch Reinigung gelöst werden.

Der beste Weg, Unheilsames zu bereinigen, ist die Anwendung der vier Gegenkräfte. Die erste dieser Kräfte ist die *Kraft des Objekts*, was bedeutet, dass man Zuflucht nimmt und Bodhicitta erzeugt. In der Praxis, die ich hier erkläre, ist das Zufluchtsobjekt Heruka-Vajrasattva, das eins ist mit den Drei Juwelen der Zuflucht: Buddha, Dharma und Sangha. Wir können auch sagen, dass es eins ist mit dem Guru - dem absoluten Guru -, aber das werde ich später noch näher erklären. Seine göttliche Weisheit versteht das Wesen der positiven wie auch der negativen Energiekräfte. Er wird euer Befreier, und ihr nehmt Zuflucht zu ihm.

Die zweite Kraft ist die *Kraft der Entlassung*. Manchmal wird sie auch „Kraft des Bedauerns" genannt, aber das kann leicht missverstanden werden. Diese Kraft entsteht nämlich aus Weisheit und hat nichts mit irgendeiner Art emotionalem Kummer oder mit Schuldgefühlen zu tun - solche Gefühle verstärken unsere Probleme nur noch, da wir durch sie noch mehr negative Neigungen ansammeln. Stellt euch einen Menschen vor, der gerade Gift geschluckt hat: Er will sofort das Gegenmittel nehmen. Die Kraft der Entlassung ist die Weisheit, welche die negativen Folgeerscheinungen unheilsamer Handlungen so gut versteht, dass ihr die Handlung bereits in dem Augenblick reinigen wollt, in dem ihr sie begeht.

Die dritte ist die *Kraft des Gegenmittels*. Mit dieser Kraft wirkt ihr tatsächlich der Gewalt des von euch angehäuften Negativen entgegen. Mit einsgerichteter Konzentration auf Heruka-Vajrasattva - die Manifestation glückseliger, transzendenter, göttlicher Weisheit, die eins ist mit eurem Guru - übt ihr die Yoga-Methode und rezitiert das Reinigungsmantra. Diese Praxis ist das Gegenmittel.

Ich bin nicht sicher, ob die Bezeichnung für die vierte Kraft präzise in eine westliche Sprache übersetzt werden kann. Man könnte sie *„Kraft der unzerstörbaren Entschlossenheit"* nennen: Man fasst den festen Entschluss, nie, nie, niemals wieder unter den Einfluss der eigenen verblendeten Gewohnheiten zu geraten. Es handelt sich dabei nicht so sehr um ein Gelöbnis, ein Versprechen oder eine Entscheidung. Zusätzlich zur Kraft des Gegenmittels besitzt man diese unerschütterliche Entschlossenheit, niemals wieder negativ zu handeln. Das hat eine gewisse Vollständigkeit. Es ist eine unerschütterliche und starke Haltung, die aus Weisheit entsteht. In euch ist eine subtile Energie, die euch vor dem moralischen Niedergang bewahrt. Es geht hier um weit mehr als um eine bloß vom Verstand motivierte Entscheidung: Es ist eine Kraft, die den alten Gewohnheiten völlig widerspricht, eine Erkenntnis, die euch instinktiv schützt. Natürlich entwickelt sich diese Kraft schrittweise, ist sie jedoch voll entwickelt, bietet sie euch vollkommenen Schutz.

Wenn ihr zum Beispiel die acht Mahayana-Gelübde für einen Tag ablegt, fasst ihr während der frühmorgendlichen Ordination den festen Entschluss, die Gelübde rein einzuhalten. Von diesem Augenblick an müsst ihr vollkommenes Gewahrsein üben und den ganzen Tag über aufrechterhalten. Entschlossenheit, die Gelübde nur zur Zeit der Zeremonie einzuhalten, ist nicht genug; sie muss in jeder Minute und während des ganzen Zeitraums der Verpflichtung aufrechterhalten werden. Andernfalls würdet ihr in eure alten samsarischen Gewohnheitsmuster zurückfallen, sobald die Zeremonie vorbei ist - beinahe unmerklich, völlig ohne Bewusstsein dafür, was ihr tut.

Gelübde werden nicht durch plötzliche geistige Aktivitäten gebrochen. Die Motivation für eine Handlung, durch die man ein Gelübde bricht, entwickelt sich allmählich im Geist. Ihr blickt auf eine lange Geschichte ähnlicher unkontrollierter Energiemuster zurück. Wenn daher die Entschlossenheit, die ihr am frühen Morgen entwickelt, mit einem außerordentlichen, kontinuierlichen Gewahrsein einhergeht, dann gibt es keine Möglichkeit, die Gelübde zu brechen. In euch ist dann diese sehr subtile, gesammelte Energie, die euch völlig vor verblendetem Handeln schützt.

Karma

Das gleiche gilt im Zusammenhang mit dem Gesetz von Karma. Wenn wir Zuflucht nehmen, besteht unsere Hauptverpflichtung darin, unser Karma in Ordnung zu halten und verblendete, negative Handlungen zu meiden. Aber häufig gelingt es uns nicht - obwohl wir intellektuell durchaus verstehen, dass wir endlos an den Kreislauf von Leiden und Konflikten gebunden bleiben, wenn wir weiterhin diese oder jene Handlungen begehen. Es gelingt nicht, weil uns ein tiefes, inneres Verständnis der Natur von Karma fehlt. Menschen, die über dieses tiefe Verständnis verfügen, begehen niemals mit der gleichen sorglosen Unbekümmertheit negative Handlungen, wie wir es tun. Obwohl wir genau wissen, dass etwas, was wir tun wollen, ganz und gar negativ ist, tun wir es unbekümmert trotzdem, sobald unser Handeln unter den Einfluss von Anhaftung oder Selbstsucht gerät.

Ich kenne westliche Menschen recht gut. Sie sind intelligent, aber ihr Geist ist gespalten. Einerseits möchten sie vollkommene Weisheit besitzen und ihr Karma in Ordnung halten. Andererseits jedoch sind sie getrieben von der Macht ihrer schlechten Gewohnheiten, was sie daran hindert, ihr Karma im Zaum zu halten. Das beschert ihnen viel Leid. Es bringt sie sogar zum Weinen! Diese Menschen sind sehr empfindlich. In schwierigen Lebensumständen überwältigt die negative Energie die positive, weil sie niemals die Kraft guter Gewohnheiten aufgebaut haben und weil ihnen ein tiefes, inneres Verständnis der Natur von Karma - Ursache und Wirkung - fehlt.

Einige Leute mögen sagen: „Ach, Karma erfahren doch bloß die, die daran glauben. Wer nicht an Karma glaubt, für den gibt es auch seine Wirkung nicht.“ Viele Menschen aus dem Westen haben mir gegenüber so argumentiert. Das ist eine völlig falsche Vorstellung. Das Gesetz von Karma wirkt, ob man nun daran glaubt oder nicht. Wenn ihr auf eine bestimmte Art und Weise handelt, könnt ihr sicher sein, dass sich das entsprechende Ergebnis einstellt, es ist genauso sicher wie die Tatsache, dass die Einnahme von Gift krank macht- auch wenn ihr glaubt, ihr hättet Medizin geschluckt. Habt ihr das Karma geschaffen, das ein bestimmtes Ergebnis nach sich zieht, seid ihr genau dahin unterwegs.

Kühe, Schweine und Skorpione haben keinerlei Vorstellung davon, was Karma ist oder nicht ist - sie glauben weder das eine noch das andere - aber trotzdem müssen sie ihr Karma durchleben. Jede ihrer Handlungen ist motiviert von Gier, Hass oder Unwissenheit, und jede zeitigt wiederum unausweichlich ihr jeweiliges Ergebnis. Ihr dürft also niemals glauben, dass karmische Aktionen und Reaktionen eine buddhistische Angelegenheit, eine Angelegenheit der Lamas ist. Karma ist ein wissenschaftliches Gesetz, das alle physischen und nicht-physischen Dinge im Universum regiert. Das müsst ihr unter allen Umständen verstehen.

Wenn ich Karma lehre, gebe ich gewöhnlich nicht die technischen Erklärungen, wie man sie in den tibetischen Schriften findet. Ich sage den Schülerinnen und Schülern einfach, sie sollen sich anschauen, wie ihr Geist im Augenblick funktioniert. Sie können sehr leicht erkennen, wie es in ihrem Geist ständig auf und ab geht, besonders während eines Meditationskurses. Sind sie sich dieses Problems erst einmal bewusst, können sie leicht verstehen, wie sich dieser Zustand aus früheren Erfahrungen ergibt und dass genau das Karma ist. Es wird ihnen klar, ohne dass ich eine neue technische Terminologie einführen müsste. Ganz einfach gesagt sind der unkontrollierte Körper, die unkontrollierte Sprache und der unkontrollierte Geist Manifestationen des Karma.

Daher stehen wir alle unter dem Einfluss des wahren Gesetzes von Karma, ob wir daran glauben oder nicht. Glaubt nur nicht, dass die Anhänger des Christentums, des Judentums oder des Islam jenseits der Reichweite des Karma stünden und sich nicht darum zu kümmern bräuchten. Das ist nicht wahr. Juden und Araber zum Beispiel haben gemeinsames Karma geschaffen, und nun gibt es alle möglichen Probleme im Mittleren Osten. Metzger glauben nicht, dass das Schlachten von Tieren irgendwelche negativen Auswirkungen haben wird, aber die Tatsache, dass sie so vielen Lebewesen solches Leid zugefügt haben, wird definitiv auf sie zurückfallen, ob sie es nun glauben oder nicht.

Wenn ihr zum Beispiel zum ersten Mal nach Kathmandu kommt, amüsiert ihr euch und findet es recht gemütlich. Wenn ihr dann zum Kopan-Kloster hochkommt, fühlt ihr euch irritiert.

Ihr empfindet es hier als sehr schmutzig und es stört euch, dass es keine vernünftigen Toiletten gibt[2]. Eure jetzige Aufregung ist das Ergebnis eurer vorherigen Anhaftung an Komfort. Auch das ist Karma. Würdet ihr nicht an euren vergangenen Erfahrungen von Bequemlichkeit haften, würdet ihr euch um eure Umgebung nicht so viele Sorgen machen. Auf diese Weise könnt ihr ein klares Verständnis karmischer Aktion und Reaktion erlangen, nur indem ihr eure Alltagserfahrungen analysiert.

Ich halte diesen Weg, Achtsamkeit unserem Handeln gegenüber zu erlangen, für viel besser und wirksamer als den brennenden Wunsch vieler westlicher Menschen, einsgerichtete Konzentration (*samadhi*) und Einsichtsmeditation (*vipassana*) zu entwickeln. Denn dann könnte man glauben, Sitzpraxis sei die einzige Form, Dharma zu praktizieren, und alle anderen Aktivitäten wie essen, reden und schlafen seien völlig samsarisch und negativ. Wenn man glaubt, diese Dinge seien negativ, werden sie negativ.

Damit will ich sagen, dass es viele Arten der Meditation gibt. Vipassana ist nicht die einzige Art. Einsicht lässt sich durch Meditation über jedes beliebige Phänomen im Universum erreichen. Außerdem muss man nicht mit gekreuzten Beinen sitzen, um zu meditieren: Tagein, tagaus über euer Karma zu wachen ist ebenso Meditation, und es kann ein wirkungsvoller Weg zur Entwicklung von Einsicht sein. Auf diese Weise könnt ihr euer ganzes Leben nützen, um euch der Weisheit der Egolosigkeit zu nähern.

Wenn ihr das Wesen von Karma versteht, seid ihr euch dauernd bewusst, was ihr tut. Wohin ihr auch geht, ihr könnt nie mehr vor der Meditation flüchten. Ihr wisst: Wenn ihr nicht sorgsam auf die Handlungen eures Körpers, eurer Sprache und eures Geistes achtet, werdet ihr eine unheilsame Handlung nach der anderen begehen und das daraus resultierende Leiden an Verwirrung und Unzufriedenheit erfahren. Diese Einsicht lässt euch die ganze Zeit über achtsam sein: im Umgang mit anderen, beim Essen im Restaurant, beim Einkaufen im Supermarkt oder bei eurer Arbeit.

Unser dualistischer Geist beurteilt die gewöhnlichen Alltags-Aktivitäten üblicherweise als samsarisch, unbefriedigend, leidvoll und unerwünscht –als unbrauchbare Objekte für die Einsichtsmeditation. Das ist eine grobe Fehleinschätzung. Wenn Körperempfindungen zur Entwicklung von Einsicht benutzt werden können, so gilt das dem Mahayana-Buddhismus zufolge auch für jede andere Form der Sinneswahrnehmung, wie etwa den Geschmack einer Speise auf der Zunge.

Manche Leute sagen, Visualisierungen seien ungeeignet für die Einsichtsmeditation, weil es sich bei ihnen um geistige Projektionen handele. Als ob der Atem oder die Körperempfindungen realer wären! Empfindungen und Gefühle sind ebenso illusorisch wie Visualisierungen des Buddha. Körperempfindungen sind nicht dauerhaft. Sie ändern sich von Augenblick zu Augenblick, weil der relative Geist sich dauernd verändert. Empfindungen von Körper und Geist – ganz besonders die vom negativen Geist verursachten – sind Projektionen der Unwissenheit. Euer dualistischer Geist projiziert automatisch eine dualistische Sichtweise auf alles, was ihr erlebt.

Gewöhnliche Menschen, die beginnen, das zu üben, was sie für Vipassana-Meditation halten, glauben, die Welt der Körperempfindungen sei real. Aber egal, ob sie nun ein inneres oder äußeres Objekt zur Meditation benutzen, stets existiert es nur in ihrer Vorstellung und in der Sichtweise ihres relativen Geistes. Grundsätzlich gibt es keinen Unterschied zwischen inneren und äußeren Phänomenen: Entweder sind beide wirklich oder beide sind Halluzinationen. Bis ihr Nicht-Dualität – Shunyata – verwirklicht habt, ist alles, was ihr erfahrt, sei es körperlich oder geistig, eine halluzinatorische falsche Sicht.

Tatsächlich ist der Geschmack von Essen auf der Zunge ebenfalls eine Körperempfindung. Ihn nicht dafür zu halten ist eine falsche Vorstellung. In der Mahayana-Tradition gibt es Meditationspraktiken für jede Art von Handlung. Das tantrische Yoga lehrt uns, das Essen zuerst darzubringen und zu segnen. Während des Essens sollten wir uns entspannen und uns bewusst sein, was wir tun; stets sollten wir unserer eigenen abhängigen Natur und der des Essens eingedenk sein und nicht – wie sonst meistens – am sinnlichen Genuss des Essens haften. Jedes Objekt kann zur Entwicklung von Einsicht genutzt werden.

Auch die Mantra-Rezitation kann eine große Hilfe bei der Übung der Einsichtsmeditation sein. Sie bringt den Geist zu einsgerichteter Konzentration und wirkt so Zerstreuung und anderen Ablenkungen entgegen. Die Rezitation muss jedoch nicht verbal erfolgen. Mantra ist Klang, der schon vor eurer Geburt in eurem Nervensystem existierte, und wenn ihr weise zu lauschen versteht, ist er hörbar. Es ist nicht etwa so, dass ihr das Mantra plötzlich von einem Lama bekommt. Ohne die natürliche Klang-Vibration in eurem Nervensystem wärt ihr taub – jede Energieform hat ihren eigenen natürlichen Klang. Das ist kein religiöses Dogma, es kann auch wissenschaftlich nachgewiesen werden. Der natürliche Klang eures Nervensystems lässt sich nicht abschalten. Genauso gut könntet ihr versuchen, euren Kopf abzuschalten!

Wie dem auch sei, die Erfahrung zahlloser Lamas sagt, dass die instabilen, flüchtigen Objekte der fünf Sinne für die Entwicklung einsgerichteter Meditation eher Hindernis als Hilfe sind. Solange ihr fortfahrt, die Dinge mit eurem relativen Geist wahrzunehmen, und nach den Objekten der fünf Sinne greift, werdet ihr nicht in der Lage sein, einsgerichtete Konzentration zu erreichen. Ihr macht dann weder Samadhi- noch Vipassana-Meditation. Untersucht selbst, ob es sich so verhält oder nicht.

Auf diese Weise könnt ihr verstehen, wie lächerlich es ist anzunehmen, sitzen und versuchen, Samadhi zu erlangen, sei die einzige Art Dharma zu praktizieren und alles, was mit dem Leben in der gewöhnlichen Welt zusammenhängt, sei total negativ. Ihr solltet euch dauernd mit verständiger Weisheit um jeden Aspekt eures Lebens kümmern – aufwachen, arbeiten, essen, schlafen. Ob ihr nun mit eurem Guru, der Sangha oder euren Eltern zusammen seid oder ganz allein, ihr müsst euch um euer Karma kümmern, so gut ihr könnt. Es ist ziemlich absurd zu glauben, ihr könntet das Karma überlisten, indem ihr euch in euer Zimmer einschließt und denkt, solange ihr nur allein seid, könntet ihr tun, was immer euch gefällt. Es gibt kein Entkommen! Ob ihr mit anderen zusammen seid oder nicht, karmische Reaktionen stellen sich automatisch ein.

Würden wir euch lehren, sitzen und an nichts denken sei die einzige Art zu meditieren, würdet ihr keine Zeit zum Üben finden. Karma führt dazu, dass die meisten westlichen Menschen ihr Leben entweder mit Arbeit oder anderen nach außen gerichteten Aktivitäten verbringen müssen. Da ihr keine Zeit zum Sitzen finden konntet, denkt ihr dann, eure Dharma-Praxis gehöre der Vergangenheit an. Meditation ist aber keine geistlose Nabelschau. Wenn ihr die Grundlagen des Dharma versteht, seht ihr, wie viel es für euch zu tun gibt und wie viel ihr tatsächlich tun könnt. Das verleiht euch ein dauerhaftes Interesse, eure Praxis aufrechtzuerhalten, und selbst wenn ihr nicht in der Lage seid, euch zu konzentrieren, so wisst ihr, dass sich Dharma trotzdem praktizieren lässt. Wohin ihr auch geht, ob ihr mit anderen Praktizierenden zusammen seid oder mit weltlichen Menschen, ihr wisst, wie ihr euer Leben eins machen könnt mit dem Dharma. Diese Fähigkeit entsteht mit zunehmender Weisheit.

Wie könnt ihr ohne Weisheit die unvermeidlichen Aktivitäten von Essen, Schlafen und Ausscheiden mit dem Dharma vereinen? Besitzt ihr aber Weisheit, müsst ihr nicht dauernd mit eurem Guru zusammen sein, um Lehren zu empfangen. Ihr könnt die Lehren überall um euch herum sehen. Ihr könnt von der Bewegung der Planeten lernen, vom Wetter, vom Wachstum und Zerfall der Pflanzen und allen anderen Phänomenen. Das geschieht, wenn ihr Weisheit besitzt. Tatsächlich ist euer eigenes Weisheitsverständnis der Wirklichkeit euer wahrer Guru. Das ist es, was der Tibetische Buddhismus euch lehrt.

Verbindet euer gesamtes Leben mit der Erfahrung des Dharma. Das ist das Wirksamste, was ihr tun könnt. Auf diese Weise erreicht ihr Erleuchtung in einem Leben, denn ihr verschwendet nicht einen Augenblick eurer Zeit. Es ist vollkommen logisch.

Wenn ihr der völlig falschen Vorstellung anhängt, dass eure eine Stunde Meditation am Tag die einzige Möglichkeit für euch ist, Dharma zu praktizieren, und dass die anderen dreiundzwanzig Stunden des Tages völlig finster, unrein und samsarisch sind, dann werdet ihr definitiv drei zahllose große Äonen brauchen, um Erleuchtung zu erlangen! Was euer Geist glaubt, wird für euch zur Realität, ob es Wirklichkeit ist oder nicht.

2 *Zuflucht nehmen*

Bis jetzt habe ich darüber gesprochen, warum wir Reinigung brauchen und wie man sich reinigt. Darüber hinaus habe ich betont, dass es uns noch nicht gelungen ist, unser ständiges negatives Handeln von Körper, Sprache und Geist einzustellen, weil wir die innere Ursache - das Gesetz von Karma - bisher nicht verstanden haben.

Es besteht ein großer Unterschied zwischen einem bloß intellektuellen Verständnis von Karma und einem, das auf der direkten Erfahrung seines Wirkens basiert. Einige Schülerinnen und Schüler haben ein den Worten nach perfektes Verständnis der Karma-Lehren und etwas oberflächliches Vertrauen: „Es muss wohl stimmen, schließlich hat mein Lama es gesagt." Weil sie aber keinerlei auf Erfahrung beruhendes Verständnis von Karma haben, versagen sie, sobald ihr Verständnis auf die Probe gestellt wird. Wenn es darum geht, mit schwierigen Problemen umzugehen, können sie sie nicht lösen. Es reicht ihnen, sich über Karma auslassen zu können - als wäre es genug, ihren Eltern und Freunden alles darüber sagen zu können -, aber was sie da predigen, können sie nicht wirklich in die Praxis umsetzen, weil sie nicht geübt haben.

Andere Schülerinnen und Schüler hingegen sind mit einem rein intellektuellen Verständnis nicht zufrieden, sondern ziehen es vor, das Gelernte durch Übung zu vertiefen. Sie mögen vielleicht nicht in der Lage sein, ausführliche Vorträge über Karma zu halten, aber weil sie stets achtsam ihren Handlungen gegenüber sind, gewinnen sie einen wahren Geschmack des Dharma, eine Erfahrung, so real wie der süße Geschmack von Honig auf der Zunge. Und wenn solche Praktizierende sich mit Problemen konfrontiert sehen, dann wissen sie, wie die entsprechenden Gegenmittel anzuwenden sind. Darüber müsst ihr euch im Klaren sein. Es ist überaus gefährlich, sich mit einem rein intellektuellen Verständnis des Dharma zufrieden zu geben und nicht zu praktizieren. Das kann gar nicht helfen.

Viele Professoren und Gelehrte aus West und Ost, die selbst zugeben, dass sie nicht praktizieren, können in aller Ausführlichkeit über alle Aspekte buddhistischer Philosophie sprechen. Stellt ihnen irgendeine Frage: Sie können sie beantworten. Ihre Erklärungen sind aber sehr oberflächlich – ähnlich wie bei Fremdenführern. Wenn erfahrene Praktizierende sprechen, haben die Worte eine gesegnete Energie. Er oder sie spricht vielleicht über dieselbe Sache wie der Gelehrte, ist dabei jedoch in der Lage, euer Herz zu berühren. Das Gerede derjenigen, die über keine Erfahrung verfügen, gleicht leerem Wind, der einem um die Ohren pfeift.

Wenn ihr Ursache und Wirkung aus eigener Erfahrung kennt, dann gibt es keine Möglichkeit, bei irgendwelchen Handlungen nachlässig zu werden. Obwohl diejenigen, die bloß über intellektuelles Wissen verfügen, ihr konzeptuelles Verständnis von Karma sprachlich vollkommen zum Ausdruck bringen und Vorlesungen vor einem großen Publikum halten können, glauben sie doch nicht wirklich an das, was sie sagen, denn sie haben den Honig ihres Wissens nie gekostet. Sie selbst leben nicht nach der Ethik, die sie darlegen. Mir persönlich tut so etwas richtig weh. Wenn man ihnen eine praktische Frage über die Wirkungsweise von Karma stellt, können sie zur Antwort nur aus Büchern oder Texten zitieren, die sie gelesen haben. Da sie keine Erfahrung haben, können sie nicht präzise erklären, wie Karma zu berücksichtigen ist, was man praktisch tun kann und wie die Berücksichtigung des Karmas den Geist in eine positive Richtung lenkt. Einige praktische Fragen gehen über den philosophischen Rahmen der Gelehrten hinaus, daher können sie nichts mit ihnen anfangen. Alles, was ihnen noch zu sagen bleibt, ist: „Diese Frage ist unzulässig. Darüber sagt der Buddhismus nichts.“ Aber so ist es nicht.

Sicherlich verstehen die meisten von euch genau, dass verblendete Handlungen von Körper, Sprache und Geist von zyklischer Natur sind und als Ergebnis Leiden, Verwirrung und weitere Verblendung nach sich ziehen. Ihr bezweifelt diese Tatsache keineswegs. Wahrscheinlich könnt ihr es sogar noch viel besser erklären als ich. Wenn ihr meinem gebrochenen Englisch zuhört, denkt ihr wahrscheinlich insgeheim: „Was ist das denn nur für eine Sprache? Würde er nur mich sprechen lassen, ich könnte es viel besser erklären." Das ist vollkommen richtig. Aber warum könnt ihr eure negativen Gewohnheiten nicht überwinden? Theoretisches Wissen allein ist nicht genug.

Viele Buddhisten mit wenig Gelehrsamkeit haben hohe spirituelle Verwirklichungen erlangt, indem sie das praktische Handeln ernst nahmen. Viele große Gelehrte hingegen, die alles lang und breit vortragen können, haben nichts erreicht. Darum rate ich euch, vorsichtig zu sein. Wenn ihr über die Lehren sprecht, dann zählt nicht so sehr, was ihr sagt, sondern wie ihr euer Wissen erlangt habt. Eure Sprache muss die gesegnete Schwingung persönlicher Erfahrung tragen und den Zuhörern diese Energie übermitteln.

In Tibet haben geschickte, hoch entwickelte Lamas bei ihren Unterweisungen über den Stufenweg zur Erleuchtung häufig nicht die philosophische Lehre in den Vordergrund gestellt, sondern eher die praktischen Aspekte; sie ließen die Schüler sogar meditieren, während sie lehrten. Als Ergebnis erlangten einige Schüler schon während des Vortrags Verwirklichungen. Am Ende eines zwanzigtägigen Kurses verstanden sie den gesamten Pfad vom Anfang bis zum Ende und wollten voller Energie sofort vom Kloster aufbrechen, um sich in Berghöhlen zu langen Meditationsklausuren zurückzuziehen. Gelehrte andererseits könnten zwanzig Jahre lang das gleiche Thema unterrichten ohne jemals euer Herz zu berühren.

Ich habe auch westliche Menschen gesehen, die vom Lamrim so inspiriert waren, dass sie sofort in die Berge gehen wollten. Über Jahre hinweg aufrecherhaltene, kontinuierliche Praxis ist jedoch ein wesentlich wirkungsvollerer Weg zur Reinigung negativer Handlungen und viel besser für euch als impulsive, emotionale Meditationsanfälle in einer Einzel-Klausur.

Wenn ihr also Zuflucht nehmt und Bodhicitta entwickelt, sollte es keine Lücke geben zwischen diesen Übungen und eurem Geist. Wenn Zuflucht und Bodhicitta nicht eins sind mit eurem Geist, können sie die unheilsamen Handlungen, die wir eben besprochen haben, nicht reinigen. Wenn ihr Zuflucht nehmt, sollte euer Geist eins sein mit der Zuflucht; wenn ihr Bodhicitta erzeugt, sollte euer Geist zu Bodhicitta werden. Es sollte nicht so sein, dass ihr hier unten auf eurem Kissen sitzt und dualistisch etwas dort vor euch im Raum tut. Euer Geist sollte das Dharma werden, das ihr praktiziert. Das ist schwierig, aber möglich, und es ist wesentlich, wenn eure Praxis eurem Geist nutzen soll.

Weil westliche Menschen nicht nur zuhören, sondern auch handeln, haben viele Schülerinnen und Schüler in unseren Kursen über den Stufenweg zur Erleuchtung hier in Kopan starke positive Erfahrungen gemacht. Diese Schülerinnen und Schüler waren aufrichtig und empfänglich und haben gut mit Lama Zopa und mir kommuniziert – ihr Geist wurde durch das, was sie hörten, beeinflusst. Wenn in einer Lehrsituation der Lehrer nichts anderes ist als ein Radio und die Zuhörer den Wänden eines Raumes gleichen, wie kann daraus irgendein Nutzen entstehen? Darüber hinaus sind Westler von Natur aus skeptisch veranlagt, sie akzeptieren eine Sache nicht, bevor sie sie richtig verstanden haben; damit besitzen sie eine außerordentlich gute Voraussetzung für den Empfang der Mahayana-Lehren. Ich mag es, wenn sie sagen: „Du hast das und das gesagt. Das akzeptiere ich nicht." Wir glauben zum Beispiel, dass diejenigen, deren Guru-Hingabe auf emotionalem Glauben statt auf verstehender Weisheit basiert, nicht wirklich für den Empfang der Lehren qualifiziert sind.

Zuflucht nehmen und Bodhicitta erzeugen

Für immer nehme ich Zuflucht zu Buddha, zum Dharma und zur Sangha der drei Fahrzeuge, den Dakas und Dakinis des geheimen Mantra-Yoga, den Helden und Heldinnen, Göttern und Göttinnen, den Bodhisattvas und – ganz besonders – zu meinem Guru.

Mit dem Begriff „Fahrzeug" übersetzen wir das Sanskritwort *yana*. Es beinhaltet die Vorstellung, dass bestimmte Handlungen euer Bewusstsein definitiv auf eine höhere Stufe bringen. Wenn ihr zum Beispiel Bodhicitta entwickelt und die sechs Paramitas übt, werdet ihr definitiv Erleuchtung erlangen. Das Große Fahrzeug, Mahayana, bringt euch vom Anfang, Bodhicitta, durch die sechs Paramitas und die zehn Bodhisattva-Stufen zum Ziel, Erleuchtung. Wenn der Anfang vollkommen ist und ihr richtig handelt, wird euch das Fahrzeug ganz gewiss an euer ersehntes Ziel bringen. Das Wort Yana trägt auch noch die Bedeutung von „Pfad": Der rechte Pfad führt euch zum richtigen Ort. Wenn ihr aus Unwissenheit dem falschen Pfad folgt, lauft ihr in die Irre.

Von den drei buddhistischen Fahrzeugen gehören zwei zum Hinayana und eines zum Mahayana; und wir nehmen Zuflucht zur Sangha aller drei. Obwohl wir dem Mahayana – und ganz speziell seinem tiefsten Aspekt des tantrischen Yoga – folgen, sollten wir nie arrogant sein und denken: „Ich bin ein Anhänger des Mahayana. Ich muss doch nicht Zuflucht zur Hinayana-Sangha nehmen." Obwohl die Arhats des Hinayana noch ein wenig Anhaftung an ihre eigene Befreiung besitzen, haben sie doch durch die vollständige Erkenntnis von Shunyata ihr Ego überwunden und können uns daher aus Samsara herausführen. Daher nehmen wir Zuflucht zur gesamten buddhistischen Sangha, ohne Unterschiede zu machen.

Hinayana und Mahayana sind keine Erfindungen tibetischer Lamas. Beide buddhistische Schulen sind vom Buddha selbst gegründet worden und existierten daher schon lange bevor der Buddhismus nach Tibet kam. Einige Menschen glauben, der Buddha habe ausschließlich in Pali gelehrt und die in anderen Sprachen verfassten Sutras seien falsch. Andere denken dasselbe vom Sanskrit. Diese Vorstellungen sind alle gleichermaßen falsch. Wann immer das Dharma sich in andere Länder ausbreitete, passten hoch entwickelte Praktizierende es zum Zwecke klarer Kommunikation dem Geist ihrer Landsleute an, ohne dabei jedoch die Essenz der Lehren zu verwässern. Schließlich gibt es große Unterschiede zwischen den Tibetern aus den schneebedeckten Bergen und den Indern aus den heißen Ebenen. Auf seinem Weg vom einen Ort zum anderen sind gewisse Veränderungen in den Ausdrucksformen des Dharma ganz natürlich.

Ein König, der Schüler des Buddha war, hatte einst einen Traum, in dem achtzehn Menschen über einen Stoffballen in Streit gerieten, den jeder für sich beanspruchte. Die ganze Sache lief darauf hinaus, dass jeder einen ganzen Ballen bekam. Der König ging zum Buddha und fragte, was der Traum zu bedeuten habe. Dieser erklärte dem König, der Stoffballen symbolisiere seine Lehre und der Traum bedeute, dass sich nach seinem Tod achtzehn Schulen bilden würden, jede mit ihrer eigenen, leicht differierenden Interpretation seiner Philosophie. Dass jeder am Schluss einen ganzen Ballen hatte, bedeute, dass jede dieser Schulen über den korrekten, vollständigen Weg zur Befreiung verfügen werde. Damit hatte der Buddha die Entwicklung der achtzehn Hinayana-Schulen vorhergesagt.

Die Theravada-Schule ist nur eine dieser achtzehn Schulen. Manche Anhänger des Hinayana fühlen sich beleidigt, wenn man sie als „Hinayana-Anhänger" bezeichnet und bestehen darauf, „Theravada-Anhänger" genannt zu werden (was nicht allzu viel Sinn macht, denn da der Theravada - als nur eine seiner Schulen - nicht die gesamte Philosophie des Hinayana enthält, sind die beiden Begriffe nicht bedeutungsgleich). Dann wiederum gibt es andere, deren Ego vor Stolz anschwillt, wenn sie sich selbst als „Mahayana-Anhänger" betrachten. Derartige dualistische Reaktionen entstehen aus Ignoranz und laufen dem inneren Frieden der Dharma-Weisheit völlig zuwider.

Anhänger des Hinayana und des Mahayana unterscheiden sich vor allem durch ihre Denkweise. Das Hauptanliegen eines Anhängers des Hinayana ist seine eigene Befreiung; das eines Anhängers des Mahayana ist die Erleuchtung aller fühlenden Wesen. Manche mögen denken, alle, die gelbe Roben tragen, seien Anhänger des Hinayana, und alle, die rote Roben tragen, gehörten dem Mahayana an. Aber solche oberflächlichen Einteilungen sind meist falsch. Diejenigen, die in der großen enthusiastischen Entschlossenheit leben, alle fühlenden Wesen persönlich zur höchsten Erleuchtung führen zu wollen und dabei nicht einen Gedanken an ihre eigene Befreiung verschwenden, gehören dem Mahayana an, gleichgültig, welche Kleidung sie tragen. Wenn Menschen in roter Robe, überwältigt von der Einsicht in das Leiden und die Verwirrung ihrer eigenen samsarischen Existenz, nur noch von dem Wunsch beseelt sind, sich selbst zu befreien, und nicht mehr an die anderen Wesen in Samsara denken, gehören sie dem Hinayana an.

Wir nehmen also Zuflucht zur Mahayana- und ebenso zur Hinayana-Sangha, dann zu den Dakas, Dakinis, Helden, Heldinnen, Göttern, Göttinnen und Bodhisattvas – zu all jenen also, die Verwirklichungen der Vollendungsstufe des Höchsten Yogatantra besitzen. Einige von ihnen haben einen friedvollen Aspekt, andere erscheinen zornvoll.

Bodhisattvas erscheinen durchaus auch zornvoll. Ihr solltet nicht glauben, sie müssten immer friedvoll blicken. Selbst schon auf der ersten der zehn Stufen eines Bodhisattva, der so genannten „freudvollen Stufe", können Bodhisattvas sich gleichzeitig in einhundert verschiedenen Körpern manifestieren. Mit diesen Körpern können sie Belehrungen direkt vom Sambhogakaya-Aspekt von hundert verschiedenen Buddhas empfangen oder sich auf hundert verschiedene Arten manifestieren, um den Lebewesen zu nutzen. Wenn die Bodhisattvas dann fortschreiten, verzehnfachen sich ihre Fähigkeiten mit jeder neuen Entwicklungsstufe. Was ihnen möglich ist, liegt weit jenseits unseres Vorstellungsvermögens. Bodhisattvas manifestieren sich also im

Aspekt friedvoller und zornvoller Dakas, Dakinis und so weiter. Und zu ihnen nehmen wir Zuflucht.

Bodhisattvas können sich tatsächlich als Menschen des Ostens wie des Westens, als hell- oder dunkelhäutig, als Christen, Muslime oder Juden manifestieren – in jedem beliebigen Aspekt. Heutzutage sind viele so genannte religiöse Menschen leider sehr engstirnig. Sie würden sich keinem spirituellen Lehrer anvertrauen, der sich bezüglich Rasse, Geschlecht, Hautfarbe oder Nationalität von ihnen unterscheidet. Wenn sie sich mit einem bestimmten Guru verbinden, werden sie sofort parteiisch und glauben, alle anderen Gurus und ihre Anhänger seien böse. Ich nenne das „Guruismus". So etwas ist falsch; es ist Zufluchtnahme auf dualistische Art und Weise. Es ist nicht die buddhistische Art der Zufluchtnahme.

Natürlich behaupten einige so genannte Gurus, sie seien die besten und einzigen Gurus der Welt, und ihre Schüler glauben es ihnen. Statt zu einem Fahrzeug zur Befreiung zu werden, beginnt die Religion, die sie lehren, ihre Anhänger zu ersticken; diese werden immer engstirniger und schließlich zu Fanatikern. Es wäre besser, überhaupt keiner Religion zu folgen, als so zu werden. Nichtreligiöse Menschen haben wenigstens keine derart extremen Ansichten. Ihnen reicht es, einfach nur Mensch zu sein.

Wir nehmen Zuflucht zu den Buddhas und Bodhisattvas der zehn Richtungen, zu allen, die die Verwirklichung von Shunyata besitzen, völlig unabhängig von deren Hautfarbe, Nationalität und Glaubensbekenntnis. Erinnert euch: Ein Bodhisattva der ersten Stufe kann ein Afrikaner oder eine Afrikanerin sein, ein saudi-arabischer Kameltreiber, vielleicht sogar ein Terrorist, der eine solche Rolle angenommen hat, um anderen besser dienen zu können.

Schließlich – aber, wie es im Gebet heißt, „ganz besonders" – nehmen wir Zuflucht zu unserem Guru, insbesondere zu unserem Wurzelguru, dem, der uns den glückseligen Pfad zur immer währenden Verwirklichung der Erleuchtung gezeigt hat.

Denkt stets daran, dass euer Guru vollkommen eins ist mit Heruka-Vajrasattva. *Lob-pön* bedeutet: derjenige, der uns den wahren Pfad weist und uns auf ihm leitet, der unsere Handlungen von Körper, Sprache und Geist klärt und uns von blindem, ignorantem Handeln wegführt. Er kann uns in einem Leben zur Erleuchtung führen, ja sogar in drei Jahren. Der unermesslichen Güte unseres Gurus eingedenk, nehmen wir für immer Zuflucht zu ihm.

Die Visualisierung bei der Zufluchtnahme ist die folgende: Euer Vater steht zu eurer Rechten, eure Mutter zu eurer Linken. Euer schlimmster Feind, das fühlende Wesen, das euch am meisten aufbringt, befindet sich vor euch. Euer liebster Freund, der Mensch, an dem ihr am meisten hängt, ist hinter euch. Alle anderen fühlenden Wesen umgeben euch an allen Seiten.

Diese Visualisierung ist ein gutes Beispiel für die Psychologie des Mahayana. Fragt uns jemand, wo wir unseren liebsten Freund am liebsten sehen würden, würden wir normalerweise antworten: „Natürlich hier! Direkt vor mir!" Gleichermaßen würden wir unseren Feind lieber hinter uns haben, aus unseren Augen. Wenn wir Zuflucht nehmen, stellen wir unseren Feind jedoch genau vor uns hin. Schaut ihn oder sie an, untersucht sein oder ihr Leben aufrichtig. Denkt an die Probleme, die euch euer eigener unkontrollierter Geist bereitet und erkennt, dass sich euer Feind in genau der gleichen Zwickmühle befindet. Analysiert eure Gefühle diesem Menschen gegenüber.

„Ich halte ihn für den schlimmsten Menschen auf Erden, aber er hat die gleichen Probleme wie ich. Warum sollte ich also sauer werden, sobald ich sein Gesicht sehe? Sein Hauptproblem ist seine nach dem Ego greifende Unwissenheit. Wenn ich ihn also nicht mag, dann ist es das, worauf ich zornig sein sollte. Sein unwissender Geist ist schließlich meiner Sinneswahrnehmung gar nicht zugänglich, warum reagiere ich also auf seine körperliche Erscheinung? Sein Körper ist nur das Ausdrucksmittel seines negativen Geistes. Sein negativer Geist ist die Quelle für alles, was ich an ihm nicht leiden kann. Möge er sein Problem erkennen, seine Unwissenheit vollständig reinigen und vollkommene Verwirklichung erlangen."

Auf diese Weise solltet ihr großes Mitgefühl mit eurem Feind entwickeln und aus dieser Haltung heraus Zuflucht nehmen. Das ist die beste Art der Zufluchtnahme.

Auf diese Weise Zuflucht zu nehmen löst bereits eure Probleme von Unwissenheit, Anhaftung und Hass. Andernfalls lauft ihr Gefahr, euch zu sehr um eure eigenen Probleme zu sorgen, und dann wird eure Zufluchtnahme nichts als ein weiterer Weg, eure Selbstsucht und Sorge um eure eigenen Verwirklichungen anzufachen. Ihr sagt dann zwar, dass ihr Dharma praktiziert, aber das Dharma, das ihr übt, ist nichts als ein weiteres Mittel zur Verstärkung eurer Anhaftung. Mit solch einer Einstellung wird die Weisheit des Dharma bloß zu einem weiteren materiellen Besitztum, statt zur Lösung für eure Probleme. Wenn dann jemand sagt: „Du, dein Dharma ist Scheiße", wird euer Ego zornig auflodern.

Weisheit ist Weisheit. Warum sollte es euch etwas ausmachen, wenn irgendein Ignorant sagt, sie sei Mist oder euer Lama sei ein Dämon? Dinge verwandeln sich ja nicht in Mist oder Dämonen, bloß weil jemand sie so nennt! Seid also vorsichtig. Werdet ihr ärgerlich, wenn jemand eure Dharma-Praxis kritisiert, so heißt das, dass ihr die Weisheit des Dharma zu etwas Materiellem gemacht habt. Das gilt nicht nur für den Buddhismus, sondern auch für alle anderen Religionen. Wenn jemand den Anhängern irgendeiner Religion sagt, ihre Religion sei nicht gut, und diese darüber in Zorn geraten und ihre Kritiker auf dem Scheiterhaufen verbrennen wollen, dann haben sie völlig verdrehte Vorstellungen. Prüft jetzt, wie ihr auf eine solche Beschimpfung reagieren würdet – wenn ihr erst einmal zornig seid, ist es zum Prüfen zu spät.

In dieser Visualisierung umgeben euch alle fühlenden Wesen, die alle irgendwann eure Mütter waren; das ist ein äußerst wirksames Mittel zur Überwindung eurer exzessiven Beschäftigung mit euren eigenen Problemen. Viele von uns sind geradezu besessen von unseren eigenen Schwierigkeiten. Wir können sie nicht vergessen und denken nie daran, was andere durchmachen. Wenn uns dann schließlich klar wird, dass die anderen genau dieselben Probleme haben wie wir, kommt uns der Gedanke: „Ich bin wohl doch nicht der schlechteste Mensch der Welt; ebenso wenig bin ich in meinem Leiden allein. Es gibt viele, denen es geht wie mir. Ihnen sollte ich das gleiche Mitgefühl entgegenbringen wir mir selbst."

Wie retten uns Buddha, Dharma und die Sangha der drei Fahrzeuge aus der Verwirrung von Samsara? Das hängt von unserer geistigen Haltung ab. Wir müssen das Wesen unserer samsarischen Existenz begreifen und erkennen, welch große Kraft und Fähigkeit diese heiligen Wesen besitzen, um uns aus dem Teufelskreis herauszuführen. „Ich bin wahrlich hilflos. Ich bin zwar intelligent genug, mich im Leben so einzurichten, dass ich mich wohl fühle und genießen kann, verfüge aber weder über das nötige Wissen noch über die Weisheit, um das Haften an den Sinnesfreuden zu überwinden, das mich an Samsara bindet. Ich finde keinen Weg, mich selbst aus diesem Dilemma zu befreien. Diese heiligen Wesen jedoch können mich wirklich leiten. Sie haben die Methode, die Lösung, das Licht der Weisheit, um meine Unwissenheit zu zerstreuen, den Schlüssel, um meinen Geist zu öffnen, damit das Weisheitswissen wachsen kann. Ich habe es so satt, ständig außer Kontrolle zu geraten und endlos im Kreis zu laufen. Die Buddhas zeigen den vollkommenen Weg aus der Dunkelheit ins Licht. Die Sangha führt mich und alle anderen aus unserer Verwirrung heraus. Und die Dharma-Weisheit ist der eigentliche Leitfaden, der wahre Pfad und das wahre Aufhören des Leidens."

Das Wort „Dharma" hat eine vielschichtige Bedeutung. Ihr wisst das sicher schon von euren Sutra-Studien. Wenn ihr Zuflucht zum Dharma nehmt, ist euer eigentliches Zufluchtsobjekt die Weisheit, die die absolute Natur völlig versteht und vollständig eins ist mit Shunyata, frei von dualistischer Sicht. Wir reden immer über Dharma, aber was ist Dharma? Dharma ist Weisheit

– Dharma-Weisheit. Doch dauert es lange Zeit und bedarf der Ansammlung vieler Verwirklichungen, um die endgültige Weisheit zu erreichen. Wir müssen daran arbeiten. Damit ein Auto richtig funktioniert, bedarf es des Zusammenwirkens vieler Teile, von denen keines das vollständige Auto ist. Gleichermaßen setzt sich die vollkommene Weisheit aus verschiedenen Arten des Wissens zusammen, wovon jede einzelne ein integraler Teil des Pfades der Weisheit ist.

Es gibt also einen Unterschied zwischen der Dharma-Zuflucht, von der wir hier sprechen – vollkommene Weisheit, die die absolute Natur, Shunyata, völlig versteht – und dem Dharma, über das wir gewöhnlich sprechen – der Weisheitslösung für geistige Probleme. Die vollkommene Weisheit ist das endgültige Objekt der Zuflucht. Viele meiner Schülerinnen und Schüler beklagen sich, weil sie schon lange vergeblich darauf warten, dass ich Shunyata lehre. Aber, wie ihr seht, lehre ich es hier die ganze Zeit. Ich habe es bloß nicht Shunyata genannt, nach dem Motto: „Kommt her, ich zeige euch jetzt Shunyata! Morgen werdet ihr Erleuchtung erlangen!" Ich habe Shunyata verdeckt erklärt – in einfacheren Begriffen.

Die Buddhas zeigen euch das Dharma und wie es in euch das wahre Aufhören des Leidens bewirkt. Indem ihr diese Lehre in die Praxis umsetzt, werdet ihr Buddhas. Die Sangha hilft euch, die richtige Umgebung für die Praxis zu schaffen, und gewährleistet, dass ihr eure unheilsamen Handlungen reinigt und wahres Aufhören verwirklicht. Wie ich schon sagte, manifestieren Bodhisattvas sich auf zahllose Arten, einzig, um uns in unserer Praxis zu helfen. Wenn sie einen zornvollen Aspekt zeigen, sollten wir uns nicht aufregen und denken, dass sie uns nun nicht mehr lieben. Denkt stattdessen: „Dieser Bodhisattva zeigt mir, wie schrecklich ich aussehe, wenn ich zornig bin. Hätte er das nicht getan, hätte ich es nie gemerkt. Ich sollte für seine Güte dankbar sein." Wann immer jemand zornig auf uns ist, sollten wir ihn als Manifestation eines Bodhisattva sehen, der uns lehrt, nicht mehr zornig zu werden. Und falls jemand in unserer Umgebung besonders friedvoll sein sollte, sollten wir uns freuen und gleichermaßen annehmen, dass dieser Mensch ein Bodhisattva ist, der uns zeigt, wie viel wohler sich andere fühlen, wenn wir uns gut verhalten.

Ihr müsst doch auch schon gemerkt haben, dass es euch sofort gut geht, wenn ihr bestimmten Leuten begegnet, während ihr euch bei anderen augenblicklich unwohl fühlt. Das ist das Wirken von Karma. Es ist eine Energie in euch, die diese Reaktion hervorbringt; daran könnt ihr fast nichts ändern. Attraktive Männer und schöne Frauen werden ganz spontan gut behandelt, wo immer sie hinkommen; hässliche Menschen werden schlechter behandelt. Das ist ihr Karma: Selbst wenn sie es gar nicht wollen, ist es sehr schwer zu ändern. Welche wissenschaftliche Erklärung haben die westlichen Menschen für dieses weit verbreitete Phänomen? Karma macht euch das Leben schwer; Karma macht es aber auch leicht.

Das soll jedoch keinesfalls bedeuten, dass Karma dauerhaft oder völlig starr wäre. Karma ist ein veränderliches Phänomen. Aber man muss seine Situation ertragen, solange ein bestimmtes Karma nicht aufgebraucht ist.

Schaut euch zum Beispiel Gomchen, den Klosterhund, an. Wir alle lieben ihn. Buddha liebt ihn und Jesus liebt ihn auch. Trotz alledem kann keiner mit ihm kommunizieren und ihm die absolute Natur, Shunyata, zeigen. Solange sein Körper sich nicht in einen passenderen verwandelt hat, ist es unmöglich, diese Art von Kontakt mit ihm herzustellen. Das ist Karma. Alle samsarischen fühlenden Wesen müssen akzeptieren, was ihnen zustößt, bis die Kraft der karmischen Energie hinter dieser Erfahrung erschöpft ist. Alles in eurem Leben hängt von dieser Energie ab. Wenn die Kausalenergie einer bestimmten Aktion erschöpft ist, kann sie keine Wirkung mehr hervorbringen. Untersucht euer eigenes Leben darauf hin – so könnt ihr Karma begreifen. Jedes fühlende Wesen lebt gemäß seiner eigenen Art zu denken, seiner Stufe von Bewusstseinsenergie, Einstellung und Umgebung. Das ist Karma. Ich verwende das

Wort Karma hier ziemlich oft. Ich hoffe, ihr versteht, was ich meine.

Zum Abschluss: Alle Buddhas zeigen euch den wahren Pfad und das wahre Aufhören, das Dharma, das euch von Samsara befreit. Und sie versuchen euch beizubringen, dass das, was euch richtig leitet, euer korrektes Handeln in Übereinstimmung mit dem Pfad ist. Das bedeutet, dass ihr selbst - und nicht die Buddhas - letztlich für eure eigene Befreiung verantwortlich seid. Das müsst ihr klar und deutlich verstehen.

Die Sangha der drei Fahrzeuge, einschließlich der Schützer wie Mahakala und Kalarupa, sind eure Freunde. Sie helfen euch, wann immer sie können. Ihr solltet also wissen, was Sangha wirklich bedeutet. Die meisten Menschen denken, das Wort „Sangha" bezöge sich auf diejenigen, die Roben tragen, tatsächlich existiert aber kein Text, der besagt, nur Menschen in Roben gehörten zur Sangha. Wir können jedoch sagen, dass diejenigen, die ihr Leben dem Dharma gewidmet haben, indem sie die Ordination entgegengenommen haben, die relative Sangha sind. Die endgültige Sangha besteht aus allen, die eine vollkommene geistige Verwirklichung der absoluten Natur, Shunyata, haben, unabhängig von den Kleidern, die sie tragen, der Farbe ihrer Haut oder irgend etwas anderem: Sie sind die wahre Sangha, eure besten Freunde.

Häufig fühlt ihr euch einsam, aber das solltet ihr nicht. Eure wahren ewigen Dharma-Freunde sind stets mit euch: die Dakas und Dakinis, die friedvollen und zornvollen Bodhisattvas und der ganze Rest der Sangha der drei Fahrzeuge. Sie können euch aus weltlicher Anfechtung und Verwirrung befreien. Wenn ihr das begreift, werdet ihr nie mehr ohne Freunde sein oder euch einsam fühlen. Meditiert, geht nach innen: Da werdet ihr all eure Freunde finden.

Visualisierung der Zufluchtsobjekte

Die Art und Weise, wie wir bei der Praxis von Heruka-Vajrasattva Zuflucht nehmen, unterscheidet sich von der bei den Lehren über den Stufenweg zur Erleuchtung üblichen Art, bei der Buddha Shakyamuni stets das Hauptobjekt der Zuflucht ist. Hier kann das Zufluchtsobjekt Buddha entweder Heruka oder Vajradhara sein, je nachdem welchen von beiden ihr besser visualisieren könnt.

Visualisiert einen blauen stehenden Heruka in Umarmung mit seiner Gefährtin, der roten Vajra Varahi. Sie sind umgeben von vielen Dakas und Dakinis, den zweiundsechzig Gottheiten des Heruka-Mandalas sowie von zahllosen Buddhas, Bodhisattvas und Arhats, die den immer währenden Frieden erreicht haben.

Wenn euch Vajradhara lieber ist, visualisiert ihn in der vollständigen Lotushaltung sitzend und seine Gefährtin Vajradhatu Ishvari (*tib ying-chug-ma*) umarmend. Auch er ist von blauer Farbe; sie ist rot. Umgeben sind sie von denselben Manifestationen göttlicher Weisheit wie zuvor, außer den zweiundsechzig Gottheiten des Heruka-Mandalas. Ob ihr nun Heruka oder Vajradhara visualisiert, denkt daran, dass es eigentlich euer Guru ist, der sich in dieser Form manifestiert, dass also die Gottheit, die ihr als zentrales Zufluchtsobjekt visualisiert, vollständig eins ist mit eurem Guru. Heruka (oder Vajradhara) ist also Buddha; die Dakas, Dakinis und anderen Sangha-Mitglieder der drei Fahrzeuge sind Sangha, und ihre Weisheit ist Dharma.

Heruka in stehender Position zu visualisieren hat den Vorteil, dass es euer Nervensystem segnet und die Kundalini-Energie darin aktiviert. Das unterstützt eure Praxis des Maha-Annutara-Yogatantra.

Visualisierungen sind keine Objekte des Sehbewusstseins; ihr könnt sie nicht sehen, indem ihr vor euch hinstarrt. Herukas göttlicher Körper ist eine Manifestation seiner göttlichen transzendenten Weisheit, die sich in diese göttliche Form verwandelt und mit einem Mal im Raum vor euch erscheint. Da diese Visualisierung eine Verwandlung des glückseligen, allwissenden Geistes und eins mit ihm ist, ist sie ihrem Wesen nach Bewusstsein. Wir können göttliche transzendente Weisheit nicht mit unseren Augen oder anderen körperlichen Sinnen wahrnehmen. Daher manifestiert sich die Energie der endgültigen Weisheit in dieser rein-klaren göttlichen Form in der Natur von Licht, um mit uns zu kommunizieren. Sie erscheint außerdem nicht allmählich, sondern mit der Plötzlichkeit einer Kinoprojektion auf der Leinwand oder einer Person, die unerwartet in der Tür steht. Durch derartige Visualisierungen können wir leicht mit dem Dharmakaya kommunizieren.

Nachdem ihr Zuflucht genommen habt, lösen sich die Buddhas und die Sangha der drei Fahrzeuge – die Dakas und Dakinis, zornvolle und friedvolle Bodhisattvas, Schützer wie Mahakala und Kalarupa und so weiter – in Licht auf und verschmelzen mit der zentralen Gottheit, Heruka. Vajra Varahi wird ebenfalls zu Licht und löst sich in Heruka auf. Schließlich schmilzt auch Heruka selbst, wird zu Licht und löst sich in sein eigenes Herz auf. Diese Kugel aus Licht kommt zum Scheitel eures Kopfes und sinkt durch den Zentralkanal in euch ein, wandert durch das Kehlchakra nach unten und löst sich in eurem Herzchakra auf. Ihr werdet absolut eins mit diesem Licht, das in seiner Essenz Heruka und euer Guru ist. Versenkt euch so lange wie möglich in diesen Zustand, ohne euch von dualistischen Gedanken über dieses und jenes stören zu lassen.

Mit etwas Übung werdet ihr fähig, euch etwa eine halbe Stunde lang einsgerichtet auf die nicht-duale Einheit zu konzentrieren. Sobald wieder falsche Vorstellungen entstehen, verlasst ihr diese Meditation und erzeugt Bodhicitta:

Ich selbst muss Heruka werden, um alle Wesen in den tiefgründigen Zustand der Herukaschaft führen zu können.

Die drei Arten der Zufluchtnahme

Es gibt drei Arten der Zufluchtnahme: äußere, innere und geheime. Die meisten Menschen denken, die Zuflucht des *Sutra-* oder *Paramitayana* sei die einzige. Dabei handelt es sich um die so genannte äußere Zuflucht, die bei den meisten Belehrungen über Zuflucht erklärt wird. In der äußeren Zuflucht ist der Buddha, zu dem wir Zuflucht nehmen, jemand anderer als wir selbst: Eine Person, die Zuflucht erlangt hat, ein erleuchtetes Wesen wie Buddha Shakyamuni. Die Dharma-Zuflucht in diesem System ist die Lehre dieses erleuchteten Wesens. Die äußere Sangha umfasst, wie ich oben bereits erklärte, die ordinierten oder hoch entwickelten Anhänger der Dharma-Lehren. Aus dem Verständnis, dass diese bereits existierenden Objekte, Buddha, Dharma und Sangha die Kraft haben, uns anzuleiten, und weil wir die Leiden von Samsara fürchten, nehmen wir Zuflucht zu ihnen.

Die beiden anderen Arten der Zufluchtnahme sind Methoden des tantrischen Yoga. In der inneren Zuflucht nimmt man Zuflucht zu dem Buddha, der man selbst einst werden wird. Seine Weisheit, die Weisheit der eigenen zukünftigen Buddhaschaft, ist das Objekt der inneren Dharma-Zuflucht. Wenn ihr diesen Zustand erlangt habt, werdet ihr selbst zur Sangha: Das ist das Objekt der inneren Sangha-Zuflucht. An diesem Punkt wird man nicht nur zur Sangha, sondern man erlangt Einheit mit allen Drei Juwelen der Zuflucht und muss nicht mehr zu irgendetwas außerhalb von einem selbst Zuflucht nehmen.

Wenn ihr innere Zuflucht nehmt, wird euer Geist zur transzendenten allwissenden Weisheit; diese verwandelt sich in den göttlichen Aspekt von Heruka (oder Vajradhara), zusammen mit den Dakas, Dakinis, den friedvollen und zornvollen Bodhisattvas und so weiter, und dazu nimmt man seine Zuflucht. Um das aber überhaupt tun zu können, muss man zumindest ein tiefes intellektuelles Verständnis der falschen Konzepte und Projektionen des Egos besitzen, damit man diese in gewissem Maße zum

Zeitpunkt der Zufluchtnahme reinigen kann. Wie ihr euch vorstellen könnt, ist das ziemlich schwierig.

Geheime Zuflucht ist die dritte Art der Zufluchtnahme und die schwierigste von allen. Dazu müsst ihr erkennen, dass euer Nervensystem aus glückseliger Daka-Dakini-Energie besteht, und nicht - wie sonst üblich - von der lächerlichen Energie der Schwerkraft eurer Anhaftung an die Sinnesfreuden durchdrungen ist. Dazu nehmt ihr dann Zuflucht. Hier macht ihr von den Energieressourcen eures Nervensystems Gebrauch, um gleichzeitig geborene große Glückseligkeit zu erzeugen, die ihr dann mit der Weisheit der Nicht-Dualität vereinigt und zum glückseligen Pfad zur Erleuchtung macht. Diese Erfahrung befreit euch wirklich von Unzufriedenheit und dualistischen Konzepten. Die meisten Menschen sind sich ihrer innewohnenden Glückseligkeitsenergie überhaupt nicht bewusst. Wenn sie aber durch Übungen wie diese Yoga-Methode oder die Tummo-Meditation die richtigen Umstände schaffen, können sie eine Explosion beseligender Energie erleben, die sie nie für möglich gehalten hätten.[3] Ich habe kürzlich auch gehört, dass einige Leute unglaubliche Glückseligkeitsenergie in ihrem Nervensystem spürten, während sie eine Fasten-Klausur mit meinen *chu-len*-Pillen durchführten.[4]

Diese drei Arten der Zufluchtnahme widersprechen sich nicht im Geringsten; sie wurden gelehrt, damit Praktizierende sich derjenigen Methode bedienen können, die ihrer geistigen Entwicklung am besten entspricht. Die äußere Zuflucht ist für die am wenigsten Entwickelten, die geheime Zuflucht für die wenigen hochintelligenten Glücklichen.

Wenn ihr die wahre Bedeutung der Zufluchtnahme begreift, versteht ihr auch, welch positive Wirkung sie auf euren Geist ausübt, und erlebt ihren außerordentlichen Nutzen. Ihr werdet es richtig genießen, Zuflucht zu nehmen, und jedes Mal, wenn ihr es tut, wird eure reine Herzensenergie anwachsen. Wenn ihr nicht richtig Zuflucht zu nehmen versteht, gleicht jede eurer Meditationen dem Schnee auf der Straße, der sehr beeindruckend aussieht, wenn er gerade fällt, aber schon bald wieder verschwunden ist. Eure Meditation hinterlässt dann keine dauerhafte Wirkung. Mit einem tiefen Verständnis der Zufluchtnahme jedoch beginnt ihr, den Honig von Buddhas Weisheit zu kosten.

3 *Innere Zuflucht und Meditation über Leerheit*

Shunyata verstehen

Warum ist die vom tantrischen Yoga betonte innere Zuflucht so schwierig? Weil sie hauptsächlich eine Sache des Geistes ist. Zuerst einmal ist Zuflucht etwas, was von Herzen kommen muss. Es genügt nicht, nur oberflächlich ein paar Worte nachzusprechen, während der Geist unberührt bleibt. Manche Menschen nehmen Zuflucht, weil es Brauch in ihrer Gesellschaft ist. Ohne Verständnis der Praxis oder der Bedeutung der Worte rezitieren sie: *„Namo gurubhya, namo buddhaya, namo dharmaya, namo sanghaya"*, und in ihrem Geist verwandelt sich nichts. Andere rezitieren *„Namo gurubhya ..."*, bloß weil sie mit anderen zusammen sind, die es rezitieren. Das ist nicht Zufluchtnahme – es hat mit dem Pfad zur Befreiung nicht mehr zu tun als das morgendliche Frühstücken oder aus schlichter Gewohnheit oder gesellschaftlicher Verpflichtung heraus sonntags zur Kirche zu gehen.

Wie ich weiter oben schon erklärt habe: Wenn wir innere Zuflucht nehmen, sollte unser Geist zur Weisheit der größten transzendenten Glückseligkeit werden und sich in den göttlichen Aspekt von Heruka verwandeln. Dann nehmen wir Zuflucht. Sucht das Objekt der Zuflucht nicht außen! Ich weiß, dass ihr glaubt, es müsse sich irgendwo vor euch im Raum befinden. Das ist eure dualistische Denkweise: „Ich nehme Zuflucht." Ihr sitzt hier und tut etwas dort draußen. Euer dualistischer Geist unterscheidet augenblicklich zwischen Subjekt und Objekt. Sobald ihr daran denkt, etwas zu tun, denkt ihr automatisch an äußere Tätigkeiten. Das ist so, weil ihr viele dualistische Eindrücke im Geist habt.

Wenn ihr aber innere Zuflucht nehmt, wird euer Geist selbst zur größten glückseligen transzendenten Weisheit. Während ihr dieser Weisheit gegenüber Hingabe und großes Vertrauen entwickelt, verwandelt sie sich gleichzeitig und erscheint euch als Heruka. Indem ihr euch völlig eins fühlt mit Heruka, nehmt ihr Zuflucht. Diese psychologische Methode ist äußerst nützlich. Sie mag schwer zu verstehen sein, aber der Versuch lohnt sich.

Um diese Art der Zufluchtnahme überhaupt verstehen zu können, müssen wir Shunyata verstehen. Ohne dieses Verständnis bleibt die Transformation des Geistes in die größte immer währende glückselige transzendente Weisheit bloß ein trockenes intellektuelles Konzept, statt zu einer kraftvollen inneren Erfahrung zu werden. Haben wir hingegen ein rechtes Verständnis der absoluten Natur - wurde unser Geist also wirklich von der Shunyata-Erfahrung berührt –, dann gelingt es unserem Geist relativ mühelos zur größten transzendenten Weisheit zu werden und sich in Heruka zu verwandeln, und wir können uns eins mit ihm fühlen. Auf diese Weise vermischt sich unser Geist mit der transzendenten glückseligen Energie von Heruka, statt wie üblich von Hass, Gier und Anhaftung überwältigt zu werden.

Wenn euer Geist tatsächlich mit der großen transzendenten glückseligen Energie göttlicher Weisheit vermischt ist, braucht ihr die Worte des Zufluchtsgebets: *„Namo gurubhya …“* überhaupt nicht mehr zu sprechen. Worte sind nicht die Zuflucht. Schwache Menschen brauchen Worte zur Kommunikation; Worte haben für sie eine gewisse Bedeutung. Wenn ihr jedoch die Verwirklichung eines dauerhaften glückseligen Gefühls der Einheit habt, müsst ihr nicht mehr mit dem Mund Zuflucht nehmen. Wohin ihr auch geht, was ihr auch tut, ständig nehmt ihr Zuflucht. Aufgrund eures steten Vertrauens wird euer ganzes Sein vom Wesen der Zuflucht. Ihr wisst, dass die immer währende, glückselige transzendente Weisheit das Tiefgründigste und das Reinste ist. Zufluchtnahme bedeutet schließlich nicht, mit gekreuzten Beinen dazusitzen und zu meditieren: Beim Essen, beim Trinken: stets ist euer Geist eins mit der glückseligen Energie von Heruka. Ihr nehmt also ständig Zuflucht. So macht ihr ständig Fortschritte auf dem Pfad, gleichgültig, was ihr tut, und könnt rasch Erleuchtung erlangen.

Die Verwirklichung von Shunyata hat die Qualität immer währender Freude. Samsarische Genüsse hingegen sind flüchtig und schmerzhaft: diesen Augenblick noch da, im nächsten schon vergangen. Weil sie plötzlich verschwinden, verursachen sie uns Schmerz. Würden wir nicht an den samsarischen Genüssen haften, würde uns ihr Verschwinden nicht schmerzen.

Wenn wir noch kein vollkommenes Verständnis von Shunyata durch Verwirklichung haben, sollten wir zumindest über eine klare konzeptuelle Vorstellung verfügen, damit wir die tief in unser Bewusstsein eingeprägten falschen Auffassungen von unserer Existenzweise überwinden können. Die gewöhnliche relative Vorstellung von uns selbst ist meist sehr auf das Körperliche fixiert. Ich denke: „Ich bin Thubten Yeshe", und in meinem Geist findet sich ein extrem konkretes Bild von Kopf, Armen, Beinen und Sinnesorganen. Solange ihr euch so seht, könnt ihr euer Bewusstsein nicht mit der immer währenden glückseligen transzendenten Weisheit vermischen. Ein Verständnis von Shunyata bewirkt automatisch, dass unser gewöhnliches, relatives Selbstbild verschwindet.

Für scharfsinnige Menschen ist es überhaupt nicht so schwierig, Shunyata zu verstehen. Ihr braucht keine außerordentlich komplexen Philosophien oder Bände von Texten mit verschiedenen Lamas zu studieren. Natürlich könnt ihr von Lehrern und aus Büchern Wissen erwerben, aber wenn ihr geschickt seid, könnt ihr durch eine sehr einfache Methode lernen: Glaubt nicht, was eure Sinne euch mitteilen. Es ist nicht nötig, weit und breit nach dem zu suchen, was euch an der Erkenntnis von Shunyata hindert. Ihr müsst lediglich begreifen, dass die Art und Weise, wie ihr die Welt der Sinne jeden Tag eures Lebens wahrnehmt, völlig falsch ist, dass sie die fehlerhafte Projektion eueres Egos ist. In dem Augenblick, in dem ihr das erkennt, verschwindet eure verblendete Sicht. Die Yoga-Methode ist unter anderem deshalb so wirksam, weil sie euch gestattet, sehr schnell die Falschheit der Projektionen eueres Egos zu erkennen und sie vollständig zu durchschneiden.

Häufig fühlen wir uns unsicher. Auf dem Weg zu einer Verabredung denken wir: „Vielleicht mag sie mich ja nicht", „vielleicht mag er mich nicht", „ich wünschte, ich würde besser aussehen", „vielleicht mag sie nicht, was ich sage" und ähnliche Dinge. All diese Unsicherheiten entstehen aus falschen Vorstellungen und Fehlinterpretationen. Sobald wir erkennen, dass unser unwissender Geist all dies gemalt hat, dass unsere illusorischen Ansichten, Gedanken und Gefühle nicht einmal auf der relativen Ebene wahr sind, vom Absoluten ganz zu schweigen, hören wir auf, uns unsicher zu fühlen. Selbst wenn andere uns beschimpfen, uns „Dieb" oder ähnliches nennen, behalten wir die Kontrolle und leiden nicht. Das sind die praktischen Vorteile eines derartigen Verständnisses.

Wir leben in der Welt der Sinne und glauben fest an die Wahrheit der falschen Wahrnehmungen und Projektionen unseres unwissenden Geistes. Für uns ist Sehen gleich Glauben: „Ich habe es doch gesehen, daher muss es wahr sein." Manche Menschen glauben fest, ihre Philosophie sei die ideale für die Gesellschaft. Kommunismus und Kapitalismus: beide sind falsch, beide sind Halluzinationen! Wenn wir so weitermachen, werden wir Shunyata niemals entdecken, immer wird sie irgendwo anders sein. Erkennen wir jedoch, dass unsere Sicht der Welt eine Halluzination ist, dass unsere Sicht der Wirklichkeit von der schweren Decke unserer Verblendung verhangen ist, verschwindet die falsche Sicht, und uns bleibt das Gegenteil, die rechte Sicht von Shunyata. Sobald wir den dualistischen Geist auslöschen, erfahren wir Shunyata.

Shunyata kann man also jeden Tag studieren, denn jeden Tag macht euch die von den Sinnesorganen ausgehende Schwerkraft der Anhaftung an die Welt der Sinne glauben, dass alles, was ihr wahrnehmt, wirklich so existiert, wie ihr es wahrnehmt. Wenn ihr eure Wahrnehmungen und Ansichten kontinuierlich untersucht, dann gibt es keine Zeit, zu der ihr nicht Shunyata studiert. Manchmal können Bücher und Philosophien eher ein Hindernis als eine Hilfe für euer Shunyata-Verständnis sein, denn solange ihr nicht versteht, wie man Worte mit Erfahrungen verbindet, können sie Konflikte in eurem Geist hervorrufen. Wenn ihr das jedoch könnt, kann selbst ein einziges Wort zu einer großen Belehrung für euch werden.

Diejenigen, die glauben, man müsse umfangreiche Schriften studieren und dem Gedächtnis Tausende von Worten einverleiben, um Shunyata zu verstehen, laufen Gefahr entmutigt zu werden. Sie haben den Eindruck, der Versuch, Shunyata im Laufe eines Lebens zu begreifen, sei zum Scheitern verurteilt. Aber Shunyata lässt sich ganz leicht verstehen, indem ihr begreift, dass die Sichtweise eures unwissenden Geistes völlig illusorisch ist – ganz gleich, auf welches Objekt sie sich bezieht. Sie ist nicht einmal relativ existent, doch euer Greifen nach dem Ego und euer Haften am Selbst lassen euch glauben, dass „dieses wirklich dieses ist" und „jenes wirklich jenes", und haben euch so großes Leid beschert. Solange euer Geist unwissend ist, nehmt ihr jedes Objekt dualistisch wahr. Und jedes auf diese Weise wahrgenommene Objekt ist tatsächlich nicht-existent.

Allerdings kann man auch nicht sagen, nichts existiere. „Meine Nase, meine Zunge, mein Mund – nichts, was mich ausmacht, existiert." Wie könntet ihr behaupten, es gäbe kein Licht, keinen Tisch? Diese Form einer intellektuellen Negation ist völlig falsch. Untersucht lieber, ob *eure Sichtweise* des Tisches wirklich existiert. Dann werdet ihr entdecken, dass sie keineswegs existiert. Untersucht eure Sichtweise aller Dinge – ihr werdet herausfinden, dass nichts so existiert, wie es erscheint. Ihr sagt dauernd Dinge wie: „Nepal ist so und so", „Amerika ist so und so", „Europa wiederum ist so und so." Ihr redet Unsinn. Nepal, Amerika und Europa, von denen ihr sprecht, gibt es so nicht. Ihr denkt: „Oje, dieser Meditationskurs ist zu schwierig" oder „diese Klausur ist ja das reine Leiden." Ihr lebt in einer Traumwelt aus Traumprojektionen. Euer träumender Geist lässt euch leiden.

Das heißt aber wiederum nicht, man solle die Existenz der Sinneswelt leugnen. Das wäre völlig unvernünftig. Ihr solltet euch keine Sorgen darüber machen, ob Nepal nun existiert oder nicht; eure Aufgabe ist herauszufinden, ob die Interpretationen von Nepal, die euer Geist produziert, existieren oder nicht. Falsche Vorstellungen erzeugen eine Sicht von Nepal, die - selbst relativ betrachtet - auch nicht das Geringste mit der wahren Natur von Nepal zu tun hat, und ihr hängt daran fest: Das ist das Problem. Mein ignoranter Geist entwickelt seine eigene Sichtweise: „Thubten Yeshe ist so und so und so" - was nichts aber auch gar nichts mit meiner wahren Natur zu tun hat –, und ich hänge an dieser unwirklichen, selbstmitleidigen Projektion. Die fühlenden Wesen haben über zahllose Leben hinweg Anhaftung entwickelt, weil sie glauben, wenn sie nichts hätten, woran sie sich festhalten können, seien sie verloren. Wenn fühlende Wesen glauben, verloren zu sein, dann sind sie wirklich verloren. Zum Beispiel geraten sie dann im Todesprozess in panische Angst, weil es ihnen so vorkommt, als würden sie alles verlieren.

Um die rechte Sicht, Shunyata, zu erkennen, müsst ihr sie zuerst in eurem eigenen Geist suchen und entdecken. Wenn ihr die endgültige Natur in äußeren Phänomenen wie Bäumen, Tischen oder anderen Personen zu suchen beginnt, werdet ihr sie niemals finden. Nach den Erfahrungen der großen indischen Panditas und tibetischen Lamas ist Shunyata auf diese Weise nicht zu finden.

Samsarische Wesen blicken von Natur aus meist nach außen. Wir glauben immer, die Wirklichkeit verstehen zu können, indem wir beobachten, was andere machen. Wir versuchen, unseren eigenen Fortschritt zu beurteilen, indem wir uns mit unseren Nachbarn vergleichen. Was besitzen sie? Wie haben sie es bekommen? Diese Herangehensweise selbst macht es unmöglich, die Wirklichkeit zu finden. Wenn das eure Haltung sein sollte, werdet ihr Shunyata niemals finden, selbst wenn ihr euer ganzes Leben lang studiert.

Um unsere innere Natur zu entdecken, um von innen heraus Shunyata zu realisieren, müssen wir beginnen, nach der absoluten Natur unseres eigenen Geistes zu suchen. Wenn wir die Wirklichkeit innen erkannt haben, fällt es uns viel leichter, auch die Wirklichkeit der äußeren Phänomene zu verstehen. Intellektuelle Übungen, etwa das Studium der Worte anderer Lehrer oder logische Debatten, sind nicht die zentralen Mittel zur Erkenntnis von Shunyata. Durch solche Methoden allein können wir Shunyata nicht entdecken. Wir müssen ebenso unseren eigenen Geist erforschen, um unsere falschen Konzepte und Sichtweisen zu entlarven; darüber hinaus müssen wir Methoden der Reinigung anwenden.

Warum haben wir die endgültige Natur, Shunyata, die in unserem Geist liegt, noch nicht entdeckt, obwohl wir vielleicht schon seit Jahren studieren und nach ihr suchen? Die Vibrationen geistiger Verblendung und Unreinheiten haben es verhindert. Wollen wir also die Weisheit von Shunyata in uns wachsen lassen, müssen wir neben unserem Studium der Shunyata-Lehren und der Untersuchung unseres Geistes den hinderlichen unheilsamen Handlungen durch Reinigungsübungen – wie etwa Niederwerfungen und die Yoga-Methode von Vajrasattva – entgegenwirken. Mit anderen Worten: Um Fortschritte in unserem Verständnis von Shunyata zu erzielen und sie schließlich ganz zu verwirklichen, müssen wir zwei Dinge tun. Wir müssen unser intellektuelles Verständnis von Shunyata entwickeln und unsere geistigen Hindernisse reinigen, einschließlich der falschen Vorstellungen und Sichtweisen, die wir durch die Analyse unseres Geistes erkannt haben. Die Kraft dieses kombinierten Vorgehens wird uns die Verwirklichung von Shunyata sehr erleichtern.

Als einst der große tibetische Lehrer Lama Tsong Khapa Shunyata gemäß der Lehren der Madhyamaka-Schule studierte und analysierte, erschien ihm Manjushri und sagte: „Zum jetzigen Zeitpunkt kann dich kein Mensch auf Erden Shunyata lehren.“

Lama Tsong Khapa begab sich also an einen einsamen Ort, führte eine kraftvolle Reinigungspraxis durch und meditierte. Auf diese Weise erlangte er schließlich die direkte, nicht-konzeptuelle Weisheit von Shunyata gemäß der Sicht von Nagarjunas Philosophie des Mittleren Weges. Die Yoga-Methode von Heruka-Vajrasattva ist also nicht ausschließlich für die Reinigung von unheilsamen Handlungen gedacht; da sie falsche Vorstellungen so effizient beseitigt, ermöglicht sie auch, dass wir die endgültige Natur, Shunyata, rasch in unserem Geist entdecken.

Diese lange Diskussion über Shunyata hat sich aus den Erklärungen über die innere Zuflucht ergeben. Wollen wir auf angemessene Weise innere Zuflucht nehmen, müssen wir Shunyata verstehen und die auf Ego-Projektionen beruhenden falschen Sichtweisen bezüglich unseres eigenen Selbst bereinigen. Sobald wir denken: „Ich bin so und so, dort geboren, so und so aufgewachsen ...", fangen die Probleme schon an. Die Projektionen unseres Egos sind eine natürliche Quelle von Problemen. Wenn jemand zum Beispiel in eine jüdische Familie geboren wird, identifiziert er sich mit der jüdischen Rasse und hat sofort Tausende Jahre historischer Probleme am Hals. Solange es ein Ego gibt, haben wir automatisch Probleme.

Die Psychologie des Buddha ist deshalb so wunderbar, weil sie alle Probleme mitsamt ihren Ursachen vollständig und für immer beseitigen kann. Darin ist sie das genaue Gegenteil der westlichen Psychologie, die bloß Symptome lindert. Da dabei die Wurzel der Probleme unversehrt bleibt, führt die Beseitigung einiger Symptome nur dazu, dass andere entstehen. Wir sollten die psychologischen Mechanismen, die Buddhas Yoga-Methode bei der Behandlung menschlicher Probleme einsetzt, verstehen und schätzen.

Wenn ihr die evolutionäre Yoga-Methode in die Praxis umsetzt und euch selbst in der Form der Gottheit erzeugt, so solltet ihr verstehen, dass ihr dies aufgrund der Kraft eurer Shunyata-Weisheit tun könnt. Es ist absolut nicht dasselbe, als würdet ihr zum Beispiel zu einer Kerze werden. Da besteht ein himmelweiter Unterschied. Das muss euch wirklich klar sein, ansonsten wäre es sehr gefährlich. Ich glaube, westliche Menschen haben noch einen langen Entwicklungsweg vor sich, bis sie diesen Prozess verstehen. Ihr solltet aber zumindest den Unterschied erkennen.

Mit dem richtigen Verständnis von Shunyata könnt ihr euren Geist mit der glückseligen transzendenten Weisheit vereinen, die völlig jenseits der Projektionen des Egos liegt. Diese Weisheit verwandelt sich in die Gottheit. Begreift ihr, welch ein riesiger Unterschied besteht zwischen eurer Verwandlung in Heruka-Vajrasattva oder in eine Kerze? Wenn ihr kein tiefes Verständnis für die Wirkungsweise der evolutionären Yoga-Methode besitzt und jemand eure Praxis in Frage stellt: „Was gibt es denn für einen Unterschied zwischen der Verwandlung in Heruka-Vajrasattva oder in eine Kerze? Du solltest dich eher in eine Rose verwandeln, wenigstens riechst du dann gut!“, dann hättet ihr keine Antwort. Ihr beginnt an eurem Tun zu zweifeln: „Das Argument ist einleuchtend. Ich weiß keine Antwort. Vielleicht ist meine ganze Praxis wirklich nicht nützlicher als der Versuch, zu einer Kerze zu werden.“ Wenn das die Verständnisebene bezüglich eurer Praxis ist, dann habt ihr weniger als nichts. Ihr müsst den Unterschied kennen.

Die meisten von euch praktizieren Meditationen, in denen sie Shakyamuni Buddha oder eine Gottheit wie Avalokiteshvara visualisieren. Wenn ihr zumindest ein intellektuelles Verständnis von Shunyata habt, wird euch die Visualisierung leicht fallen. Falls nicht, projiziert eure falsche Vorstellung auf eine solch physische Art und Weise, dass es euch sehr schwer fallen dürfte zu visualisieren, wie sich die göttliche Weisheit aus Shunyata heraus in die Form der Gottheit verwandelt. Seid ihr euch andererseits bewusst, dass die allumfassende göttliche Weisheit der Buddhas überall ist, bewirkt euer auf Einsicht basierendes Vertrauen, dass ihr leicht visualisieren könnt, wie die göttliche Form des Buddha plötzlich im Raum vor euch erscheint. Wie ich bereits sagte, erscheint die vollständige Visualisierung auf einmal:

Ihr müsst nicht mit einem Baby-Buddha beginnen, der langsam vollständig wird.

Die Art der Zufluchtnahme in der tantrischen Yogapraxis ist also nicht einfach. Er ist viel schwieriger als die äußere Zufluchtnahme, die in den Sutra-Lehren über den Stufenweg zur Erleuchtung erklärt wird. Hat jedoch euer Geist erst einmal eine bestimmte Entwicklungsstufe erreicht, könnt ihr definitiv die innere Zufluchtnahme üben. Darüber hinaus solltet ihr verstehen, dass die beiden unterschiedlichen Arten der Zufluchtnahme nicht im Widerspruch zueinander stehen. Die tantrische Yoga-Methode beinhaltet nicht die Aussage, dass die Sutra-Methode nicht gut oder falsch sei. Die verschiedenen Methoden wurden gelehrt, weil der Geist der Menschen unterschiedlich weit entwickelt ist. An dieser Stelle ist es, glaube ich, nicht nötig, noch weitere Erklärungen zur geheimen Zuflucht zu geben.

Erzeugen von Bodhicitta

Nach der Meditation über Zuflucht erzeugen wir Bodhicitta gemäß der Methoden des tantrischen Yoga. Das bedeutet, voller Begeisterung und so schnell wie möglich Herukaschaft erlangen zu wollen, um die fühlenden Wesen, die alle einmal unsere Mütter waren, möglichst schnell zur Herukaschaft führen zu können. Wenn wir so denken, können wir niemals mehr faul sein.

Was wäre zum Beispiel, wenn eure geliebte Mutter von einem lodernden Feuer eingeschlossen wäre? Ihr würdet doch nicht entspannt dasitzen und sagen: „Ach, lass sie nur brennen. Ich habe jetzt gerade keine Zeit sie rauszuholen. Das mach ich später."? Selbstverständlich würdet ihr alles stehen und liegen lassen, egal wie wichtig es ist, und ihr augenblicklich zu Hilfe eilen, ohne auch nur einen Augenblick zu verlieren. Ähnlich ist es, wenn ihr erkennt, dass die fühlenden Wesen in der Falle sitzen und im Feuer falscher Vorstellungen und unheilsamer Handlungen brennen – dann könnt ihr einfach nicht mehr faul sein. Ihr müsst jede Aktivität in eurem Leben – Essen, Schlafen, Arbeiten – in Dharma-Weisheit verwandeln. Ihr könnt es euch auch nicht einen Augenblick gestatten, in samsarische Gewohnheiten zurückzufallen.

Aber wir sind faul. Unser unreiner Geist lässt uns leben, als wäre das Leben ein Kaffeekränzchen: „Lass meine Mutter brennen – ich ziehe sie aus dem Feuer, wenn ich mich genug amüsiert habe." Natürlich sagen wir so etwas nicht mit Worten, aber unser inneres Gefühl, jenseits von Worten, spiegelt diese Einstellung wider. Seid wachsam; wir verhalten uns häufig auf diese Weise. Stellt euch vor: Ich bin in einem erstklassigen Restaurant und amüsiere mich; plötzlich stürzt einer meiner Schüler herein und teilt mir mit, dass meine Mutter in Flammen steht. Ich bleibe einfach sitzen und sage: „Später, erst muss ich meinen Nachtisch aufessen!" Ihr würdet mich doch für meine Selbstsucht verprügeln, oder? Natürlich ist das Beispiel ein wenig übertrieben, aber es zeigt, welche Art Einstellung wir haben.

Andererseits sollten wir nicht zu emotional mit diesen Dingen umgehen. Wenn ich euch zu sehr anheize, wühlt euch das emotional zu sehr auf, und dann wollt ihr nur noch in die Berge hasten, um zu meditieren. Das wird dann wieder zu einem neuen Problem. Ich versuche nicht, euch aufzupeitschen; es ist viel besser, ruhige verstehende Weisheit zu entwickeln. Wie ich schon sagte, waren die Schüler in Tibet oft nach Lamrim-Belehrungen so energiegeladen, dass sie all ihre Studien im Kloster stehen und liegen lassen und nur noch in die Berge rennen und wie Milarepa leben und meditieren wollten. Viele sind auch tatsächlich gegangen, aber natürlich kamen die meisten nach ein paar Tagen wieder zurück.

Dennoch zeigt das, wie machtvoll Dharma sein kann. Manchmal denken die Menschen, Lamas seien machtvoll, sie könnten ihr Leben ändern. Aber es ist die Dharma-Weisheit, die den menschlichen Geist verwandelt. Dharma-Weisheit gelangt in euer Bewusstsein und eure geistigen Einstellungen ändern sich.

Es ist die Kraft des Dharma und nicht die Magie der Lamas. Wir kennen uns mit Magie gar nicht aus!

Wenn ihr die Sadhana von Heruka-Vajrasattva übt, werden die Zufluchts- und Bodhicitta-Gebete dreimal rezitiert. Warum die Wiederholungen? Damit ihr auf jeden Fall genug Zeit zum Meditieren habt und euer Geist von der Bedeutung der Worte durchdrungen wird. Andernfalls bestünde die Gefahr, dass ihr einfach durch die Gebete eilt, euer Geist aber unberührt von ihnen bleibt.

Ich erkläre es westlichen Menschen immer wieder: Die Zufluchtnahme ist nicht einfach die Rezitation von Gebeten. Verbal könnt ihr Zuflucht auf Englisch, Tibetisch oder Sanskrit nehmen oder es einfach still tun; das Wichtigste ist, was in eurem Geist vorgeht. Wenn ihr vollkommene Hingabe besitzt und euch ständig bewusst seid, dass die immer währende glückselige transzendente Weisheit euer letztendliches Ziel ist, und wenn ihr dabei die Freude des kontinuierlichen Bestrebens, sie zu entdecken, in eurem Herzen spürt, dann gibt es keine Zeit, zu der ihr nicht Zuflucht nehmt. Ohne dieses Verständnis könnt ihr selbst eine Million Mal *„Namo gurubhya, namo buddhaya …"* rezitieren und doch geschieht nichts. Es wäre reine Zeit- und Energieverschwendung.

In der buddhistischen Mahayana-Tradition haben wir die vorbereitenden Reinigungspraktiken, bei denen wir einhunderttausend Mal Zuflucht nehmen, einhunderttausend Mandalas darbringen, uns einhunderttausend Mal niederwerfen und so weiter. Wir wollen damit sicherstellen, dass wir diese Übungen nicht nur mit Körper und Sprache ausführen, sondern auch mit unserem Herzen. Ihr könnt *„Namo buddhaya, namo dharmaya, namo sanghaya …"* herunterrasseln und denken, ihr hättet die Zufluchtnahme beendet, aber möglicherweise war euer Geist mit Coca-Cola beschäftigt, während euer Mund Zuflucht nahm. Welchen Nutzen habt ihr dann wohl aus den Rezitationen gezogen? Vielleicht haben bestimmte Worte auch ihre eigene Kraft, aber selbst dann ist es noch fraglich, ob sie viel Wirkung auf euch haben konnten, wenn euer Geist gänzlich von Anhaftung erfüllt war und ihr sie mehr oder weniger unbewusst rezitiert habt.

Wie ihr seht, ist es nicht unbedingt einfach, Zuflucht zu nehmen. Und wenn eine Gruppe von Menschen zusammen Zuflucht nimmt, tut jeder etwas anderes. Wie man Zuflucht nimmt, hängt vom eigenen Verständnis und den eigenen Verwirklichungen ab, und diese unterscheiden sich von Mensch zu Mensch. Wir rezitieren zwar alle dieselben Worte oder Mantras, doch jeder von uns empfindet eine einzigartige Vibration – in Übereinstimmung mit der Ebene und Erfahrung seines individuellen Geistes.

Wenn man Bodhicitta zu verwirklichen beginnt, findet man viele Mittel und Wege, anderen Wesen zu helfen. Die Pflicht des Bodhisattva ist es, die sechs Paramitas zu vollenden, aber es dauert eine lange Zeit, bis sie verwirklicht sind. In zwei Tagen schafft man das nicht. Wenn ihr die Paramitas übt, habt ihr das Gefühl, euer Leben gut zu nutzen. Das Gefühl, nichts besonders Nützliches tun zu können und den Wesen nicht helfen zu können, zeugt von einem Mangel an Weisheit. Sorgt ihr euch allein um eure eigenen Probleme, dann werdet ihr immer enger und enger. Ihr seid dann so besessen von eurem: „Ich habe so viele Probleme …, dieses Problem …, jenes Problem …, mein Problem …, mein Problem", dass euch die Probleme der anderen fühlenden Wesen, die den ganzen Raum erfüllen, gar nicht zu Bewusstsein kommen oder euch so unberührt lassen, dass ihr kein Mitgefühl für andere empfindet.

Eine derartige Selbstbesessenheit kann Menschen in den Selbstmord treiben. Solche Leute zu bewundern, weil ihr glaubt, sie hätten endlich ihr eigenes Problem verstanden, wäre ganz und gar unangebracht. Menschen, die Selbstmord begehen, verstehen ihr Problem nicht im Geringsten. Genau deshalb bringen sie sich ja um. Ihre Sicht ist eng. Selbstmord ist niemals das Ergebnis von Erkenntnis.

Im alten Indien gab es einmal einen König, der seinen Vater umbrachte. Als ihm klar wurde, was er getan hatte, empfand er so starke Reue, dass er in Depressionen verfiel und kaum mehr einen klaren Gedanken fassen konnte. Schließlich suchte er Rat beim Buddha. Der sagte ihm: „Die Eltern zu töten ist gut." Irgendwie rüttelten ihn diese Worte wach, und sein Geist begann wieder normal zu funktionieren. Er dachte intensiv darüber nach, was der Buddha gesagt hatte, und erkannte schließlich die wahre Bedeutung dieser Worte: Er solle die Anhaftung und den verblendeten Geist töten, die sein Samsara gebären. Durch diese Erkenntnis wurde er zu einem Arhat. Hier soll Folgendes gezeigt werden: Er war so sehr von den Sorgen um seine eigenen Probleme besessen, dass seine auf Ignoranz basierenden Emotionen seinen Geist ganz und gar erfüllten und damit kein Raum für verstehende Weisheit blieb. Wenn unser Geist so eng wird, dass wir nicht einmal mehr imstande sind, uns selbst zu nutzen, wie können wir dann hoffen, anderen nutzen zu können?

Die Vasen-Meditation: Die Atemübung in neun Runden

Nachdem ihr Zuflucht genommen habt und die Objekte der Zuflucht zu Licht geworden und mit euch verschmolzen sind, meditiert einsgerichtet und so lange ihr könnt darüber, mit Heruka oder Vajradhara eins zu sein – je nachdem, welche der beiden Gottheiten ihr als Zufluchtsobjekt gewählt habt. Wenn dann wieder dualistische Gedanken entstehen, erzeugt Bodhicitta, wie ich es zuvor erklärt habe.

Von diesem Punkt der Sadhana an visualisiert ihr euch nicht mehr in eurer gewöhnlichen Form; stattdessen erscheint ihr im göttlichen Aspekt von Heruka oder Vajradhara. Denkt nun nicht mehr: „Ich bin so und so", und stellt euch auch nicht vor, euer Körper bestehe aus Fleisch, Blut und Knochen. Spürt aber auch nicht die göttliche Würde (*„divine pride", meist mit „göttlicher Stolz" übersetzt, wird in diesem Buch durchgehend mit „göttliche Würde" übersetzt, da „Stolz" im Deutschen zu negativ belegt ist und das Wort „Würde" die eigentliche Geisteshaltung viel besser trifft. Anm. d. Übers.*), die Gottheit zu sein. Das heißt, ihr visualisiert euch als die Gottheit, erzeugt jedoch nicht die Überzeugung, tatsächlich die Gottheit zu sein. Später, wenn ihr bei der Praxis der Kraft des Gegenmittels das Reinigungsmantra rezitiert, werdet ihr dasselbe tun.[5]

Während ihr nun die göttliche Erscheinung eurer selbst als Gottheit aufrecht haltet, übt ihr die Vasenatmung. Bei dieser Praxis atmet ihr langsam durch die Nase und haltet den Mund geschlossen. Atmet langsam, natürlich und vollständig ein und aus – in der Mitte des Atemzuges jedoch ein wenig stärker als am Anfang und am Ende. Es heißt, die Form jedes Atemzugs solle der Form eines Gerstenkorns ähneln, das ja in der Mitte dick ist und zu den Enden hin spitz zuläuft. Wir benutzen hier nicht die heftigen Atemmethoden, wie man sie in einigen Praktiken des Hindu-Yoga findet.

Euer Körper ist von vielen feinstofflichen Energiekanälen durchzogen. Bei dieser Praxis visualisieren wir die drei Hauptkanäle. Der Zentralkanal ist eine transparente Röhre in der Natur von Licht, ihr Durchmesser entspricht dem eures kleinen Fingers. Er verläuft vor der Wirbelsäule gerade durch die Mitte eures Körpers vom Scheitelchakra bis zum Basischakra am unteren Ende der Wirbelsäule. Der rechte und der linke Kanal sind ebenfalls Lichtröhren, aber enger als der Zentralkanal. Sie verlaufen von den Nasenlöchern zuerst hoch zum Scheitelchakra, wo sie sich wie ein Schirmgriff biegen und neben dem Zentralkanal, parallel mit ihm, bis zu einem Punkt etwa vier fingerbreit unterhalb des Nabels nach unten verlaufen. Dort biegen sie sich nach innen und münden in den Zentralkanal.

Nachdem ihr diese Kanäle visualisiert habt, atmet ihr zuerst durch das linke Nasenloch ein: langsam, dann etwas kräftiger und schließlich wieder langsam. Stellt euch vor, dass die Luft in den linken Seitenkanal eindringt, ihn völlig anfüllt und dann hinunter in den rechten Seitenkanal strömt. In diesem steigt sie auf und ihr atmet durch das rechte Nasenloch aus. Diese Luft treibt alle Energie und Samen eurer Begierde und Anhaftung aus. Sie werden aus dem Gravitationsfeld der Erde und aus dem

Sonnensystem herausgeschleudert und verschwinden für immer. Das macht ihr dreimal.

4 Die eigentliche Yoga-Methode

Die Ausgangsvisualisierung

Aus dem Raum der Leere, etwa eine Handbreit über meinem Scheitel, erscheint die Keimsilbe PAM. Sie verwandelt sich in einen tausendblättrigen Lotus. Auf dem Lotus stehend erscheint die Keimsilbe AH. Sie verwandelt sich in eine Mondscheibe. In der Mitte der Mondscheibe steht die Keimsilbe HUM. Sie verwandelt sich plötzlich in einen fünfzackigen Vajra mit einem HUM in der Mitte. Vom HUM und vom Vajra strahlt helles Licht aus. Dieses Licht geht in alle zehn Richtungen und erfüllt die beiden Vorhaben. Das ganze Universum wird zu Licht. Dieses Licht kehrt zum HUM im Vajra zurück und wird von ihm absorbiert. HUM und Vajra werden ebenfalls zu Licht und verwandeln sich in Heruka-Vajrasattva.

Vajrasattva ist weiß. Er hat ein Gesicht und zwei Arme. In seiner Rechten hält er einen Vajra und in seiner Linken eine Glocke. Er sitzt in der vollständigen Lotushaltung, die Hände hält er in der Mudra der Umarmung. Seine Gefährtin, Dorje Nyima Kharmo, umarmt ihn, ihre Beine umfangen seinen Körper. Auch sie ist weiß, hat ein Gesicht und zwei Arme. In der Rechten hält sie ein geschwungenes Hackmesser und in der Linken eine Schädelschale.

Beide tragen Gewänder aus himmlischer Seide und sind geschmückt mit kostbaren Juwelenornamenten. Im Scheitelchakra tragen beide die Keimsilbe OM, im Kehlchakra die Keimsilbe AH und im Herzen die Keimsilbe HUM. Vom HUM im Herzen gehen Lichtstrahlen aus und rufen die höchste göttliche Weisheitsenergie aller Tathagatas herbei.

Aus dem Raum der Leere, etwa eine Handbreit über eurem Scheitel, erscheint die Keimsilbe PAM. Sie verwandelt sich in einen tausendblättrigen Lotus. Auf dem Lotus stehend erscheint die Keimsilbe AH. Sie verwandelt sich in eine weiße Mondscheibe. Dieser Mond ist nicht der Mond, den die Wissenschaftler untersuchen, sondern er ist ganz aus strahlendem Licht. Im Zentrum des Mondes erscheint eine weiße Silbe HUM, die sich in einen fünfzackigen Vajra verwandelt, der in seinem Zentrum wiederum die Silbe HUM trägt. Der Vajra ist seiner Natur nach transzendente glückselige Weisheit.

Vom Vajra und besonders vom HUM in seinem Zentrum strahlt Licht in die zehn Richtungen und erfüllt das gesamte Universum. Dieses Licht erfüllt den zweifachen Nutzen: Es wird zu einer Opfergabe für alle Gurus und Buddhas, indem es sie mit einem Gefühl großer glückseliger Energie und Freude erfüllt. Das Licht erreicht auch alle fühlenden Wesen und reinigt ihren Körper, ihre Sprache und ihren Geist von allen Verblendungen und negativen Eindrücken. Alle fühlenden Wesen und ihre Umgebung - alle belebten und unbelebten Phänomene - lösen sich auf in Licht. Dieses Licht kehrt zurück und wird vom HUM im Zentrum des Vajra absorbiert.

Dann schmilzt auch der Vajra zu Licht, aus dem Heruka-Vajrasattva plötzlich erscheint. Er ist weiß mit einem Gesicht und zwei Armen. In seiner Rechten hält er einen Vajra und in seiner Linken eine Glocke. Er sitzt in der vollständigen Lotushaltung, seine Hände sind über Kreuz in der Mudra der Umarmung.

Er umarmt seine Gefährtin Dorje Nyima Kharmo. Sie ist ebenfalls von weißer Farbe und umfasst mit ihren Beinen seine Hüften. Sie hat ein Gesicht und zwei Arme. In der Rechten hält sie ein geschwungenes Hackmesser und in der Linken eine mit Nektar gefüllte Schädelschale (*kapala*). Das Messer symbolisiert Weisheit; es soll die falschen Vorstellungen, die Projektionen des Egos und die schwerkraftähnliche Anhaftung an die Sinnesfreuden durchschneiden. Die mit Nektar gefüllte Schädelschale symbolisiert, dass sie die immer währende glückselige Verwirklichung der Erleuchtung erlangt hat. Sie ist keine gewöhnliche weltliche Jojo-Frau mehr. Obwohl sie nur Symbol ist, hinterlässt sie doch einen starken Eindruck.

Bei einer Betrachtung der Geschichte werdet ihr feststellen, dass Frauen meist für wertlos gehalten wurden, ihre Hauptaufgabe war es, den Männern zu dienen. Aber das ist nicht richtig. Die großartigste unter Buddhas psychologischen Methoden, das tantrische Yoga, zeigt eindeutig, dass Frauen und Männer gleichermaßen fähig sind, die in uns allen liegende immer währende transzendente Weisheit zu entdecken. Darüber hinaus haben Frauen eine ganz besondere Begabung, die Kraft der Weisheit zu erzeugen, und deshalb können sie anderen Yogis große glückselige Energie verleihen. Gleichzeitig erhalten sie glückselige Energie zurück. Wenn ihr also eine innere Erfahrung davon habt, was eine Gefährtin symbolisiert, hinterlässt jede Betrachtung eines Mahayana-Gemäldes einen tiefen positiven Eindruck in eurem Geist, und ihr empfangt transzendente Weisheit. Tatsächlich sprechen diese Bilder zu euch, weit über Worte hinaus.

Unser unwissender, begrenzter Geist denkt dauernd: „Ich bin zu nichts fähig ..., ich kann dies nicht ..., ich kann das nicht", was überhaupt nicht der Wahrheit entspricht. Ihr könnt tun, was immer ihr wollt! Eure kostbare menschliche Wiedergeburt bietet euch so viel: Ihr könnt kommunizieren, intelligent denken und euch unbegrenzt entwickeln. Wenn ihr glaubt, ihr wäret faul, werdet ihr faul. Ihr werdet euer ganzes Leben verschwenden und nichts tun, einfach nur weil ihr glaubt, dass ihr nichts zustande bringen könnt. Ihr setzt euch selbst herab. Aber all das ist ein Irrtum; ihr könnt so viel tun!

Das tantrische Yoga zeigt euch, welche kraftvollen Qualitäten in euch stecken, und hindert euch weiterhin zu denken, ihr wäret zu nichts in der Lage. Ihr habt außerordentliches Glück, diesen Lehren begegnet zu sein, sie verstanden zu haben und sie nun in die Praxis umsetzen zu können. Es wäre sehr weise, wenn ihr von dieser Möglichkeit möglichst viel Gebrauch machen würdet.

Sehen gewöhnliche Menschen ein Bild von Dorje Nyima Kharmo mit ihrer Schädelschale voller Nektar glückseliger Energie, ein Symbol für ihre Verwirklichung immer währender

Freude, würden sie sie wohl für eine Art Blut trinkende Dämonin halten. Sie fänden sie abstoßend und hätten Angst, denn sie würden annehmen, die Schädelschale enthielte menschliches Blut und Mahayana-Buddhisten müssten darum wohl an Menschenopfer glauben. Vielleicht hätten sie sogar Angst, dass wir ihnen die Kehle durchschneiden! Beim Anblick von Yamantaka, der Menschenknochen trägt, würde ihnen übel; ihre abergläubischen Vorstellungen würden ihnen suggerieren, dass er Menschen umbringt. Trotz solcher Einbildungen haben diese Symbole aber eine tiefe Bedeutung und spiegeln die erhabenen, höchsten Verwirklichungen.

Im Verlauf der Sadhana von Heruka-Vajrasattva oder im „Guru-Yoga in sechs Sitzungen" gibt es einen Teil, in dem ihr euch selbst als Vajrasattva in Vereinigung mit der Gefährtin visualisieren müsst. Da Mönche und Nonnen aber Gelübde abgelegt haben, keine sexuellen Kontakte zu pflegen, könnte man glauben, dass sie diese Art der Praxis nicht üben sollten. Da die Gefährtin jedoch keine physische Frau, sondern eine *Samadhi*-Frau ist, können auch Mönche und Nonnen diese Meditationen üben. Frauen können sich entweder als Vajrasattva visualisieren, der die Gefährtin umarmt, oder als die Gefährtin Dorje Nyima Kharmo selbst, die vollständig eins ist mit Heruka-Vajrasattva und seiner transzendenten Weisheit. So verwandeln wir also unsere negative Energie in die glückselige transzendente Weisheit von Vajrasattva.

Der Sinn und Zweck der Praxis mit einem Gefährten oder einer Gefährtin ist die Entwicklung der glückseligen, transzendenten Weisheit von Shunyata. Das macht sie zum genauen Gegenteil der gewöhnlichen Umarmung von Mann und Frau. Will man mit glückseligem transzendenten Gewahrsein umarmen, muss man den Geist des glückseligen transzendenten Gewahrseins allmählich entwickeln. Aus diesem Grund stellen Yogis und Yoginis zuerst jeden körperlichen Kontakt ein und praktizieren die Yoga-Methode mit einer Samadhi-Gefährtin oder einem -Gefährten, bis sie höhere Verwirklichungen erlangt haben. Erst auf einer höheren Ebene der Entwicklung können sie auch körperliche Umarmung üben, aber das hat mit den gewöhnlichen, unkontrollierten samsarischen Lüsten nicht mehr das Geringste zu tun. Wir haben noch einen langen Weg vor uns, bis wir an diesem Punkt angelangt sind, und es mag nicht einmal nötig sein, diese Praktiken überhaupt zu üben. Aus diesem Grunde muss ich hier keine weiteren Details erklären.

Hier geht es um das, was die Gefährtin symbolisiert: andere Yogis bei der Entwicklung immer währender glückseliger Weisheit zu unterstützen. Wenn den Frauen dies gelingt, wunderbar, wenn aber die Frauen auf die Männer so wirken, dass diese immer aufgeregter, deprimierter, entmutigter und unglücklicher werden, dann wird alles samsarisch. Natürlich gilt dasselbe für die Wirkung von Männern auf Frauen.

Sowohl Heruka-Vajrasattva als auch seine Gefährtin sind in Kleider aus himmlischer Seide gehüllt und mit schönen Juwelenornamenten geschmückt. Natürlich ist „schön" hier relativ. Was Menschen des einen Landes schön finden, mag den Bewohnern eines anderen hässlich erscheinen. Nach der buddhistischen Philosophie hängen Schön und Hässlich, Gut und Schlecht und so weiter nur vom Geist fühlender Wesen ab. Was schmückend ist und was nicht, wird allein vom Geist bestimmt.

Das lässt sich leicht verstehen, wenn ihr betrachtet, wie die Menschen im Laufe der Entwicklung der westlichen Zivilisation zu verschiedenen Zeiten bestimmte Dinge für schön gehalten haben, andere hingegen für hässlich. Ihr versteht all das wahrscheinlich viel besser als ich. Ich kenne diese Dinge nur aus meinem Studium der buddhistischen Philosophie; ihr kennt sie aus der direkten Beobachtung der Wirklichkeit. Ihr müsst nur beobachten, wie die Ladenbesitzer ständig ihre Auslagen verändern. Was gestern noch schön war, ist heute schon hässlich und so geht es immer weiter. Ihr habt Glück! Ihr könnt die Philosophie des Buddha direkt erkennen, einfach indem ihr betrachtet, was die ganze Zeit über um euch herum vorgeht. Ihr müsst euch nicht so sehr mit der technischen Terminologie und den

Schriften herumschlagen. Ihr könnt das Leben in eurem eigenen Land genießen und gleichzeitig zu einem Verständnis der Wirklichkeit gelangen.

Da Menschen aus unterschiedlichen Ländern ihre jeweils eigenen Vorstellungen davon haben, welcher Schmuck schön ist, mögt ihr vielleicht die Art und Weise, wie ich die Schmuckstücke von Vajrasattva und seiner Gefährtin beschreibe, nicht. Vielleicht möchtet ihr ihren Schmuck lieber eurem Geschmack entsprechend visualisieren. Die Schmuckstücke symbolisieren jedoch spezifische innere Verwirklichungen und sollten daher dem Text entsprechend visualisiert werden. Ganz sicher solltet ihr sie nicht einfach weglassen, weil ihr es zu kompliziert findet, sie zu visualisieren.

Heruka-Vajrasattva trägt sechs verschiedene Arten von Schmuck, seine Gefährtin fünf. Das sechste Ornament ist eine weiße Substanz, die auf bestimmte Art und Weise auf den Körper aufgetragen ist, was zeigen soll, dass er die Verwirklichung der Kundalini-Energie besitzt. Die Farbe ist nicht auf die Art und Weise über seinen ganzen Körper verschmiert wie ihr es bei einigen indischen *sadhus* sehen könnt, die sich ganz mit Asche bedecken. Manche Männer sehen aus wie Männer, sind aber impotent; ihre männliche Energie funktioniert nicht. Das sechste Ornament zeigt, dass Vajrasattvas Kundalini-Energie funktioniert, dass er die Verwirklichung der Kundalini-Energie besitzt und damit zur Erfahrung transzendenter, gleichzeitig geborener Glückseligkeit fähig ist. (Ich sage Kundalini-Energie und nicht einfach Kundalini, damit ihr nicht glaubt, ich würde mich auf die gewöhnliche männliche Energie beziehen.)

Sowohl Heruka-Vajrasattva als auch seine Gefährtin haben die Silben OM am Scheitelchakra, AH am Kehlchakra und HUM am Herzchakra. Das HUM steht im Zentrum einer liegenden Mondscheibe. Der Mond ist ganz voll und symbolisiert transzendente große Glückseligkeit. Wenn euch heiß ist und ihr nach draußen geht, um euch unter dem Vollmond abzukühlen, fühlt ihr euch ganz von selbst kühl und glücklich. Das ist einer der

Gründe, warum der Vollmond zum Symbol großer Glückseligkeit geworden ist. Am Rand der Mondscheibe stehen die Silben des Heruka-Vajrasattva-Mantras im Gegenuhrzeigersinn angeordnet. In tantrischen Sadhanas liest sich das Mantra gewöhnlich im Uhrzeigersinn - also von links nach rechts; hier liest es sich im Gegenuhrzeigersinn - also von rechts nach links -, um zu zeigen, dass Heruka-Vajrasattva die weibliche Energie mehr betont als die männliche. Es heißt, dass Frauen mehr von der Energie ihrer linken Körperhälfte Gebrauch machen, Männer eher von der rechten.

Wenn Buddhisten eine Stupa umschreiten, gehen sie gewöhnlich im Uhrzeigersinn, die Stupa immer zu ihrer Rechten. Wenn ihr weibliches Tantra praktiziert und wisst, was ihr tut, könnt ihr in die Gegenrichtung gehen. Leute ohne höheres Verständnis würden dann wohl denken, dass ihr es falsch macht oder einfach versucht, anders als andere zu sein; diejenigen, die Bescheid wissen, sind vielleicht von eurer offensichtlichen Kenntnis des geheimen Mantra beeindruckt. Es ist jedoch nicht gut anzugeben; versucht daher stets, einfach zu sein und konventionell zu handeln.

Vom HUM im göttlichen Herzen Heruka-Vajrasattvas geht Licht in alle Richtungen und ruft die erhabene reine Energie der Weisheit aller Buddhas herbei, die in Form von Licht zum HUM zurückkehrt und sich in ihm auflöst.

Darbringung der Opfergaben an Heruka-Vajrasattva

OM KHANDA ROHI HUM HUM PHAT
OM SVABHAVA SHUDDAH SARVA DHARMA SVABHAVA SHUDDHO HAM

Alles ist leer. Aus dem Raum der Leerheit erscheint eine Keimsilbe AH. Sie verwandelt sich in eine riesige weiße Kapala, in der die fünf Arten Fleisch und die Fünf Arten Nektar enthalten sind. Sie schmelzen und werden zu einem Ozean aus der Amrita-Energie göttlicher transzendenter Weisheit.

OM AH HUM HA HO HRI

Als nächstes rezitiert ihr das Mantra zur Reinigung und Segnung der Opfergaben und macht ihre Energie unerschöpflich (*OM KHANDA* ...). Das ähnelt der Darbringung der Inneren Opfergaben. Ihr seid im Aspekt von Heruka-Vajrasattva und segnet die Opfergaben.

Dann rezitiert ihr das Shunyata-Mantra (*OM SVABHAVA* ...). Alles wird leer. Mit dem Shunyata-Mantra und der rechten Sicht der Leerheit verwandelt ihr die Opfergaben sowie alle anderen Phänomene im gesamten Universum in glückselige transzendente Freude. Aus der Nicht-Dualität erscheint die weiße Silbe AH und verwandelt sich in eine sehr große weiße Kapala. In ihr befinden sich die fünf Arten von Fleisch und die fünf Arten von Nektar. Sie schmelzen, vermischen sich und werden zu einem riesigen Ozean von Nektar, dessen Essenz glückselige göttliche Weisheit ist.

Dann rezitiert ihr dreimal das Mantra *OM AH HUM HA HO HRI*. Hier reinigen wir die unreine Energie der Opferzutaten, beseitigen jeden Makel bezüglich Geruch, Geschmack, Farbe und Kraft oder Potenzial; wir transformieren sie in Nektar, lassen sie anwachsen und machen sie unerschöpflich.

Ich bin sicher, dass einige von euch in der Meditation schon eine Art Shunyata-Erfahrung gemacht haben. Das Problem aber ist, dass jedes Mal, wenn ihr ein Sinnesobjekt wahrnehmt, euer dualistischer Geist automatisch danach greift und ihr in alte samsarische, gewohnheitsmäßige Denkmuster zurückfallt. Mit glückseliger göttlicher Weisheit ist das alles ganz anders. Gleichgültig, was ihr wahrnehmt, euer Geist bewegt sich nicht, greift nicht und hängt nicht daran fest, ihr besitzt vollständige freudvolle Freiheit. Ihr seht die absolute Natur aller Phänomene im Universum und erfahrt alles mit Glückseligkeit.

OM VAJRASATTVA ARGHAM ... SHABDA PRATICCHA HUM SVAHA

Damit bringen wir Heruka-Vajrasattva die acht Opfergaben dar. Um das auf vollkommene Weise tun zu können, braucht man transzendente Weisheit; zumindest sollten wir über ein tiefes Verständnis und Intelligenz verfügen.

Gewöhnliche Touristen, die Altäre in tibetischen Tempeln und Klöstern betrachten, beurteilen alles mit weltlicher Denkart und nach der äußeren Erscheinung. Sie glauben wirklich, wir würden Götzenbildern und anderen physischen Objekten Speise, Papier, Wasser und Kleidung opfern. Manche der Statuen finden sie sogar erschreckend, etwa wenn zornvolle Gottheiten menschliche Wesen zwischen ihren Reißzähnen halten. Sie können nicht glauben, wie die dummen Heiden solch scheußlichen Figuren Opfergaben darbringen können. Seid vorsichtig: Wenn eure Weisheit ein wenig schwach ist, könntet auch ihr auf solche Gedanken kommen.

Materielle Opfergaben darzubringen ist eine äußerst nützliche Praxis. Sie verhindert, dass ihr faul werdet und scheinheilig denkt: „Ach, ich bringe die Opfergaben geistig dar." Denn dann greift ihr niemals mehr in eure Tasche, um auch nur ein paar Cent zu geben. Ihr wisst sicherlich, was ich meine. Wenn ihr aber auch nur eine Kerze mit korrektem Verständnis und der richtigen Visualisierung darbringt, ist es, als würdet ihr das gesamte Universum und alles in ihm Enthaltene darbringen. Die meisten von uns haben jedoch einen kleinmütigen Geist und können nicht visualisieren. Es fällt uns schwer, mental das ganze Universum zu opfern. Die acht materiellen Opfergaben machen uns die Sache leichter, indem sie als Basis dienen, die wir in alles Großartige im Universum transformieren können.

Ihr solltet Opfergaben nie als gewöhnliche, samsarische Genussobjekte ansehen. Transformiert sie stattdessen in glückselige transzendente Weisheit, die dann als Wasser, Licht, Klang, Geschmack, Geruch und Berührung in der Natur von Nektar manifest wird. Durch diese Praxis könnt ihr erkennen, dass alles auf Erden, welch äußere Form es auch haben mag, eine Manifestation transformierter glückseliger transzendenter Weisheit ist. Die westliche Wissenschaft hat bereits nachgewiesen, dass sämtliche Energie sich in einem dauernden Fließzustand befindet - eine Energieform verwandelt sich ständig in eine andere. Die Energie der Sonne zum Beispiel wirkt mit der einer Pflanze zusammen, und als Ergebnis entsteht eine wunderschöne Blume. Alles in der Welt hat das Potenzial, sich zu verwandeln.

Wann immer ihr glückselige transzendente Weisheit in irgendeinem ihrer Aspekte visualisiert, spiegelt euer Geist sie automatisch wider und all die negative, vernebelte, hinderliche Energie eurer falschen Vorstellungen wird durch Weisheit ersetzt. Unwillkürlich entsteht freudvolle Energie in eurem Geist, ohne dass ihr dafür von Schokolade und Kuchen abhängig seid! Wenn ihr experimentiert, werdet ihr schnell erkennen, wie diese außerordentliche Psychologie funktioniert. Viele Menschen möchten sich umbringen. Ihr Problem ist ihre Visualisierung. Sie sehen nur noch Leiden und Konflikte. Sie können ihre Sorgen nicht vergessen, und sie können nicht schlafen. Selbstmord erscheint ihnen als die einzige Lösung, und so schneiden sie sich die Pulsadern auf. Es ist wichtig, dass ihr die Psychologie des Selbstmords versteht.

Ebenso wichtig ist es, dass ihr die Psychologie und den wirklichen Sinn und Zweck des Darbringens von Opfergaben versteht. Wenn ihr die transzendente Natur der Materialien, die ihr darbringt, nicht erkennt, bleiben sie einfach materielle Objekte und euer Darbringen ist nichts als ein leeres Ritual. Mit einem guten Verständnis ihrer Natur hingegen könnt ihr erkennen, welch perfekte Heilbehandlung es für den verblendeten Geist ist, Opfergaben darzubringen: friedvoll, sanft und voller

Weisheit. Wenn ihr euch in dieser Art Visualisierung übt, werdet ihr niemals eine depressive oder pessimistische Weltsicht haben.

Missachtet die Praxis der Transformation nicht. Ein Getränk, in glückseligen Nektar verwandelt, schmeckt bei weitem besser als jedes Getränk, das Samsara zu bieten hat. Selbst der beste Tee oder Kaffee bereitet euch doch nur ein bisschen Genuss, wenn er sich zwischen eurem Mund und eurem Magen bewegt. Seine Energie ist flüchtig, und schon bald nachdem ihr getrunken habt, müsst ihr zur Toilette. Göttlicher Nektar hingegen löst sich in euer gesamtes Nervensystem auf, gibt allen fünf Sinnen Glückseligkeit, und die Energie, die er verleiht, lässt sich mit nichts anderem vergleichen. Wirklich! Ich übertreibe nicht. Manche Menschen glauben Mönche und Nonnen müssten der Musik entsagen. Wir entsagen nichts! Wir genießen jeden schönen Klang im Universum und bringen ihn dar. Uns mangelt es auch an nichts, was Gesang und Tanz angeht. Wir können singen und tanzen so viel wir wollen, solange wir in einsgerichteter Konzentration verweilen, bewusst und befreit, und unser Nervensystem nicht in Aufruhr bringen. In tibetischen Klöstern spielen die Mönche und Nonnen bei Pujas auch Musikinstrumente, und es gibt religiöse Tänze. Wir verpassen nichts im Leben, sondern tragen großen Gewinn davon!

Wenn man das Menschen aus dem Westen erzählt, denken sie natürlich entweder, man sei verrückt oder würde träumen. Aber es handelt sich weder um Verrücktheit noch um einen Traum. Es ist die Wirklichkeit. Wenn sie nicht zustimmen, fragt sie doch einfach: „Was ist denn die Wirklichkeit?" Sie können darauf nicht antworten. Sie halten sich für überaus intelligent. Sie glauben das, was sie tun, entspräche der Wirklichkeit, wir hingegen würden nur fantasieren. Das ist eine falsche Vorstellung. Wenn ihr mit geschickter Weisheit analysiert, werdet ihr herausfinden, dass beide Gruppen das gleiche tun – sie halluzinieren, wir halluzinieren. Was für den einen wahr ist, gilt ebenso für den anderen.

Die Opfergaben, die ihr darbringt, haben drei Merkmale: Ihre Essenz ist glückselige, transzendente Weisheit; diese Weisheit manifestiert sich als die verschiedenen Opfergaben, und jede Gabe verleiht den Sinnen ihre jeweils eigene Art unerschöpflicher, immer währender Freude.

Ihr könnt visualisieren, dass die acht Opfergaben von acht Göttinnen dargebracht werden. Wenn ihr am Anfang jeder Opfer-Mudra mit den Fingern schnippt, kommt die entsprechende Göttin aus eurem Herzen zum Vorschein, bringt die jeweilige Gabe dar und löst sich mit dem Fingerschnippen am Ende der Mudra wieder in euer Herz auf. Die Göttinnen sind Manifestationen göttlicher transzendenter Weisheit; wenn sie sich in euch auflösen, erfüllt ihre makellose Reinheit und Schönheit euer Herz mit unbeschreiblicher Glückseligkeit. Jede der Göttinnen hat vier Arme, in ihren ersten rechten und linken Händen halten sie Vajra und Glocke, die beiden anderen tragen die jeweilige Gabe.

Die acht Opfergaben und die dazugehörigen Göttinnen sind:

argham	*Nektargöttin*	*(chö-yön-ma)*	*weiß*
padyam	*Fuß-Bade-Göttin*	*(zhab-sil-ma)*	*weiß*
pushpe	*Blumengöttin*	*(me-tog-ma)*	*weiß*
dhupe	*Weihrauchgöttin*	*(dug-pö-ma)*	*rauchfarben*
aloke	*Lichtgöttin*	*(nang-säl-ma)*	*rot*
gandhe	*Parfümgöttin*	*(dri-chab-ma)*	*grün*
naivedya	*Speisegöttin*	*(zhäl-sa-ma)*	*vielfarbig*
shabda	*Klanggöttin*	*(dra-chog-ma)*	*blau*

JAH HUM BAM HO [Die Weisheitswesen] werden eins [mit den symbolischen Wesen].

Nachdem wir die Opfergaben dargebracht haben, sprechen wir das Mantra *JAH HUM BAM HO.* Mit *JAH* wird die göttliche Weisheit angerufen, mit *HUM*, tritt die göttliche Weisheit ein, mit *BAM* wird sie nicht-duale Einheit und mit *HO* wird sie glückselig und unzerstörbar.

Auf diese Weise wird die göttliche Weisheit aller Buddhas, die wir zuvor angerufen haben, vom Licht, das aus dem *HUM* in Heruka-Vajrasattvas Herzen ausstrahlt, magnetisch angezogen. Augenblicklich und mühelos löst sie sich in sein Herz auf und wird von einer glückseligen Einheit mit seiner göttlichen Weisheit, so wie ein Tropfen Wasser im Ozean aufgeht und nicht länger getrennt oder dualistisch ist.

Tatsächlich besteht für Heruka-Vajrasattva keinerlei Notwendigkeit göttliche Weisheit herbeizurufen; er ist ja schon eins mit allen Buddhas. Würden wir annehmen, Heruka-Vajrasattva sei eine Sache und alle Buddhas eine andere, begingen wir einen schweren Fehler. Problematisch ist nur, dass euer dualistischer Geist nicht versteht, dass die göttliche Form, die ihr über eurem Kopf visualisiert, und die göttliche Form, aus der sie stammt, vollkommen eins sind. Ihr nehmt sie spontan als verschieden wahr. Daher müsst ihr euren dualistischen Geist mit dieser Art von Visualisierung überlisten.

Außerdem ist es nicht gut, einfach zu sagen: „Oh ja, sie sind ein und dasselbe", wenn ihr das bloß intellektuell versteht. Das hilft nicht, euren Geist zu entwickeln. Wenn ihr jedoch durch eure Praxis der Yoga-Methode die wahre Bedeutung von Einheit erfahrt, wird eure Erkenntnis dieser Einheit zu etwas völlig Intuitivem. Heruka-Vajrasattva ist die kombinierte reine Energie aller Buddhas, in diesem Aspekt manifest geworden, um mit euch zu kommunizieren. Wenn ihr euren dualistischen Geist vollständig gereinigt habt, werdet auch ihr eins mit dieser glückseligen transzendenten Weisheit.

Die Initiation

Wieder strahlt funkelndes Licht vom HUM im göttlichen Herzen und ruft alle Einweihungsgottheiten der fünf Familien herbei.
OM PANCHA KULA SAPARIVARA ARGHAM ... SHABDA PRATICCHA HUM SVAHA

„All ihr Tathagatas bitte gewährt mir die Initiation von Heruka-Vajrasattva." Auf diese Bitte hin heben alle Tathagatas ihre Initiationsvasen, gefüllt mit der Amrita-Energie göttlicher transzendenter Weisheit, und das Amrita beginnt zu fließen. Mit der Rezitation des Mantras OM SARVA TATHAGATA ABHISHEKATA SAMAYA SHRIYE HUM findet die Einweihung statt.

Der göttliche Körper vollkommener absoluter Weisheit, Heruka-Vajrasattva, ist vollständig mit der Amrita-Energie glückseliger transzendenter Weisheit angefüllt. Etwas Amrita fließt über und verwandelt sich in Akshobhya, der seinen Scheitel schmückt.

Im Zentrum des göttlichen Herzens steht, auf einer Mondscheibe, die Keimsilbe HUM, und am Rande des Mondes stehen die hundert Silben des Mantras im Gegenuhrzeigersinn.

Noch einmal strahlt Licht vom *HUM* im göttlichen Herzen Heruka-Vajrasattvas, erfüllt den Raum in allen zehn Richtungen und ruft die hauptsächlichen Spender der Initiation – die fünf Dhyani-Buddhas – sowie alle anderen Buddhas in ihrem tantrischen Aspekt zum Zwecke der Initiation herbei. Vom Licht magnetisch angezogen, kommen auch sie in einem Augenblick herbei und füllen den Raum um und über Heruka-Vajrasattvas Kopf.

Bevor wir nun diese Buddhas um die Einweihung bitten, bringen wir ihnen, wie oben beschrieben, die acht Opfergaben dar. Wenn ihr sagt: „*PRATICCHA HUM SVAHA*", bittet ihr sie, jede Opfergabe anzunehmen, deren Natur göttliche Weisheit ist, und die Freude glückseliger transzendenter Weisheit in ihrem heiligen Geist zu verspüren.

Nachdem ihr die Opfergaben dargebracht habt, erbittet ihr die Initiation. Wenn ihr das Mantra *OM SARVA TATHAGATA ...* rezitiert, kommen die Spender der Initiation eurer Bitte nach und gewähren die Einweihung, indem sie ihre Initiationsvasen heben und den reinigenden Nektar göttlicher transzendenter Weisheit durch deren Scheitelchakren in den Zentralkanal von Heruka-Vajrasattva und seiner Gefährtin Dorje Nyima Kharmo gießen.

Ihr mögt den Eindruck haben, ihr wäret hier unten und Heruka-Vajrasattva sei dort oben und empfinge die Einweihung stellvertretend für euch. Dieser Eindruck entsteht wieder aus euren dualistischen Gewohnheitsmustern, nach dem Motto: „Ich bin dies, er ist jenes." Um diese gewöhnlichen Vorstellungen und Projektionen des dualistischen Geistes zu zerstören, braucht ihr reinigende Visualisierungen wie diese.

Der ganze Sinn und Zweck dieser Yoga-Methode ist es, euren Geist zu reinigen. Ihr visualisiert zwar, dass Heruka-Vajrasattva gereinigt wird, psychologisch gesehen reinigt ihr euch aber selbst. Eure Visualisierung von Heruka-Vajrasattva ist eure eigene unreine Sicht. Indem ihr sie mit der tiefgründigsten, klarreinen Energie der Erleuchtung bereinigt, werdet ihr selbst rein. Das hinterlässt einen tiefen Eindruck in eurem Bewusstsein und befreit euch augenblicklich von negativer Energie.

Nach der Initiation ist der göttliche Körper Heruka-Vajrasattvas vollständig mit der Energie des Nektars glückseliger transzendenter Weisheit angefüllt, den die Einweihungs-Buddhas durch sein Scheitelchakra in seinen Zentralkanal eingegossen haben. Wenn ihr die große Weisheit des tantrischen Yogas besitzt, könnt ihr selbst die gleiche Erfahrung machen.

Ihr solltet aber auch erkennen, dass euer gesamtes Nervensystem eigentlich *schon jetzt* mit der Energie glückseligen Nektars angefüllt ist. Stattdessen fühlt ihr euch immer elend und denkt, dass in eurem Leben irgendetwas fehlt: „Ich habe dieses nicht, ich habe jenes nicht und auch das andere habe ich nicht." Dann denkt ihr weiter: „Wenn ich dies nur hätte, wäre ich glücklich." Ständig seid ihr unzufrieden und auf der Suche nach dem, was ihr nicht zu haben glaubt.

Euer unteres Chakra ist dunkel, blockiert, schmerzhaft und ohne glückselige Energie. Euer Nabelchakra ist dunkel, deprimiert und verschlossen. Euer gebrochenes Herzchakra ertrinkt im Blut der Gefühle von Hoffnungslosigkeit. Euer Kehlchakra ist völlig verblendet und nichts, was ihr sagt, ist positiv. Und euer eingefrorenes Kopfchakra ist so hart, kalt und unbeweglich wie ein Iglu, der auch vom Feuer in seinem Inneren nicht schmilzt. Ihr seid zu unrein und gebt weder euch noch anderen glückselige Energie. Alles ist dunkel, verstopft und verblendet.

Dennoch könnt ihr durch diese Yoga-Methode die größte Weisheit erkennen und ihre immer währende glückselige Energie ins Innerste eures Herzens bringen. Von jetzt bis zu eurem Tode könnt ihr die Techniken dieser Methode des Höchsten Yoga nutzen. Selbst nach dem Tode können wir sie noch nutzen, denn wir entwickeln uns ständig. Wenn wir uns nicht weiterentwickeln, geht unser dualistischer Geist immer weiter rauf und runter, und wir werden niemals glücklich. Schaut doch, wie wir sind: Wir haben so viel Dharma studiert, aber immer noch rennen wir umher und tun dies und jenes. Die Aktivitäten von Samsara sind endlos. Selbst diejenigen unter uns, die in Klöstern und Meditationszentren leben, die ja Orte des Friedens und der Stille sein sollten, die jeder mag, sind ständig beschäftigt, beschäftigt, beschäftigt. Eins ist sicher: Das Leben ist bald zu Ende; das ist alles.

In der Sadhana kommt das tibetische Wort *ku* (*kaya* auf Sanskrit) vor. Wir übersetzen diesen Begriff mit „göttlicher Körper" oder „heiliger Körper", aber vielleicht wäre „reines Nervensystem" besser. Ich weiß nicht, welche die wissenschaftlich richtigen Übersetzungen dieser Worte wären, aber ich bin sicher, dass wir alle eine gewisse Erfahrung von dem gemacht haben, wofür diese Worte stehen. *Ku* impliziert, dass das reine Nervensystem Heruka-Vajrasattvas von immer währender glückseliger Kundalini-Energie durchdrungen ist.

Auch unser Nervensystem ist von dieser glückseligen Energie durchdrungen, wir erkennen es nur nicht. Wir alle haben jedoch freudige Gefühle in unserem Geist und in unserem physischen Nervensystem empfunden, wenn sich unsere negative Energie in

Glückseligkeit verwandelt hat, wenn wir nicht an irgendeinem äußeren Objekt festgehalten haben und in der Lage waren, die Kontrolle zu behalten. Trotz derartiger Erfahrungen handeln wir jedoch weiterhin unter dem Einfluss der alten Eindrücke unserer falschen Vorstellungen. Natürlich ist mir bewusst, dass diese Eindrücke stark sind, aber wir müssen mit allen uns zur Verfügung stehenden Mitteln versuchen, sie zu überwinden, je nach unserem Verständnis dieser reinen glückseligen Erfahrungen. Wir müssen uns einfach der Möglichkeiten bedienen, die wir besitzen. Wir sollten aus jeder unserer kleinen Erfahrungen von Glückseligkeit lernen.

Wenn euch zum Beispiel jemand auffordern würde, zwischen einem Essen in einem Fünf-Sterne-Hotel oder Chapatis (indisches Fladenbrot) in einem schmutzigen indischen Cafe zu wählen, würdet ihr euch doch auch ohne jedes Zögern für das große Hotel entscheiden. Genauso haben wir hier die Gelegenheit, in unserem Nervensystem die immer währende Glückseligkeit des inneren Fünf-Sterne-Menüs zu erfahren, wählen aber trotzdem die schmierigen Chapatis. Warum? Wegen unserer emotionalen Haltung des Greifens und unserer falschen Vorstellungen. Das zeigt deutlich, wie ignorant und neurotisch wir in Wirklichkeit sind! Prüft es nach, ihr werdet schon sehen!

Der Nektar füllt nicht nur Heruka-Vajrasattvas reines Nervensystem an, er fließt auch über, und der überflüssige Nektar verwandelt sich in den Dhyani-Buddha Akshobhya, der dann Vajrasattvas Scheitel schmückt. Die Bedeutung dieser Symbolik lässt sich auf verschiedene Weise erklären; in diesem Fall ist sie ein Hinweis, dass Heruka-Vajrasattva zum Energiestrom Buddha Akshobhyas gehört. Ihr erinnert euch sicher, dass ihr in einem bestimmten Teil der Einweihung herausfindet, mit welchem der fünf Dhyani-Buddhas ihr am engsten verbunden seid. Danach wird von euch erwartet, dass ihr euren Kontakt mit dem Energiestrom des entsprechenden Buddhas aufrechterhaltet. Die obige Visualisierung steht hiermit in Beziehung.

Nachdem sie die Initiation gewährt haben, schmelzen alle Buddhas wieder in das göttliche Herz Heruka-Vajrasattvas; ihre glückselige transzendente Weisheit wird mit der seinen untrennbar eins. Wieder hat die Visualisierung, dass die Buddhas nicht zu ihren jeweiligen Aufenthaltsorten zurückkehren, sondern sich ins Herz Vajrasattvas auflösen, eine tiefe psychologische Bedeutung und fördert eure Verwirklichung der Vereinigung. Im Zentrum eines Mondes in Heruka Vajrasattvas göttlichem Herzen, steht die Keimsilbe *HUM*, umgeben von den Silben des einhundertsilbigen Heruka-Vajrasattva-Mantras, die am Rande des Mondes im Gegenuhrzeigersinn angeordnet sind.

Opfergaben und Lobpreis an Heruka-Vajrasattva

OM VAJRASATTVA ARGHAM ... SHABDA PRATICCHA HUM SVAHA

OM VAJRASATTVA OM AH HUM

Ich preise die nicht-dualistische göttliche Weisheit, den großartigen inneren Juwelenschmuck aller fühlenden Wesen, die erhabene, unveränderliche, immer währende große Glückseligkeit, den unzerstörbaren höchsten Weisheitsgeist, der alle fühlenden Wesen von allen unheilsamen Kräften ihres Körpers, ihrer Sprache und ihres Geistes befreit, besonders von gebrochenen Gelübden und Versprechen. Vor dir verneige ich mich.

(Rezitiere wahlweise die lange oder kurze äußere Mandalagabe)

Geheimes Mandala

Die rechte Sicht von Shunyata ist eins mit der Weisheit großer Glückseligkeit. Diese Weisheit verwandelt sich in den Berg Meru, die Sonne, den Mond und alle anderen Phänomene im Universum. Alles Großartige bringe ich dir dar, Ozean großer Güte, der du befreit bist und alle anderen ebenfalls zur Befreiung führst.

INNERES MANDALA

Bitte segne mich und alle anderen fühlenden Wesen, auf dass wir augenblicklich frei werden mögen von den drei Giften. Ohne Anhaftung und ohne das leiseste Zögern bringe ich dir alle Objekte meiner Gier, meines Hasses und meiner Ignoranz dar: Freunde, Feinde und Fremde sowie meinen Körper und all meinen Besitz. Nimm all dies an, darum bitte ich.

Bringe wie zuvor die acht äußeren Gaben dar. Darauf folgt die Innere Opfergabe (tib.: *nang-chö*). Unser samsarischer Geist sieht alle Phänomene entweder als rein oder als unrein, und aus unserer dualistischen Wahrnehmung heraus greifen wir nach den Objekten, aus denen unsere vergänglichen fünf Aggregate zusammengesetzt sind, und haften an ihnen. Durch die Yoga-Methode verwandeln wir unsere fünf Aggregate in glückselige transzendente Weisheit, die über die Dualität hinausgeht und von der Natur der fünf Dhyani-Buddhas ist, und bringen sie als Opfergabe dar. Das nennen wir „Innere Opfergabe".

Danach preisen wir die göttliche Weisheit der Nicht-Dualität, den großartigen inneren Juwelenschmuck aller fühlenden Wesen, deren Natur unveränderliche, immer währende große Glückseligkeit ist. Das ist Heruka-Vajrasattva, der kraft dieser glückseligen Weisheit alle fühlenden Wesen von der negativen Energie gebrochener Gelübde und unheilsamer Handlungen von Körper, Sprache und Geist befreit. Vor diesem erhabenen, unzerstörbaren Weisheitsgeist verneigen wir uns.

Dann bringen wir das Mandala dar. Im Geheimen Mandalaopfer sagen wir, dass das Verständnis der endgültigen Natur, Shunyata, eins ist mit der glückseligen, gleichzeitig geborenen Weisheit. Diese Weisheit verwandelt sich in den Berg Meru, die Sonne, den Mond und alle anderen Phänomene im Universum. Heruka-Vajrasattva, dem Ozean großer Güte, der selbst befreit ist und alle anderen ebenfalls befreit, bringen wir alles Großartige dieses Daseins als Opfergabe dar.

5 Die Reinigung

Bhagawan Vajrasattva, bitte reinige alle unheilsamen Taten und gebrochenen und beschädigten Gelübde von mir selbst und allen anderen Wesen."

Aufgrund dieser Bitte geht funkelndes Licht von der Mantrakette und dem HUM im göttlichen Herzen aus. Es reinigt alle unheilsamen Handlungen und geistigen Schleier aller fühlenden Wesen und wird zu einer Opfergabe für alle Buddhas und Bodhisattvas. Die Essenz der vollkommenen Qualitäten ihrer Körper, ihrer Sprache und ihres Geistes kehrt in der Form von Licht zurück, das sich in das HUM und die Mantrakette auflöst.

[Vom HUM und der Mantrakette] beginnt ein Strom weißen Nektars der Glückseligkeit durch die Chakren des göttlichen Paares nach unten zu fließen. Er fließt durch deren Chakra der Vereinigung und tritt durch meinen Scheitel in mich ein. Dieser Strom von Amrita transzendenter Weisheit füllt meinen ganzen Körper und zerstört alle unheilsamen Handlungen und Schleier meines Körpers, meiner Sprache und meines Geistes. Alles Negative wird völlig gereinigt.

Zuerst bittet ihr Heruka-Vajrasattva, den Zerstörer aller Befleckungen, der alle Verwirklichungen besitzt und über diese Welt hinausgegangen ist, euch und alle anderen fühlenden Wesen von allen unheilsamen Handlungen von Körper, Sprache und Geist sowie allen gebrochenen und degenerierten tantrischen Gelübden und Versprechungen zu reinigen.

Eine Fülle von Licht strahlt vom HUM und der Mantrakette in den göttlichen Herzen von Heruka-Vajrasattva und seiner Gefährtin aus. Dieses Licht erfüllt den Raum in den zehn Richtungen, es reinigt das Unheilsame aller fühlenden Wesen und bringt Gaben dar, um die Buddhas und ihre Kinder – die Bodhisattvas – zu erfreuen. Die reine Essenz der transzendenten Weisheit von Körper, Sprache und Geist aller heiligen Wesen kehrt in Form von Licht zurück und löst sich in das HUM und die Mantrakette in den Herzen von Vajrasattva und seiner Gefährtin auf. Aus HUM und Mantrakette ergießt sich eine große Menge glückseliger weißer Kundalini-Energie (*amrita*) durch ihren Zentralkanal nach unten. Die Essenz dieser Kundalini-Energie ist glückselige transzendente Weisheit. Diese Energie ist unerschöpflich – das genaue Gegenteil unserer begrenzten Energie, die uns immer so schnell ausgeht und die wir dann durch Essen wieder auffüllen müssen. Bei dieser Visualisierung solltet ihr euch auch vorstellen, dass die beseligende weiße Kundalini-Energie sich durch den Zentralkanal von Heruka-Vajrasattvas Gefährtin Dorje Nyima Kharmo nach unten ergießt.

Die glückselige weiße Kundalini-Energie fließt durch ihre Zentralkanäle nach unten durch die Nabel- und Sexualchakren und verlässt ihre reinen Körper dort, wo sie in ihrer Vereinigung verbunden sind. Die Energie fließt weiter durch Mond- und Lotussitz, die, da sie von der Natur transzendenter Weisheit sind, keinen Widerstand bieten. Sie tritt durch eure Scheitelchakren in euch ein und strömt mit der Kraft eines mächtigen Wasserfalls euren Zentralkanal hinab. Es ist sehr wichtig, dass ihr diesen Sturzbach weißen Nektars so überwältigend wie möglich visualisiert. Er ergießt sich in euren Körper und durchströmt euer gesamtes Nervensystem. Diese weiße Energie ist nicht physischer Natur, aber irgendwie fühlt sie sich unglaublich real an. Ihr seid voll von strahlendem Licht und beinahe vollkommen überwältigt von Glückseligkeit. Alle Makel eures Körpers, eurer Sprache und eures Geistes verschwinden spurlos.

Mantra Rezitation[6]

OM VAJRA HERUKA SAMAYA MANUPALAYA. HERUKA TENOPATISHTHA. DRIDHO ME BHAVA. SUTOSHYO ME BHAVA. SUPOSHYO ME BHAVA. ANURAKTO ME BHAVA. SARVA SIDDHI ME PRAYACCHA. SARVA KARMA SUCHA ME CHITTAM SHRIYAM KURU, HUM! HA HA HA HA HOH! BHAGAVAN VAJRA HERUKA MA ME MUNCHA. HERUKA BHAVA MAHA SAMAYA SATTVA AH HUM PHAT!

Jetzt rezitiert ihr das Hundertsilbenmantra von Heruka-Vajrasattva. Während ihr das Mantra rezitiert, könnt ihr drei verschiedene Meditationstechniken anwenden. Die erste heißt *yände*. Die beseligende weiße Kundalini-Energie strömt in euren Zentralkanal. Sie verbreitet sich durch euer Nervensystem und spült alles Negative durch die Öffnungen und Poren eures Unterleibs hinaus. Es gibt verschiedene Arten zu visualisieren, wie das Negative euren Körper verlässt. Ihr könnt die Art wählen, die euch am meisten zusagt und am wirksamsten für euren Geist ist. Ihr könnt visualisieren, dass die drei Geistesgifte, Unwissenheit, Anhaftung und Abneigung, euren Körper jeweils in der Form von Schweinen, Hähnen und Schlangen verlassen. Oder ihr könnt euch das Negative auch als die Wesen vorstellen, vor denen ihr euch am meisten ekelt: Skorpione, Krabben, Schlangen und Würmer oder auch als dicken schwarzen Teer oder dreckiges Öl.

Manche mögen es für komisch halten, Insekten, Reptilien und Krustentiere aus ihrem Körper herauszuspülen, aber in unserem Körper leben tatsächlich viele fühlende Wesen. Mit einigen von ihnen leben wir in einer symbiotischen Beziehung, ohne sie könnten wir nicht überleben.

Unser Körper beherbergt auch Würmer: lange Würmer, kurze Würmer und viele andere Arten. Diese Wesen sind nicht zufällig da, sondern aufgrund von Karma. Wir zahlen ihnen unsere karmische Schuld zurück. In der Vergangenheit haben wir von ihnen genommen, jetzt nehmen sie von uns. Wir haben ihr Essen genommen und ihnen nichts gelassen. Darum sind sie jetzt in unseren Bauch gekommen, um unser Essen zu nehmen. Selbst die knauserigsten Geizhälse, die aufgrund großer Anhaftung nicht das Geringste mit jemandem teilen können, haben keine Wahl: Sie müssen ihr Essen teilen, sobald die Würmer einziehen. Karma ist stark. Es gibt keinen Ausweg. Selbst wenn man die Würmer loswird, kommen sie zurück. Sie rauben einem die Gesundheit und manchmal sogar das Leben. Es gibt viele Arten, sein Leben zu verlieren, glaubt bloß nicht, da müsste euch erst einer mit dem Messer angreifen oder etwas Ähnliches.

Spürt, dass ihr vollständig gereinigt seid, besonders von offensichtlichem Unheilsamem. Wir sagen oft, es sei schwer, unsere alten Gewohnheiten abzulegen, aber das ist nicht wahr. Was uns davon abhält sind zumindest keine materiellen Gründe – es ist unser Geist, der die Dinge schwierig macht. Auch Glückseligkeit empfinden wir immer körperlich. Wir sind so körperorientiert. Aufgrund aller möglichen äußerlichen Gründe halten wir die Dinge physisch für schwierig. Wenn irgendetwas schief geht, geben wir unseren Eltern die Schuld. „Meine Mutter hat dieses getan, mein Vater hat jenes getan. Meine Mutter ist so und so, mein Vater ist so und so …". Nicht unser Körper, sondern unser Geist macht uns das Leben schwer.

Wäre es wirklich nur euer Körper, der Schwierigkeiten machte, wie könntet ihr so lange mit gekreuzten Beinen sitzen? Ihr seid schließlich von eurer Erziehung her nicht an diese Form des Sitzens gewöhnt. Es ist euer Geist, der es euch ermöglicht. Wenn ihr mit gekreuzten Beinen sitzt und meditiert, fühlt ihr euch wohl, euer Geist lässt sich leichter kontrollieren, und diese kleine Erfahrung weckt genug Interesse in euch, damit ihr weitermacht. Und wenn ihr so weiterübt, wird die Sitzhaltung immer angenehmer. Das hat keine physischen Gründe; die Kontrolle geht von eurem Geist aus. Der Prozess der Yoga-Methode verläuft also so: Die glückselige transzendente Energie wäscht euer Ego und die schwerkraftmäßige Anhaftung an die Sinnesfreuden weg, und ihr seid schließlich völlig gereinigt.

Die nächste Technik bei der Rezitation heißt *män-de*. Hierbei füllt die glückselige Kundalini-Energie euer gesamtes Nervensystem allmählich von unten nach oben hin an. Während der Nektar aufsteigt, treibt alles Negative auf der Oberfläche der glückseligen Energie. Schließlich tritt es aus den Öffnungen und Poren eures Oberkörpers aus - ganz ähnlich wie Schmutz am Boden eines Gefäßes an die Oberfläche gespült wird, wenn ihr das Gefäß mit Wasser füllt. Während der Nektar euren Körper füllt, empfindet ihr große Glückseligkeit. Fühlt euch vollkommen gereinigt, besonders von den subtilen unheilsamen Handlungen.

Die dritte Visualisierung heißt *phung-de*. Hier liegt die Betonung mehr auf Licht als auf der weißen Kundalini-Energie. Grenzenloses, beseligendes, strahlendes Licht bricht sich in einem machtvollen Strahl aus dem Herzen Heruka-Vajrasattvas Bahn, durchdringt sein Sexualchakra und tritt in euren Zentralkanal ein. Das Licht ist hauptsächlich weiß, hat aber auch Regenbogenqualität und enthält ebenso Rot, Gelb, Grün und Blau. Sobald das Licht in euren Körper gelangt, vertreibt es die Dunkelheit eures von Zweifel geschüttelten, unentschlossenen Geistes sowie eure Unwissenheit, Anhaftung und Abneigung - all dies verschwindet für immer. Es ist, als würde man in einem dunklen Raum das Licht anmachen. Die Dunkelheit verschwindet augenblicklich und existiert einfach nicht mehr. Sie verlässt den Raum ja nicht durch das Fenster, oder? Sie verschwindet einfach spurlos. Genauso ist nirgendwo in eurem Hirn, eurer Kehle oder in irgendeinem anderen Teil eures Nervensystems noch Platz für Dunkelheit oder Unreinheit. Ihr seid klar wie ein Kristall. Fühlt, dass ihr vollständig gereinigt seid, besonders von den allerfeinsten Formen unheilsamen Handelns.

In der Klausur könnt ihr jede dieser Reinigungstechniken in jeder Sitzung üben, indem ihr einfach die Zeit der Mantra-Rezitation in drei Perioden teilt. Ihr könnt aber ebenso eine ganze Sitzung einer Technik widmen und dann in der nächsten Sitzung eine andere üben.

Außerhalb einer Klausursituation ist es äußerst heilsam, diese Meditation täglich zu machen, indem ihr einundzwanzig Vajrasattva-Mantras mit jeder der drei Techniken rezitiert. Die beste Zeit für diese Praxis ist abends, direkt vor dem Schlafengehen. Da ihr tagsüber meist so sehr beschäftigt seid, stellen sich in der Meditation viele Ablenkungen ein. Darum reinigt ihr als letztes am Abend alle eure unheilsamen Handlungen des ganzen Tages und geht dann frei und erlöst schlafen - statt traurig und bedrückt von den negative Ereignissen des Tages. Weil wir dauernd in so viele Aktivitäten verstrickt sind, brauchen wir eine wirksame Yoga-Methode wie diese. Es bleibt so wenig Zeit zur Reinigung.

Das Gewicht ungereinigter karmischer Eindrücke vermehrt sich exponential; rezitieren wir hingegen am Ende eines jeden Tages nur einundzwanzig Mal das Vajrasattva-Mantra, kann sich selbst das von gebrochenen trantrischen Gelübden angesammelte negative Karma dieses Tages nicht vermehren. Wenn diese Methode die Kraft hat, das negative Karma gebrochener tantrischer Wurzelgelübde - die ja die höchsten Gelübde sind und deren Bruch zu den ernsthaftesten Übertretungen überhaupt gehört –, am Wachsen zu hindern, kann sie natürlich auch negatives Karma aus von Natur aus unheilsamen Handlungen wie Töten und so weiter sowie aus anderen gebrochenen Gelübden an der Vermehrung hindern. Und es geht noch weiter: Wenn wir dieses Mantra einhunderttausend Mal korrekt rezitieren, können wir damit alles Negative, was es auch sei, vollständig reinigen.

Während der Mantra-Rezitation ist es wichtig, in einsgerichteter Konzentration zu verweilen; erlaubt keinem samsarischen Gedanken, eure Meditation zu unterbrechen. Übt ihr mit guter Konzentration und stabiler durchdringender Einsicht, wird eure Praxis enorm wirksam, was die Beseitigung unreiner Vorstellungen und die Dunkelheit emotionaler Hindernisse betrifft. Diese Reinigung ergibt sich aus der Kraft eurer konzentrierten Meditation, aber auch das Mantra selbst hat seine eigene Kraft. Manchmal nehmt ihr telepathisch Dinge wahr, die auf der anderen Seite der Welt geschehen. Wenn ihr die Hindernisse enger emotionaler Vorstellungen reinigt, werdet ihr eine ganz neue Welt entdecken.

Das Mantra kann euch auch befähigen, die Gedanken anderer zu lesen. Das kann angenehm, aber auch schmerzlich sein; je nachdem, was der andere denkt! Viele Dinge können passieren - alles hängt vom Individuum ab. Wenn Menschen sich zu einer längeren Meditationsphase zurückziehen, machen sie unterschiedliche Erfahrungen und erhalten verschiedene Verwirklichungen. Es ist äußerst schwierig für uns zu beurteilen, wer was verwirklicht hat. Einige werden amerikanische Vajrasattvas, andere asiatische Vajrasattvas, einige europäische und wieder andere australische Vajrasattvas ... wer weiß!

6 Die abschließenden Übungen

OM VAJRASATTVA ARGHAM ... SHABDA PRATICCHA HUM SVAHA
OM VAJRASATTVA OM AH HUM
Ich preise die nicht dualistische göttliche Weisheit ...
Aus Unwissenheit und Verblendung habe ich meine Gelübde beschädigt und gebrochen. Ich nehme Zuflucht zu meinem heiligen Guru, der die Macht hat, mich zu befreien, zu dir meinem inneren Meister, der den Vajra hält und dessen Essenz großes Mitgefühl ist, Herr aller Wandelwesen.

Daraufhin spricht Vajrasattva zu mir: „Oh Kind aus guter Familie, deine unheilsamen Handlungen und geistigen Schleier sowie alle beschädigten und gebrochenen Gelübde sind nun geklärt und gereinigt." Dann löst er sich in mir auf. Meine drei Tore (Körper, Sprache und Geist) werden eins mit Vajrasattvas heiligem Körper, seiner heiligen Sprache und seinem heiligen Geist.

Nach der Mantra-Rezitation bringen wir wieder die acht äußeren Opfergaben und die Innere Gabe dar, preisen Vajrasattva wie zuvor und sprechen das Bittgebet.

Ihr bekennt vor Heruka-Vajrasattva, dass ihr aus auf Unwissenheit beruhender Unachtsamkeit nicht wusstet, was ihr tatet, und im Widerspruch zur reinen Energie eurer *samaya,* eurem geheiligten Gelübde, gehandelt habt. Nebenbei gesagt: Solange ihr in einem Kloster oder Meditationszentrum lebt, könnt ihr eure Fortschritte nicht wirklich beurteilen. Erst wenn ihr nach Hause in eure Stadt kommt, zeigt sich die Wirklichkeit. Solange ihr in einer Gruppe praktiziert, fühlt ihr euch sehr stark und denkt, dass es euch leicht fallen wird, eine tägliche Praxis aufrechtzuerhalten, morgens früh zur Meditation aufzustehen und so weiter.

Wieder zu Hause angekommen, geht ihr spät schlafen, steht gemächlich auf, redet, plant den Tag mit euren Freunden, frühstückt … und plötzlich ist es schon neun Uhr und keine Zeit mehr für die Meditation, weil ihr schnell zur Arbeit müsst. Dann ist Mittagszeit, Zeit für die Teepause, Zeit zum Abendessen und schließlich – zu spät zum Meditieren – Zeit, um ins Bett zu gehen. Und so verstreicht euer Leben. Was ihr wirklich wollt ist Weisheit, aber ihr tut nichts, um sie zu erlangen. Ihr verbringt die ganze Zeit damit, für Geld zu arbeiten. Ihr gebt der Weisheit keine Chance. Analysiert einmal euren Tag und ihr werdet feststellen, wie lächerlich samsarisch euer Leben verläuft.

Nicht, dass ihr euch wirklich selbst zerstören wolltet; ihr seid schließlich nicht so dumm, die glückselige Energie transzendenter Weisheit verpassen zu wollen. Aber ihr macht eure äußere Welt so interessant, dass ihr eure ganze Zeit damit zubringen müsst, sie zu betrachten. Also gebt ihr euch nie die Chance zu sitzen und über eure innere Welt zu meditieren. Die äußere Welt läuft Tag und Nacht; sie wird sich ewig drehen. Und obwohl ihr es nicht wollt, nimmt eure Dharma-Weisheit ab.

Es ist so ähnlich wie in unserem Kloster Kopan in Nepal. Während des Monsuns regnet es derartig, dass es immer zu viel Wasser gibt. Dann beginnt die sonnige Periode, das Wasser verdunstet, bis wir schließlich nur noch Staub haben, der vom Wind aufgewirbelt wird. Eure Dharma-Weisheit gleicht dem Wasser: Es verdunstet, und alles, was in eurem Geist zurückbleibt, ist der Staub der Verblendungen. Dann fragt ihr euch: „Ich dachte, ich hätte wirklich etwas erreicht, aber jetzt ist nichts mehr vorhanden. Was ist schief gelaufen?“ Ihr fühlt euch innerlich leer. Es wäre schon Weisheit vorhanden, aber ihr gebt ihr keinerlei Chance. Weisheit kommt nicht in einem Tag. Ihr müsst zuerst eure alten Konzepte durchschneiden, und dann, langsam, langsam wächst die Vibration der Weisheit und kann euch leiten.

Wenn Schülerinnen und Schüler, die im Osten gelebt und Dharma studiert haben, wieder in ihre westliche Heimat zurückkehren, dann läuft es meist so ab. Was immer sie an Weisheit gewonnen haben, schwindet, ohne dass sie es überhaupt bemerken. Sie können nicht verstehen, wie es dazu gekommen ist, und kaum glauben, dass es überhaupt passiert ist. Dann beginnen sie zu rationalisieren: „Ach, was ich von den Lamas gelernt habe muss ein asiatischer Trip gewesen sein. Im Westen funktioniert es nicht." Was funktioniert nicht? Wenn ihr etwas nicht benutzt, wie kann es funktionieren? Wenn ihr die Weisheit des Buddha nutzt, funktioniert sie, wenn ihr sie nicht anwendet, kann sie nicht funktionieren. Sie wird rostig! Darüber hinaus ist es sehr schwierig, kleine Zuwächse oder Rückgänge an Weisheit festzustellen. Man muss äußerst empfänglich sein und sorgfältig beobachten. Dann könnt ihr sehen, wie euer Geist rauf und runter geht.

Wenn ihr nicht empfänglich seid, wenn ihr euren Geist nicht beobachtet, werdet ihr niemals bemerken, was er tut. So verhalten sich Hunde. Der Geist eines Hundes geht tausendmal am Tag rauf und runter, aber am Abend hat der Hund keinerlei Möglichkeit, die Erfahrungen seines Tages einzuordnen. Er kann sich nicht erinnern. Ein Hund hat keine Ahnung, ob sein Geist sich entwickelt oder ob er degeneriert, und bei euch ist es nicht anders. Das solltet ihr nicht zulassen. Während ihr mit den illusorischen Projektionen eures Egos beschäftigt seid, verstreicht euer Leben.

In der zweiten Hälfte des Bittgebets nehmt ihr Zuflucht zu eurem Lama, der die Kraft hat, andere Wesen zu befreien. Inder und Nepalis gebrauchen das Wort Lama für jeden Tibeter. Hier aber hat es seine wahre Bedeutung, es ist die Anrede für einen spirituellen Meister oder Guru. In seinem Geist hält er den inneren Vajra der großen glückseligen transzendenten Weisheit, seine Natur ist große Güte und grenzenloses Mitgefühl, und er ist der Anführer aller fühlenden Wesen.

Dann antwortet Heruka-Vajrasattva euch mit den Worten: „Mein Kind, all deine unheilsamen Handlungen, Verdunkelungen und gebrochenen Samayas sind vollständig gereinigt." Daraufhin schmilzt Dorje Nyima Kharmo zu Licht und sinkt in sein Herz. Heruka-Vajrasattva schmilzt ebenfalls zu Licht, das in euren Zentralkanal eintritt und sich in euer Herz auflöst. Eure drei Tore – Körper, Sprache und Geist – und der heilige Körper, die heilige Sprache und der heilige Geist Heruka-Vajrasattvas werden untrennbar eins. Ihr ruht in der Einheit der Vereinigung und genießt die Glückseligkeit der Shunyata-Erfahrung mit völlig einsgerichteter Konzentration, vollständig jenseits aller dualistischen Sichtweisen, die zwischen Subjekt und Objekt unterscheiden. Das ist die höchstmögliche Freude.

Während ihr das Gebet sprecht, solltet ihr meditieren. Wenn ihr mit dem Gebet fertig seid, fahrt ihr mit der einsgerichteten Meditation über die Einheit fort und vermeidet alle dualistischen Gedanken an „dieses und jenes" und „ich bin …". Vielleicht habt ihr schon bemerkt, dass die tibetischen Mönche rezitieren und innehalten, rezitieren und wieder innehalten. Manchen mag das komisch vorkommen, aber sie meditieren über die wichtigen Punkte der Praxis und sausen nicht einfach gedankenlos hindurch. Bei eurer Praxis von Heruka-Vajrasattva solltet ihr ebenso vorgehen. Und nach der Widmung solltet ihr nicht sofort aufspringen und aus dem Raum eilen, sondern euch noch eine Weile lang einsgerichtet auf eure Einheit mit Heruka-Vajrasattva konzentrieren, der ja auch untrennbar eins ist mit eurem Guru.

Achtet darauf, dass ihr die göttliche Weisheit von Heruka-Vajrasattvas heiligem Körper, seiner heiligen Sprache und seinem heiligen Geist versteht, ohne an der Projektion eines „Ich bin …" zu kleben. Und hegt außerdem, wie ich schon betont habe, keine unrealistischen Erwartungen: „Oh, vielleicht sehe ich Heruka-Vajrasattva heute." Das ist nicht nur unnötig, sondern unterstützt die Entwicklung abergläubischer Ideen. Verwerft derartige Gedanken. Und, besonders in einer Klausur, habt keine Angst krank zu werden. Sonst wird euch die Sorge selbst krank machen. Entspannt euch einfach und vertraut auf Guru Heruka-Vajrasattva und das Karma.

Widmung

Möge ich, dank dieses Verdienstes, schnell zu Heruka-Vajrasattva werden und persönlich jedes einzelne fühlende Wesen in seinen göttlichen erleuchteten Bereich führen.

Teil 2

Klausuranweisungen

7 Sich auf die Klausur vorbereiten

Qualifikationen für eine Klausur

Welche Qualifikationen braucht ein Mensch, um eine Klausur über den Mahaanuttara-Yogatantra-Aspekt von Vajrasattva ausführen zu können? Die Grundvoraussetzungen sind, dass ihr ernsthaft und aufrichtig praktiziert und enthusiastisch entschlossen seid, die immer währende friedvolle Verwirklichung der Erleuchtung zu erlangen, und keine Scheinheiligen seid. Darüber hinaus solltet ihr genau das praktizieren, was euer Lehrer euch gezeigt hat – und nicht auf irgendwelche Fehlinterpretationen zurückgreifen, die bloße Projektionen eurer eigenen falschen Vorstellungen sind.

Den Erfahrungen der Yogis und Yoginis der tibetischen Tradition zufolge ist es eine weitere Grundvoraussetzung, vollständige Belehrungen über den Stufenweg zur Erleuchtung erhalten und sie in die Praxis umgesetzt zu haben. Als spezielle Qualifikation habt ihr die Einweihung in den Mahaanuttara-Yogatantra-Aspekt von Vajrasattva erhalten. Wenn ihr alle diese Voraussetzungen habt, könnt ihr diese Praxis üben.

Kenntnis und Erfahrung des Stufenwegs zur Erleuchtung sind deshalb so wichtig, weil seine drei grundlegenden Aspekte – Entsagung, Bodhicitta und das korrekte Verständnis von Shunyata

– unverzichtbare Voraussetzungen für jede tantrische Verwirklichung sind. Ohne sie kann eure Praxis der Yoga-Methode nicht wirksam werden. Sie wird oberflächlich und intellektuell bleiben und niemals eins mit eurem Geist werden. Wenn ihr auf der soeben beschriebenen Basis die notwendige Initiation von einem vollkommen qualifizierten Meister erhalten habt, seid ihr vollständig gerüstet, eine erfolgreiche Heruka-Vajrasattva-Klausur auszuführen, und könnt euch deswegen äußerst glücklich schätzen.

Der passende Ort für eine Klausur

Wohin sollte ein entsprechend qualifizierter Mensch nun gehen, um sich zu einer Klausur zurückzuziehen? Ist das an jedem Ort möglich? Nein – es sollte ein Platz sein, der euch die Wirklichkeit spüren lässt, statt einer gewaltigen Halluzination, einer verunreinigten Projektion des verblendeten Geistes.

Manchmal sind wir nicht besonders klug; wir versuchen, an einem Ort zu meditieren, der einem Backofen gleicht, und beklagen uns dann, dass wir es nicht mehr aushalten können. Wenn ihr einen Finger ins Feuer steckt, verbrennt ihr euch. Dann könnt ihr nicht lamentieren: „Mein Finger tut weh!" Brennen ist die Natur des Feuers. Es liegt an euch, das entsprechende Mandala für eure Entwicklung zu suchen ... So wie ihr ja auch passende Schuhe für eure Füße kauft!

Wenn ihr über große geistige Kontrolle verfügt, dann könnt ihr natürlich überall hingehen; eure kontrollierten Schwingungen werden sogar noch die anderen beeinflussen. Seid ihr hingegen schwach, beeinflussen die unkontrollierten Schwingungen in eurer Umgebung euch. Das kleine Kerzchen eurer Weisheit mag sogar ausgeblasen werden, und ihr befindet euch schließlich in einer samsarischen Supermarktsituation. In der Klausur versuchen wir, Kontrolle über unseren Geist zu gewinnen – aber noch sind wir darin Babys, wir haben noch einen langen Weg vor uns. Der Babygeist braucht ideale Bedingungen.

Nach Erfahrung der Lamas ist der ideale Platz eine schöne natürliche Umgebung, mit einer ruhigen, friedvollen und entspannten Atmosphäre, wo man Schneeberge sehen kann, wo Wildblumen und Medizinkräuter wachsen, angenehme, natürliche Gerüche vorherrschen und es klares, sauberes Wasser gibt. Vermeiden solltet ihr Orte, die schmutzig sind, in der Nähe von Straßen, Verkehr und Menschen liegen, gefährlich sind oder an denen giftige Pflanzen wachsen. Ihr solltet euch nicht an Orte zurückziehen, wo ihr euch automatisch unwohl und nervös fühlt.

Orte, an denen heilige Wesen leben, sind ausgezeichnet: Sie haben eine gute Schwingung, die westliche Menschen, die ja sehr empfänglich sind, sicherlich spüren können. Solche idealen Plätze sind normalerweise sehr abgelegen. In Tibet haben wir in den Klöstern studiert und uns alle Voraussetzungen für die Klausuren erworben, dann haben wir zur Meditation einen einsamen Platz aufgesucht. Diese Orte waren äußerst einfach, nicht nach der Art westlicher Luxus-Ferienhäuser, in die reiche Menschen sich zurückziehen, wenn sie niemanden sehen wollen. Westliche Menschen verstehen es wirklich, es sich gut gehen zu lassen, sogar noch in der Einsamkeit! Trotzdem ist das alles nur eine weitere Form der Selbstsucht. Asketische Klausuren sind genau das Gegenteil.

Man kann sich natürlich auch in ein Kloster oder ein Dharma-Zentrum zurückziehen. In Asien zogen sich viele Meditierende in die Nähe von Friedhöfen zurück. Derartige Orte sind gewöhnlich ruhig. Man baut seine Hütte ein Stück weit entfernt von dem Teil des Friedhofes, den die Menschen besuchen, und zieht sich zurück – mit einem tiefen Verständnis von Vergänglichkeit und Tod. Der Ort, an dem ihr euch zur Klausur zurückzieht, ist sehr wichtig.

Ein richtiger Klausurort ist nicht unbedingt für jeden wichtig, aber für uns ist er es. Unser Geist gleicht dem eines Babys: leicht beeinflussbar durch äußere Bedingungen. Tatsächlich ist unser Geist noch schlimmer als der von Babys. Babys greifen nach allem, was sie sehen, wir aber greifen nicht nur nach allem, was wir sehen, wir intellektualisieren auch noch. Außerdem ist unsere Weisheit begrenzt. Darum müssen wir uns in die richtige Umgebung begeben. Wäre unser Geist frei von Verwirrung, hätten wir nicht den geringsten Grund, uns um die Umgebung zu sorgen; wir müssten uns nicht einmal zu einer Vajrasattva-Klausur zurückziehen.

Es ist sehr wichtig, seinen Aufenthaltsort sorgfältig zu wählen – das gilt nicht nur für eine Klausur, sondern auch für den Ort, an dem man leben will. Entscheidet euch, was ihr lernen wollt, und wählt einen Ort, an dem es gelehrt wird. In den Städten des Westens ist es recht einfach, sich seine Umgebung zu wählen. Wenn ihr eure Zeit im Kino verbringen wollt, könnt ihr in die Nähe eines Kinos ziehen. Ihr habt die Wahl. Mit anderen Worten, ihr habt eine gewisse Kontrolle über euer Karma, einen Einfluss auf die Art und Weise, wie sich euer Leben entwickelt. Ihr könnt nicht sagen, ihr wäret machtlos, weil alles von eurem Karma bestimmt würde. Jeder schafft sein eigenes Karma. Eure Umwelt hängt von eurem Karma ab, und ihr habt die Fähigkeit, ihm Richtung zu geben. Wenn ihr zum Beispiel in Klausur gehen wollt, müsst ihr die Umstände schaffen, die es ermöglichen. Das ist Karma. Als Ergebnis bekommt ihr die Gelegenheit, in Klausur zu gehen und eure Weisheit zu entwickeln.

Schlussfolgernd ist zu sagen, dass ihr den Ort für eure Klausur sehr sorgfältig wählen solltet. Der beste Ort ist einer, an dem ihr euch sicher fühlt und wisst, dass es vom Anfang bis zum Ende keine Ablenkung geben wird. Natürlich gibt es in unseren unsicheren samsarischen Leben keinerlei Sicherheit, aber irgendwie solltet ihr das Gefühl haben, dass ihr den bestmöglichen Platz gewählt habt und dort eure Klausur auf nutzbringende Art durchführen könnt.

Wann sollte die Klausur beginnen

Im Allgemeinen bestimmen Art und Zweck einer Klausur deren Anfangszeit. Da Heruka-Vajrasattva zum Muttertantra gehört, sollte eine Klausur über diese Gottheit am zehnten oder am fünfundzwanzigsten Tag eines tibetischen Monats beginnen. Dies sind jeweils sehr Glück verheißende Tage für tantrisches Yoga, denn an diesen Tagen bewegen sich die Dakas und Dakinis viel, und das Nervensystem kann leicht gesegnet werden. Wegen der Intensität der Daka-Dakini-Energie zu dieser Zeit könnt ihr die immer währende glückselige Energie in den Chakren eures Nervensystems einfach dadurch entdecken, dass ihr an einem dieser Tage beginnt. Aus demselben Grund ist es am besten, Klausuren über Gottheiten der Muttertantra-Klasse am Abend nach Sonnenuntergang zu beginnen.

Einige allgemeine Vorbereitungen

Wenn ihr euch zu einer Einzelklausur zurückzieht, braucht ihr wahrscheinlich jemanden, der für euch kocht und einkauft. Euer Helfer, eure Helferin sollte gegenüber euch und dem, was ihr tut, ganz und gar positiv eingestellt sein, und ihr solltet eine gute Beziehung zu diesem Menschen haben. Wenn euer Helfer euch für lächerlich hält oder das, was ihr tut, für böse, wird das zu einer großen Störung für euren Geist. Wenn ihr in der Gruppe Klausur macht, sollte auch niemand dabei sein, mit dem ihr euch nicht versteht. Es ist wichtig, dass ihr für eure Klausur die bestmöglichen Bedingungen schafft.

Wenn ihr keinen Helfer habt und auch nicht in Gruppen-Klausur seid, wo die Mahlzeiten gewöhnlich für euch zubereitet werden, solltet ihr versuchen, einen möglichst großen Teil der Nahrung, die ihr während der gesamten Klausurzeit braucht, vorher zu besorgen. Legt aber nicht zu viele Vorräte an, beschränkt euch lieber auf das Grundlegende. So haben wir es auch in Tibet gemacht.

Bevor ihr eure Klausur beginnt, solltet ihr eure Verbindungen mit der Außenwelt abbrechen und alle Erwartungen, die damit zusammenhängen, aufgeben. Obwohl ihr ja Klausur macht, um eure Unwissenheit zu durchtrennen, ist dieses innere Durchtrennen doch ein ganz allmählicher Prozess, der damit beginnt, dass ihr euch von der äußeren Welt löst. Darum solltet ihr alle Hoffnungen auf Besuche von Freunden, Briefe, Schokolade von euren Eltern und Ähnliches aufgeben.

Darüber hinaus müsst ihr vor Beginn der Klausur entscheiden, wem ihr gestatten wollt, euch zu treffen, und wie weit vom Ort der Klausur ihr euch entfernen wollt. So könntet ihr vielleicht entscheiden: „In dieser Klausur werde ich ausschließlich mit meinen Eltern reden" oder „Während dieser Klausur werde ich nur bis zur Quelle gehen, um mich zu waschen, aber nicht weiter." Diese Entscheidungen sind für euren Geist sehr hilfreich. Auf Tibetisch nennen wir das *tsam war gyu* („die Klausur errichten"), was bedeutet, dass ihr, falls nötig, nur bestimmte Menschen trefft, aber keine anderen. Je mehr Menschen von außerhalb ihr trefft, umso mehr samsarische Informationen sammelt ihr, und anstatt Weisheit zu erwerben, erwerbt ihr geistige Verunreinigung.

Gleichermaßen müsst ihr alle eure Briefe geschrieben und alle Geschäfte abgeschlossen haben, bevor ihr anfangt. Ansonsten würde eure Klausur dauernd von ablenkenden Gedanken gestört: „Ich muss dies tun; ich sollte unbedingt noch jenes erledigen …".Während euer Körper sich im Klausurraum befindet, sollte euer Geist nicht dauernd nach Hause zurückwandern.

Viele Tibeter haben der Welt viele Jahre oder sogar ihr ganzes Leben lang entsagt, um sich eine vollkommene Klausursituation zu schaffen. Manche haben sich sogar in türlose Höhlen einmauern lassen und empfingen ihr Essen durch ein kleines Loch in der Mauer.

Eine der wichtigsten Vorbereitungen ist euer Entschluss, Erfolg zu haben. Ihr solltet das Gefühl haben: „Ich habe so viel Glück, dieses vollkommene menschliche Leben erhalten zu haben, in dem ich die immer währende glückselige Verwirklichung von Heruka-Vajrasattva erlangen kann. Daher werde ich meinen Geist kontrollieren, egal welche guten oder schlechten samsarischen Erfahrungen ich während meiner Klausur auch machen werde." Ob ihr also samsarisches Glück oder Schwierigkeiten erfahrt, ihr lasst euch davon nicht aus dem Gleichgewicht bringen, sondern nehmt den mittleren Weg.

So mögt ihr zum Beispiel eines Morgens mit leichten Kopfschmerzen aufwachen und glauben, ihr wäret zu krank, um eure Sitzung zu machen. Das bisschen Kopfschmerz wird euch schon nicht umbringen! Ihr seid hier, um Klausur zu machen. Das heißt, ihr müsst euch beherrschen. Ihr könnt auch mit Kopfschmerzen meditieren. Vielleicht kommt eines Tages auch plötzlich ein wunderschönes Geschenk von euren Eltern an. Ihr verliert die Selbstbeherrschung und werdet ganz aufgeregt: „Menschenskind! Darauf warte ich schon über ein Jahr. Ich muss es sofort an mich nehmen." Das solltet ihr nicht tun. Regt euch nicht auf. Es ist egal, kontrolliert euch.

Was sollte man essen

Wenn ihr eine Klausur im Rahmen des *Kriya*-Tantra macht, sind die Regeln bezüglich des Essens ziemlich strikt. In einer Maha-anuttara-Yogatantra-Klausur habt ihr ein bisschen mehr Freiheit, solltet aber doch die so genannten „schwarzen Speisen" meiden: Fleisch (besonders Huhn, Schweinefleisch und Fisch), Eier, Knoblauch, Zwiebeln und Rettich. Knoblauch ist sehr schwer und stört euer Nervensystem, weil er entweder zu Völlegefühl führt oder viel innere Bewegung verursacht. Zwiebeln, die nicht zu scharf sind, sollten wohl in Ordnung sein. Rettich ist problematisch, weil er Gas erzeugt und Blähungen verursacht.

Früchte und Gemüse sind gut, ebenso die so genannten „weißen" Speisen: Milch, Yoghurt und Käse, die als rein gelten. Ihr könnt ebenfalls Müsli und Schokolade essen, ja sogar Hefepaste

(Vegemite), die trotz ihrer Farbe nicht zu den schwarzen Speisen zählt!

Mein Rat lautet: Lebt so gesund wie nur möglich. Manche Menschen denken: „Oh, ich praktiziere Dharma; ich brauche nichts." Das ist falsch. Wenn ihr in der Klausur seid, um Dharma-Weisheit zu entwickeln, ist es sinnvoller, euch noch besser zu ernähren, als ihr es sonst tut - und ihr wisst ja, wie viel Pflege ihr eurem samsarischen Körper normalerweise angedeihen lasst.

Manchmal erfahren Menschen in der Klausur so viel Glückseligkeit und Freude in einer Sitzung, dass sie gar keine Essenspause einlegen wollen, sondern einfach weitermachen möchten. Hier spricht wieder euer Babygeist - traut ihm nicht. Nehmt eure Mahlzeiten ein wie geplant. Frühstück und Mittagessen zu sich zu nehmen ist gut, aber es stellt sich die Frage, ob ihr zu Abend essen solltet oder nicht. Es ist besser, auf das Abendessen zu verzichten, denn ein voller Magen stört die Konzentration. Wieder hängt es vom Einzelnen ab. Wir sind alle verschieden: Manche können jedes Mal immer nur ein bisschen essen; denen würde ich zum Abendessen raten. Diejenigen, die ein reichhaltiges Frühstück und Mittagessen zu sich nehmen können, sollten abends nur ganz wenig essen oder, was noch besser wäre, das Abendessen ganz ausfallen lassen. Seid flexibel; Essen ist nicht so überaus wichtig. Sorgt einfach gut für eure Gesundheit.

Manche Menschen legen die acht Mahayana-Gelübde im Laufe der Klausur ab.[7] An den Tagen, an denen ihr Gelübde abgelegt habt, dürft ihr natürlich weder Frühstück noch Abendessen zu euch nehmen. Ihr könnt wählen, ob ihr die Gelübde jeden Tag ablegen wollt oder nicht; das liegt ganz an euch. Die Tage des Vollmondes und des Neumondes sind meiner Meinung nach am besten geeignete, um die Mahayana-Gelübde abzulegen. Das Ablegen der Gelübde gibt euch viel Energie, und es ist eine hervorragende Methode, um euch selbst zu reinigen.

Reinigen des Klausurortes

Da ihr euch selbst innerlich reinigt, solltet ihr auch das Äußere saubermachen. Euer Klausurraum sollte außerordentlich sauber und ganz ordentlich sein. Lasst eure Sachen nicht überall herumhängen und -liegen. Ihre unordentliche Schwingung wird nur euren Geist aufwühlen. Auch solltet ihr euren Geist nicht ablenken, indem ihr Objekte der Anhaftung im Raum habt. Tiere, Hunde eingeschlossen, sollten den Raum nicht betreten dürfen. Nachdem ihr das Zimmer geputzt habt, könnt ihr Safran, Sandelholz, Rosenwasser oder andere Düfte im Raum verteilen, damit es überall gut riecht und keinerlei Überbleibsel eines schlechten Geruchs mehr zurückbleibt. Statt mit Anhaftung euren Körper zu parfümieren, verbreitet ihr Wohlgerüche im Klausurraum, damit das bloße Betreten des Zimmers schon eine beglückende Erfahrung wird. Darüber hinaus solltet ihr auch ein bisschen gesegneten Nektar vom Inneren Opfer im Raum versprengen. Macht das, bevor ihr die Klausur beginnt, und dann jeden Morgen.

Der Meditationssitz

Als nächstes gilt es, euren Meditationssitz herzurichten. Er sollte so bequem wie möglich sein, so bequem sogar, dass ihr das Gefühl habt, vierundzwanzig Stunden ohne Pause dort sitzen zu können und nur Glückseligkeit zu empfinden. Der Sitz darf nicht ganz flach sein; ihr solltet zumindest ein kleines Kissen unter eurem Gesäß haben, damit es höher ist als eure Knie. Das hilft euch, euren Rücken gerade zu halten und verhindert, dass die Beine einschlafen. Ein dünnes, klumpiges, unbequemes Sitzkissen beweist nicht unbedingt Entsagung.

Unter dem Sitzkissen sollte eine nach rechts drehende Swastika mit Kreide oder Reis direkt auf den Boden oder auf ein Stück Papier gezeichnet werden. Die Swastika ist ein altes indisches Symbol, das Glück verheißt. Das Wort kommt vom Sanskritwort *svasti*, das „Wohlergehen" bedeutet. Die Swastika symbolisiert auch den unzerstörbaren Sitz, den Vajra-Sitz, auf dem der Buddha in Bodhgaya saß, als er die Erleuchtung erlangte. Es ist nicht leicht, Erleuchtung zu erlangen, überall ist das nicht möglich. Die Buddhas dieses glücklichen Weltzeitalters erlangen alle in Bodhgaya Erleuchtung. Da wir selbst eine Klausur durchführen, um Erleuchtung zu erlangen, sollten auch wir einen Vajra-Sitz haben und keinen „rauf-und-runter-heute-hier-und-morgen-woanders"-Jojo-Sitz. Wenn man in einem Boot sitzt, geht man automatisch mit den Wellen des Ozeans rauf und runter. So sollte euer Meditationssitz nicht sein. Da wir keinen wirklichen Vajra unter unseren Sitz legen können, benutzen wir die symbolische Repräsentation. Die Kombination eines unzerstörbaren Sitzes mit einer unzerstörbaren, reinen, erleuchteten Haltung macht eure Klausur wirklich lohnend.

Ihr könnt auch zwei Arten von Gras unter euren Sitz legen. Eines ist *Kusha*-Gras, aus dem in Indien manchmal Besen gemacht werden. Zwei Stängel werden so ausgelegt, dass die Grasspitzen von hinten auf den Mittelpunkt der Swastika zeigen. Der Buddha selbst saß in Bodhgaya auf einem Sitz aus Kusha-Gras. Wenn wir jetzt das gleiche Gras nehmen, erinnern wir uns an die Erleuchtungserfahrungen des Buddha, besonders an seinen festen Entschluss, solange auf dem Gras sitzen zu bleiben, bis er Erleuchtung erlangt habe, gleichgültig, wie schwer es sein würde oder welche Härten er zu erdulden haben würde. Kusha-Gras setzt sich aus Hunderten schmalen, parallel verlaufenden Fasern zusammen, die alle eng zusammen liegen und in dieselbe Richtung weisen. Damit symbolisiert es starke, einsgerichtete Konzentration und klare Visualisierung – all eure Energie fließt in eine Richtung.

Das andere Gras wird auf Tibetisch *tsa dur-wa* genannt. Es ist so etwas wie Quecke oder *Kikuyu*-Gras. Es wird genauso ausgelegt wie das Kusha-Gras, zwei Spitzen zeigen auf den Mittelpunkt der Swastika. Die Stängel sollten so viele Verbindungsglieder wie möglich haben. Dieses Gras gilt als verheißungsvoll für ein langes Leben.

Habt ihr euren Sitz einmal aufgebaut, dürft ihr ihn nicht mehr ändern, egal was passiert. Westliche Menschen möchten immer ihr Sitzkissen ausklopfen oder in die Sonne legen, in der Klausur ist das aber nicht erlaubt. Wenn die Klausur angefangen hat, dürft ihr euren Sitz auch nicht in einen anderen Teil des Raumes verlegen. Ihr müsst euren schizophrenen Geist unter Kontrolle halten.

In einer Gruppen-Klausur sollte zwischen den einzelnen Teilnehmern genug Platz bleiben. Ihr müsst euch nicht zusammendrängen wie Tibeter in einer Puja. Ich erinnere mich an einen Schüler, der Schwierigkeiten hatte, weil er seinen Sitz auf einem feuchten Teil des Bodens ausgelegt hatte und sein kleiner Teppich begann zu schimmeln und auseinanderzufallen. Wählt daher am Anfang euren Platz sehr sorgfältig.

Auch zu Hause solltet ihr einen besonderen Meditationssitz haben. Baut ihn aber am besten nicht in eurem Schlafzimmer auf, weil dort meist eine starke samsarische Schwingung herrscht. Hilfreich ist es, in einem dafür bestimmten Zimmer oder einem ruhigen Winkel eurer Wohnung einen Altar zu errichten und diesen Platz nur zur Meditation zu nutzen. Die Trips von Dharma und Samsara sind völlig unterschiedlich – solange man nicht die Verwirklichung von Bodhicitta hat, lassen sie sich nicht vereinbaren.

Vor euch solltet ihr ein kleines Tischchen für euren Vajra (*dorje*), eure Glocke (*drilbu*), eure Handtrommel (*damaru*), eure Schädelschale (*kapala*) und, wenn ihr ihn braucht, euren Sadhana-Text haben. Die Kapala enthält die Flüssigkeit für die Innere Opfergabe. Dabei handelt es sich gewöhnlich um schwarzen Tee, in dem eine besonders gesegnete Pille für die Innere Gabe aufgelöst ist. In einer Gruppen-Klausur ist es allerdings nicht nötig, dass jeder diese Objekte hat. Es reicht aus, wenn nur einer oder zwei der Klausurteilnehmer sie besitzen. Wenn ihr keinen Dorje und keine Glocke besitzt, dann reicht auch eine Zeichnung dieser Objekte.

Die Gebetskette (*Mala*)

Ihr solltet eine spezielle Gebetskette haben, die ihr ausschließlich in Klausuren verwendet und niemandem zeigt. Bei einigen Klausuren braucht man eine Mala aus Knochen oder anderen speziellen Substanzen. Ihr solltet die Mala nicht um Handgelenk oder Hals tragen und stets mit Achtung behandeln. Hat die Klausur einmal begonnen, dürft ihr die Mala nicht mehr aus dem Klausurraum nehmen und solltet sie auf eurem Tischchen liegen lassen. Niemals dürft ihr eure Mala auf die Toilette mitnehmen. Vor Beginn der Klausur sollte die Mala von einem Lama gesegnet werden, und jeden Morgen, zu Beginn der ersten Sitzung, solltet ihr sie auch selbst segnen, indem ihr siebenmal das Mantra OM RUTSIRA MANI PRAWA TAYA HUM sprecht und dann auf die Mala blast.

Der Altar

Nachdem ihr den Raum gereinigt habt, richtet ihr den Altar her. Stellt eine Statue von Heruka-Vajrasattva auf den Altar, oder, wenn es sich um ein gemaltes Bild handelt, hängt es an die Wand darüber.

Andere Bildnisse solltet ihr nicht auf den Altar stellen. Während dieser Klausur ist Heruka-Vajrasattva die zentrale Gottheit - eure Manifestation der universalen Wirklichkeit - und ihr braucht keine anderen.

Idealerweise solltet ihr drei verschiedene Opferkuchen (*tormas*)[8] aufstellen. In Tibet haben wir Tormas aus geröstetem Gerstenmehl (*tsampa*) geformt, im Westen könnt ihr stattdessen Schokolade, Kekse, Kuchen oder andere Nahrungsmittel verwenden.

Die Haupttorma (siehe Zeichnung auf Seite 120) ist eure Opfergabe an Heruka-Vajrasattva. Ihr segnet sie durch die Methoden des tantrischen Yoga mit der glückseligen transzendenten

Weisheit Vajrasattvas und lasst sie bis zum Ende der Klausur auf dem Altar stehen.[9] Wenn wir diese Torma aus Tsampa machen, fügen wir – als Symbol für die Entwicklung der Kundalini-Energie des Praktizierenden durch die Yoga-Methode – gewöhnlich noch etwas Alkohol hinzu, der von Natur aus die Energie der Ausdehnung und Entwicklung besitzt.[10] Die zweite Torma (auf der Zeichnung direkt unter der ersten) ist die Gabe für den besonderen zornvollen Schützer von Heruka, dessen Aufgabe es ist, alle unkontrollierte Energie zu befrieden. Habt ihr diese Torma einmal auf den Altar gestellt, solltet ihr sie bis zum Ende der Klausur nicht mehr entfernen.[11]

Drittens gibt es an jedem Klausurort örtliche Gottheiten oder Geister (*shi-dak*), denen dieser Ort gehört oder die ihn beherrschen. Damit diese Wesen sich nicht beleidigt fühlen, wenn ihr in ihr Reich eindringt, und euch schaden wollen, müsst ihr ihnen eine Gabe darbringen. Auch hier muss es sich nicht um eine traditionelle tibetische Torma handeln (wie auf der Zeichnung zur Rechten der zweiten Torma), man kann auch Reis oder jedes andere bereits erwähnte Nahrungsmittel benutzen. Auch diese Opfergabe bleibt während der gesamten Klausurzeit auf dem Altar stehen.[12] Visualisiert eure Opfergabe als alles, was diese fühlenden Wesen brauchen und wünschen, und entwickelt auch das Gefühl, dass ihr diesen Wesen euren Körper, eure Sprache und euren Geist darbringt; ihr bringt euch selbst zum Wohle *aller* fühlenden Wesen dar.

Während ihr die Opfergaben darbringt, denkt: „Bitte lasst mich hier tun, was ich zu tun habe: Ich will mich selbst reinigen und Weisheit und Mitgefühl zum Wohle aller fühlenden Wesen entwickeln. Ich versuche nicht, euch diesen Platz streitig zu machen, sondern möchte ihn nur eine kleine Weile nutzen. Macht euch also bitte keine Sorgen, seid nicht zornig, eifersüchtig oder ängstlich. Habt bitte Mitgefühl, helft mir und bereitet mir keine Hindernisse. Nehmt diese Opfergabe und alles, was ihr sonst noch braucht." Visualisiert, dass die Geister die Opfergabe annehmen, sehr glücklich und zufrieden sind und euch erlauben, diesen Platz zu nutzen. In den Hinayana-Sutras hat der Buddha erklärt, man solle, bevor ein Kloster gebaut wird, die Erlaubnis der Geister erbitten, die im Besitz des Ortes, der Bäume und aller anderen Dinge des fraglichen Ortes sind. Wenn wir diese Opfergaben nicht darbringen, werden die Geister vielleicht wütend und schädigen uns körperlich oder geistig. Selbst wenn sie nicht fähig sind, uns bei Tag zu schaden, können sie uns schlechte Träume bereiten oder uns auf andere Weise nachts Schaden zufügen.

Opferschalen, Kerzen, Butterlampen oder andere Lichtopfer, Blumen und Speisen sollten ebenfalls auf dem Altar dargebracht werden. Wechselt vor jeder Sitzung das Wasser in den Opferschalen und zündet neue Lichter und Räucherstäbchen an. Das Licht, das ihr darbringt, symbolisiert das innere Licht der Weisheit, das ihr zu entwickeln versucht; Räucherwerk steht für eure reine Ethik.

Warum bringen wir soviel Wasser dar? Nicht etwa weil Vajrasattva dauernd durstig wäre. Es kommt nicht vor, dass eine Gottheit tatsächlich eure Opfergaben nimmt. Nein, es geht um unseren Geiz. Gewöhnlich geben wir mit dem Geist der Anhaftung. Dieser hinterhältige Geist ist irgendwie vollkommen mit unserem Geschenk verbunden. Da aber Wasser etwas ist, was so reichhaltig zur Verfügung steht, greift ihr nicht danach, und auf diese Weise gewöhnt ihr euch daran, ohne Anhaftung oder Erwartung zu geben. Darum ist es recht nützlich, Wasser darzubringen: Es kostet euch nichts, und mit wenig Aufwand erzielt ihr großen Nutzen. Darüber hinaus hat Wasser noch eine Reihe kostbarer Qualitäten. Es enthält die Energie aller Arten kostbarer Juwelen.[13] Segnet das Wasser, das ihr opfert, mit dem Mantra OM AH HUM, das Vajrasattvas erleuchteten Körper, seine erleuchtete Sprache und seinen erleuchteten Geist symbolisiert. Obwohl es so aussieht, als würdet ihr nur Wasser auf euren Altar stellen, bringt ihr tatsächlich – weil es ja durch den Segen umgewandelt wurde – den glückseligen Nektar der transzendenten Weisheit und des transzendenten Mitgefühls dar.

Wie ich schon sagte, ist es höchst nützlich, so oft man nur kann, materielle Opfergaben darzubringen. Der faule Geist sagt: „Die wirklichen Opfergaben sind die inneren; ich muss mich nicht dem Ritual unterziehen, all diese äußeren Opfergaben auf den Altar zu stellen." Gebt der Faulheit nicht nach - es ist viel besser, euch der Aktivität des Gebens zu unterziehen. Außer, das will ich hinzufügen, ihr befindet euch in vollkommener Samadhi. Das ist die einzige Ausnahme, die ich in diesem Fall machen kann. Eure Zeit in einsgerichteter Konzentration zu verbringen mag tatsächlich wichtiger sein. Aber wenn ihr viel Zeit für alle möglichen anderen Dinge habt, aber keine Zeit, einen anständigen Altar herzurichten, dann ist bewiesen, wie fehlgeleitet eure samsarischen Werturteile tatsächlich sind.

Ein kleiner Teil all dessen, was ihr esst und trinkt, sollte gesegnet und auf dem Altar dargebracht werden, bevor ihr es selbst zu euch nehmt. Opfert ein bisschen von eurem Frühstücks-Tee in einem kleinen Schälchen und eures Mittagessens auf einem Teller. Das ist sehr hilfreich zur Verminderung der Anhaftung und zur Entwicklung der Paramita des Gebens.

Am Abend kann die Speise, die ihr dargebracht habt, vom Altar genommen werden, und am nächsten Tag könnt ihr sie essen. Auch müsst ihr eure Opfergaben nicht auf die von mir genannten materiellen beschränken. Ihr könnt sie mental in unendliche Opfergaben höchster Qualität verwandeln - Nektar, Blumen, Räucherwerk, Licht, Parfüm, Speisen, Musik und so weiter -, und damit zusammen könnt ihr alles im Universum darbringen, verwandelt in allerfeinste beseligende Opfergaben, so wie wir es bei der Mandalagabe praktizieren.

All diese Praktiken mögen vielleicht nicht das Wichtigste sein, was ihr tun könnt, aber sie sind für eure spirituelle Entwicklung sehr nützlich.

Zeichnung: Peter Iseli

8 *Die Klausursitzung*

Der Tagesplan

Im Allgemeinen ist es am besten, eure Klausur mit kurzen Sitzungen von höchstens einer Stunde Dauer zu beginnen. Das ist empfehlenswert, weil ihr eine Sitzung gut macht, wenn sie kurz ist. Sitzungen, in denen ihr wach seid und eure Konzentration stark ist, sind offensichtlich besser als Sitzungen, in denen ihr einen müden und schläfrigen Geist habt. Wir haben zahllose Leben lang geschlafen, jetzt ist es Zeit aufzuwachen!

Es heißt, die Dauer der Sitzungen im Laufe einer Klausur solle der Form eines Gerstenkornes entsprechen: spitz zu den Enden hin und weit in der Mitte. Also sollten die Sitzungen zu Beginn und am Ende einer Klausur kurz, die in der Mitte jedoch länger sein. Während sich eure Klausur entwickelt und eure Meditation an Kraft gewinnt, verlängert ihr allmählich eure Sitzungen. Gegen Ende der Klausur, wenn ihr euch bereit macht, der Welt wieder ins Gesicht zu sehen, verkürzt ihr sie wieder. Wenn ihr euch nicht daran haltet und bis zum Ende der Klausur lange, intensive Sitzungen durchführt, besteht die Gefahr, dass die erste Begegnung mit der Außenwelt euch übermäßig aufregt oder sogar krank macht. Die Schwingungen unterscheiden sich zu sehr von dem, was ihr in der letzten Zeit erfahren habt.

Kurze Sitzungen geben viel Energie. Wenn die Sitzung zu Ende geht, werdet ihr noch gar nicht aufhören wollen. Das solltet ihr aber. Hört ihr immer erst dann mit der Meditation auf, wenn ihr erschöpft seid, habt ihr keinen Enthusiasmus für die nächste Sitzung mehr übrig. Der bloße Anblick eures Sitzkissens verursacht euch dann schon Übelkeit. Das ist offensichtlich nicht nützlich. Oder, wie ich vorher schon einmal erwähnte, ihr werdet euch manchmal so glückselig und energiegeladen fühlen, dass ihr einfach den ganzen Tag weitermeditieren wollt. Wenn ihr dem Wunsch aber nachgebt, ist es so gut wie sicher, dass ihr am nächsten Tag das genaue Gegenteil empfindet und überhaupt nicht mehr meditieren wollt. Ein allmähliches Verlängern der Sitzungen garantiert, dass ihr stets mit einem wachen Geist abschließt und euch schon auf die nächste Meditation freut. Geht weise mit eurem Baby-Geist um.

Ein tibetischer Lama empfahl achtzehn Sitzungen pro Tag! Vielleicht könnten wir uns zu Anfang auf acht einigen. Steht früh auf, damit eure erste Sitzung schon vor Sonnenaufgang endet. Legt eine Kaffeepause ein und macht vor dem Frühstück eine weitere Sitzung. Zwischen Frühstück und Mittagessen könnt ihr zwei weitere Sitzungen durchführen und dazwischen eine fünfzehnminütige Pause einlegen. Nach dem Mittagessen könnt ihr ruhen, arbeiten, Belehrungen über den Stufenweg oder den Kommentar zu Heruka-Vajrasattva studieren, euren täglichen Praxisverpflichtungen nachkommen oder andere Meditationen ausführen. Dann macht ihr wieder zwei von einer fünfzehnminütigen Pause unterbrochene Sitzungen vor dem Nachmittags-Tee. Darauf folgt dann eine weitere Sitzung, Abendessen und schließlich die letzte Sitzung des Tages. Die beste Zeit für eine Gesprächs- oder Studiengruppe ist nach dem Mittagessen und vor der ersten Nachmittagssitzung – ganz bestimmt nicht nach oder anstatt der letzten Sitzung des Tages. Das ist die falsche Zeit, um diskursive Gedanken zu stimulieren. Natürlich ist all dies nur eine ungefähre Richtlinie. Natürlich verringert sich die Zahl der täglichen Sitzung, wenn sie länger dauern. In der Mitte der Klausur könntet ihr dann vielleicht vier Sitzungen am Tag machen: eine vor Sonnenaufgang, eine zwischen Frühstück und Mittagessen, eine zwischen Mittagessen und Abendessen und eine danach. Auf keinen Fall dürft ihr zu folgenden Zeiten meditieren: Sonnenaufgang, beim Höchststand der Sonne, Sonnenuntergang und Mitternacht. Zu diesen Zeiten üben die Schwingungen der äußeren Umgebung einen ungünstigen Einfluss auf euer Nervensystem aus und euer Geist wird automatisch abgelenkt. Darum solltet ihr zu diesen Zeiten keine Sitzungen abhalten.

Tibetische Mönche stehen in der Klausur um zwei oder drei Uhr am Morgen auf. Aber in heißen Ländern ist es schwierig, mit wenig Schlaf auszukommen, und außerdem seid ihr diese strikte Disziplin nicht gewohnt. Wenn ihr zu früh aufsteht, werdet ihr sehr leicht müde, und das wird eure Meditation verderben. Ihr solltet für eure Gesundheit sorgen und in euren Betten schlafen und nicht auf dem Meditationskissen. Was ihr macht, solltet ihr gut machen.

Abschließend ist zu sagen, dass ihr euch besser nicht zu sehr unter Druck setzten solltet. Ihr könnt Milarepa nicht imitieren – versucht es nicht einmal. Macht es euch bequem und seid entspannt, nehmt eure Klausur leicht und sorgt dafür, dass sie sich lohnt.

Kurz vor der Sitzung

Waschen: Vor jeder Sitzung solltet ihr euch die Zähne putzen und euren Körper waschen. Wenn ihr nicht euren ganzen Körper waschen könnt, dann zumindest Gesicht, Hals, Arme, Achselhöhlen und Füße. So wird euer Geist während der Sitzung nicht träge und schläfrig. Frisch gewaschen seid ihr wach, fühlt euch angenehmer und seid fähig, mit völlig erwachter Weisheit zu meditieren.

Pünktlichkeit: Kommt mindestens fünf Minuten vor Beginn der Sitzung in den Meditationsraum, besonders wenn es eure Aufgabe ist, den Altar herzurichten. Kommt nicht in letzter Minute, außer Atem, hechelnd und schwitzend in den Raum gestürzt. Betretet den Raum langsam und achtsam, macht drei Niederwerfungen und setzt euch leise hin. Sammelt und beruhigt euren Geist. Denkt: „Auf diesem Platz werde ich mich vollkommen reinigen, um zum Wohle aller Wesen den erleuchteten Zustand von Vajrasattva zu erreichen." Dann reinigt - voller Achtsamkeit - euer Nervensystem mit der gesegneten Inneren Opfergabe. Taucht den Ringfinger eurer linken Hand in die Flüssigkeit der Inneren Opfergabe in eurer Kapala, berührt damit dann eure Zunge und spürt, wie die gesegnete Energie durch euer gesamtes Nervensystem fließt, es von allem Negativen reinigt und euch mit glückseliger Weisheit erfüllt.

Stört andere nicht: Sprecht die anderen Gruppenmitglieder nicht an, wenn ihr in den Raum kommt, stört sie auch nicht auf andere Weise. Es wäre gut, wenn ihr den Meditationsraum für die Dauer der Klausur zu einer Zone des Schweigens machen könntet. Falls ihr Dinge in diesem Raum zu erledigen habt, etwa den Altar zu reinigen, dann tut eure Aufgabe, ohne andere einzubeziehen.

Den Altar herrichten: Bringt vor jeder Sitzung frische Opfergaben dar. Wenn ihr eine Gruppen-Klausur macht, möchte ich euch raten, jedes Mal fünf Kerzen oder Butterlampen darzubringen. Bringt eure Opfergaben mit dem reinen, aufrichtigen Gedanken dar: „Ich bringe diese Gabe dar, damit die immer währende glückselige göttliche Weisheit von Heruka-Vajrasattva in mir wachsen möge und ich damit alle fühlenden Wesen zur Entdeckung dieser Verwirklichung in ihrem eigenen Geist führen kann."

Der Anfang der Sitzung

Ich habe das generelle Schweigen im Meditationsraum schon erwähnt; hat die Sitzung einmal begonnen, darf es absolut kein Gespräch mehr geben. Beginnt mit der Zufluchtnahme und dem Erzeugen von Bodhicitta, indem ihr die entsprechenden Gebete aus der Sadhana rezitiert, aber erinnert euch an das, was ich zuvor gesagt habe: Zuflucht und Bodhicitta sind geistige Zustände jenseits von Worten. Achtet darauf, dass euer Geist eins mit ihnen wird. Wenn die Gebete zu Ende sind, geht nicht sofort zur Übung des Atemanhaltens über, sondern verbringt eine Weile mit der Meditation über Zuflucht und Bodhicitta. Wenn ihr diese Haltungen bereits zu Anfang der Sitzung richtig mit eurem Geist verbindet, wird ihre Energie bis zum Ende durchhalten, sie wird eure ganze Praxis durchdringen und sie sehr viel nützlicher machen.

Allgemeine Richtlinien für die Sitzungen

Stets habe ich die große Bedeutung einsgerichteter Konzentration während der Mantra-Rezitation hervorgehoben. Sie kann gar nicht überbewertet werden. Die meiste Zeit ist unser Geist von Einbildungen und falschen Vorstellungen erfüllt, und alles, was wir tun, steht unter diesem Einfluss. Es ist überaus wichtig, dass wir diese falschen Geisteshaltungen zumindest in der Klausur auch nicht für einen Augenblick zulassen, ansonsten werden wir die Verwirklichungen, nach denen wir uns so sehnen, nicht erlangen können. Sorgt also gewissenhaft dafür, dass euer Geist während der Klausur von derartigen Verblendungen frei bleibt. Das gilt besonders für die Zeit der Sitzungen und ist bei der Mantra-Rezitation unabdingbar.

Auch andere Störungen der Klausur müsst ihr vermeiden, etwa zu sprechen, von eurem Sitz aufzustehen und den Raum zu verlassen, sei es, um auf die Toilette zu gehen, oder aus anderen Gründen. Geht unbedingt vor Beginn der Sitzung auf die Toilette. Der große Yogi aus alten Zeiten, Phadampa Sanggye, hat fünf Dinge genannt, auf die man besonders achten sollte, wenn man eine vollkommene Klausur machen will. Ihm zufolge wird eine Klausur so gut wie wertlos, wenn man diese fünf Kräfte nicht beachtet.

Die erste ist die *Kraft des Körpers*. Während der Sitzung müsst ihr die Visualisierung der Gottheit kontinuierlich aufrechterhalten. Verliert ihr sie und lasst eure aus falschen Vorstellungen geborenen, gewöhnlichen Projektionen von euch selbst zu: „Ich bin so und so, ich habe Hunger und Durst …", habt ihr die Kraft des Körpers verloren. Die zweite ist die *Kraft der Sprache*. Wenn ihr während einer Sitzung sprecht, habt ihr diese Kraft direkt unterbrochen. Die nächste ist die *Kraft des Geistes*. Ihr verliert sie, sobald eure einsgerichtete Konzentration unterbrochen wird. Die vierte ist die *Kraft der Zeichen*. Während der Klausur werden Zeichen in eurem Geist erscheinen. Wenn ihr mit Menschen in Kontakt kommt, die sich nicht in der Klausur befinden, ist diese Kraft verloren. Schließlich haben wir noch die *Kraft der Energie*: Es hat negative Auswirkungen, wenn Menschen von außerhalb der Klausur eure Gottheit sehen oder beobachten, wie ihr euer Essen segnet. Ihr solltet also verhindern, dass das geschehen kann. Wir sprechen auch von der Körper-, Sprach- und Geist-Klausur.

Körper-Klausur bedeutet, dass ihr die Verbindung mit euren verblendeten Projektionen eures Körpers abschneidet. Außerdem dürft ihr während der Klausur darüber hinaus auch nicht die Essenz eurer körperlichen Kraft verlieren. Wenn ihr zum Beispiel über eine weibliche Samadhi-Gottheit meditiert, dürft ihr keine Samenflüssigkeit verlieren.

Sprach-Klausur bedeutet, dass ihr jede gewöhnliche Konversation vermeidet, die ja sowieso nur euren Geist aufwühlt. Ihr müsst die Kraft der Sprache bewahren, auf die ich bei den Erklärungen der Mantra-Rezitation noch näher eingehen werde. Ihr dürft dann nicht einmal ausspucken.

Geist-Klausur bedeutet, dass ihr alle Einbildungen, die Aktivitäten des verblendeten Geistes, abschneidet. Ihr bewahrt die Kraft eures Geistes, indem ihr vermeidet, dass er von verblendeten, abergläubischen Gedanken ergriffen wird.

Die Sadhana

Dieses Buch enthält die Sadhana von Heruka-Vajrasattva, die ich zum Zwecke der Klausur zusammengestellt habe [siehe Anhang 1]. Ihr könnt sie in eurer eigenen Sprache oder auf Tibetisch rezitieren. Wenn ihr sie auf Tibetisch rezitiert, solltet ihr die Übersetzung griffbereit haben, damit ihr auch den Sinn versteht. Ihr könnt sie in eurer Sprache lesen, aber irgendwie fühlt sich das Tibetische sehr gut an und trägt auch eine gewisse gesegnete Energie.[14]

Mantra-Rezitation

Das Mantra von Heruka-Vajrasattva ist äußerst kraftvoll. Selbst durch eine einmalige Rezitation wird alles Negative zutiefst erschüttert. Damit es aber wirklich wirksam wird, müsst ihr es sehr klar aussprechen. Ein mit vollkommenem Klang rezitiertes Mantra hat mehr Kraft als einhundert vor sich hin gemurmelte. Mit „vollkommenem Klang" meine ich, dass jede Silbe unterscheidbar artikuliert werden sollte: klar, sauber und glatt, mit gleich bleibendem Rhythmus und in gleicher Tonhöhe. Das Mantra sollte nicht undeutlich oder unregelmäßig rezitiert werden, mit einigen schnellen und dann wieder langsam gesprochenen Worten oder Silben in wechselnder Tonhöhe. Achtet also besonders darauf. Wenn ihr das Mantra rezitiert, so flüstert ihr es leise, so dass ihr selbst es eben noch hören könnt, die Person, die neben euch sitzt jedoch nicht. Passt auf, dass eure Rezitation die anderen nicht stört.

Wenn ihr dieses Mantra korrekt rezitiert - mit einsgerichteter Konzentration und klarer Visualisierung –, wird es wirklich transzendent und verwandelt euren Körper in den von Glückseligkeit gesättigten göttlichen Körper, eure Sprache in die göttliche glückselige Sprache und euren Geist in göttliche glückselige Weisheit. Ist euer Geist jedoch von negativen Energien besetzt, dann hat eure Klausur nicht so viel Kraft und alles bleibt gewöhnlich. Daher solltet ihr wissen, welche Faktoren, außer der undeutlichen Aussprache, verhindern, dass euer Mantra transzendent wird.

Ihr solltet das Mantra nicht zu laut, zu leise, zu schnell oder zu langsam sprechen. Damit ihr euch an diese Dinge erinnert und damit die Mantras, die ihr eurer Ansammlung hinzufügt, auch wirklich alle korrekt rezitiert werden, gibt es Strafen, wenn bestimmte Fehler eure Sitzung unterbrechen. Wenn ihr also den Raum verlasst, ja selbst, wenn ihr euch nur von eurem Sitz erhebt oder sprecht, könnt ihr kein einziges der Mantras aus dieser Sitzung zählen. Sobald die Sitzung einmal begonnen hat, solltet ihr idealerweise eure Beine überhaupt nicht mehr bewegen. Wenn ihr einschlaft, eure Mala fallen lasst, eure Konzentration verliert, zornig werdet oder euch plötzlich bei der Rezitation eines anderen Mantras ertappt, dürft ihr keines der Mantras dieser Runde der Mala zählen. Geht zur ersten Perle zurück und fangt neu an. Verlust der Konzentration ist einer der schlimmsten Fehler. Plötzlich bemerkt ihr, dass der Geist abgewandert ist – zu euch nach Hause, in einen Supermarkt, einen Freund besuchen … Das dürft ihr nicht zulassen.

Wenn ihr Winde fahren lasst, beträgt die Strafe sieben Mantras: Ihr zählt sieben Perlen auf der Mala zurück und macht von dort aus weiter. Eine Strafe von fünf Mantras steht auf Husten, Schnäuzen, Räuspern, Naseputzen, Schluckauf oder Rülpsen während der Mantra-Rezitation. Das Mantra segnet euren Atem oder eure Sprache, und ihr solltet diese kostbare Energie nicht verschwenden. Das heißt, ihr solltet euren Atem auch nicht verschwenden, indem ihr während der Klausur Butterlampen und Kerzen auspustet, in ein Feuer blast, pfeift und so weiter.

Es gibt zwei Möglichkeiten, die Länge einer Klausur zu bestimmen: anhand der Zeit oder anhand der Anzahl der Mantras.

Eine Vajrasattva-Klausur dauert gewöhnlich drei Monate, bzw. die Zeit, die man braucht, um einhunderttausend Hundertsilbenmantras zu rezitieren. Tatsächlich sollte man der Anzahl der Mantras, zu denen man verpflichtet ist, noch einmal zehn Prozent hinzufügen, als Wiedergutmachung für diejenigen, die man schlampig rezitiert hat. Also sollte man in einer Vajrasattva-Klausur einhundertzehntausend Mantras rezitieren.[15] Das kann man gewöhnlich in drei Monaten schaffen.

Bei der Verpflichtung zu einer bestimmten Anzahl von Mantras kann es leicht passieren, dass man von der „Punktezahl" besessen wird, was den Frieden der Klausur stören kann. Es ist besser, weniger Mantras mit Sorgfalt zu rezitieren, als viele aber dafür schlampig. Und selbstverständlich kann man nur die Malas anrechnen, die man „malaweise" gezählt und in einer korrekten Sitzung rezitiert hat, nicht jedoch die während der Pause gesprochenen.

Ich erinnere mich, wie ich einmal an einer Gruppen-Klausur von hundert Mönchen in einem Flüchtlingslager in West-Bengalen teilnahm. Wir hatten die Verpflichtung, eine bestimmte Anzahl von Mantras zu rezitieren, und die Klausur konnte nicht beendet werden, bis jeder Mönch die vorgeschriebene Anzahl rezitiert hatte. Einer der Mönche hatte große Schwierigkeiten, das Mantra auszusprechen, und während wir anderen schon längst fertig waren, hatte er noch viele Mantras vor sich. Er war so verlegen, dass er sein Gesicht nicht zeigen konnte und immer mit seiner Robe seinen Kopf verhüllte, während er die restlichen Mantras rezitierte. Wir mussten etwa fünf Tage dasitzen und darauf warten, dass er fertig wurde! Ich denke, er hätte damals nicht so reagieren dürfen. Es geht schließlich nicht darum, nur eine bestimmte Anzahl von Mantras zu rezitieren. Man kann stattdessen andere Meditationen machen. Das Wichtigste ist, die Klausur-Situation zu nutzen und so vorzugehen, wie es den individuellen Bedürfnissen entspricht.[16]

Ende der Sitzung

Vor der Widmung am Ende der Sadhana löst sich Heruka-Vajrasattva in euch auf und ihr werdet eins mit ihm. An diesem Punkt wäre es gut, eine kurze Überblicksmeditation über den Stufenweg anzuschließen, etwa Lama Tsong Khapas *Drei Prinzipien des Pfades, Genaue Bedeutung der Stufen des Pfades* oder *Die Grundlage aller guten Eigenschaften.* In einer Gruppen-Klausur liest der Leiter oder die Leiterin die Texte vor und alle anderen meditieren darüber. Danach widmet ihr euer Verdienst. Am Ende der letzten Sitzung des Tages sollte eure Widmung ganz besonders stark sein. Dann bleibt noch ein paar Minuten sitzen und kontempliert einsgerichtet eure glückselige Einheit mit Heruka-Vajrasattvas heiligem Körper, seiner heiligen Sprache und seinem heiligen Geist. Lasst dabei keinen einzigen dualistischen Gedanken entstehen.

9 *Weitere Ratschläge zur Klausur*

Zwischen den Sitzungen

Für Menschen, die die Klausur wirklich ernst nehmen, sind die Pausen zwischen den Sitzungen ebenso wichtig wie die Sitzungen selbst. Tatsächlich sollten Sitzungspausen Sitzungen *sein*. Ihr verwendet so viel Sorgfalt darauf, im Meditationsraum eine schöne Atmosphäre zu schaffen und euren Geist während der Sitzungen zu entwickeln; achtet also darauf, dass ihr zwischen den Sitzungen nicht wieder zerstört, was ihr gewonnen habt. Während der Sitzung habt ihr gute Konzentration und fühlt euch glückselig, aber wenn ihr herauskommt, verliert ihr eure Achtsamkeit und werdet gewöhnlich. Ihr gleicht jemandem, der einen Sandstrand entlang läuft und versucht, seine Spuren zu verwischen, beim Gehen aber immer wieder neue macht. Es sollte euch nicht so vorkommen, als seien die Sitzungen der Himmel, die Pausen jedoch die Hölle.

Wenn ihr euch während der Sitzung gut auf die Gottheit konzentriert, können eure weltlichen Gedanken nicht eindringen, euer Geist ist also während dieser Zeit frei. Bewahrt diese Art konzentrierter Bewusstheit auch nach der Sitzung! Auf diese Weise könnt ihr euren samsarischen Geist völlig eliminieren. Die alten Gewohnheiten sind vorhanden und warten nur auf die passende Gelegenheit, sich wieder einzustellen. Ihr müsst also achtsam sein und ihnen nicht nachgeben.

Die kurzen Pausen sollten mindestens fünfzehn Minuten dauern, damit euch Zeit bleibt für einige Übungen: Geht, streckt eure Beine und entspannt euren Körper. Was ihr allerdings nicht entspannen solltet, ist eure sanfte Achtsamkeit.

Sorgt dafür, dass euer Geist ausgeglichen und stabil bleibt, auf der Ebene, die ihr in der Sitzung erlangt habt. Bei kurzen Pausen ist das noch relativ einfach, viel schwieriger hingegen bei längeren – während der Mahlzeiten und nachts. Daher solltet ihr die kurzen Pausen nutzen, um euch in dieser Art Pausen-Meditation zu üben.

Wie ich bereits sagte, löst sich Heruka-Vajrasattva am Ende der Sitzung in euch auf. Ihr werdet untrennbar eins mit ihm, und bevor ihr aufsteht und den Raum verlasst, sitzt ihr noch einige Minuten oder auch länger und meditiert über diese glückselige Einheit eures Körpers, eurer Sprache und eures Geistes mit Heruka-Vajrasattvas heiligem Körper, seiner heiligen Sprache und seinem heiligen Geist. Ihr haltet die klare Erscheinung von euch selbst als Gottheit aufrecht und die göttliche Würde, Vajrasattva selbst zu *sein*. Diese Konzentration müsst ihr zwischen den Sitzungen beibehalten. Ihr dürft nie denken: „Ich bin der und der, ich bin ein soundso von da oder dort", wie euer Ego gewöhnlich projizieren würde. Sobald ihr so zu denken beginnt, gehen die Probleme auch schon los. Wenn ihr den Gedanken: „Ich bin Heruka-Vajrasattva", schon nicht aufrechterhalten könnt, dann solltet ihr wenigstens denken: „Um der Erleuchtung aller Wesen willen muss ich den göttlichen Zustand von Heruka-Vajrasattva so schnell wie möglich erlangen."

Während der Klausur solltet ihr euch bewusst sein, welch außerordentliches Glück es bedeutet, diese Gelegenheit zur Praxis der höchsten trantrischen Yoga-Methode zu besitzen und die sechs Paramitas zum Wohle aller Wesen vollenden zu können. Erkennt voller Freude, dass ihr, beinahe zum ersten Mal in eurem ganzen Leben, etwas wirklich Sinnvolles tut. Wenn ihr euer Leben aufrichtig analysiert, werdet ihr zu dem Schluss kommen, dass ihr die meiste Zeit im Bemühen verschwendet habt, euren halluzinierenden, gierigen Geist mit den illusorischen Objekten der Sinne zu befriedigen. Eure dualistischen falschen Vorstellungen haben euch niemals genug Zeit oder Raum gelassen, eure Weisheit zu entwickeln.

Vom Augenblick, in dem ihr aufwacht und Kaffee und andere Objekte für die Sinne begehrt, bis zum Einschlafen, wo ihr nach der Lust der Bewusstlosigkeit verlangt, handelt ihr den ganzen Tag über aus unwissender gieriger Anhaftung heraus. Ohne Bewusstheit genießt ihr die kleinen Freuden, die ihr zwischendurch mal findet, und glaubt, die illusorischen Projektionen eures dualistischen Geistes und die Wahrnehmungen eurer verblendeten Sinne seien die Wirklichkeit selbst. Nicht einen Augenblick lang lasst ihr eure Weisheit wirken. So verläuft euer Leben und so endet es auch – im Elend.

Jetzt, da ihr die Gelegenheit habt, an alldem etwas zu ändern, dürft ihr auch nicht einen Augenblick verschwenden. Bleibt den ganzen Tag über bewusst, nicht nur in den Sitzungen. Wenn ihr das Gefühl haben solltet, die Zeit während der Sitzungen sei Dharma, wenn ihr esst, wäret ihr jedoch in Samsara, stimmt mit eurem Verständnis etwas nicht. Das tantrische Yoga ist ja deshalb so wirkungsvoll, weil es uns keine Zeit für Samsara lässt. Ein richtiger Praktizierender des Tantra kann niemals sagen: „Jetzt praktiziere ich Dharma" und zu einem anderen Zeitpunkt: „Jetzt handele ich samsarisch." Tantra enthält alle Methoden, die für die Transformation jeder einzelnen Handlung in Dharma-Weisheit erforderlich sind.

Wenn ihr glaubt, Meditation sei Dharma, Essen, Trinken und Einkaufen und so weiter jedoch Samsara, werdet ihr niemals Befreiung erlangen können. Die Zeit, die ihr für das benutzt, was eurer Meinung nach Dharma ist, der Pfad zur Befreiung – Meditation –, fällt im Vergleich zu euren sonstigen Aktivitäten kaum ins Gewicht. Wendet ihr Weisheit und Methode jedoch geschickt an, kann alles, was ihr tut, selbst die Dinge, die ihr für weltlich haltet, zum Pfad zur Erleuchtung werden. Auf diese Weise wird euer gesamtes Leben zu tantrischem Yoga, und für Samsara gibt es keinen Raum mehr. Habt ihr einmal eurem samsarischen Geist Einhalt geboten, wie könnte es dann möglich sein, dass ihr nicht schleunigst die vollkommene Befreiung erlangt?

Im Paramitayana gilt Begierde als schlecht. In der Vinaya heißt es: „Dies darfst du nicht tun, jenes musst du unterlassen." Manchmal gewinnt man den Eindruck, man dürfe nicht einmal einen Tropfen Wasser genießen. Die kraftvollen Methoden des tantrischen Yoga hingegen setzen Begierde einfach als ein zusätzliches Mittel auf dem schnellen Weg zur Erleuchtung ein. Ihr verwandelt all eure Vergnügungen in Erfahrungen der glückseligen Weisheit der Gottheit. Fühlt euch nicht schuldig, weil ihr die Dinge genießt, die ihr besitzt, oder weil andere sie nicht haben. Das hilft niemandem.

Was immer ihr auch tut, genießt es mit Glückseligkeit. Wenn ihr esst und trinkt, segnet Speisen und Getränke mit dem Mantra OM AH HUM, womit ihr sie in die Natur des heiligen Körpers, der heiligen Sprache und des heiligen Geistes von Heruka-Vajrasattva verwandelt, und bringt sie euch selbst – die ihr euch ja auch als Gottheit identifiziert – als Gabe dar. Spürt, wie die beseligende Energie der gesegneten Substanzen euer gesamtes Nervensystem durchdringt. Wenn ihr dabei Weisheit walten lasst, kann es euch helfen, schnell die Verwirklichung transzendenter Glückseligkeit zu erlangen. Esst und trinkt ihr dagegen stets nur aus Gier und interpretiert das Erlebnis auf gewöhnliche Weise, dann macht ihr eine überwiegend samsarische Erfahrung. Es hängt alles von eurem Geist ab. Wenn ihr schlaft, lasst nicht zu, dass die Projektionen eures Ego entstehen, sondern schlaft in glückseligem Zustand, eins mit Heruka-Vajrasattva. Wenn ihr euch wascht, visualisiert euch als Vajrasattva und denkt: „Heruka-Vajrasattvas Körper ist frei von allen Makeln, ich wasche mich jedoch, um meinen dualistischen Geist zu reinigen."

Euer gewöhnliches Selbstbild ist eine Projektion eures Ego. Zwischen den Sitzungen müsst ihr euch als die Manifestation glückseliger transzendenter Weisheit erkennen – als Heruka-Vajrasattva. Alles, was ihr dann wahrnehmt, ist die Sicht seines nicht-dualistischen Geistes und von Natur aus nicht-dual. In dieser Sphäre der Nicht-Dualität zieht die gesamte Welt vorbei. Ihr werdet merken: Es ist beinahe wie bei einer Fernsehshow. Die

Welt erscheint nicht länger in ihrer gewöhnlichen Konkretheit und kann euch daher nicht mehr stören. Alles erscheint eher als eine Art Illusion oder Traum. Fasst daher den Entschluss, dass alles, was euren Sinnen erscheint, im Gegensatz zu eurer früheren Überzeugung nicht real ist. Wann immer ihr anderen begegnet, seht sie nicht in ihrer gewöhnlichen Form, sondern im Aspekt von Heruka-Vajrasattva, und behandelt sie mit großer Achtung.

Klausur im Allgemeinen

Vielleicht seid ihr der Meinung gewesen, es sei einfach, eine Klausur zu machen. Mittlerweile werdet ihr sicherlich erkannt haben, dass es, richtig ausgeführt, doch nicht so leicht ist. Dennoch lohnt es sich, strikt vorzugehen – je strikter die Klausur, desto besser die Ergebnisse. Klausur ist die einzige Möglichkeit, euren Geist wirklich zu verwandeln, weil ihr in der Klausur die Lehren tatsächlich in die Praxis umsetzt, statt nur noch mehr Informationen zu sammeln. Durch Transformation lösen sich auch eure Probleme. Ihr selbst werdet zur Meditation der Heruka-Vajrasattva-Methode: Es ist nicht mehr so, dass ihr *hier* seid und die gedruckte Sadhana *dort* lest. Solange es diese Trennung gibt, könnte euer Geist euch einreden: „Du bist ein Mensch des Westens, das ist tibetisch …; warum machst du das bloß?" Alle möglichen Zweifel stellen sich ein. Wenn ihr hingegen wirklich praktiziert und Resultate erzielt, gibt es keinen Zweifel mehr.

Aus diesem Grund solltet ihr eure Klausur so strikt wie nur möglich durchführen und euren Geist ständig in der Sphäre des transzendenten Prozesses halten. Wenn der Geist dauernd nach Hause abschweift, ist man nicht in der Klausur, selbst wenn man in einer Höhle sitzt. Körper, Sprache und Geist sollten gleichzeitig auf dieselbe Sache ausgerichtet sein. Meistens jedoch ist euer Geist zerstreut und aufgewühlt und kann sich nicht mit weltlichen Belangen befassen, ohne den Zustand höheren Gewahrseins zu verlassen. In der Klausur müsst ihr versuchen, beide Ebenen zu vereinen – die weltliche und die spirituelle.

Unser Geist ist in gewisser Hinsicht verrückt und außer Kontrolle, daher müssen wir ihn mit einer gewissen Strenge behandeln. Die strenge Disziplin einer Klausur ist jedoch etwas völlig anderes als die äußere Überwachung, die geistig gestörten Menschen im Westen häufig aufgezwungen wird. Durch Einsperren, Elektroschock oder Verabreichung stärkster Medikamente und Indoktrination lässt sich eine grundlegende Veränderung im Geist eines Menschen nicht herbeiführen. Stattdessen muss man sanft und geschickt vorgehen, auf der Basis von Freiwilligkeit. Manchmal sind die Menschen, die eine Klausur durchführen, selbst ungeschickt. Sie halten sich für große asketische Yogis und möchten zu gerne auch als solche bekannt werden. Sie verändern ihr äußeres Erscheinungsbild und setzen sich solange unter Druck, bis ihr Nervensystem explodiert. Ihr könnt euren Geist nicht so leicht verändern wie eure Kleidungsstücke, die ihr bloß umzufärben braucht. Geht mit Weisheit, sanft, aber bestimmt mit euch um.

Wenn ihr also wollt, dass eure Klausur ein Erfolg wird, müsst ihr die richtige Einstellung finden. Nie solltet ihr das Gefühl haben, es sei eine Art Gefängnisstrafe, während derer ihr für eine bestimmte Zeit eingesperrt seid, nicht ins Kino gehen, Freunde besuchen oder euch frei unterhalten könnt. Freut euch und schätzt euer Glück, dass zumindest ihr die Chance habt, etwas höchst Nützliches für euch selbst und andere tun zu können – eine seltene Gelegenheit, die ihr nie zuvor hattet und vielleicht nie wieder haben werdet. Ihr solltet jedoch nicht die Erwartung hegen: „Das ist unglaublich. Heruka-Vajrasattva wird mir erscheinen und sagen: ‚Mein Kind …'". Das wäre unrealistisch und würde zu einem Hindernis für eure Meditation. Ihr solltet entspannt sein und trotzdem die starke Entschlossenheit besitzen, dass ihr auf diesem Sitzplatz die Yoga-Methode von Heruka-Vajrasattva realisieren werdet. „Ich werde die Klausur nicht abbrechen, bevor sich Zeichen für meinen Erfolg einstellen."

Um euch wirklich die Gelegenheit zu geben, erfolgreich zu sein, müsst ihr Ablenkungen auf ein Minimum beschränken. Ihr müsst euch ein Umfeld schaffen, das euren Bedürfnissen entspricht. Wenn ihr weltlichen Geschäften nachgeht, richtet ihr euer Büro ja auch auf eine bestimmte Art und Weise ein. Jetzt ist Klausur euer Geschäft und ihr solltet euch entsprechend verhalten. Der Meditationsraum sollte bequem, klar und sehr sauber und ordentlich sein. Euer Schlafzimmer sollte nicht mit Bildern oder anderen Objekten dekoriert sein, die eure Verblendungen stimulieren. Begegnungen und Gespräche mit Menschen von außerhalb der Klausur solltet ihr möglichst vermeiden. Die Neuigkeiten, die sie bringen, und ihre Schwingungen können eure Konzentration nur stören. Am besten sprecht ihr bis zum Mittagessen nicht einmal mit den anderen Klausurteilnehmern, und auch danach sollten die Gespräche nur auf Dharma-Themen beschränkt bleiben und nicht all eure früheren Erfahrungen, Zukunftspläne oder anderes Geschwätz zum Inhalt haben. Wenn ihr euch sehr verspannt fühlt und ein Gespräch zur Entspannung als eine Art Therapie braucht, dann ist das vielleicht in Ordnung, aber ihr solltet stets darauf achten, nicht die eigene Energie oder die der anderen zu verschwenden.

Briefe solltet ihr weder schreiben noch empfangen. Selbst wenn euer bester Freund, eure beste Freundin plötzlich auftaucht, solltet ihr die Begegnung mit ihm oder ihr meiden. Erinnert euch, dass ihr vor Beginn der Klausur eine klare Entscheidung treffen müsst, wen ihr sehen wollt und wen nicht, wobei der Außenkontakt auf ein Minimum beschränkt bleiben sollte. Wenn ihr etwas Dringendes mitzuteilen habt, könnt ihr einen Zettel schreiben. Wenn ein schönes Geschenk für euch ankommt, solltet ihr es erst nach der Klausur annehmen. Ihr solltet auch vorsichtig sein, was ihr in der Klausur lest, und alle samsarische Literatur völlig meiden: Zeitungen und Zeitschriften, Romane, technische Literatur, Poesie und Horoskope.

Selbst bestimmte Dharma-Bücher sollten während der Klausur gemieden werden. Diejenigen, die sich mit Philosophie befassen, sind zu trocken und intellektuell und können eure Verwirrung und eure abergläubischen Vorstellungen noch verstärken, statt den psychologischen Ansatz zu stärken, der in einer Klausur ja eigentlich zum Tragen kommen sollte. Bücher über den Stufenweg zur Erleuchtung oder Kommentare über die Yoga-Methode könnt ihr aber auf jeden Fall lesen: Allerdings sollte man auch hier nicht übertreiben. Lest ausschließlich Bücher, die euch auf dem Weg helfen. Überblicksmeditationen über den Stufenweg sind besonders in den Pausen besonders nützlich, weil sie eure Energien in die richtige Richtung lenken. In Klausuren neigt der Geist manchmal dazu, extreme Haltungen zu entwickeln; der Stufenweg kann einen wieder auf den Punkt bringen.

Viele weitere Regeln haben sich zur Bewahrung der reinen Energie einer Klausur als hilfreich erwiesen. So solltet ihr keine Dinge aus dem Meditationsraum mitnehmen, insbesondere nicht eure Mala und Ritualgegenstände wie Vajra und Glocke. Nicht an der Klausur Beteiligte sowie Tiere sollten den Raum nicht betreten. Ihr solltet anderen nicht erlauben, in eurem Bett zu schlafen oder auf eurem Meditationsplatz zu sitzen. Ihr dürft euer Sitzkissen nicht nach draußen bringen, um es zu lüften oder sauberzumachen; ihr dürft es nur von Zeit zu Zeit abbürsten. Ihr solltet keinerlei Waffen wie Gewehre oder Granaten berühren und auch keine Messer, Pfeile und so weiter in den Mund nehmen. Teller, Tassen oder Besteck anderer solltet ihr nicht verwenden, ebenso wenig solltet ihr anderen gestatten, eure zu benutzen. Sich mit anderen Mitgliedern der Gruppe zu streiten oder gar zu prügeln ist eine der schlimmsten Verfehlungen. Ein derartiges Verhalten bricht tatsächlich die Klausur.

Natürlich gibt es auch viele Dinge, die ihr in der Klausur tun könnt. In einer Gruppen-Klausur ist zum Beispiel „Karma-Yoga" eine gute Sache. Jeder Klausurteilnehmer hat seine kleine Aufgabe, durch die er im Dharma-Zentrum mithilft oder den anderen Teilnehmern dient. Dies alles jedoch sollte vor Klausurbeginn klar festgelegt und aufgeschrieben werden, damit jeder über seine Aufgabe Bescheid weiß und während der Klausur nicht mehr so viel Diskussion nötig ist. So braucht es Menschen, die den Klausurraum sauber halten und den Altar vor jeder Sitzung herrichten. Vielleicht ist Hilfe in der Küche oder bei der Essensausgabe nötig. Manche möchten im Garten helfen, und wieder andere möchten vielleicht gern beim Transkribieren von Kassetten mitarbeiten oder Belehrungen bearbeiten, die zur Veröffentlichung vorgesehen sind. Diese Aktivitäten sind gut und helfen euch ausgeglichen zu bleiben, aber während ihr sie ausübt, müsst ihr die bereits beschriebene Achtsamkeit aufrechterhalten.

Während der Pausen könnt ihr auch andere Praktiken machen: eure täglichen Praxisverpflichtungen, Niederwerfungen und so weiter. Auch Vajrasattva-Mantras könnt ihr rezitieren, aber vergesst nicht, dass ihr diese nicht zur Gesamtsumme der in der Klausur gesammelten Mantras hinzuzählen könnt.

Eines der wichtigsten Dinge, durch die ihr zum Erfolg eurer Klausur beitragen könnt, ist, auf eure Gesundheit zu achten. Manche Menschen setzen Klausur mit ihrer persönlichen Version von Askese gleich: unbequeme Bedingungen, ungesunde Umgebung, schlechtes Essen mit dauerndem Hunger- und Durstgefühl, kaum Schlaf, sich in Lumpen kleiden und so weiter. Das ist völlig falsch. Erstens sind diese Dinge keine Zeichen wahrer Askese. Zweitens, wie bereits gesagt, beinhaltet das tantrische Yoga ja die Methoden, mit denen man sämtliche Genüsse und Annehmlichkeiten in den besonders geschwinden Pfad zur Erleuchtung verwandelt. Ihr könnt also haben, was immer ihr wollt, solange ihr weise davon Gebrauch macht. Ihr solltet an einem sauberen, gesunden Ort weilen, einen schönen beseligenden Raum bewohnen, einen bequemen Sitzplatz sowie einen gemütlichen Schlafplatz haben und reichlich gutes Essen zu euch nehmen.

Behandelt euch selbst mit Respekt – schließlich seid ihr Heruka-Vajrasattva! Bringt euch schöne Kleidung dar und esst gut, was nicht bedeutet, dass ihr euch mit Essen vollschlagen solltet. Esst ihr zu viel, könnt ihr nicht mehr meditieren. Euer Essen sollte rein und gesund sein. Ihr solltet keine Speisen von Menschen annehmen, die unter ansteckenden Krankheiten, etwa Tuberkulose, leiden. Und wie ich schon zuvor sagte, solltet ihr die so genannten „schwarzen" Nahrungsmittel wie Fleisch, Eier, Zwiebeln, Knoblauch und Rettich so weit wie möglich meiden. Bei einer Klausur aus der Klasse des Kriya-Tantra sind diese Vorschriften sogar Kernpunkte der Praxis. Ansonsten gibt es keine besonderen Einschränkungen, was euer Essen anbelangt. Manche Menschen fasten gerne während einer Klausur. In einer langen Klausur sollte man aber höchstens sehr gemäßigt fasten.

Wenn ihr euch nicht vernünftig ernährt, besteht das Risiko, dass euer Nervensystem und die Energiewinde eures Körpers aus dem Gleichgewicht geraten. Eine starke Klausur hat schon von sich aus eine Tendenz in diese Richtung, und eine schlechte Ernährung erhöht das Risiko. Derartige Störungen bewirken Nervenzusammenbrüche, „Abheben" oder starke körperliche Schmerzen, besonders im Bereich des Herzchakras. Manchmal bekommt ihr Herzschmerzen, weil die Visualisierung des Nektars, der sich aus Vajrasattvas Herz in euren Zentralkanal ergießt, zu konkret wird. Ihr konzentriert euch stark auf euer Herz und habt das Gefühl, es würde von etwas Materiellem getroffen. Das ist ein grundlegender Irrtum, aber derartige Symptome kommen viel eher zustande, wenn man sich nicht gut um seine Gesundheit kümmert.

Seid nett zu euch. Wenn ihr eine gute Sitzung hattet, klopft euch auf die Schulter und gratuliert euch zu eurer gelungenen Praxis. Gönnt euch zur Belohnung etwas Gutes zum Essen. Wenn es nicht gut läuft, scheltet euch sanft und gebt euch das Versprechen, euch mehr anzustrengen. Passt auf, dass ihr genug Schlaf bekommt. Es ist viel besser, nachts anständig zu schlafen und dann kraftvolle Sitzungen zu machen, als während der Meditation einzuschlafen.

Erfahrt ihr während eurer Klausur besonders viele Hindernisse, könnt ihr eine Mahakala-Schützer-Puja machen oder euch auf die Shunyata-Meditation konzentrieren, was eigentlich der beste Schutz ist. Schlechte Zeichen und Träume solltet ihr als illusionsgleich erkennen und sie nicht ernst nehmen. Wie dem auch sei, schreibt alle eure guten und schlechten Erfahrungen auf. Später werden diese Aufzeichnungen auf zweierlei Weise nützlich sein: einmal für euch selbst, damit ihr euch erinnert, wie es euch in der Klausur ergangen ist, aber auch als Hilfe für andere, die diese Klausur in Zukunft machen möchten.

Wenn ihr die Klausur gewissenhaft durchführt und alle oben dargelegten Bedingungen strikt erfüllt, werden sich garantiert Zeichen der Verwirklichung einstellen. Die verschiedenen Teile der Sadhana sind speziell so angeordnet, dass sie euren Geist allmählich leiten, bis er sich dann, bei der Rezitation des Mantra angelangt, ganz von selbst konzentriert. Ihr könnt nicht einfach bei der einsgerichteten Versenkung einsteigen, ihr müsst euch langsam zu ihr vorarbeiten. Wenn ihr das richtig macht und dabei alle anderen beschriebenen Regeln beachtet, werden sich Zeichen einstellen - wenn nicht bei Tage, dann in euren Träumen während der Nacht. Aber erwartet sie nicht! Wie schon gesagt, entspannt euch einfach, in der Gewissheit, dass ihr endlich die Essenz aus eurer kostbaren menschlichen Geburt zieht, und fühlt euch zutiefst beglückt, etwas zu tun, das nicht samsarischem Genuss gewidmet ist. Dann tut euer Bestes, ohne euch unter Druck zu setzen. Wenn sich dann Zeichen einstellen, bleibt gelöst, standhaft und kontrolliert, ohne emotional nach ihnen zu greifen. Erzählt anderen nichts davon und macht vor allem keine große Show aus euren Verwirklichungen. Seid einfach, bescheiden, geerdet und praktisch. Auf diese Weise ist das ganze Leben viel einfacher.

Gruppen-Klausur

Meine jahrelangen Beobachtungen westlicher Schülerinnen und Schüler haben gezeigt, dass sie in Gruppen-Klausuren bessere Erfolge erzielen als in Einzel-Klausuren. Das mag nicht auf alle zutreffen, aber mit Sicherheit auf die meisten. Besonders wenn die Schüler zum ersten Mal eine Klausur machen oder wenn es sich um eine längere Klausur von etwa drei Monaten handelt, gelingt es in der Gruppe viel besser. Wenn man nur auf sich allein gestellt ist, ist es zu leicht, dem Tagesablauf nicht korrekt zu folgen. An einem Tag geht eure Meditation vielleicht besonders gut, und ihr wollt den ganzen Tag über nur meditieren und haltet euch nicht an die vorgegebenen Sitzungszeiten. Am nächsten Tag seid ihr dann ganz bedrückt und unfähig, überhaupt noch zu meditieren. Oder eines Morgens fühlt ihr euch müde und lasst die erste Sitzung sausen, um auszuschlafen. Oder Beine und Kopf tun euch weh, und wieder habt ihr eine Entschuldigung fürs Nichtstun. Diese Dinge sind nicht so leicht, wenn ihr Teil einer Gruppe seid. Ihr habt dann nämlich Verantwortung den anderen gegenüber, an allen Sitzungen auch wirklich teilzunehmen.

In einer Gruppen-Klausur profitieren alle von der gemeinsam erzeugten Energie: Ihr helft euch gegenseitig. Wenn ihr euch deprimiert fühlt, wendet ihr euch an einen Freund, dessen einfühlsamer Rat euch wieder aus dem Tiefpunkt holt. Wenn jemand mit Schwierigkeiten zu kämpfen hat, die ihr selbst aus eigener Erfahrung kennt und überwunden habt, könnt ihr erklären, was zu tun ist. Wir sind ja schließlich keine Volltrottel, wir können anderen wirklich helfen. Aus diesem Grunde empfehle ich Gruppen-Klausuren, bis man über genug Erfahrung verfügt, um alleine Klausur zu machen.

Abschliessende Bemerkungen

Wenn ihr Gelegenheit habt – oder euch die Zeit nehmt –, euch zur Klausur zurückzuziehen, seid ihr überaus glücklich zu schätzen. Es gibt nur wenig, was ähnlich nützlich wäre. Aus tiefer Entsagung für Samsara habt ihr erkannt, dass ihr schon überall gewesen seid, alles bereits getan habt, und wie sinnlos es ist, dasselbe alte Zeug wieder und immer wieder zu tun, ohne jemals irgendwohin zu gelangen. So überwindet ihr Ablenkung. Wenn ihr euch in der Klausur dabei ertappt, von eurem Heimatort oder irgendeinem anderen begehrenswerten Platz zu träumen, könnt ihr euch sagen: „Ich weiß, was ich tue, wenn ich wieder dorthin zurückkehre. Viele Leben über habe ich das gleiche getan. Im Wesentlichen gibt es nichts Neues. Warum sich wieder in diesem alten, unkontrollierten samsarischen Trip verfangen?"

Indem ihr also die Natur von Samsara erkennt und voller Enthusiasmus den Entschluss fasst, seine Wurzel endgültig und vollständig durchzuschneiden, erwartet ihr nichts Angenehmes mehr von weltlichen Dingen. Selbst wenn euer bester Freund auftaucht: „He, komm schon! Lass uns ausgehen und ein bisschen Spaß haben", könnt ihr antworten: „Moment mal! Tut mir leid, ich habe von alldem die Nase voll."

Ihr zwängt euch ja schließlich nicht aus rein emotionalen Gründen in eine kleine Hütte und schließt euch ein. Im Gegenteil, mit durchdringender Weisheit entsagt ihr tatsächlich dem Samsara. Ihr kennt das Chaos, in das ihr mit eurer Familie und mit euren Freunden wieder geratet, zur Genüge und erzeugt daher die starke Motivation: „Ich werde diese Klausur solange nicht beenden, bis ich meinen Körper, meine Sprache und meinen Geist mit Körper, Sprache und Geist von Heruka-Vajrasattva vereinigt habe."

So oft tun wir die Dinge nur halbherzig. Das liegt an unserem gespaltenen Geist. Sobald gegensätzliche geistige Tendenzen in Konflikt miteinander geraten, besteht das Risiko, einen Nervenzusammenbruch zu erleiden. Ihr müsst euch also klar bewusst machen, warum ihr in Klausur geht, und euch vergewissern, dass eure Motivation wirklich stark ist. Ihr solltet überzeugt sein, dass es notwendig, den Einsatz wert und ein großes Glück ist, diese Möglichkeit zu haben: „Es ist ein Segen, die Gelegenheit zu haben, mehrere Monate in der Klausur verbringen zu können und endlich einmal unter dem Einfluss von Weisheit zu handeln, statt ständig von einer Sache zur anderen zu rennen und in den Honig zu fassen." Wisst ihr, was ich mit „in-den-Honig-fassen" meine? Wenn man Honig berührt, bleibt er an den Fingern kleben und ebenso an allem anderen, was man danach anfasst. Es gibt eine Riesensauerei und man wird das klebrige Zeug nur schwer wieder los. Samsarische Handlungen gleichen dem sehr. Beginnt daher eure Klausur mit fester Entschlossenheit und ohne Erwartungen: „Es ist egal, ob ich alle Verwirklichungen der Erleuchtung erlange. Es ist schon genug, wenn ich versuche, meinen Geist unter Kontrolle zu bringen, und mich in dieser friedvollen, ruhigen Atmosphäre entspannen kann." Nur ein einziges Mal zu diesem Schluss zu kommen heißt, dass man wirklich vom Glück begünstigt ist. Alle samsarischen Trips sind komplette Zeitverschwendung; sie führen nur zu immer mehr Problemen. Wenn ihr euch der Natur des samsarischen Lebens zutiefst bewusst seid, werdet ihr weder Hindernisse noch Ablenkungen in eurer Klausur erfahren. Ist eure Entschlossenheit hingegen nur halbherzig, wird euer Geist zu wandern beginnen und euch ständig stören: „Ach, wäre ich jetzt doch bloß zu Hause, dann könnte ich mit meiner Freundin ins Kino und dann zum Essen gehen …"

Für die samsarische Denkart bedeutet das, es sich gut gehen zu lassen, aber in Wahrheit ist es nichts als Verwirrung. Überprüft das mit Weisheit. Obwohl ihr sagt: „Es ist mir gut gegangen", müsst ihr, wenn ihr ehrlich seid, zugeben, dass es wieder bloß ein alter samsarischer Trip gewesen ist. Wir haben die Art von Erfahrung zahllose Leben lang gemacht, aber immer noch ist unser Geist unwissend, unkontrolliert und undiszipliniert.

Seid daher nicht halbherzig. Schneidet den abschweifenden, verwirrten Geist mit einer kraftvollen, enthusiastischen Motivation durch: „Ich habe das außerordentliche Glück, zumindest dieses eine Mal den Entschluss gefasst zu haben, dass es sich lohnt, meinen Körper, meine Sprache und meinen Geist zu disziplinieren und die Gelegenheit zu haben, mich mit großem Einsatz auf den Pfad zum vollkommenen Frieden zu begeben."

Wenn ihr dann vor jeder Sitzung euren Platz einnehmt, könnt ihr denken: „Zum Wohle aller fühlenden Wesen, die alle meine

Mütter waren, muss ich auf eben diesem Platz Erleuchtung erlangen. Ich werde ihn nicht eher verlassen, bis ich eins geworden bin mit Guru Heruka-Vajrasattva."

Teil 3

Vorträge

10 *Es gibt nichts Negatives, was nicht völlig bereinigt werden könnte*

Sobald die Sonne aufgeht, verschwindet die Dunkelheit der Nacht automatisch. Wenn das Licht der Weisheit in eurem Geist erscheint, verschwindet der dunkle Schatten der Unwissenheit auf ähnliche Weise ganz von selbst. Wann immer ihr deprimiert, furchtsam oder besorgt seid, wird eure Sicht der Welt noch verzerrter, als sie ohnehin schon ist, und eure falschen Vorstellungen vervielfachen sich. Sobald ein verwirrter, unzufriedener Geisteszustand entsteht, werdet ihr umnebelt und unklar. Selbst wenn ihr draußen in der Sonne oder im gleißenden Scheinwerferlicht steht – in eurem Geist herrscht Finsternis.

Darum ist es auch außerordentlich heilsam, eine so kraftvolle tantrische Praxis wie die Yoga-Methode von Heruka-Vajrasattva zu üben, die das Wachstum von Weisheit in eurem Geist fördert.

Die meisten Praktizierenden haben als Teil ihrer religiösen Übung Gelübde oder Verpflichtungen abgelegt. Manche, denen es an Weisheit mangelt, glauben nun, etwas irreparabel Negatives getan zu haben, wenn sie eines oder mehrere ihrer Versprechen gebrochen haben – sie halten sich für ewige Sünder: „Oje, ich habe doch gelobt, das nicht mehr zu tun, und jetzt habe ich mein Gelübde gebrochen! Nun bin ich rettungslos verloren." Das ist eine schwere Fehleinschätzung. Alle relativen Phänomene im Bereich der Sinne sind vergänglich, verändern sich unaufhörlich. Es ist ihr Wesen, ganz von selbst aufzuhören.

Eine weitere falsche Vorstellung ist der deprimierende Gedanke, ein hoffnungsloser Fall zu sein: „Ich kann tun, was ich will, immer mache ich alles falsch." Das ist nicht wahr. Niemand ist durch und durch negativ. Jeder von uns hat eine positive und eine negative Seite.

In seinen Vajrayana-Belehrungen hat der Buddha gesagt, dass man selbst die tantrischen Gelübden - die schließlich die allerhöchsten sind - wiederherstellen kann, falls man sie gebrochen hat. Der Bruch dieser Gelübde ist zwar äußerst negativ, da er aber ein psychologisches Phänomen ist, kann er bereinigt werden.

In seinen Vinaya-Belehrungen, die dem Sutrayana angehören, hat der Buddha verschiedene unheilsame Handlungen aufgezählt, etwa Mord, die in einem einzigen Leben nicht vollständig bereinigt werden können. Hat man eine der fünf ethischen Grundregeln gebrochen, könnte man das Gefühl haben, sich eine dauerhafte Befleckung zugezogen zu haben, und sich schrecklich aufregen. Ihr müsst euch aber auch daran erinnern, dass der Buddha seine zahllosen unterschiedlichen Belehrungen entsprechend den spezifischen psychologischen Bedürfnissen seiner vielen verschiedenen Schüler gegeben hat. Die Sutra-Lehren wurden Anhängern mit einem bestimmten Intelligenzgrad gegeben.

Im Vajrayana hat der Buddha gelehrt, dass es keinerlei unheilsame Handlung gebe, die durch die kraftvollen Methoden des tantrischen Yoga nicht restlos bereinigt werden könnten. Daher solltet ihr niemals das Gefühl haben, dass ihr, nur weil ihr eure Gelübde gebrochen oder zum Beispiel eine der fünf so genannten „direkt wirksamen Sünden" begangen habt, ein hoffnungsloser und auf ewig verdammter Sünder seid.[17]

Andererseits solltet ihr aber keinesfalls folgern, dass ihr, da alle unheilsamen Handlungen ja gereinigt werden können, tun und lassen könntet, was ihr wollt. Eine zerbrochene Tasse kann man reparieren, aber sie wird nie mehr dieselbe sein wie zuvor. Obwohl man Gelübde und Verpflichtungen also durchaus wiederherstellen kann, wenn sie gebrochen wurden, ist es doch wesentlich besser, sie von Anfang an intakt zu halten.

Für die Reinigungspraxis von Heruka-Vajrasattva ist eine Drei-Monats-Klausur, in der man das Mantra einhunderttausend Mal rezitiert, der beste Zeitrahmen. Normalerweise bitte ich die Schülerinnen und Schüler, die eine Heruka-Vajrasattva-Initiation nehmen wollen, sich zu einer Drei-Monats-Klausur zu verpflichten. Zurzeit ist es noch leichter, das im Osten zu tun als im Westen, wo es wegen der dauernden Geschäftigkeit beinahe unmöglich ist, sich die Zeit dafür zu nehmen.

Die Klausur sollte unter den korrekten Bedingungen ausgeführt werden, die im Abschnitt über die Klausur in diesem Buch genau beschrieben sind. Nur sehr wenigen, vielleicht auch keinen Schülern ist es bisher gelungen, die Anweisungen genauestens zu befolgen. Es ist äußerst schwierig, sich strikt an die ideale Klausur-Disziplin zu halten. Doch haben einige gewissenhafte und aufrichtige westliche Schülerinnen und Schüler ihr Bestes getan; und obwohl ihre Konzentration nicht so stark gewesen sein mag, hat ihre Drei-Monats-Klausur ihren Geist definitiv zum Besseren hin verändert.

Daher ist es von großem Nutzen für euch, euch dieser Klausur zu unterziehen, schafft aber Bedingungen, die ein gutes Gelingen fördern. Wenn ich hier sitze, jemand mich mit einer Nadel piekst und dabei sagt: „Los Lama, meditiere, meditiere", wird es nicht klappen. Gleichermaßen schwierig ist es, inmitten einer geschäftigen, lärmenden Großstadt Klausur zu machen, wenn die Schwingungen von Aggression und Begierde alles durchziehen. Aus genau diesem Grunde haben die tibetischen Lamas für ihre Klausuren stets nach friedvollen, einsamen Plätzen gesucht. Gute Schwingungen helfen eurer Praxis ganz unmittelbar.

Wenn ihr die Yoga-Methode von Vajrasattva nach den Anleitungen dieses Kommentars üben könnt, werdet ihr euch zweifelsohne am effektivsten reinigen. Warum fehlt es euch an Weisheitswissen und Verwirklichungen? Weil euer Geist dicht umwölkt ist von den negativen Schwingungen der Verblendung! Das schwere Hindernis eurer Ego-Konzepte sowie die emotionale Unfähigkeit, mit Problemen angemessen umzugehen, lassen keinen Raum. In dieser unklaren Atmosphäre kann Weisheit nicht wachsen.

Die Mahayana-Tradition betont eine Kombination von Meditationen zur Reinigung und zum Ansammeln von Weisheit, statt einer der beiden Methoden den Vorzug vor der anderen zu geben. Wenn ihr die Hindernisse reinigt, die euren Geist verschleiern, kann die innewohnende Weisheit wachsen. So stehen die Meditationen über den Stufenweg und die Reinigung von Vajrasattva nicht nur in keinerlei Widerspruch zueinander, sondern harmonieren vollkommen, und wenn ihr sie gemeinsam praktiziert, werdet ihr geschwind Verwirklichung erlangen.

Natürlich ist auch mir klar, dass nicht jeder jetzt sofort die richtigen Umstände für eine dreimonatige Klausur finden kann. Jeder von uns hat bereits früher eingegangene Verpflichtungen und Verantwortlichkeiten, die seinem oder ihrem individuellen Karma entspringen. Wenn ihr euch nicht für eine Klausur verpflichten könnt, solltet ihr die Einweihung nicht nehmen, sonst fühlt ihr euch später nur als Gefangene des Dharma. Die Lehren des Buddha sind Freiheit, nicht Fessel! Und diejenigen unter euch, die sich nicht zu intensiver Praxis verpflichten können, sollten sich den anderen nicht unterlegen fühlen. Ihr müsst eure gegenwärtige Situation einfach akzeptieren. Die Zeit, in der ihr eine ideale Klausur-Situation vorfindet, wird kommen. Dann könnt ihr die mit einer dreimonatigen Klausur-Verpflichtung verbundene Vajrasattva-Einweihung immer noch nehmen. Fühlt euch nicht vom Glück verlassen oder schlecht. Das wäre nicht richtig. Ihr könnt euch trotzdem äußerst glücklich schätzen. Ihr könnt eine tägliche Praxis über den Stufenweg zur Erleuchtung aufrechterhalten und auch kurze Klausuren durchführen, so wie eure Zeit es erlaubt.

Ihr könnt euch zu einer Avalokiteshvara-Klausur zurückziehen, um eure liebevolle Güte zu entwickeln. Zur Entwicklung von Weisheit könnt ihr eine Manjushri-Klausur machen. Um Schwäche und Gefühle von Unzulänglichkeit zu überwinden, könnt ihr eine Vajrapani-Klausur machen. Es gibt viele Möglichkeiten, Klausuren durchzuführen, die ganz euren Voraussetzungen und Bedürfnissen entsprechen. Klausuren gleichen einer Therapie. Wenn man im Westen krank wird, unterzieht man sich einer Therapie, um die Krankheit zu heilen. Klausuren sind ganz ähnlich: Ihr begebt euch in eine spezielle Situation, je nachdem, was euer spezielles Problem ist. Darum sage ich, dass Klausur wie Medizin ist: ein Heilmittel für die Krankheit und für ihre Symptome.

Warum ist Reinigung so kraftvoll? Weil eure Weisheit und eure Methode so kraftvoll sind. Es gibt da nicht etwa eine höchste Kraft irgendwo im Himmel, die eure Sünden wegwäscht. Die Kraft kommt von eurer geistigen Herangehensweise, dem psychologischen Schlüssel für die Yoga-Methode.

Wie ich schon sagte, ist die tantrische Yoga-Methode von Heruka-Vajrasattva in der Lage, die schlimmsten unheilsamen Handlungen zu bereinigen, die ihr euch nur vorstellen könnt – Brüche der tantrischen, Bodhisattva- und Pratimoksha-Gelübde eingeschlossen. Sie reinigt selbst die Symptome von Unzufriedenheit wie etwa Angstneurosen, Minderwertigkeitskomplexe oder Arroganz. Wann immer ihr also bemerkt, dass ihr eure Gelübde gebrochen habt, solltet ihr nicht emotional werden oder mit Gefühlen der Hoffnungslosigkeit und Depression reagieren. Das ist nicht weise. Macht euch stattdessen bewusst, was geschehen ist, versteht die wechselseitige Abhängigkeit eures unkontrollierten, negativen Geistes und der Umstände, die zum Bruch der Gelübde geführt haben, und bringt geschickt die Methoden der Reinigung zum Einsatz.

Gerade aus solchen Situationen könnt ihr eine Menge lernen. Analysiert euren Geist: Vom Kopf her wollt ihr bestimmte Dinge, die ihr zu unterlassen gelobt habt, nicht tun, aber sobald euer unkontrollierter Geist auf gewisse Bedingungen trifft, tut ihr sie trotzdem – als würdet ihr unter Zwang stehen. Dadurch könnt ihr euer Karma verstehen und erkennen, wie wirksam es ist. In euren Studien des Stufenwegs habt ihr gelernt, dass eure kostbare menschliche Wiedergeburt euch das Potenzial verleiht, alles tun zu können. Wie könnt ihr euch noch hoffnungslos und deprimiert fühlen?

Macht die Lehren des Stufenwegs nicht herunter, indem ihr etwa denkt, dass sie für euch – die großen Tantriker – viel zu simpel seien. Sie sind nicht im Mindesten simpel, sondern äußerst tiefgründig. Und das ist nicht die Übertreibung eines tief Gläubigen, sondern eine wissenschaftlich erwiesene Tatsache, die ihr für euch selbst überprüfen und beweisen könnt, indem ihr den Stufenweg versteht und praktiziert. Auf diese Weise könnt ihr die Essenz aus eurer kostbaren menschlichen Existenz ziehen und, statt euch negativ zu entwickeln, Fortschritte machen. Es liegt ganz in euren Händen.

Wenn ihr den Stufenweg klar und deutlich versteht, könnt ihr auch die Vorteile einer Reinigungs-Klausur erkennen. Das ist der Zeitpunkt, an dem ihr für eine derartige Klausur bereit und qualifiziert seid. Wenn ihr nicht einmal wisst, wer oder was ihr eigentlich seid, könnt ihr nicht einmal den Stufenweg richtig üben, von den tiefgründigen Methoden des tantrischen Yoga ganz zu schweigen.

Habt ihr jedoch einmal das Wesen eures Lebens und die Möglichkeiten der Dharma-Praxis begriffen, könnt ihr die Richtung, die ihr einschlagen wollt, mit Weisheit wählen, statt weiterhin blind euren falschen Vorstellungen zu folgen wie in zahllosen früheren Leben. Ihr könnt über eure Zukunft bestimmen, weil ihr versteht, deren Ursachen zu schaffen. Die Vergangenheit ist abgeschlossen, aus und vorbei. Welchen Nutzen kann es noch haben, sich emotional über gebrochene Gelübde oder andere unheilsame Handlungen zu ereifern? Damit verschwendet ihr nicht nur eure Zeit, sondern häuft auch noch eine unheilsame Handlung nach der anderen an. Wenn ihr eine unheilsame Handlung begeht und, statt das Gegenmittel anzuwenden, euch in emotionalem Aufruhr verliert, verdoppelt ihr nur euer negatives Karma. Ihr solltet doch eure unheilsamen Handlungen bereinigen, nicht noch kränker werden.

Kürzlich habe ich einen Artikel über einen Bankangestellten gelesen, der sich das Leben genommen hatte, weil man ihn bei der Veruntreuung von Geldern erwischt hatte. Hat er damit einen Ausweg gefunden? Er hatte gestohlen, sich schuldig gefühlt, war darüber emotional in Aufruhr geraten und hatte sich umgebracht. Das ist ein gutes Beispiel für das, was ich hier sagen möchte: Die negative Handlung des Stehlens hatte er bereits begangen. Was aber würden die anderen mit ihm machen? Ihn vielleicht ins Gefängnis stecken. Vielleicht seinen Besitz konfiszieren. Aber sie würden ihn doch sicher nicht umbringen, oder? Wie dem auch sei, er selbst konnte den Verlust seines guten Rufes nicht verkraften, also nahm er sich das Leben. Genauso sind wir. Wir tun etwas Negatives und bringen uns dann vor Schuldgefühlen und Sorgen beinahe um. Welchen Sinn soll das haben? Es ist völlig selbstzerstörerisch.

Neue Erfahrungen liegen nun vor euch, und ihr könnt eure Ausrichtung ändern, um ihnen zu begegnen oder sie zu vermeiden. Ich will damit nicht sagen, dass ihr über übersinnliche Kräfte verfügt und alle Details eurer Zukunft telepathisch voraussehen könnt. Aber sehr wohl will ich sagen, dass ihr – mithilfe eures Verständnisses des karmischen Gesetzes und durch Analyse eurer vergangenen Erfahrungen – schlussfolgernd ableiten könnt, was ihr tun und was ihr lassen solltet. Auf diese Weise zu prüfen ist sehr nützlich; sich Sorgen zu machen ist lächerlich.

Auch ist es nicht genug, wegen der grauenvollen Dinge, die man getan hat, zu verzweifeln und sie bereinigen zu wollen. Ihr solltet ebenso daran denken, dass ihr, wenn ihr diese Dinge weiterhin tut, in Zukunft nur noch größeres Leiden erfahren werdet. Zusätzlich zur Reinigung des vergangenen negativen Karmas müsst ihr es auch vermeiden, weiterhin von Unwissenheit, Gier und Zorn motivierte Handlungen zu begehen. Nur wenn ihr die unheilsamen Handlungen reinigt, die ihr in der Vergangenheit begangen habt, und gleichzeitig vermeidet, sie wieder zu tun, könnt ihr das Resultat – Leiden – vermeiden. Der Faktor in einer Handlung, der hauptsächlich entscheidet, welche Art von Karma geschaffen wird, ist eure Motivation. Und ob eure Motivation gut oder schlecht ist, liegt ausschließlich an euch selbst.

Ich habe zwar vorhin darüber gesprochen, wie negativ es ist, Gelübde zu brechen, doch solltet ihr nie das Gefühl haben, dass ihr euch durch das Ablegen von Gelübden sozusagen selbst einkerkert. Es ist genau umgekehrt. Gelübde machen euch frei. Manche Menschen empfinden aber eine Art von Verlust, nachdem sie Gelübde abgelegt haben. Sie haben das Gefühl, dass sie nun eine schwere Last auf ihren Schultern tragen. Wenn ihr Gelübde jedoch korrekt versteht, werdet ihr euch glücklich fühlen, sie abgelegt zu haben, denn ihr wisst, dass ihr damit schon ein ganzes Stück auf dem Weg zu einem Ort der Glückseligkeit vorangekommen seid.

Wer eine begrenzte Sicht der Dinge hat, fühlt sich wahrscheinlich schuldig oder deprimiert, wenn er ein Gelübde bricht. Stellt euch vor, ihr habt die acht Mahayana-Gelübde für einen Tag abgelegt. Während der Morgensitzung habt ihr Bodhicitta erzeugt und den enthusiastischen Entschluss, zum Wohle aller Wesen die Gelübde vollkommen einzuhalten. Am gleichen Abend aber bietet euch jemand ein Stück Schokolade an. Unbewusst, aus reiner Gewohnheit, esst ihr die Schokolade. Dann kommt die Panik: „Oh Gott! Heute Morgen erst habe ich versprochen, nach Mittag nicht mehr zu essen, und jetzt habe ich mein Gelübde gebrochen. Nun ist es völlig zerstört!“ Viele Menschen reagieren so, aber was ist eigentlich wirklich zerstört? So etwas wie „ganz-und-gar-zerstört“ gibt es nicht. Vom Zeitpunkt, als ihr es abgelegt habt, bis zu dem Moment, an dem ihr die Schokolade gegessen habt, habt ihr euer Gelübde vollkommen eingehalten. Ihr habt es ja auch nicht absichtlich gebrochen. Von dieser ganzen positiven Energie ist nichts zerstört worden.

Statt auf euch selbst einzuschlagen, wenn ihr ein Gelübde brecht, solltet ihr euch freuen: „Unglaublich! Ich wollte wirklich nicht essen, aber meine alten Gewohnheiten haben sich eingeschlichen und mich betrogen, als ich gerade einmal nicht aufgepasst habe." Seid froh über die Zeit, in der ihr das Gelübde rein eingehalten habt, und über die Gelegenheit zu lernen, wie euer negativer Geist funktioniert. Auf diese Weise wird eure Erfahrung zu Weisheit. Gelübde abzulegen erhöht eure Achtsamkeit: Es hilft euch, Karma auf seiner tiefsten Ebene zu verstehen, indem es euch die tiefsten Ebenen seiner Wirkung bewusst macht. Hättet ihr keine Gelübde abgelegt, wäret ihr gegenüber euren unheilsamen Handlungen unbewusst geblieben und hättet nie herausgefunden, dass sie dort unten, in eurem Unterbewusstsein, lauern.

Wenn ihr das nicht versteht, werdet ihr niemals wirklich glücklich sein können. Zuerst legt ihr die Gelübde ab, aber später bedauert ihr es. „Oje, ich habe einen Fehler gemacht. Ich habe es überhaupt nicht bemerkt, bis ich wieder nach Hause kam. Aber dieser Kopan-Lama muss mich hypnotisiert haben!" Ich mache nur Spaß, aber manche Menschen denken vielleicht so ähnlich. Gelübde abzulegen lohnt sich, selbst wenn man sie gelegentlich bricht. Wenn ihr die Sache mit Weisheit untersucht, werdet ihr erkennen, dass ihr wirklich Glück gehabt habt, Gelübde abzulegen. Ihr brecht sie nicht absichtlich, könnt aber beobachten, wie eure alten Gewohnheiten euch drängen, sie unbewusst zu brechen. Das ist eine äußerst nützliche Entdeckung. Auf diese Weise entwickelt ihr eure Weisheit.

11 *Eine Initiation in Heruka-Vajrasattva*

Um eine tantrische Praxis wie die von Heruka-Vajrasattva überhaupt üben zu können, bedarf es als Grundvoraussetzung eines klaren Verständnisses der drei Prinzipien des Pfades zur Erleuchtung, nämlich Entsagung, Bodhicitta und die rechte Sicht, Shunyata. Ich bin sicher, dass ihr diese Drei einigermaßen versteht, aber ihr solltet Tag für Tag, Jahr für Jahr kontinuierlich danach streben, sie immer besser zu verstehen.

Es gibt auch verschiedene Aspekte der Reinigung - etwa Niederwerfungen, das Rezitieren von Texten und die Praxis der Yoga-Methoden anderer Gottheiten. Die Methode von Heruka-Vajrasattva ist jedoch wahrscheinlich die wirksamste von allen - genau das, was wir brauchen. Und obwohl die Gelugpa-Tradition des Mahayana-Buddhismus die große Bedeutung der Reinigung deutlich betont, brauchen wir doch noch etwas anderes. Wir müssen auch andere Aktivitäten in unsere Praxis der Reinigungsmeditationen der Yoga-Methode integrieren: das Studium der Lehren über den Stufenweg zur Erleuchtung sowie die praktische und aktive Unterstützung anderer. Manche Leute scheinen anzunehmen, es sei ausreichend, nur die Meditationen zu üben: Damit haben sie unrecht. Wir müssen den mittleren Weg ausgewogener Aktivitäten einschlagen.

Erfahrene Schülerinnen und Schüler, die eine Drei-Monats-Klausur von Heruka-Vajrasattva hinter sich gebracht haben, wissen um die tief greifende Wirkung dieser Reinigungsmethode. Anfänger werden sie ebenso kennen lernen. Einfach ist es nicht, aber bereits der Versuch, sich den Schwierigkeiten zu stellen und sie zu überwinden, lohnt sich.

Zusätzlich zur Klausur-Verpflichtung, die ich euch mit dieser

Einweihung auferlege, möchte ich noch eine weitere Bedingung stellen. Aufgrund meiner jahrelangen Beobachtungen meiner Schülerinnen und Schüler bin ich zu der Überzeugung gelangt, dass sich Gruppen-Klausuren viel besser für euch eignen als Einzel-Klausuren. In gewisser Hinsicht sollte das offensichtlich sein. Wir verfügen alle über ein gewisses Maß an Weisheitswissen – glaubt nur ja nicht, dass allein tibetische Lamas über dieses Wissen verfügen. In jedem von uns sind bestimmte Aspekte dieses Wissens besser entwickelt als andere. Wenn wir also als Gruppe zusammenkommen, bildet unser gemeinsames Wissen ein tiefes Reservoir, das uns allen zur Verfügung steht.

Zum Beispiel fühlst du dich an einem Tag sehr stark, ich aber bin von meinen Verblendungen überwältigt. Ich kann nun zu dir kommen und sagen: „Hilfe, ich drehe hier noch durch…, was soll ich tun?" Und du hast eine Antwort. Das ist mit „Sangha" gemeint. Dir geht es nicht gut, du teilst deine Gefühle mit einem Dharma-Bruder, einer Dharma-Schwester, und dieser Mensch macht dir wieder Mut, gibt dir Weisheit und eine Lösung für dein Problem. Aus diesem Grund füge ich die Bedingung hinzu, dass ihr eine Gruppen-Klausur macht. Ich hoffe, ihr versteht das. Mir geht es dabei nicht um Macht: „Das ist meine Initiation; ihr müsst tun, was ich will." Nein! Ich möchte einfach, dass die Erfahrung für euch möglichst nützlich wird.

Wenn wir uns mit Dharma beschäftigen, sollten wir professionell vorgehen, mit Wissen. Die Varjasattva-Klausur wurde so gestaltet, wie es für den menschlichen Geist den größtmöglichen Nutzen bringt, also solltet ihr es richtig machen. Andererseits möchte ich betonen, dass ihr eine Klausur immer nur nach bestem Wissen und Gewissen und gemäß euren Fähigkeiten durchführen könnt. In meinem Kommentar und den Klausuranweisungen bin ich recht strikt, und es ist wohl auch richtig, dass strenge Regeln besser sind. Wenn ihr aber nicht in der Lage seid, es genau so zu machen, wie ich es hier beschreibe, solltet ihr deswegen auf keinen Fall ganz aufgeben. Nicht immer könnt ihr alles so machen, wie ihr es euch wünscht, denn schließlich seid ihr stets euren eigenen Begrenzungen unterworfen. Ihr müsst euch so akzeptieren, wie ihr eben seid, und von dort beginnen. Macht euch selbst Mut: „Nun, heute war es ein bisschen schwierig. Ich habe die Visualisierungen nicht genauso hingekriegt, wie Lama empfohlen hat. Aber die Hauptsache ist mir doch gelungen. Ich habe keine Sitzung abgebrochen und habe mein Bestes gegeben. Nur meine Konzentration ist nicht so gut gewesen."

Ich weiß, dass meine westlichen Schülerinnen und Schüler alles hundertprozentig so machen wollen, wie ich es erkläre, und das ist eine wunderbare Charaktereigenschaft, alles perfekt machen zu wollen. Aber man muss dabei vernünftig bleiben. Wenn ihr Schwierigkeiten habt, akzeptiert sie. Sechzig Prozent sind besser als nichts, besser als mit verwirrtem Geist wie ein wildes Tier in der Welt herumzurennen. Denkt: „Gut, ich mag nicht vollkommen sein, aber es geht mir dennoch besser, wenn ich versuche, die Mantras so gut wie möglich zu rezitieren und meinen Dharma-Geschwistern Energie zu geben."

Und wenn ihr die Meditationen nicht so hinkriegt, wie ich sie erklärt habe, erzeugt stattdessen Bodhicitta. Erinnert euch an das Mitgefühl für euch selber, wenn es euch schlecht geht, und dann übertragt dieses Mitgefühl auf alle leidenden Wesen. Aus Mitgefühl für andere zu weinen, während man das Mantra rezitiert, ist völlig in Ordnung. Es ist mit Sicherheit wesentlich besser als bloß herumzusitzen und immer nur zu lamentieren: „Ich bin schlecht, ich bin schlecht, ich bin schlecht." Während der Mantra-Rezitation über Bodhicitta zu meditieren ist in Ordnung. Solange ein Teil eures Geistes mit achtsamem Gewahrsein darüber wacht, dass eure Mantra-Rezitation richtig ist, könnt ihr Mitgefühl für andere erzeugen, statt die komplizierteren Visualisierungen zu machen. Ich möchte, dass die neueren Schüler klar und unmissverständlich begreifen, dass eine derartige geschickte Vorgehensweise – bei der man alle entstehenden Energien, gleich welcher Art, in den richtigen Kanal leitet – zulässig ist.

Diejenigen, die die Klausur bereits hinter sich haben, können jetzt an der Einweihung teilnehmen, ohne die Klausur noch einmal machen zu müssen. Für die neuen Leute steht außer Frage: Ihr müsst die Klausur machen. Und wenn ihr sie dann macht, möchte ich nicht, dass ihr es auf die leichte Schulter nehmt und ein bisschen Samsara in euer Nirwana mischt. So funktioniert es nämlich nicht. Eure Klausur sollte eine möglichst reine „Befreiungs-Nirwana-Reise" werden. Wir haben die Tendenz, die Dinge miteinander zu vermischen - diesmal machen wir das nicht! Einverstanden?

Etwas wird eure Klausur von Anfang an vereinfachen: die starke Entschlossenheit, es richtig zu machen. Wenn ihr ein wenig im Unklaren seid, ob ihr in Klausur gehen wollt - „Vielleicht sollte ich, vielleicht aber lieber doch nicht" –, wenn euer Geist aufgeregt ist oder wenn ihr voller Erwartungen steckt, könnt ihr wirklich ausflippen. Ständig habt ihr dann das Gefühl, euch fehle etwas: „Warum sitze ich eigentlich hier? Wäre ich doch nur in Melbourne, dann könnte ich mich jetzt amüsieren. Warum bloß sollte ich hier bleiben?" Diese und ähnliche Zweifel und Fragen werden sich einstellen. Ich möchte, dass ihr wirklich eindeutig seid, was die Klausur betrifft - klar und entschieden. Dann wird es angenehm werden: Bloß auf eurem Meditationskissen zu sitzen wird bereits eine glückselige Erfahrung. Und sollten euch Einbildungen quälen, erinnert euch an die Technik für den Umgang mit ihnen, etwa die Meditation der Vasenatmung, die im Kommentar erklärt wird. Macht die Übung, und wenn euer Geist dann wieder ruhig ist, kehrt zu eurer vorherigen Praxis zurück.

Zusätzlich zu dem, was ich im Kommentar über Mantra-Rezitation sagte, möchte ich noch etwas ergänzen, was ich wahrscheinlich gar nicht öffentlich sagen sollte, denn es könnte euch zum Rationalisieren verleiten. Wie dem auch sei, wenn ihr nach ein paar Monaten Klausur das Gefühl habt, gute einsgerichtete Konzentration entwickelt zu haben, und aus Erfahrung genau wisst, wie viele Mantras ihr in einer Sitzung rezitiert, könnt ihr das Mantra auch still rezitieren, ohne eure Mala zu Hilfe zu nehmen. Bevor ihr das aber tut, solltet ihr sicher sein, dass ihr diese Ebene der Verwirklichung wirklich erreicht habt; lasst euch nicht von eurem rationalen Geist betrügen.

Erfahrene Schülerinnen und Schüler, die die Klausur bereits hinter sich gebracht und ihre Mantraverpflichtung abgeschlossen haben, aber die Klausur gerne noch einmal wiederholen möchten, können das natürlich tun, auch ohne sich einer Gruppe anzuschließen. Sie können die geistige Rezitation praktizieren oder sich sogar einfach ohne jede Rezitation konzentrieren. Nachdem ihr durch die Sadhana gegangen und zu Vajrasattva geworden seid, konzentriert euch einfach auf die blaue Keimsilbe HUM in eurem Herzen und richtet eure Aufmerksamkeit ausschließlich darauf. Bis hierher könnt ihr mit verbaler Rezitation arbeiten und dann tiefer und tiefer in die geistige Rezitation eintreten, bis ihr schließlich auch damit aufhört und euch nur noch einsgerichtet auf die Keimsilbe HUM konzentriert. Diese Praxis kann äußerst hilfreich sein.

Bevor ich jetzt die Initiation erteile, mache ich ein Ritual, um die Hindernisse zu reinigen. Bei diesen Hindernissen handelt es sich um subtile, formlose Manifestationen von Ego-Energie, die uns daran hindern, die Initiation auf vollkommene Weise zu erhalten, und die daher vertrieben werden müssen, bevor wir fortfahren können. Wir transformieren diese Energie in eine Art zornvolle Form und visualisieren, wie Lama Heruka-Vajrasattva sie aus diesem Sonnensystem verjagt, an einen Ort, von dem sie niemals wieder zurückkehren können. Während ich das Ritual ausführe, meditiert ihr auf diese Weise.

Die Initiation von Heruka-Vajrasattva

[Lama Yeshe erteilte die Initiation schrittweise und auf die folgende, einzigartige Weise: Zuerst erklärte er die von den Schülern auszuführende Visualisierung; daraufhin rezitierte er den Text auf Englisch, während die Schüler die zuvor erklärten Visualisierungen ausführten; schließlich rezitierte er den Text noch auf Tibetisch. Der folgende Text

ist die Erklärung. Wir veröffentlichen sie hier, um dem Leser eine Vorstellung vom Initiationsprozess zu vermitteln. Technisch handelt es sich dabei nicht um eine vollständige Initiation (wang), *sondern um eine so genannte „Erlaubnis zur Praxis"* (je-nang).]

Die Essenz von Heruka-Vajrasattva ist die gesammelte reine Energie aller erleuchteten Wesen. Diese Energie wird als der weiße, strahlende, glückselige Körper der Gottheit manifest. Wenn ihr nun die Initiation entgegennehmt, nehmt ihr den Lama nicht mehr als verwirrten gewöhnlichen Menschen wahr, sondern verwandelt ihn in die strahlende Lichterscheinung der Gottheit.

Gemäß der Tradition müsst ihr ihn dann dreimal förmlich bitten, euch die Einweihung zu erteilen. Wir tun das, um zu verhindern, dass irgendjemand vermessen daherkommt und sagt: „He! Ich habe da eine vollkommene, kraftvolle und äußerst schnelle Methode zur Erleuchtung. Kommt her, ich gebe sie euch!" Bevor Schülerinnen und Schüler eine Einweihung erhalten können, müssen sie über die richtigen Qualifikationen verfügen und ganz aufrichtig um sie bitten. Also sprecht mir dreimal nach: „Lama Vajrasattva, bitte verleihe mir die göttliche Einweihung von Vajrasattva."

Dann müsst ihr die Haltung von Bodhicitta erzeugen. Damit ist gewährleistet, dass ihr die Einweihung nicht aus selbstsüchtigem Machtstreben heraus entgegennehmt, sondern sie als eine auf die Erleuchtung aller fühlenden Wesen gerichtete Aktivität erkennt. Heute jedoch erhaltet ihr nicht die vollständige Bodhisattva-Ordination mit allen 64 Gelübden, sondern erzeugt einfach die starke Motivation, die Yoga-Methode nur zu benutzen, um anderen zu dienen, und nicht für irgendeinen persönlichen zeitweiligen Lustgewinn. Mit dem göttlichen, hingebungsvollen Gedanken, das höchste Ziel – die immer währende glückselige Verwirklichung der Erleuchtung – erreichen zu wollen, sprecht mir nun dreimal nach: „Ich nehme diese Einweihung entgegen, um die Yoga-Methode üben zu können und so den immer währenden, friedvollen Zustand der Erleuchtung zum Wohle aller fühlenden Wesen zu erlangen."

Erinnert euch bitte daran, dass ihr die eigentliche Initiation nur dann erhalten könnt, wenn euer Geist mit dem von Lama Heruka-Vajrasattva kommuniziert, also im selben Raum, auf derselben Bewusstseinsebene zusammentrifft. Um diese Erfahrung zu erzeugen, braucht ihr während der gesamten Einweihungszeremonie sehr starke Konzentration.

Aus der Keimsilbe HUM an Lama Vajrasattvas Herzen strahlt nun kraftvolles, weiß funkelndes Licht in euer eigenes Herz; es ist wie elektrische Energie, die magnetisch alle falschen Vorstellungen eures Ego, die Vorstellungen über euer gesamtes psychophysisches System, wegbrennt und in weißes strahlendes Licht verwandelt. Dieses Licht löst sich auf und verdichtet sich, wird kleiner und kleiner, bis es schließlich im leeren Raum verschwindet. Konzentriert euch auf diese Leerheit.

Im leeren Raum erscheint plötzlich eine kostbare Lotusblüte. Auf der Lotusblüte erscheint eine Mondscheibe. Im Zentrum der Mondscheibe erscheint ein strahlend weißer Vajra – die Essenz eures Bewusstseins. Strahlend weißes Licht geht von der Mondscheibe und dem Vajra aus und durchdringt den gesamten Raum. Das allumfassende strahlende Licht kehrt zurück und sinkt in den Vajra, die Essenz eures Bewusstseins. Die Absorption des Lichts in den Vajra dient als unterstützende Ursache für die Transformation eures Bewusstseins in den durchscheinenden Regenbogenkörper Heruka-Vajrasattvas – ohne Fleisch, Blut oder Knochen.

In eurer Rechten haltet ihr einen Vajra und in eurer Linken eine Glocke. Sie symbolisieren eure vollkommene Verwirklichung von Methode und Weisheit. Ihr befindet euch in inniger Umarmung mit der weiblichen Gottheit Dorje Nyima Kharmo, deren durchscheinender heiliger Körper gleichermaßen aus strahlend weißem Licht besteht und deren Verwirklichung der euren ebenbürtig ist. Sie entzündet die transzendente glückselige Erfahrung des erwachten Geistes in euch.

Ihr, Heruka-Vajrasattva, seid geschmückt mit einem strahlend weißen OM an eurem Scheitelkchakra, einem strahlend roten AH an eurem Kehlchakra und einem strahlend blauen HUM an eurem Herzchakra.

Aus der weißen Keimsilbe OM und dem Mantra von Heruka-Vajrasattva, das diese Silbe am Scheitelchakra des Lamas Heruka-Vajrasattva umgibt, tritt machtvolles, strahlendes, weißes Licht hervor, durchdringt den gesamten Raum des Universums und ruft die reine Energie sämtlicher erhabener Wesen herbei, die sich in beseligendes weißes Licht verwandelt und in euer – Heruka-Vajrasattvas – Scheitelchakra sinkt. Diese Energie tritt wie ein kraftvoller Wasserfall aus weißem Licht in euren Heruka-Vajrasattva-Körper, insbesondere das Scheitelchakra, ein und erfüllt euer Nervensystem mit beseligendem, strahlendem, weißen Licht. Diese Erfahrung von Glückseligkeit reinigt die seit unzähligen Leben angesammelten Unreinheiten des Körpers.

Von der Keimsilbe AH und dem sie umgebenden Mantra an Lama Heruka-Vajrasattvas Kehlchakra tritt machtvolles, strahlendes, rotes Licht hervor, durchdringt den gesamten Raum des Universums und ruft die reine göttliche Sprache sämtlicher erhabener Wesen herbei, die sich in beseligendes rotes Licht verwandelt und in euer – Heruka-Vajrasattvas – Kehlchakra einsinkt. Es erfüllt euer Nervensystem, insbesondere das Kehlchakra, mit beseligendem, strahlendem, roten Licht. Diese Erfahrung von Glückseligkeit reinigt die seit unzähligen Leben angesammelten Unreinheiten der Sprache.

Von der Keimsilbe HUM und dem sie umgebenden Mantra am Herzchakra des Lamas, der Heruka Vajrasattva ist, tritt machtvolles, strahlendes, blaues Licht hervor, durchdringt den gesamten Raum des Universums und ruft die reine göttliche transzendente Weisheit sämtlicher erhabener Wesen herbei, die sich in beseligendes blaues Licht verwandelt und in euer – Heruka-Vajrasattvas – Herzchakra einsinkt. Euer Nervensystem ist nun erfüllt mit beseligendem, strahlendem, blauen Licht. Diese

Erfahrung von Glückseligkeit reinigt die seit unzähligen Leben angesammelten Unreinheiten des Geistes.

Jetzt strahlt gleichzeitig von Lama Heruka-Vajrasattvas Scheitelchakra leuchtendes weißes Licht aus und tritt in das Scheitelchakra von euch, Heruka-Vajrasattva, ein; von Lama Heruka-Vajrasattvas Kehlchakra kommt strahlend rotes Licht und tritt in euer Kehlchakra ein; von Lama Heruka-Vajrasattvas Herzchakra strahlt beseligendes blaues Licht in euer Herzchakra ein. Dadurch werden Lama Heruka-Vajrasattva und ihr selbst zur unzerstörbaren Einheit.

Vom Mantra am Herzen des Lamas, der Heruka-Vajrasattva ist, strahlt ein Doppel aus, tritt durch seinen Mund aus und strömt durch euren Heruka-Vajrasattva-Mund in euch ein und sinkt in euer Herz. Das geschieht dreimal. Beim ersten Mal umkreist es die Keimsilbe HUM an eurem Herzen; beim zweiten Mal löst es sich in das dort befindliche Original-Mantra auf und verstärkt dessen Wirksamkeit und Kraft; beim dritten Mal löst es sich ganz darin auf und macht es unzerstörbar – für jetzt und alle Zeit.

Visualisiert das Mantra als eine Kette von elektrischer Energie. Das Mantra ist wie Feuer. Feuer hat die Eigenschaft, alles zu verbrennen, womit es in Berührung kommt. Gleichermaßen verbrennt die elektrische Weisheitsenergie des Mantra automatisch alle Unreinheiten negativer Energie. Sprecht mir nun das Mantra dreimal nach. Nach dem dritten Mal denkt, dass der Segen von Lama Heruka-Vajrasattva es unzerstörbar gemacht hat.

Jetzt geht vom Lama Heruka-Vajrasattva ein zweiter Heruka-Vajrasattva aus, kommt zum Scheitel eures Kopfes, sinkt durch eure Shushuma nach unten und tritt in euer Herz ein. Euer Körper, eure Sprache und euer Geist sind nun völlig mit Heruka-Vajrasattvas heiligem Körper, seiner heiligen Sprache und seinem heiligen Geist vereint.

Hier haben tibetische Lamas eine Methode, um denjenigen zu helfen, die sich nicht so stark konzentrieren können. Wir berühren euren Scheitel mit einem materiellen Gegenstand, etwa dieser Torma hier oder einem Bild der Gottheit. Während ihr nacheinander an mir vorbeigeht, berühre ich euren Scheitel mit der Torma, die auch ein Bild der Gottheit trägt. Stellt euch dabei mit starker Konzentration vor, dass Heruka-Vajrasattva durch euren Scheitel in euch eintritt, durch die Shushuma in euer Herz kommt, und dass euer Körper, eure Sprache und euer Geist vollständig eins werden mit dem göttlichen Körper, der göttlichen Sprache und dem göttlichen Geist Heruka-Vajrasattvas.[18]

Damit ist die Einweihung beendet. Wenn ihr mir die Widmungsgebete nachsprecht, bittet von ganzem Herzen darum, dass eure Gruppen-Klausur von Erfolg gekrönt sein möge.

Eure Erfahrung mit dieser Einweihung zeigt euch, dass der Prozess selbst für einen Menschen mit großer Konzentrationsgabe bereits eine Art Erleuchtungserfahrung darstellen kann. Das macht noch einmal den Unterschied zwischen den buddhistischen Schulen des Vajrayana und denen des Hinayana oder Paramitayana deutlich. Bei den beiden Letzteren liegt die Betonung auf der Vermeidung jeder Form von Genuss, nach der wir greifen; im Tantra verfügen wir über die kraftvolle Weisheit und Methode, um die gewöhnliche Energie in den glückseligen Pfad zur Erleuchtung zu verwandeln.

Dieses Prinzip ähnelt ein wenig der Art und Weise, in der die modernen Wissenschaften die Vorräte der Erde benutzen, um den Lebensstandard der Menschen zu erhöhen. Doch während die Unzulänglichkeiten ihrer Herangehensweise heutzutage immer offensichtlicher werden und sogar die Politiker die Ausbeutung der natürlichen Ressourcen und die Vergiftung unserer Umwelt ablehnen, entsteht durch die Dharma-Praxis natürlich von Anfang an keinerlei Schaden. Wenn wir Energie durch Weisheit und wirkungsvolle Mittel in den glückseligen Pfad zur Erleuchtung verwandeln, kann daraus niemals negative Schwingung entstehen.

Ihr müsst unbedingt während der gesamten Klausur die transzendente Erfahrung aufrechterhalten, dass euer ganzes Bewusstsein in den glückseligen, strahlenden weißen Lichtkörper von Heruka-Vajrasattva verwandelt worden ist. Ihr müsst wirklich fest daran glauben. Der psychologische Vorteil dieser Haltung liegt darin, dass ihr alle gewöhnlichen Gedanken wie etwa: „Ich bin Lama Thubten Yeshe, darum habe ich jetzt Hunger; ich bin Lama Thuben Yeshe, darum habe ich jetzt Durst. Ich bin Lama Thubten Yeshe, darum brauche ich schöne Objekte", beseitigt. Das wiederum beseitigt eure gesamte Ego-Projektion. Es ist unglaublich – das Mahayana beinhaltet fantastisch wirksame Methoden zur Überwindung eurer Ego-Schwingungen. Das ist ein wesentlicher Teil eurer Klausur.

Wenn ich aber sage, ihr solltet die Überzeugung hegen, Vajrasattva zu sein, meine ich damit nicht, dass sich euer physischer Körper verändert. Ich kenne das pseudo-wissenschaftliche Argument der Westler: „Mein Körper besteht aus Fleisch und Blut. Wie könnte ich ihn wohl in einen Lichtkörper verwandeln?" Nun, das könnt ihr tatsächlich einwenden, ich aber gebe euch zur Antwort, dass ihr neben eurem stofflichen Körper auch einen feinstofflichen Körper besitzt, den Körper eures tiefsten Bewusstseins. Und es ist dieser feinstoffliche Bewusstseinskörper, der sich in die Gottheit verwandelt, in ihren weißen, strahlenden, durchsichtigen Körper aus Regenbogenlicht; und das ist die Basis für eure göttliche Würde.

Göttliche Würde ist sehr wichtig. Ich möchte euch sagen, warum das so ist. Gewöhnlicherweise denken wir: „Ich bin negativ. Ich bin *dies*, also bin ich negativ." Wisst ihr, was ich meine? Ich spreche darüber, dass ihr euch meist schuldig fühlt, selbst wenn es keinen Grund dafür gibt. Selbst wenn ihr euch gar nicht für einen religiösen Menschen haltet, habt ihr immer noch dieses Schuldgefühl. Glaubt bloß nicht, dass nur religiöse Menschen sich schuldig fühlen. Ich habe genug Erfahrung mit westlichen Menschen, um zu merken, dass sie sich ständig wegen des einen oder anderen schuldig fühlen – selbst wenn sie nicht religiös sind. Vielleicht denkt ihr: „Oh, ich fühle mich schuldig, weil ich ein Buddhist zu sein versuche. Wenn ich das Dharma aufgebe, bin ich vielleicht auch meine Schuldgefühle los." Auf diese Weise überwindet man die Schuldgefühle nicht. Selbst nicht-religiöse Menschen empfinden Schuld.

Schuldgefühle und geringe Selbstachtung („Ich bin so schlecht, ich bin so negativ.“) überwindet man durch das Entwickeln göttlicher Würde und der damit verbundenen Transformation all eurer schlechten Gedanken in glückselige Weisheitsenergie. Mit dieser Technik kann man mit allen möglichen Situationen angemessen umgehen: Nehmt die Energie an, verwandelt sie in göttliches, weiß strahlendes Licht und ersteht als die Gottheit. Darum habe ich vorhin so darauf bestanden, dass ihr *„fest“* daran glauben müsst, Heruka-Vajrasattva zu sein, statt zu denken: „Ich bin Thubten Yeshe, in Tibet geboren, von dieser Mutter und jenem Vater, geflohen … Flüchtling … hungrig.“ Ihr müsst eure Selbstbilder, euren Ego-Trip überwinden. Sobald der weltliche Gedanke „ich bin …“ sich einschleicht, werden der weltliche Körper, die weltliche Sprache und der weltliche Geist augenblicklich manifest. Sobald ihr aber göttliche Würde erzeugt und transzendente Verwandlung erlebt, eliminiert ihr sämtliche gewöhnlichen Vorstellungen. Während der formellen Meditationssitzungen ist das essenziell, aber auch während der Pausen ist es ausgesprochen wichtig. Statt euch nach Beendigung der Sitzung hängen zu lassen, zum Mittagessen zu gehen und alte Gewohnheiten einreißen zu lassen, indem ihr euch gegenseitig wieder voller Begehren oder Zorn betrachtet, solltet ihr die Energie der göttlichen Würde aufrechterhalten können.

Ihr begreift sicherlich, wie sehr Methode und Weisheit euch helfen können, eure verblendete Energie unter Kontrolle zu halten. Ihr könnt es anhand eurer eigenen Erfahrungen erkennen, nicht bloß aufgrund meiner Worte. Wenn ich euch zu viel darüber erzähle, welche unglaublichen Methoden tatsächlich im Vajrayana enthalten sind, werdet ihr denken: „Oje, er ist ja so arrogant. Er gibt mit all den Kräften an, die man tibetischen Lamas nachsagt.“ Es wäre zu viel für euch. Wenn ihr hingegen selbst untersucht, kommt ihr selbst in den Genuss der Vorteile. Studiert den Kommentar eingehend, bevor ihr in Klausur geht.

Lest ihn Satz für Satz, haltet immer wieder inne, um alles Gesagte zu prüfen und darüber zu meditieren. Wenn ihr euch ganz und gar klar darüber geworden seid, was zu tun ist, entstehen keine Zweifel und kein Aufruhr und ihr fühlt euch sehr vertraut mit der Praxis. Und das ist sowohl wichtig als auch notwendig, damit eure Klausur ein Erfolg werden kann.

Wenn ihr während der Klausur auf Schwierigkeiten stoßt, denkt nicht: „Ich bin schlecht, ich bin unfähig." Fragt euch doch einfach selbst: „Warum läuft meine Klausur nicht gut?" Die Antwort liegt auf der Hand: „Es liegt an meiner unglaublichen Verblendung. Und damit stehe ich nicht allein. Alle fühlenden Wesen, meine armen Mütter aus früheren Leben, sind in der gleichen Situation." Schätze andere mehr als dich selbst, und empfinde großes Mitgefühl für alle fühlenden Wesen des Universums. Statt neurotisch loszuheulen, wenn sich während einer Sitzung ein Problem einstellt, könnt ihr die Energie des Mantra in Mitgefühl verwandeln - das ist die ideale Technik. Emotionale Tränen sind natürlich nicht generell schlecht; es kann auch eine glückselige Erfahrung sein, den Tränen freien Lauf zu lassen.

Wenn Menschen zum Beispiel das erste Mal Shunyata entdecken, sind sie unglaublich erschüttert und können völlig abheben. Im Innern fühlen sie eine glückselige Erfahrung von Erschütterung; psychologisch treibt es sie weit in den Raum hinaus und dann plötzlich wieder auf den Boden zurück. Beinahe begreifen sie überhaupt nicht, was vorgeht. Philosophisch gesehen scheint das die genaue Antithese der Weisheitserfahrung von Shunyata zu sein, die angeblich absolut nichts mit Emotionalität zu tun hat. Aber die Erfahrung von jemandem, der Shunyata zum ersten Mal entdeckt, kann völlig anders aussehen.

Ein Schüler Lama Tsong Khapas, der diesem sehr nahe stand, glaubte sich aufgelöst zu haben, als er Leerheit erstmalig während einer Belehrung zu diesem Thema erfuhr; vor lauter Schreck griff er nach seinem Kragen. Lama Tsong Khapa lachte und sagte: „Mein lieber Schüler so-und-so hat sich eben an seinem Hemd wieder gefunden!" Er fuhr fort zu erklären, dass die

Erfahrung genau so sein solle. Tränen sind also nicht unbedingt schlecht.

Wenn Schwierigkeiten auftauchen, erinnert euch an ihren Grund: „Alle fühlenden Wesen, ich selbst eingeschlossen, befinden sich in dieser Situation. Wir alle sind Objekte für Mitgefühl." Wenn ihr während eurer Klausur Mitgefühl entdeckt, ist das wunderbar, was könntet ihr sonst noch wollen? Das ist vollkommen. Nach der Klausur wird alles, was ihr tut, von Liebe und Mitgefühl getränkt sein. Das ist möglich. Aber seid auch geschickt. Lernt, euch während der Klausur zu entspannen, und entspannt euch mit Geschick. Ich will nicht sagen, dass ihr einfach nur daliegen sollt.

Nach der Klausur macht die einfache Feuer-Puja von Dorje Khadro, die ich im nächsten Kapitel kurz beschreiben werde. In der tibetischen Tradition gibt es viele äußerst komplexe Feuer-Pujas, aber die oben erwähnte ist für uns ganz in Ordnung. Ihr könnt sie sogar im Alltag ausführen, sobald ihr euch psychisch unwohl, unter Druck oder unrein fühlt. Macht einfach ein Feuer und führt, zusammen mit intensiver Meditation, die Puja von Dorje Khadro durch. Sie wirkt wie die *Tummo*-Meditation – sie brennt alle Hindernisse einfach weg.

Frage: Am Ende der Sadhana meditieren wir doch über uns selbst als Heruka-Vajrasattva. Wie konzentrieren wir uns darauf?

Antwort: Diese Art der Konzentration ist sehr tiefgründig – sehr viel tiefgründiger als die Konzentration auf ein äußeres Objekt, die wir, weil sie eben so viel einfacher ist, gewöhnlich ausführen. Manche Leute bekommen Herzschmerzen oder eine Art Herzrasen, wenn sie diese Meditation machen. Das kann geschehen, wenn ihr nicht entspannt seid oder nicht erkennt, dass das Konzentrationsobjekt von Natur her Bewusstsein ist. Wenn ihr über euch selbst als Vajrasattva und über die Silbe HUM an eurem Herzen meditiert und dabei euren Körper für physisch haltet, könnt ihr Herzschmerzen bekommen – weil euer Denken noch zu konkret ist. Es ist außerordentlich wichtig, euren Körper als formlosen feinstofflichen Geist-Körper zu erkennen. Wenn ich hier sitze, meditiere und versuche, ein stoffliches HUM an die Stelle meines Herzens zu setzen, gibt es dafür keinen Platz. Der Raum ist besetzt. Sobald alles jedoch im Bereich des Bewusstseins geschieht, ist nichts mehr unmöglich. Darum ist es so wichtig, das HUM als glückselig, transzendent und von der Natur des Bewusstseins zu visualisieren.

Wenn ein verblendeter Mann eine begehrenswerte Frau anschaut, empfindet er eine Art samsarischer Glückseligkeit. Das blaue HUM an Vajrasattvas Herzen ist ebenfalls ein beseligendes oder Glückseligkeit erzeugendes Objekt. Wann immer ihr es visualisiert, empfindet ihr Glückseligkeit. Das ist wichtig, denn es führt zu einer guten, einsgerichteten Konzentration. Warum? Weil das Konzentrationsobjekt selbst - in diesem Falle das blaue HUM - eine Erfahrung von Glückseligkeit in euch weckt. Wenn ihr eine glückselige Erfahrung macht, empfindet ihr Zufriedenheit - das Loch in eurem psychischen Magen ist gefüllt. Wenn euer psychischer Magen zufriedengestellt ist, fühlt ihr euch nicht mehr einsam oder unzufrieden. Einsamkeit macht euch unzufrieden.

Mönche und Nonnen fühlen sich häufig einsam. Na ja, eigentlich sind wir alle einsam. Das ist wahr. Wir müssen es begreifen, denn genau das ist Dharma. Vielleicht denkt ihr jetzt, ich rede über schmutzige Dinge, aber wir müssen die dreckigen Dinge in unserem Leben begreifen, damit wir wissen, was wir zu reinigen haben. Warum also fühlen wir uns einsam und unzufrieden? Weil wir nach Befriedigung streben - keine glückseligen Erfahrungen, ergo psychisch hungrige Mägen. Ich bin sicher, ihr versteht, wovon ich spreche.

12 *Ein kurzer Kommentar zur Sadhana von Vajrasattva*

Im Tibetischen Buddhismus wird die Praxis von Vajrasattva als außerordentlich wichtig betrachtet. Wir nennen die entsprechende Belehrung: *Gel-kyen dig-drib jong-wa dor-je sem-päi tri.*

Gel-kyen bedeutet „Hindernisse"; *dig* steht für „unheilsame Handlung", eine Art unethischen Verhaltens, und *drib* heißt „Geistesschleier". Der Unterschied zwischen den beiden Letztgenannten ist eher technischer Natur, aber bei beiden handelt es sich um Hindernisse. Eine Handlung wird negativ, wenn sie aus einer negativen Motivation heraus geschieht, etwa aus einem der drei Geistesgifte Unwissenheit, Anhaftung und Hass heraus. Geistigen Schleiern liegt nicht notwendigerweise eine negative Motivation zugrunde. Dumpfheit, Schläfrigkeit und Trägheit des Geistes, die einsgerichtete Konzentration verhindern, sind zwar durchaus Geistesschleier, sie gehen aber nicht notwendigerweise auf eine negative Motivation zurück. Gut und schlecht gibt es auf sehr vielen Ebenen des Geistes. Wenn wir daher sagen, die Vajrasattva-Meditation sei sehr wirksam bei der Beseitigung von Unheilsamem, so meinen wir nicht unbedingt nur unethische negative Handlungen, sondern eine ganze Bandbreite von Hindernissen.

Einige von uns legen zum Beispiel Gelübde ab. Wir legen vor den Drei Juwelen - Buddha, Dharma und Sangha - einen Eid ab, bestimmte Dinge zu tun oder zu unterlassen. Wenn wir das Gelübde ablegen, sind wir enthusiastisch entschlossen und recht zuversichtlich, dass es uns gelingen wird, das Versprechen rein einzuhalten. Dann aber ändern sich die Umstände, unser innerer Schutzwall zerbröckelt, und wir brechen ein Gelübde. Aber macht euch keine Sorgen, wir können diese Brüche wieder bereinigen.

Manchmal kommen westliche Schülerinnen und Schüler zu mir, die sich sehr schuldig fühlen, weil sie das eine oder andere Gelübde gebrochen zu haben glauben. Wenn ich sie dann aber frage, wie das passiert ist, stelle ich oft fest, dass sie es überhaupt nicht gebrochen haben. Sie haben eine konkrete Vorstellung: „Dieses oder jenes darf ich nie wieder tun", dabei ist es gewöhnlich nicht die Handlung selbst, die für den Bruch des Gelübdes verantwortlich ist, sondern die Haltung oder Motivation dahinter. Obwohl ihr also durchaus etwas getan haben mögt, das im Widerspruch zu euren Gelübden zu stehen scheint, kann man nicht von einem Gelübdebruch sprechen, wenn eure Motivation nicht negativ gewesen ist.

Ihr müsst unbedingt wissen, dass alle negativen Symptome, unter denen ihr leidet, gleich welcher Art, durch das Yoga von Heruka-Vajrasattva gereinigt werden können. Der Buddhismus, besonders in seiner tantrischen Form, behauptet, dass Unheilsames, gleich welcher Art, bereinigt werden kann.

Wenn wir an bestimmte Formen schwerwiegenden unheilsamen Handelns denken, scheinen sie uns in gewisser Weise dauerhaft, unveränderlich, und es scheint völlig unmöglich, sie zu reinigen. Diese Vorstellung von etwas selbst-existentem Negativen ist höchst gefährlich. Grundsätzlich sind sämtliche positiven und negativen Phänomene wechselseitig voneinander abhängig und von Natur aus veränderlich. Bestimmte Hindu-Philosophien behaupten, dass die Objekte der fünf Sinne aus dauerhaften, unveränderlichen, selbstexistenten Atomen geformt seien. Auch westliche Wissenschaftler waren bis vor kurzem dieser Meinung, einige glauben heute noch daran. Es handelt sich dabei jedoch um falsche Vorstellungen.

Ihr müsst unbedingt wissen, dass wir selbst und alle anderen Phänomene, etwa die Sinnesobjekte oder Eigenschaften wie „negativ" und „positiv" abhängig und veränderlich sind. Ganz besonders im Kontext der Reinigung solltet ihr euch stets klar bewusst sein, dass Symptome von Unheilsamem, etwa Begierde oder Hass oder was sonst noch vorstellbar wäre, niemals gleich bleiben. So betretet ihr vielleicht eine bestimmte Umgebung, und plötzlich verändert sich eure Geisteshaltung; ihr beginnt zu zittern. Das zeigt den veränderlichen Charakter der Emotionen. Sie kommen und sie gehen. Und ihr könnt die Probleme unheilsamen Handelns nicht nur zeitweilig lösen, sondern sie vollständig und für immer ausrotten.

Ich halte Menschen, die Reinigungspraxis üben, für mutig: „Ich kann jedem Problem und jeder Schwierigkeit entgegentreten und sie überwinden." Glaubt nur nicht, sie würden Reinigung üben, weil sie sich schlecht fühlen. Viele Anhänger westlicher Religionen akzeptieren die Philosophie von der Erbsünde und fühlen sich dauernd schuldig. Ihr müsst die niederdrückende Vorstellung überwinden, Unheilsames könne nicht überwunden werden. Vom tantrischen Standpunkt ist ein Mensch, der Reinigung praktiziert, sehr mutig. „Ich schaffe das: Obwohl ich Fehler gemacht habe, bin ich sicher, dass es eine Lösung für meine Probleme gibt." Das ist die richtige Einstellung; ihr fürchtet euch nicht mehr davor, euer unheilsames Handeln einzugestehen. „Ja, das ist negativ gewesen; das war mein unkontrollierter Geist." Ihr akzeptiert es, fühlt euch aber nicht wie ein hoffnungsloser Fall. „Ich kann meinen Geist ändern. Seit meiner Geburt hat er sich ja sowieso dauernd verändert. Jetzt kann ich damit anfangen, ihn in die richtige Richtung zu lenken." Es ist so wichtig, das zu begreifen – so überaus wichtig.

Voller Tapferkeit seid ihr euch also bewusst, dass ihr jedes Hindernis reinigen könnt; zusätzlich solltet ihr begreifen, dass ihr sogar die *Eindrücke* reinigen könnt, die negative Handlungen in eurem Bewusstseinsstrom hinterlassen haben. Auf Tibetisch nennen wir diese Eindrücke *pag-cha*. Im Laufe zahlloser Leben habt ihr eine negative Handlung nach der anderen begangen, und jede von ihnen hat einen Eindruck in eurem Geist hinterlassen. Obwohl eine Handlung mittlerweile abgeschlossen sein mag, ist ihr Eindruck immer noch vorhanden und drängt euch, diese Handlung wieder zu tun. Mit der richtigen Weisheit können sämtliche Eindrücke völlig gereinigt werden.

Woher kommen Hindernisse? Aus dem ungeschickten, verschmutzten, dunklen, dualistischen Ego-Geist. Überwunden werden können sie, indem man die Yoga-Methode von Heruka-Vajrasattva wieder und immer wieder übt. Die daraus resultierende Kraft verstärkt die transzendente, reine Energie in euch, und ihr beginnt die Dinge nicht-dualistisch, in ihrer wahren Shunyata-Natur zu erkennen. Wenn man – vom tantrischen Gesichtspunkt aus – die Dinge realistischer betrachtet, erscheinen sie nicht mehr konkret sondern beseligend. Sobald ein Objekt beseligend wird, wird es zur Gottheit; es erscheint in göttlicher Form.

Manchmal sehen wir uns doch als hässlich, nicht wahr? Hässliche Dinge irritieren uns. Das ist das Problem. Sobald wir die Dinge realistischer zu sehen beginnen – zum Beispiel die tiefere Natur anderer Menschen – sind wir verwandelt. Glück und Seligkeit in uns erhalten Energie. Infolge dessen sehen wir die Qualitäten der Gottheit in anderen menschlichen Wesen. Welche Qualitäten sind das? Weisheit und Mitgefühl. Was ist eine Gottheit? Voll entwickelte Weisheit und voll entwickeltes Mitgefühl, die Qualitäten der Erleuchtung. Das gilt für jede beliebige Gottheit.

Die Sadhana

Zuflucht und Bodhicitta

„Wir nehmen Zuflucht zu Buddha, Dharma und Sangha der drei buddhistischen Fahrzeuge." Das bedeutet, dass man nicht mehr sagen kann: „Ich bin Mahayana-Anhänger, ich nehme keine Zuflucht zu den Arhats des Hinayana." Wir nehmen Zuflucht zur Sangha ohne irgendwelche Unterschiede zu machen. Außerdem nehmen wir unsere Zuflucht zu den Dakas und Dakinis. Ihr könnt dann nicht mehr sagen: „Ich nehme Zuflucht zu Männern, nicht aber zu Frauen." Wir nehmen Zuflucht zu allen Bodhisattvas. Und ganz besonders nehmt ihr Zuflucht zu dem Menschen (*lob-pön*), der euch die Einweihung von Heruka-Vajrasattva erteilt hat.

Das Hauptobjekt der Zuflucht ist der stehende zweiarmige Heruka; Vajra und Glocke in Händen, umarmt er seine Gefährtin Vajravarahi. Es wäre wahrscheinlich zu kompliziert für euch, den Gesamtaspekt mit allen Armen und Beinen zu visualisieren. Das Hauptpaar ist umgeben von sämtlichen im Hauptkommentar beschriebenen Figuren, die den ganzen Raum ausfüllen. Sie alle schmelzen zu Licht und lösen sich in Heruka auf, der sich daraufhin in euch auflöst. Ihr werdet zu Heruka. Konzentriert euch auf diesen Aspekt, solange ihr könnt.[19]

Wenn ihr Bodhicitta erzeugt, indem ihr denkt: „Ich muss Heruka werden …", könnt ihr strahlendes Licht in alle zehn Richtungen senden, alle fühlenden Wesen in den sechs Daseinsbereichen reinigen und sie in Heruka verwandeln. Alle diese Herukas verschmelzen nun mit euch. Das ist eine der Techniken für die Entwicklung von Bodhicitta.

Die eigentliche Yoga-Methode

Wenn ihr die Yoga-Methode von Heruka-Vajrasattva übt, könnt ihr euch als Heruka oder Vajrapani visualisieren oder als jede andere Gottheit, zu der ihr eine Beziehung habt. Dann allerdings könnte sich die Frage stellen: „Wenn ich doch schon Heruka bin, was muss dann noch gereinigt werden?" Wenn ihr wirklich Heruka seid, braucht ihr natürlich keinerlei Reinigung mehr. Aber wenn ihr euch hier in den göttlichen Aspekt von Heruka transformiert, lauert doch – selbst bei ausgezeichneter Konzentration – irgendwo in der Tiefe eures Bewusstseins euer dualistischer Geist, jederzeit bereit zuzuschlagen und euch zu verwirren.

Das erinnert mich an einen Yamantaka-Praktizierenden in Tibet. Wie ihr ja sicher wisst, hat Yamantaka viele Hände und in jeder hält er einen bestimmten Gegenstand. Eines Tages visualisierte sich der Praktizierende in dieser Form. Es muss ihm wohl recht überzeugend gelungen sein, denn als sein Lama kam, um ihm etwas zu geben, lehnte er dankend ab: „Entschuldige, aber ich habe alle Hände voll." Sein Lama entgegnete daraufhin: „So benutze doch einfach deine gewöhnlichen, unreinen Hände."

Selbst wenn ihr euch mit vollkommener Überzeugung als Heruka visualisieren könnt, ohne einen gewöhnlichen Gedanken im Sinn zu haben, braucht ihr immer noch Reinigung. Nicht etwa, weil Buddha das so gesagt hat, sondern weil euer dualistischer Geist immer noch vorhanden ist. Daher könnt ihr die Yoga-Methode von Heruka-Vajrasattva üben, selbst wenn ihr euch bereits als Heruka manifestiert. Haltet einfach die göttliche Erscheinung aufrecht, ohne die göttliche Würde zu betonen.

Visualisiert Heruka-Vajrasattva über eurem Scheitel in einer für euch angenehmen Höhe. Allerdings nicht kilometerweit über euch, etwa eine Handbreit darüber ist genug. Sein Körper gleicht nicht unserem physischen, materiellen Körper, sondern ist aus Regenbogenlicht: klar und durchsichtig, ein Geistkörper. Er ist mit seiner Gefährtin in vollkommener Vereinigung. Sie symbolisiert erleuchtete Weisheit, er erleuchtete Methode.

Von seinem Herzen strahlt Licht in die zehn Richtungen und ruft alle Buddhas und Bodhisattvas herbei. Dieses weiße Licht ist die Energie göttlicher, erleuchteter Weisheit, das wahre Weisheitswissen, das die tiefste Natur der Ganzheit versteht. Das ist der reine Geist. Der unreine Geist ist genau das Gegenteil. Er ist eng, es fehlt ihm Weisheitsgeschick und er ist die Ursache unreiner Handlungen.

Das weiße strahlende Licht höchster Weisheitsenergie, das soeben herbeigerufen wurde, sinkt in das Herz von Heruka-Vajrasattva, sinkt in seiner Shushuma nach unten bis in sein geheimes Chakra, strömt in Dorje Nyimas geheimes Chakra und füllt auch ihre Shushuma. Ihre Körper sind angefüllt mit beseligendem weiß strahlenden Licht. Vom Mantra am Herzen einer jeden Gottheit strömt glückselige, weiße Kundalini-Energie ihren Zentralkanal hinab; diese tritt dann durch die geheimen Chakren aus und tritt durch eure Scheitelchakren in euch ein. Die Energie strömt recht heftig, wie ein Wasserfall. In dieser – *yän-de* genannten – Visualisierung rauscht das weiße Licht durch eure Shushuma abwärts und treibt alle negativen Energien und Unreinheiten in der Form von Schweinen, Hähnen, Schlangen und so weiter durch euer geheimes Chakra aus euch heraus. Diese und andere Tiere wie Skorpione, Affen, Kühe usw. symbolisieren alles mögliche Negative in eurem Nervensystem. Alle werden vollständig herausgespült. Eure Unzufriedenheit und Einsamkeit werden ebenfalls gereinigt, so wie sämtliche anderen störenden negativen Symptome, die ihr euch vorstellen könnt.

An diesem Punkt könnt ihr auch die so genannte *män-de* Visualisierung ausführen. Dabei visualisiert ihr, wie all euer innerer Müll auf der Oberfläche der glückseligen Kundalini-Energie treibt, während sie langsam – von unten nach oben – euren Körper füllt. Der Unrat verlässt euren Körper durch Nase, Mund und Ohren, und fließt blubbernd auch durch das Scheitelchakra aus.

Dann könnt ihr noch eine dritte Meditation üben – *phung-de* genannt –, bei der ihr strahlendes, funkelndes Licht visualisiert. Es strahlt aus Vajrasattvas Herz hervor, gelangt durch sein geheimes Chakra in euer Scheitelchakra und reinigt augenblicklich euer gesamtes Nervensystem. Dies sind die drei Visualisierungen, die man mit der Mantra-Rezitation verbindet.

Zum Schluss sinkt Heruka-Vajrasattva durch eure Shushuma in euer Herz. Euer Körper, eure Sprache und euer Geist sind nun untrennbar eins mit dem göttlichen Körper, der göttlichen Sprache und dem göttlichen Geist. Ihr werdet Heruka-Vajrasattva. Von eurem eigenen göttlichen Herzen strahlt viel Licht in die sechs Daseinsbereiche, reinigt alle fühlenden Wesen und verwandelt sie alle in den Aspekt von Heruka-Vajrasattva. Alle diese Heruka-Vajrasattvas sinken daraufhin wieder in euch.

Das ist wichtig. Wir haben schließlich dauernd mit anderen zu tun, und nicht selten haben wir schwerwiegendes Karma miteinander. Auf einige Menschen reagieren wir wütend, auf andere mit starkem Begehren. Die meisten unserer Probleme entstehen im Zusammenhang mit anderen Menschen. Wir sind so stark miteinander verbunden, dass wir uns während unseres Lebens immer wieder begegnen.

Wenn ihr wie oben beschrieben meditiert, verwandelt ihr euch selbst und alle anderen Objekte ebenso. Für euch gibt es dann weder Objekte der Begehrlichkeit noch Objekte des Hasses; folglich bleibt ihr gesund. Im Vajrayana wird die Verwandlung der Objekte stark betont, damit sie, statt die drei Gifte Unwissenheit, Anhaftung und Ärger in euch zu stärken, große Glückseligkeit in euch erwecken.

Außerdem sendet ihr zahllose Heruka-Vajrasattvas von eurem Heruka-Vajrasattva-Herzen aus und alles, was euch attraktiv oder begehrenswert scheint – schöne Männer, begehrenswerte Frauen oder jedes andere Sinnesobjekt –, bringt ihr den höchsten Wesen in den zehn Richtungen als Opfergaben dar. Visualisiert, wie diese Opfergaben in den Buddhas und Bodhisattvas große Glückseligkeit auslösen. Die ursprüngliche Bedeutung von „Opfergabe" lautet: „das, was transzendente Glückseligkeit im Empfänger erzeugt". Das ist eine richtige Opfergabe. Wenn ihr etwas darbringt, was Leid erzeugt, ist das keine Opfergabe. Im Buddhismus ist eine Opfergabe also etwas, das Glück bringt; wir können leicht sehen, dass unsere Geschenke so gut wie nie diese Bezeichnung verdienen. Sie sind zwar gut gemeint, bringen den Menschen aber oft Leiden.

Soviel zu den essenziellen Punkten der Sadhana. Ihr müsst nun den tatsächlichen Zweck der Transformation begreifen, die wir hier üben. Wenn Euch jemand fragen sollte: „Warum praktizierst du diese Yoga-Methode?", mögt ihr vielleicht antworten: „Um mich selbst zu reinigen." Nun, das ist grundsätzlich in Ordnung, aber die Antwort sollte eigentlich lauten: „Ich will die wahre Natur des Daseins begreifen; ich möchte die Wirklichkeit verstehen." Das ist der wahre Sinn und Zweck der Yoga-Methode von Heruka-Vajrasattva. Sie zeigt euch, was die Wirklichkeit ist und was nicht; sie hilft euch, Shunyata zu verstehen, und sie verhindert, dass ihr weiterhin unter dem Einfluss der konkreten Vorstellungen eures Ego leidet.

Je mehr ihr die grundlegende Natur alles Existierenden begreift, desto größer die Glückseligkeit, die ihr erlebt. Je größer die Glückseligkeit, die ihr erlebt, desto näher kommt ihr der Verwirklichung der schönen Form der Gottheit. Darum geht es vor allem.

Viele Menschen aus dem Westen glauben, dass es schmerzhaft sein müsse, Samsara so zu verstehen, wie es vom Buddhismus erklärt wird: „Der Buddhismus sagt, das Leben sei Leiden; folglich gibt es keinen Ausweg!" Es scheint, dass die buddhistische Philosophie und Meditation nur deshalb geschaffen wurden, damit die Menschen leiden! Das ist eine völlig falsche Einstellung; diese Leute verstehen nicht, was sie wirklich brauchen.

Kurz: Der ganze Sinn und Zweck der Praxis von Heruka-Vajrasattva besteht in der Erkenntnis der Nicht-Dualität – der grundlegenden Wirklichkeit von einem selbst und allen anderen Phänomenen. Diese Erkenntnis ist eine äußerst glückselige Erfahrung. Hat man diese Glückseligkeit einmal erlebt, kann man die Schönheit der Gottheit in jeder anderen Person wahrnehmen und aufhören, sie mit negativen Projektionen zu überschütten.

Die tantrische Philosophie lehrt, dass jeder Tantra-Praktizierende alle anderen Wesen als Gottheiten ansehen muss. Das ist die *Philosophie*. Diejenigen, die die grundlegende Natur, die Nicht-Dualität, der anderen Lebewesen erkannt haben, besitzen die transzendente Erfahrung, die erleuchteten Qualitäten der Gottheit in anderen wahrnehmen zu können. Derartige Praktizierende haben keinen Platz für negative Gedanken mehr.

Das sind die Hauptpunkte. Ich hoffe, das war ausreichend. Gibt es Fragen?

Fragen und Antworten

Frage: Wir sollen andere als Heruka-Vajrasattva sehen, was aber, wenn jemand offensichtlich negativ handelt?
Antwort: Meinst du, ob du versuchen solltest, ihn aufzuhalten? Erinnerst du dich an die Geschichte von dem Mönch, der sich als Yamantaka visualisiert hatte? Das ist ähnlich. Wenn du siehst, dass jemand offensichtlich dabei ist, etwas Falsches zu tun, kannst du sagen: „He, was geht hier vor?" Du musst aber dennoch versuchen, irgendwo in ihm Heruka-Vajrasattva zu sehen. Er hat bloß vergessen, wer er in Wirklichkeit ist; und momentan handelt er unter dem Einfluss seines Hahnen- bzw. Schlangengeistes. Du könntest also sagen: „Entschuldige, dein Hahn zeigt sich!" So ähnlich kannst du handeln.

Nach meiner eigenen Erfahrung ist es schwierig, Frauen als männliche Gottheiten, etwa Vajrasattva oder Vajrapani, zu visualisieren. Aber ich versuche zu sehen, dass irgendwo im Bereich des weiblichen Körpers der kristallene, klare und reine Geistkörper von Vajrasattva oder Vajrapani sein muss. Versteht ihr das? Jeder von uns trägt Vajrasattva-Qualitäten und Vajrapani-Qualitäten in sich, deshalb können wir visualisieren, dass der göttliche Körper gleichzeitig mit dem unseren existiert.

Frage: Wenn ich meditiere, sehe ich manchmal eine Art blaues Licht vor mir im Raum. Ist das echt oder eingebildet, und was hat es zu bedeuten?
Antwort: Es hängt ein bisschen davon ab, was du empfindest, wenn du es siehst – ob du dich entspannt oder irritiert fühlst. Aber es handelt sich nicht unbedingt nur um eine geistige Projektion. Manchmal, wenn dein Geist sich entwickelt hat, kannst du Licht physisch wahrnehmen, mit deinem Sehsinn. Ich halte es für sehr gut, wenn jemand diese Art natürlicher Licht-Erfahrung entwickelt. Wenn wir meditieren, sehen wir normalerweise überhaupt kein Licht, nur Dunkelheit. Wenn ich grünes oder blaues Licht sehe, und sei es auch nur in meiner Vorstellung, fühle ich

mich wohl. Blaues Licht ist irgendwie mit Unendlichkeit verbunden; wenn man blaues Licht sieht, weist das auf einen offenen Geist hin, einen Geist, der nicht eng ist.

Frage: Wie groß sollte man Vajrasattva visualisieren?
Antwort: Das hängt von der Person ab. Manche Menschen visualisieren ihn gerne groß, andere klein. Er sollte nicht zu groß sein; die meisten Menschen geben ihm gerne etwa ihre eigenen Proportionen. Keinesfalls sollte er schwer oder materiell sein; auch sollte er euren Kopf nicht berühren. Ihr müsst die Visualisierung nicht erzwingen. Er erscheint einfach, ganz spontan, im Raum über eurem Kopf. Aus Heruka-Vajrasattvas göttlicher allgegenwärtiger Weisheit erscheint mühelos seine Energie, wie eine Reflektion in einem Spiegel. Wenn ihr keinerlei Verständnis von Shunyata besitzt, scheint er wirklich schwer: „Oh Vajrasattva ist zu schwer. Diese Klausur ist zu schwer, es ist mir einfach alles zu schwer!" Das zeigt, dass ihr die Weisheit der Nicht-Dualität nicht wirklich verstanden habt.

Visualisiert Vajrasattva in der Größe, die für euch angenehm ist, aber rein und klar, kristallen, wie ein Regenbogen, so dass bereits sein Anblick eine reine glückselige Kundalini-Erfahrung im Geist hervorruft. Manchmal kann diese Art Erfahrung sich wie ein Orgasmus anfühlen, aber es handelt sich nicht um eine körperliche Reaktion. Wenn ihr mit intensivem Gewahrsein meditiert, entstehen keine Schwierigkeiten; wenn ihr hingegen keinerlei Verständnis von Nicht-Dualität besitzt, werden die Erfahrungen zu körperlich und das kann gefährlich sein.

Frage: Würden Sie bitte etwas über die Qualitäten von Heruka-Vajrasattva sagen?
Antwort: Heruka-Vajrasattva ist die vollständig entwickelte reine Weisheit der Buddhas und Bodhisattvas der drei Zeiten, manifest geworden in einer reinen Ausstrahlung weißen strahlenden Lichts. Daher ist seine Essenz nicht-duale Weisheit. Wann immer ihr seine Yoga-Methode praktiziert, zeigt seine göttliche Form

euch die Wirklichkeit. Er ist der ewig glückselige Zustand reiner Weisheit.

Frage: Was bedeutet Heruka-Vajrasattva und wodurch unterscheidet sich Heruka-Vajrasattva von anderen Vajrasattvas?
Antwort: Heruka heißt, wörtlich übersetzt, „Bluttrinker"; er ist ein Symbol für die Erfahrung ewiger Seligkeit. Glückseligkeit hat die Qualität vollkommen entwickelter Einheit von männlich-weiblicher Energie. Dorje Nyima hält eine mit etwas Blutähnlichem gefüllte Kapala. Das zeigt, dass sie ewige Glückseligkeitsenergie verleiht. Wenn ihr Heruka-Vajrasattva übt, trinkt ihr das Blut der Emotion einer ewigen Glückseligkeits-Erfahrung. Die Farbe Rot steht für Emotion. Als Menschen müssen wir uns gegenseitig unsere Emotionen zeigen. Manche Menschen sind völlig emotionslos – sie gleichen einem Stück Holz. Das ist nicht gut. Selbst wenn ihr erleuchtet seid oder in tiefstem Samadhi, könnt ihr immer noch Emotionen zeigen; ihr verwickelt euch nur nicht mehr in emotional erstickende Situationen.

Heruka-Vajrasattva hat eine einzigartige Art von Energie und betont die Entwicklung von Weisheit. Es gibt vier Klassen im Tantra. Heruka-Vajrasattva gehört zum Mahaanuttara-Yoga und damit zur höchsten Klasse.

Frage: Wenn man die beiden Gottheiten in Vereinigung praktiziert, visualisiert man sich selbst dann als männlich, weiblich oder als beide Teile in Vereinigung?
Antwort: Was sich für euch gut anfühlt, das ist in Ordnung. Ich habe vorhin schon gesagt, dass es sich für Frauen manchmal seltsam anfühlt, sich als männliche Gottheit zu visualisieren; das Gleiche gilt auch andersherum. Aber wir alle haben sowohl männliche als auch weibliche Anteile in uns. Manchmal gerät das aus dem Gleichgewicht. Manche Männer sind zu feminin, andere zu maskulin. Dasselbe gilt für Frauen. Wir müssen die Ganzheit unserer männlich-weiblichen Energie entwickeln. Wenn ihr euch die Gottheit Heruka-Vajrasattva und seine Gefährtin Dorje

Nyima anschaut, dann könnt ihr nicht sagen, eine sei höher stehend als die andere. Sie befinden sich beide auf derselben Ebene, vollkommen vereint in ihrer Natur. Wenn es für euch einfacher sein sollte, könnt ihr euch ohne weiteres als Yum Dorje Nyima Kharmo visualisieren - mit dem Mantra von Heruka-Vajrasattva am Herzen. Doch egal, wie ihr die Gottheit visualisiert, das Entscheidende ist, dass ihr mit dem intensiven Gewahrsein der grundlegenden Natur der Nicht-Dualität meditiert. Gelingt euch das nicht, besteht die Gefahr, dass eure Visualisierung physisch wird und sinnliche Begierde stimuliert. Sinn und Zweck dieser Praxis ist es jedoch, sinnliche Begierde zu beseitigen.

Frage: Wie weit über dem Kopf kann man die Gottheit visualisieren? Ich finde es einfacher, den Wasserfalleffekt mit reinigender Energie zu spüren, wenn die Gottheit weiter entfernt ist als eine Handbreit.
Antwort: Wenn es dir leichter fällt, visualisiere sie ein bisschen höher. Dann kommt eine Röhre aus Regenbogenlicht aus seinem Herzen hervor und verbindet sich mit deinem Scheitelchakra; die glückselige Kundalini fließt dann da hindurch.

Frage: Wie können wir durch die Vajrasattva-Meditation mit Schuldgefühlen umgehen, die sich im Laufe des Tages einstellen?
Antwort: Sobald Schuldgefühle entstehen, könnt ihr sie in Heruka-Vajrasattva verwandeln. Vom Scheitel bis zur Sohle seid ihr Heruka-Vajrasattva. Neben den psychischen Wirkungen negativer Emotionen gibt es auch subtile physische Wirkungen, die zu Unzufriedenheit führen. Transformiert den subtilen physischen Aspekt der Schuldgefühle in das Heruka-Vajrasattva-Mantra. Auf diese Weise wird es zur Lösung eurer Probleme.

Wir brauchen derart aktive Lösungen für die negativen Gewohnheiten, die uns plagen. Intellektuell zu wissen, dass sie negativ sind, ist nicht genug, um ihnen Einhalt zu gebieten. Hier agieren wir ganz praktisch; statt zu träumen, verteidigen wir uns. Damit integrieren wir das Dharma in den Alltag.

Klausur

Wenn ihr euch in Klausur begebt, solltet ihr euch nicht so sehr unter Druck setzen. Manchmal kann sich eine Klausur recht schwer anfühlen; drei Monate können wie eine Ewigkeit wirken. Menschen aus dem Westen wissen anfangs meist auch nicht, wie man eine Klausur macht. Die technischen Einzelheiten habe ich an anderer Stelle erklärt, was aber eure innere Einstellung angeht, so solltet ihr euch bewusst machen, dass das Vergnügen in einer Klausur sich durchaus mit dem in einem Nachtclub messen kann. Ihr gewinnt glückselige Weisheit – genießt es!

Macht es euch leicht. Stellt einen Tagesplan auf. Manchmal ist eine Sitzung etwas schwierig. Nichts klappt, die Techniken sind schwer zu meistern, auch die Vasenatmung ist schwierig. Macht eine Pause. Geht ins Freie. Die Leute glauben: „Oje, Klausur. Ich sollte strikt sein, ich muss pedantisch genau sein, ich muss mich durchbeißen. Ich muss es mir schwer machen." So ist es aber gar nicht. Setzt euch nicht unter Druck.

Ihr solltet euch rein halten; wascht euch regelmäßig. Und ernährt euch gut, nehmt nahrhaftes Essen zu euch. Versucht nicht, den großen Asketen zu spielen. Der Tibetische Buddhismus lehrt, all eure Energien – Wohlstand, Schönheit, was auch immer – zu benutzen, um der Erleuchtung näher zu kommen. Dafür ist das Leben da.

Ich zähle all das auf, weil Westler zu glauben scheinen, Klausur bedeute: kein gutes Essen, keine Schokolade. Das ist verrückt. Esst gut – schließlich arbeitet ihr für die Erleuchtung. Behandelt euch nicht wie eine Kuh. Ich muss sagen, dass Klausuren zu den angenehmsten Erfahrungen meines Lebens gehören. Ich genieße sie wirklich. Ich bin kein Hardliner. Letztes Mal im Tushita-Zentrum, Dharamsala, hatte ich eine Hängematte. In den Pausen ging ich ins Freie und legte mich in die Hängematte. Die Schülerinnen und Schüler haben sich um mich versammelt und gesagt: „Sollte man so Klausur machen?" Sie konnten es kaum glauben!

Klausuren sollten uns Freude bereiten, allerdings nicht im verwirrten, samsarisch verblendeten Wortsinn. Man kann etwas Gesundes erreichen; ein wenig Zufriedenheit, ein wenig Integration. Macht eure Klausuren nicht unnötig schwierig.

Feuer-Puja

Wenn ihr eure Klausur abgeschlossen habt, solltet ihr die Dorje-Khadro-Feuer-Puja machen. Sie ist sehr nützlich. Sie ist ein bisschen wie die Tummo-Meditation. In eurem Herzen visualisiert ihr eine schwarze Keimsilbe, die alle Krankheiten und anderen negativen Symptome von euch selbst und allen anderen fühlenden Wesen anzieht. An eurem Nabelchakra brennt ein Feuer. Von euren Füßen aufwärts bläst Windenergie und facht das Feuer an, bis es wie ein Hochofen lodert. Das Feuer lodert stärker und stärker, bis es schließlich explosionsartig die Shushuma emporschießt und alle negative Energie von der schwarzen Keimsilbe am Herzen durch die Nasenlöcher in den Mund der Gottheit befördert. Das ist die grundlegende Meditationstechnik.

Das tatsächliche Feuer, das vor euch brennt, aktiviert euren Geist, so dass die Meditation intensiver und realistischer wird, was euch wiederum hilft, Shunyata zu erkennen. Darum geht es bei der Feuer-Puja. Eine Verpflichtung zu dieser Puja nach der Klausur besteht nicht, aber wenn es euch gelänge 110.000 oder 115.000 Dorje-Khadro-Mantras zu rezitieren, wäre das sehr kraftvoll und hilfreich.

Macht vier Meditationssitzungen am Tag. Vor dem Frühstück solltet ihr eine Vajrasattva-Klausur-Sitzung durchführen, aber da ihr eure Mantra-Verpflichtung ja bereits erfüllt habt, könnt ihr die Zeit für die Kontemplation nutzen. Da ihr ja während der Klausur alle vorgeschriebenen Mantras rezitiert habt, ist in euch eine gewisse essenzielle Energie entstanden – die „Kernenergie des Mantra". Jetzt braucht ihr euch einfach nur in sie zu versenken.

Nach dem Frühstück entzündet ihr das Feuer und führt eine zweistündige Dorje-Khadro-Sitzung durch. Dann esst zu Mittag, macht Pause und studiert Dharma-Literatur. Macht am späten Nachmittag dann wieder zwei Stunden Feuer-Puja. Am Abend folgt dann noch einmal eine Sitzung mit einsgerichteter Konzentration, wieder ohne verbale Rezitation des Vajrasattva-Mantras.

Eigentlich kann man die Feuer-Puja von Dorje-Khadro immer dann durchführen, wenn man sich bedrängt, irritiert oder unwohl fühlt. Man muss sich dafür nicht in der Klausur befinden. Morgens, nachmittags und abends – immer ist sie sehr kraftvoll, sehr nützlich und wirksam. Sie kann schwierige Gefühle im Nu auflösen. Dieser Rat basiert auf Lama Tsong Khapas Erfahrung. Die Puja war eine seiner Lieblingsmeditationen. Wenn ihr sie praktiziert, bekommt ihr einen guten Einblick in seine Praxis. Sie ist wie Gold, ein wahrhaft goldenes Dharma. Manchmal brauchen wir derart aktive Meditationen. Visualisiert Dorje Khadro, eine Manifestation Guhyasamajas, mit seinem riesigen klaffenden Mund, wie ein großes schwarzes Loch, das alles in sich einsaugt. Alle negative Energie verschwindet für immer in ihm.

13 *Vajrasattva-Praxis und Höchstes Yogatantra*

Bevor ihr die Vollendungsstufe des Mahaanuttara-Tantrayoga praktizieren könnt, müsst ihr – neben anderen Dingen, wie etwa dem Guru-Yoga – zuerst die Yoga-Methode von Vajrasattva üben.

Dem Panchen Lama zufolge müsst ihr euch zuerst intensiv reinigen und eine große Menge an Verdienst sammeln, um die Wirklichkeit eures Geistes verstehen zu können. Beides ist wichtig.

Betrachten wir zum Beispiel unsere eigene Erfahrung. Wir sind voller Enthusiasmus und wünschen uns wirklich von Herzen die Freude tiefer Meditation, aber egal wie lang wir auch üben, immer wieder kommen uns mentaler Müll, Ablenkungen und der schlampige, schläfrige Geist in die Quere. Völlig unkontrolliert galoppieren Millionen von Konzepten, negativen Gedanken und abergläubischen Vorstellungen durch unseren Geist. Das zeigt, dass etwas fehlt. Und was ist das? Reinigung. Wir brauchen viel, viel Reinigung.

Ihr könnt euren bisherigen Übungen nicht die Schuld dafür geben: „Nun meditiere ich schon seit zwei Jahren und habe immer noch keine einsgerichtete Meditation erreicht. Welchen Sinn soll diese Meditiererei überhaupt haben?" Stellt nicht solche Fragen. Jeden Tag macht euer abergläubischer Geist eine unglaubliche Reise. In einer einzigen Nacht führt er euch um die ganze Welt. Und jede dieser wilden Reisen hinterlässt tiefe karmische Eindrücke in eurem Geist. Es dauert sehr lange, bis diese Eindrücke wieder ganz gelöscht sind. Seid nicht so arrogant zu sagen:

„Ich bin nicht besonders negativ. Ich bin ziemlich rein. Ich habe noch nie jemanden getötet; ich lüge nicht; meine Eltern sorgen für mich, also muss ich nicht für Essen und Kleidung kämpfen und betrügen. Ich brauche sicher nicht viel Reinigung." Das ist nichts anderes als ein Egotrip.

Unreinheit kommt ebenso vom Geist wie vom Körper. Untersuche die Trips, auf die dein Geist dich von deiner Geburt bis zum heutigen Tag geschickt hat. Es ist unglaublich. Wenn ihr diese Dinge im Licht der zwölf Glieder des abhängigen Entstehens betrachtet, seht ihr, dass ihr buchstäblich im Ozean der Täuschung versinkt. Darum brauchen wir so viel Reinigung.

Es wäre zum Beispiel ziemlich schwierig, hier in Dharamsala schönen saftigen Salat anzubauen. Der Boden ist recht steinig und das Unkraut wuchert wild. Der Boden würde eine Menge Bearbeitung brauchen. Gleichermaßen braucht unser Geist eine Menge Reinigung, um die groben Einbildungen zu reinigen, die unsere feinste Bewusstseinsebene überlagern und verdecken.

Manchmal mögen wir zwar glauben, wir seien fähig, wirklich etwas zu tun, aber dann raunt uns doch wieder von ganz tief innen aus dem Unterbewusstsein eine Stimme zu: „Das kann ich nicht, dazu bin ich nicht fähig. Ich tauge zu nichts. Ich werde niemals Befreiung, Erleuchtung erlangen. Niemals werde ich Vajrayogini sein." Innerlich läuft so etwas andauernd ab. In eurem Unterbewusstsein gackern eine Million Hähne: „Unmöglich, unmöglich", eine Million Schlangen zischeln: „Geht nicht, geht nicht", und eine Million Schweine grunzen: „Ganz und gar unmöglich, nicht hinzukriegen." Euer Unterbewusstsein ist von Milliarden solcher Verblendungen vergiftet.

Es wird euch überraschen, wie weit reichend diese Art der Verseuchung ist. Auf der intellektuellen Ebene glaubt ihr natürlich: „Das wird mir gelingen, warum auch nicht." Aber insgeheim reden euch die Millionen Hahnen-, Schlangen- und Schweinestimmen der „Kann-nicht-Mentalität" ein, dass ihr es nicht schaffen könnt.

Hier geht es um Psychologie. Intellektuell mögt ihr etwas akzeptieren - etwa „Ich will Vajrayogini werden" -, aber gleichzeitig redet diese Stimme weiter, die sagt: „Nein, du willst es nicht." Annehmen und Ablehnen finden zugleich statt. Ihr könnt das nicht verstehen und werdet konfus: „Will ich es nun, oder will ich es nicht?" „Will ich den Apfel, oder will ich ihn nicht?" Ihr seid nicht sicher, nicht sicher, nicht sicher. Das ist der dualistische Geist. Dauernd sprechen wir über den dualistischen Geist - das ist er, so kommt er zum Ausdruck. Der dualistische Geist vergleicht ständig zwei Dinge. Ihr wollt tiefe Konzentration erfahren und dauerhafte Befreiung finden, aber gleichzeitig sträubt ihr euch, weist sie zurück. Der menschliche Geist ist wirklich zu komisch.

Wie ihr seht, braucht ihr die Reinigung aus ganz praktischen Gründen. Denn wenn ihr meditiert, gibt es so viele Hindernisse. Das ist die Logik; sie gründet auf eurer eigenen Erfahrung. Ihr braucht unbedingt Reinigung. Ihr könnt nicht sagen: „Ich meditiere, das ist genug." Es ist nie genug. Es gibt einen deutlichen Unterschied zwischen Meditation und Reinigung. Wie Manjushri zu Lama Tsong Khapa sagte: Meditation ist nicht genug. Zusätzlich musst du die Hindernisse reinigen und großes Verdienst ansammeln. Es ist sehr wichtig, dass diese Dinge gleichzeitig geschehen. Jetzt könnt ihr erkennen, warum Manjushri Lama Tsong Khapa auf diese Weise angewiesen hat: „Meditiere nicht bloß die ganze Zeit über. Reinige dich auch." Das zeigt uns auch, dass Lama Tsong Khapa sehr gerne viel meditierte. Viele westliche Gelehrte glauben, Lama Tsong Khapa sei bloß ein Intellektueller gewesen - eine Art tibetischer Professor des Buddhismus, kein Meditierender. Aber Manjushri musste ihm sagen: „Du meditierst zu viel. Das ist nicht genug. Du musst dich auch reinigen und mehr Verdienst ansammeln." Lama Je Tsong Khapa war ein unglaublicher Yogi. Ihr könnt euch das gar nicht vorstellen. Bereits als zehnjähriger Junge war er ein großer Meditierer. Und wenn er in der Klausur über Manjushri meditierte, erschien stets ein Abbild von Manjushri an seiner Höhlenwand. Ich glaube, in Tibet kann man dieses Abbild sogar noch sehen.

Reinigung ist äußerst wichtig. Nur so könnt ihr die Milliarden von unterbewussten Tieren loswerden, die euch einreden: „Nicht möglich, vergiss es."

Es gibt auch noch ein psychisches Symptom, das etwas anders zum Ausdruck kommt: „Es ist nicht möglich zu reinigen, nicht möglich, dich selbst zu verbessern, nicht möglich, deine Unzufriedenheit zu beseitigen, nicht möglich, deine Erwartungen und Abneigungen loszuwerden." Klingt das komisch? Untersucht es bei euch selbst! Auf einer Ebene wollt ihr diese Dinge, aber wenn ihr euch auf einen Versuch einlasst, gibt es wieder eine Stimme von ganz tief unten, die sagt: „Komm schon, sei nicht naiv. Es ist unmöglich." Wir nennen diese Stimme „Mara" und Mara ist immer da.

Darum haben wir auch nicht besonders viel Energie, uns selbst zu reinigen, darum sind wir nicht wirklich überzeugt, dass wir unser greifendes westliches Karma und die schwerkraftähnlichen Anhaftungen an die Sinnesgenüsse überwinden können. Geht tiefer in euren unbewussten Geist, und ihr werdet sehen, worüber ich spreche. Intellektuell wissen wir, dass wir Erleuchtung erreichen können, aber tief innen gibt es dieses Hindernis, das dauernd „nein" sagt.

Es geht um Folgendes: Die Stimme, die uns dauernd erzählt, es sei nicht möglich, sein negatives Karma zu reinigen, ist selbst ein Resultat mangelnder Reinigung. Das ist der springende Punkt. Im Buddhismus sprechen wir sehr viel über Reinigung. Wir reden aber darüber, den Geist zu reinigen, nicht den Körper. Was gereinigt werden muss, sind negative Geisteshaltungen, negative psychische Verhaltensmuster. Darum ist es auch so überaus wichtig, vollkommen überzeugt zu sein, dass man tatsächlich jedwede unheilsame Handlung reinigen kann, jede vorstellbare Negativität. Hitler zum Beispiel hat Millionen von Menschen ausgelöscht. Selbst die Morde an vielen Menschen können vollkommen bereinigt werden, ohne dass auch nur die leiseste Spur von etwas Unheilsamem zurückbleibt.

Nagarjuna erzählt in seinem *Brief an einen Freund* die wahre

Geschichte vom Bruder des Buddha, dessen Begierde unglaublich stark war – mehr als unser aller Begierde zusammengenommen. Trotzdem konnte er diesen negativen Charakterzug reinigen und ein Arhat werden.

Es gibt auch die Geschichte von Angulimala, dessen falscher Guru ihm sagte, er könne nicht eher Verwirklichung erlangen, bis er eintausend Menschen umgebracht habe. Angulimala glaubte ihm und begann, Menschen umzubringen. Er hatte bereits 999 auf dem Gewissen, als ihm der Buddha erschien und begreiflich machte, wie Unrecht er hatte. Auch Angulimala war letztlich imstande, alle seine unheilsamen Handlungen zu reinigen und ein Arhat zu werden. Schließlich gab es noch König Ajatashatru, der auch zur Zeit des Buddha lebte. Er beging eine der fünf Sünden mit sofortiger Wirkung, indem er seinen Vater gefangen nehmen und im Verließ umkommen ließ. Selbst dieses äußerst negative Karma konnte gereinigt werden, und auch er wurde zu einem Arhat.[20]

Diese Beispiele sollten euch verdeutlichen, dass jedes negative Karma, das ihr in diesem Leben geschaffen habt, durch euren armseligen, schwachen, unlogischen, greifenden, negativen Geist entstanden ist. Die innere Atomrakete eurer machtvollen, transzendenten, gleichzeitig geborenen großen Weisheit kann all dies definitiv auslöschen. Von dieser Tatsache solltet ihr eindeutig überzeugt sein – kein: „Naja, vielleicht, vielleicht aber auch nicht." Denkt stattdessen: „Es ist 100%-ig sicher, dass jede unheilsame Handlung, die ich mit Körper, Sprache oder Geist angesammelt habe, vollständig gereinigt werden kann." Dieser mutige, verstehende Geist ist sehr, sehr nützlich. Ohne ihn werdet ihr niemals Erfolg in eurer Meditation haben, denn die Milliarden Tiere in eurem Unterbewusstsein werden euch konstant mit ihrem: „Nein, nein, nein, nein, nein, nein …" überschütten.

Wenn ihr das Vajrasattva-Mantra jeden Abend einundzwanzig Mal rezitiert, stoppt es die andernfalls exponential verlaufende Wucherung der negativen Handlungen des zurückliegenden Tages. Ohne Reinigung wird sich die unheilsame Handlung des eines Tages am nächsten verdoppeln, am nächsten Tag wieder verdoppeln und so weiter. Die tantrischen Texte erklären weiterhin, dass man sogar die schlimmsten unheilsamen Handlungen, bis hin zum Bruch tantrischer Gelübde, vollständig reinigen kann, wenn man das Mantra einhunderttausend Mal korrekt rezitiert. Es gibt keine unheilsame Handlung, die durch dieses Mantra nicht bereinigt werden könnte, so machtvoll ist es.

Wie ich eingangs erklärt habe, gibt es verschiedene Aspekte von Vajrasattva im Kriya-, Charya-, Yoga- und Mahaanuttara-Yogatantra. Letzteres beinhaltet auch die Aspekte von Guhyasamaja und Yamantaka, die, wie Seine Heiligkeit Song Rinpoche sagte, die physische Reinigung, die Reinigung des Körpers betonen. Heruka-Vajrasattva betont mehr die geistige Reinigung, darum handelt es sich hier um eine derartig kraftvolle Methode – und zwar nicht nur für Tibeter. Möglicherweise gibt es einige Praktiken, die für Tibeter geeignet sind, nicht jedoch für Menschen des Westens; diese hier gehört jedoch definitiv nicht dazu. Ich habe mit meinen westlichen Schülerinnen und Schülern einige anthropologische Experimente gemacht. Und bis jetzt bin ich überzeugt, dass ihre Vajrasattva-Praxis höchst erfolgreich verlaufen ist. Nach der Klausur hat sich ihr Gehirn verändert. Eine so große Veränderung hatte ich nicht erwartet. Aus irgendwelchen Gründen verwandelt die Praxis von Heruka-Vajrasattva sie in recht andersartige Menschen. Ich bin sehr froh, dass die westlichen Menschen diese Praxis so passend und hilfreich finden.

Die eigentliche Praxis von Heruka-Vajrasattva ist recht einfach. Zuerst, wie ich schon betont habe, müsst ihr euch eurer unheilsamen Handlungen gewahr werden. Es mag nicht so scheinen, als hättet ihr größere Probleme, vielleicht seid ihr euch nichts dergleichen bewusst, aber mit Sicherheit habt ihr alle eine Menge Zeug in eurem Unterbewusstsein vergraben. Wenn ihr die Vajrasattva-Meditation praktiziert, müsst ihr alle diese Dinge reinigen. Ihr braucht auch das starke Vertrauen, dass ihr in der Lage seid, gereinigt zu werden, den starken Glauben, dass Reinigung möglich ist, und die kraftvolle Entschlossenheit, diese unheilsamen Handlungen auf keinen Fall mehr zu wiederholen. Der letzte Punkt ist eine der vier Gegenkräfte, die ich im Hauptkommentar erklärt habe. Diese vier Kräfte sind der rechte Weg zur Reinigung.

Die Meditation selbst ist einfach. Ich gehe sie noch einmal ganz schnell durch. Ein paar Fingerbreit über dem Scheitel eures Kopfes befinden sich ein Lotus- und ein Mondsitz, auf denen ein weißer Vajra steht, in dessen Zentrum sich die Keimsilbe HUM befindet. In alle Richtungen strahlt Licht aus und reinigt die Umgebung aller fühlenden Wesen und ihre falschen Vorstellungen. Das Licht kehrt zurück, verschmilzt mit dem Lotus und verwandelt ihn in den strahlend weißen Körper von Heruka-Vajrasattva. Lama Je Pabongka beschreibt verschiedene Schattierungen von Weiß für die verschiedenen Aspekte von Vajrasattvas Körper: Der Körper selbst ist klar wie Kristall, der Lotus an seinem Herzen ist von milchiger Farbe, die ihn umgebenden Mantrasilben sind silbern. Alles ist weiß, aber es gibt kleine Unterschiede, damit die Visualisierung leichter fällt.

Er hat ein Gesicht und zwei Arme und hält in seiner Rechten einen Vajra, in seiner Linken eine Glocke. Er umarmt seine Gefährtin Dorje Nyima Kharmo, die in ihrer Rechten ein geschwungenes Messer und in ihrer Linken eine mit dem Nektar der Glückseligkeit gefüllte Kapala hält. Nun ergießt sich beseligende Kundalini-Energie aus ihren Herzen, fließt ihre Shushuma hinab, tritt dort aus, wo ihre geheimen Chakren sich treffen, fließt durch Mond- und Lotussitz, tritt durch euer Scheitelchakra in eure Shushuma ein und reinigt alle bewussten und unbewussten unheilsamen Handlungen, über die wir vorhin so ausführlich gesprochen haben. Zu diesem Zweck machen wir von drei unterschiedlichen Meditationstechniken Gebrauch – *män-de, yän-de* und *phung-de* –, die an anderer Stelle in diesem Kommentar detailliert beschrieben sind.

Dem großen Yogi Lama Je Pabongka zufolge können Menschen, die die Vollendungsstufe praktizieren, eine weitere Visualisierung hinzufügen, die dafür recht hilfreich ist. Wenn die beseligende Kundalini-Energie eure Shushuma hinabströmt, erzeugt sie auf ihrem Weg vier Arten von Glückseligkeit: Glückseligkeit, große Glückseligkeit, außerordentliche Glückseligkeit und außerordentlich große Glückseligkeit - während sie euer Scheitel-, euer Kehl-, euer Herz- und euer Nabelchakra der Reihe nach passiert.

Wenn ihr an unheilsame Handlungen denkt, dann denkt nicht nur an die physischen, sondern reinigt auch die geistigen Schwächen wie Angst, Trauer, Einsamkeit und so weiter. Ein weiterer Nutzen der beseligenden Energie, die eure Shushuma hinunterströmt, ist, dass sie euch hilft, alle eure Chakren zu öffnen und die Tummo-Meditation sowie große Glückseligkeit zu entwickeln. Wie ihr seht, kann man die Praxis der Vajrasattva-Meditation sowohl auf der einfachen Ebene der Erzeugungsstufe, als auch auf der tiefgründigen Ebene der Vollendungsstufe praktizieren.

Weil ihr durch die Vajrasattva-Praxis jegliches Unheilsame überwinden könnt, werdet ihr sehr mutig und frei. Ihr gewinnt das Selbstvertrauen, dass alles möglich ist, dass ihr alle Schwierigkeiten meistern könnt. Dieser Aspekt ist sehr wichtig. Er verleiht euch große Inspiration. Der schwache Geist sagt immer wieder: „Unmöglich, unmöglich, ich kann das nicht, ich kann das nicht. Ich kann mich nicht entscheiden." Manche Leute können sich nicht einmal entscheiden, ob sie auf die Toilette gehen wollen oder nicht. Was haltet ihr von denen? Sie brauchen Vajrasattva-Meditation! Es ist unglaublich, aber wahr. Ich verstehe den Geist mancher Leute nicht. Sie können sich für nichts und niemanden entscheiden. Du lieber Himmel! Wenn ich solche Leute sehe, denke ich manchmal, dass ich alles in allem vielleicht doch nicht so schlecht bin.

Reinigung ist äußerst nützlich. Sie gibt einem große Zufriedenheit und geistige Flexibilität. Man weiß, dass man etwas tun kann. Ihr könnt ins Dunkle gehen, ihr könnt ins Helle gehen, ja ihr könnt selbst in den Untergrund gehen. Ihr gewinnt das Selbstvertrauen, alles tun zu können.

Ich hoffe, dass alle meine Schülerinnen und Schüler mindestens einhunderttausend Vajrasattva-Mantras rezitieren, bevor sie sterben. Ich glaube wirklich daran, dass man nach einer Vajrasattva-Klausur nicht mehr in den Höllen geboren werden kann. Unmöglich! Ihr könnt eine Entscheidung treffen: „Nach der Vajrasattva-Klausur werde ich sicher nicht mehr in den niederen Bereichen wiedergeboren. Es ist mir gleich, ob ich lebe oder sterbe." Ihr habt also eine Art Versicherung. Eine Vajrasattva-Klausur ist eine Versicherung gegen die Wiedergeburt in den niederen Bereichen. Wir brauchen eine derartige Versicherung. Ich werde zu einem Versicherungsvertreter! Schrecklich, nicht wahr? Allerdings brauche ich eure Hilfe, damit mein Versicherungsbüro erfolgreich wird.

Ob wir Gläubige oder Ungläubige sind, wir alle brauchen Vertrauen. Wir sind alle vergänglich. Wir wissen nicht, wann wir sterben werden. Wir haben alle diese Unvollkommenheiten. Aber wenn wir eine unzerstörbare Versicherung haben, wen kümmert da noch der Tod? Der Tod ist ganz natürlich. Sich Sorgen darum zu machen, ist reine Zeitverschwendung. Statt genervt zu sein, dass euer Körper nicht mehr so schön ist wie einst, freut euch auf eine Wiedergeburt mit einem noch besseren. Das ist natürlich ein Scherz! Ich möchte damit aber sagen, dass ihr alle eine Art Selbstsicherheit braucht, nach dem Motto: „Ich werde mit Sicherheit sterben, aber zumindest habe ich die Garantie, nicht in den niederen Bereichen geboren zu werden." Es *gibt* diese Garantie, denn es gibt definitiv eine Ebene des Geistes, von der aus man nicht mehr in die niederen Bereiche zurückfallen kann – und ihr könnt diese Ebene erreichen.

Für diejenigen, die das lange Mantra nicht als tägliche Praxis rezitieren können, hat Seine Heiligkeit Song Rinpoche empfohlen, zumindest das kurze Mantra – OM VAJRASATTVA HUM – einundzwanzig Mal vor dem Schlafengehen zu rezitieren. Das dauert nur ein oder zwei Minuten, jeder kann das hinkriegen. Ich möchte, dass ihr eines klar und deutlich versteht: Ihr braucht die Reinigung von Vajrasattva nicht nur dann, wenn ihr getötet, gestohlen oder andere zusammengeschlagen habt. Wir wollen nicht nur das reinigen, was die Menschen gewöhnlich als negativ bezeichnen, sondern auch noch etwas viel tiefer Sitzendes. Was ist unheilsames Handeln? Die meisten Menschen sagen: „Wir haben nichts Unheilsames getan, wir helfen sogar regelmäßig anderen." Das ist ein Witz! Sie machen sich etwas vor. Selbst wenn ihr euer gesamtes Leben in den Dienst anderer gestellt haben solltet, ist der schwache Geist trotzdem noch da. Darum braucht ihr Reinigung.

Ich habe beobachtet, dass jemand, der ganz üble Dinge getan hat, auch zu unglaublich guten Taten fähig ist. Das ist vielleicht keine allgemein gültige Tatsache, aber ich habe es beobachtet. Manche Menschen sind dagegen irgendwie lasch. Weder ihre positiven noch ihre negativen Handlungen haben wirklich Kraft; alle ihre Handlungen sind wie schales Wasser. Solche Menschen scheinen zu denken: „Ich habe nichts Schlimmes getan, ich bin immer vorsichtig. Ich brauche keine Reinigung." Vielleicht sind sie wirklich vorsichtig, aber sie sind es aus Selbstmitleid und Sorge um ihr eigenes Wohlergehen. Das heißt, dass auch sie der Reinigung bedürfen.

Betrachtet zum Beispiel Milarepa. Nach dem Tod seines Vaters rissen die Dorfbewohner das Eigentum der Mutter an sich. Also sandte die um ihre ganze Habe gebrachte Mutter Milarepa zu einem Schwarzmagier, um die Kunst der Magie zu erlernen, um sich später rächen zu können. Eines Nachts waren alle Dörfler in einem Haus zu einem Fest versammelt. Mit Hilfe seiner Schwarzmagie brachte Milarepa das Dach zum Einsturz, und sie kamen alle ums Leben. Ihr könnt sehen, welch unglaublich machtvolle negative Energie er aufgebaut hatte. Jahr um Jahr hatte er studiert und auf die rechte Gelegenheit gewartet, dabei hatte er stets nur die negative Motivation im Kopf, Rache zu nehmen und alle Übeltäter umzubringen. Später ist es ihm dann aber gelungen, eine noch stärkere positive Energie zu entwickeln, alles frühere unheilsame Handeln zu bereinigen und im selben Leben noch Erleuchtung zu erreichen. Im Gegensatz dazu sind manche Leute sowohl im Positiven als auch im Negativen uneffektiv, völlig lau und fade.

Das menschliche Potenzial ist unglaublich groß. Man kann solch positive Dinge tun. Jesus war unglaublich machtvoll. Viele hielten ihn für verrückt. Das Gleiche galt für Buddha Shakyamuni. Er besaß enormen Reichtum und große Macht, aber all das gab er auf, entfloh Samsara und erlangte Erleuchtung. Die Leute hielten ihn für verrückt: „Wäre er nur König geblieben, hätte er so viel für sein Land und seine Leute tun können. Er aber macht sich in den Dschungel davon, um wie ein Tier zu leben - wie lächerlich." Menschen haben unvorstellbare Kräfte und ein ungeheures Potenzial. Sie können jede unheilsame Handlung reinigen.

Wenn ihr die Vollendungsstufe des Tantra üben wollt, solltet ihr zuerst einhunderttausend Vajrasattva-Mantras rezitieren. Reinigung kann man gar nicht hoch genug bewerten, denn Freiheit vom dualistischen Geist *ist* schließlich Erleuchtung. Wir sprechen von erleuchteten Verwirklichungen, Buddhaschaft. Das ist Freiheit vom dualistischen Geist. Reinigung beseitigt den dualistischen Geist. Als Atisha vor über tausend Jahren seine lange Überlandreise von Indien nach Tibet machte, ließ er die Reisegruppe immer wieder anhalten und übte am Wegesrand Reinigung. Wann immer er auch nur den kleinsten negativen Gedanken oder die winzigste negative Vorstellung entdeckte, bereinigte er sie an Ort und Stelle. Das zeigt, welch großer Yogi er gewesen ist, ein großer Bodhisattva. Es zeigt sein Verständnis von Karma; wir dagegen kümmern uns nicht im Geringsten darum. Er verstand, wie negatives Karma sich im Geist vermehrt, und darum war es ihm so wichtig, es augenblicklich zu reinigen.

Es hängt von der eigenen Empfindlichkeit ab. Ist man sehr empfindlich, nimmt man die Wirkung selbst des kleinsten negativen Karmas augenblicklich wahr. Ist man in einem Ozean negativen Karmas versunken, nimmt man nichts davon wahr. Die schwere Decke des Unheilsamen verdeckt immer alles.

Es gab einmal einen großen Lama, der so rein war, dass er immer eine Vision von Licht vor sich hatte. Eines Tages lud ihn eine tibetische Familie ein, in ihrem Hause eine Puja durchzuführen. Sie hatten das Essen und den Tee, das sie ihm darbrachten, jedoch mit Geld gekauft, das aus dem Erlös des Verkaufs von Prajnaparamita-Texten, Büchern über die Vollendung der Weisheit, stammte. Wie ihr ja sicher wisst, sollte Geld, das beim Verkauf heiliger Objekte wie Bücher oder Statuen eingenommen wurde, niemals zur Deckung weltlicher Bedürfnisse verwendet werden.

Als der Lama an diesem Abend heimkehrte, bemerkte er, dass die Lichterscheinung verschwunden war. Nur weil er an jenem Tag unreine Speisen gegessen hatte! Wenn ihr empfindlich seid und euer Karma leicht ist, erkennt ihr die Wirkungen negativer Handlungen schnell, und das Ergebnis stellt sich bald ein. Unser Karma muss sehr schwer sein, denn wir merken nichts, was immer wir auch tun. Darum ist es für uns so wichtig, Karma ernst zu nehmen.

Wenn wir darüber sprechen, dass wir die verschiedenen Gelübde einhalten sollten, die wir abgelegt haben – die fünf Tugendregeln, unsere Mönchs- und Nonnengelübde, unsere Bodhisattva-Gelübde – so hat das mit Karma zu tun. Wir legen diese Gelübde nicht etwa ab, um uns zu Gefangenen zu machen. Darum ist Reinigung sehr, sehr nützlich.

14 *Die Qualitäten von Vajrasattva sind schon jetzt in uns vorhanden*

Warum gibt es in der tibetisch-buddhistischen Tradition die Vajrasattva-Praxis?

Alle möchten so glücklich sein wie nur irgend möglich und völlig zufrieden. Wir alle hätten gern einen klaren, reinen Geist, kontrolliert und stabil, statt einen, der dauernd nach oben und nach unten springt wie ein Jojo. Wir alle besäßen nur zu gerne gute Konzentration, die Fähigkeit, unseren Geist auf jedes beliebige Objekt zu richten und ihn dort ruhen zu lassen.

Dummerweise werden wir jeden Tag unseres Lebens von den achtzig Einbildungen oder den drei Geistesgiften, Unwissenheit, Gier und Hass, wie man sie im Allgemeinen in der buddhistischen Terminologie nennt, überwältigt und aus dem Gleichgewicht geworfen. Darum fällt es uns so schwer, glücklich zu sein. Ganz zu schweigen von Befreiung oder gar Erleuchtung – wir können nicht einmal als glückliche Menschen ein glückliches Leben führen.

Etwas scheint in uns zu fehlen. Wir sind nicht richtig im Gleichgewicht; unsere inneren Energien sind unausgewogen, also geht unser Geist immer rauf und runter, pendelt von einem Extrem ins andere. Wir *sind* extrem. Vom gesellschaftlichen Standpunkt, aus Pariser oder New Yorker Sicht, scheinen wir normal, aber wenn wir nur ein bisschen an der Oberfläche kratzen, wird deutlich, dass wir alle ein bisschen verrückt sind. Was müssen wir also tun? Wir brauchen Reinigung. Zuerst müssen wir unsere eigenen Erfahrungen erkennen oder entdecken. Obwohl es ja unsere eigenen sind, kennen wir die meisten nicht.

Damit wir unsere eigenen Erfahrungen verstehen können, brauchen wir eine Menge an Reinigung, und in der tibetischen Tradition gilt die Yoga-Praxis von Vajrasattva als eine der wirksamsten Reinigungspraktiken.

Wer ist Heruka-Vajrasattva? Für uns ist er die Manifestation der Einheit voll entfalteter männlicher und weiblicher Energie, die vollständige Reinheit des Erleuchtungszustands. Aus ihrem großen Mitgefühl und ihrer grenzenlosen Liebe heraus haben die Buddhas und Bodhisattvas ihre gesammelte Reinheit im archetypischen Bild von Vajrasattva manifest werden lassen, damit wir uns mit ihm identifizieren können.

Dabei müssen wir verstehen, dass die Qualitäten Vajrasattvas bereits in uns vorhanden sind. Nur unsere Erkenntnisse, unsere Methoden und unsere Weisheit sind begrenzt. Sie müssen durch die Identifikation mit der grenzenlos reinen Energie des Archetyps entwickelt werden. Statt uns selbst dauernd als begrenzte, hoffnungslose fühlende Wesen zu erleben, müssen wir unser unglaublich großes Potenzial erkennen. Wir können uns aus den Verwirrungen befreien, in die unsere unkontrollierten Vorstellungen uns stürzen. Wir können unser Bewusstsein in den grenzenlosen Zustand universellen Mitgefühls, universeller Liebe, universeller Weisheit und universeller Freiheit erheben. Die Vajrasattva-Praxis kann uns über unser Ego hinausführen, in einen Zustand jenseits allen Greifens und jenseits des dualistischen Geistes. Darum geht es bei der Vajrasattva-Praxis.

Warum identifizieren wir uns mit der Gottheit? Die Gottheit ist die Manifestation der Qualitäten höchster Weisheit und Methode, wenn wir uns also mit diesem grenzenlosen Archetyp vereinen, identifizieren wir uns mit diesen Qualitäten. Da bleibt kein Raum mehr für unsere gewöhnlichen, begrenzten Vorstellungen. Die meisten von euch wissen das alles wahrscheinlich schon, also kann ich mich kurz fassen.

Ich hoffe, dass ihr jetzt versteht, warum ihr die Vajrasattva-Methode praktizieren müsst. Ihr müsst das Gefühl haben, dass sie euch sehr nahe steht, dass sie etwas Reales ist, etwas, was ihr wirklich tun könnt. Das ist wichtig. Das gibt euch den Mut, den Raum und die Freiheit, die ihr braucht, um die Begrenzungen zu durchbrechen, die euer Leben so schwierig machen. Ihr wisst jetzt, dass ihr es schaffen könnt; legt los, überwindet die Schwierigkeiten. Das ist sehr wichtig.

Durch die Erfahrung der Reinigung könnt ihr entdecken, dass ihr im Grunde ein reiner Mensch seid, obwohl ihr eine Menge Unheilsames geschaffen habt. Vielleicht habt ihr andere fühlende Wesen geschlagen, vielleicht sogar eure Mutter oder euren Vater, vielleicht hasst ihr eure Freunde, vielleicht wollt ihr andere sogar umbringen. Wir alle haben unsere unheilsamen Handlungen. Wir leben in der Welt der Sinne. Unsere Egos geraten in Konflikt miteinander und unser gegenseitiger Umgang ist von unreiner Energie geprägt. Wichtig ist nun, all diese Probleme zu überwinden, indem wir erkennen, dass wir unsere Schwierigkeiten selbst gemacht haben, und es daher auch an uns selbst liegt, uns wieder daraus zu befreien. Es reicht allerdings nicht aus, dies auf eine rein intellektuelle Art und Weise zu verstehen. Wir müssen durch Praxis ein tiefes Verständnis erwerben. Auf diese Weise können wir es wirklich erfahren: Wir haben zwar alle unsere Schwierigkeiten, aber wir können etwas tun, um uns von ihnen zu befreien.

Ich persönlich halte es für außerordentlich wichtig, dass wir Verantwortung für alle unsere negativen Haltungen und Handlungen übernehmen. Wir, nicht Gott oder Buddha, haben die Probleme der Welt geschaffen. Im Buddhismus glauben wir nicht, dass Gott das Leiden geschaffen hat. Leiden ist eine Kreation des selbstsüchtigen, negativen, egoistischen Geistes. Das müssen wir endlich verstehen. Wenn wir den negativen egoistischen Geist zerschlagen, überwinden wir alle Probleme.

Deshalb können wir auch anderen nicht die Schuld für unsere Probleme geben. Wir haben sie selbst geschaffen. Wir haben unsere industrialisierten Nationen geschaffen, wir haben den kalifornischen Lebensstil geschaffen, wir haben das Pariser und das New Yorker Leben geschaffen. Das war nicht Gott, wir selbst sind es gewesen. Wir haben alles so teuer gemacht! Vor einigen Jahren wollte ich in Paris einkaufen gehen; ich konnte kaum glauben, wie teuer alles war. Ich habe schließlich nichts gekauft. Dann ging ich in Ulverston und Barcelona einkaufen. Dort habe ich mich eingedeckt, aber nicht in Paris. All das haben wir selbst so eingerichtet.

Es ist sehr wichtig zu erkennen, wie wir alle unsere Probleme selbst schaffen. Bereits über dieses Verständnis zu verfügen, ist äußerst wichtig. Wir haben diese Probleme geschaffen, weil wir mit unserem Körper, unserer Sprache und unserem Geist nicht korrekt umgegangen sind. Das Ergebnis sind Schwierigkeiten für uns selbst und Probleme für andere. Wir haben uns selbst und andere in die Irre geführt – Jahrhunderte, Jahrtausende, Jahrmilliarden, zahllose Leben lang. So war es, so ist es, und so wird es weitergehen, wenn wir diesem Teufelskreis des Leidens nicht entsagen. Wenn es euch selbst schlecht geht, lasst ihr andere dafür leiden. Seid ihr selbst glücklich, dann macht ihr damit auch andere glücklich.

Die Endlosigkeit all dieser Verwirrung sollte euch skeptisch machen und ihr solltet den starken Entschluss fassen, damit aufzuräumen: „Wenn ich andere wahrhaftig liebe, wenn ich wirklich Mitgefühl für andere besitze, muss ich mich bessern. Ich muss mein Verhalten verbessern, meine Sprache und mein Denken. Wenn ich es nicht tue, werde ich anderen niemals wirklich helfen können. Wenn ich sage, dass ich anderen helfen möchte, aber gleichzeitig die katastrophalen Handlungen meines unkontrollierten Körpers, meiner unkontrollierten Sprache und meines unkontrollierten Geistes fortsetze, bin ich nichts als ein scheinheiliger Träumer."

Das ist die Haltung, die ihr braucht, wenn ihr anderen möglichst gut helfen wollt. Ständig seid ihr ja von anderen umgeben, oder? Selbst wenn ihr euch in den Himalaja zurückzieht, werdet ihr Menschen begegnen. Falls ihr dahin geht, wo überhaupt keine Menschen mehr sind, und versucht, euch mit den Tigern anzufreunden, werdet ihr nur aufgefressen und verschwindet ganz und gar! Es bleibt euch also gar nichts anderes übrig, als in der menschlichen Gesellschaft zu leben. Wir sprechen dauernd von Liebe. Wir brauchen Liebe, andere fühlende Wesen brauchen Liebe. Unsere Einstellungen aber sind kindisch, und solche Einstellungen machen auch andere kindisch. Wir müssen endlich erwachsen werden. Schaut euch an, was hier vorgeht, während ich meinen Vortrag halte. Mit meinem begrenzten Geist sage ich: „Blah, blah, blah ..." Ihr nehmt dies begrenzte Denken mit euch, gebt es an andere weiter, und der ganze Kreislauf dreht sich weiter. Das ist die Natur von Samsara.

Ich bin jedenfalls sehr froh, wenn andere Reinigung praktizieren möchten. Wenn religiöse Menschen wirklich Dharma oder Meditation praktizieren möchten, ist es meiner Meinung nach am wichtigsten, die innere Einstellung, Sprache und Geist zu verbessern. Das geschieht durch die ernsthafte Praxis der Reinigung.

Die meisten Menschen, insbesondere jedoch Westler, denken, sie seien bereits rein und benötigten daher keine Reinigungspraxis mehr: „Ich bin rein. Ich habe keine Probleme." Das ist meine Erfahrung. Viele Westler haben unsere Meditationskurse hier in Kopan besucht, wo wir die Grundlagen des Lamrim lehren, die Vier Edlen Wahrheiten, Leiden und so weiter. Sie sagen mir glatt ins Gesicht: „Worüber sprecht ihr hier eigentlich? Dauernd redet ihr über Probleme. Ich habe keine Probleme. Ich bin glücklich. Ich habe eine Menge Geld. Warum wollt ihr mir einreden, es ginge mir schlecht?" Das ist die westliche Mentalität. Die Leute glauben, Reichtum sei das gleiche wie Glück. Vom buddhistischen Standpunkt aus betrachtet, haben sie Unrecht. Wir glauben, dass eure Dollars euch nur noch unglücklicher machen. Ich will damit nicht sagen, nur westliche Menschen würden so denken. Auch viele Asiaten glauben, sie hätten keine Probleme. Aber sie haben Probleme – sie erkennen sie nur nicht. Sie erkennen zwar die Probleme anderer, nicht jedoch die eigenen. So sind wir eben. Wir sehen die Probleme unserer Mitmenschen, nicht jedoch unsere eigenen. Wir selbst halten uns für rein. Das sind die Grenzen des samsarischen Geistes. Darum stimmt es mich auch immer so froh, wenn ich Menschen begegne, die erkennen, dass sie Reinigung brauchen und selbst etwas tun können, um ihr Leben zu verbessern. Ich halte das schon für eine Art von Verwirklichung. Ihr erkennt, dass euer eigener Geist eure negativen Erfahrungen geschaffen hat und sie deshalb verändern kann. Das ist die zentrale Erkenntnis. Denkt bloß nicht: „Ich habe mein eigenes Karma geschaffen, ich verdiene es, in der Hölle zu schmoren." Das wäre völlig falsch.

Natürlich tragen die meisten von uns Negatives mit sich herum. Unser Geist ist völlig unbeherrscht. Aber immerhin haben wir niemanden umgebracht, wir haben unsere eigenen Eltern nicht getötet und auch keinen Arhat oder Buddha, also haben wir noch mal Glück gehabt. Denkt an Milarepa. Er hatte so viele Menschen durch Schwarzmagie umgebracht. Trotzdem ist er für mich kein Krimineller, kein schlechter Mensch. Im Gegenteil, ich halte ihn für großartig. Er hat uns ein gutes Beispiel gegeben. Er hat unglaublich negative Dinge getan. Aber als er erkannte, dass schwarze Magie schlecht ist, gab er sie auf, praktizierte reines Dharma und erlangte völlige Befreiung. Im Vergleich zu ihm haben wir wirklich Glück. Wir haben niemanden getötet. Trotzdem tragen wir Negatives mit uns herum, unser Geist ist immer noch völlig unbeherrscht. Und doch können wir diese Probleme überwinden, indem wir die tiefgründigen Methoden des tantrischen Yoga üben.

Mich inspiriert Milarepas Haltung. Sie bringt uns dazu, aktiv zu werden, etwas zu tun. Diese Inspiration ist selbst schon Befreiung. Ansonsten haben wir das Gefühl: „Ich bin völlig unfähig. Ich bin der hoffnungsloseste Fall auf der Welt. Ich kann nichts für meine Motivation oder meine Handlungen tun. Ich werde mich niemals verändern können." Das ist falsch. Wir können uns in jeder Hinsicht verändern. Das macht die Schönheit des menschlichen Geistes aus.

Bevor ich jetzt die Mahaanuttara-Tantra-Initiation erteile, möchte ich euch erinnern, dass sich jeder, der an ihr teilnimmt, damit verpflichtet, eine dreimonatige Klausur über Heruka-Vajrasattva durchzuführen. Wer die Klausur bereits gemacht hat, braucht es nicht noch einmal zu tun. Falls jemand eine Vajrasattva-Klausur aus einer der unteren Tantraklassen durchgeführt hat, muss er oder sie trotzdem noch einmal drei Monate Klausur mit Heruka-Vajrasattva machen.

Müsst ihr jedoch zurück in den Westen und wieder arbeiten gehen, könnt ihr die einhunderttausend Mantras auch als tägliche Praxis rezitieren statt in der Klausur – vorausgesetzt, ihr benutzt ein- und denselben Sitz, bis ihr fertig seid. Ich habe an anderer Stelle darüber gesprochen.[21] Ich verstehe eure Anliegen.

Ihr wisst ja, dass das Mantra selbst unglaubliche Kräfte besitzt. Ihr beginnt, wo ihr im Augenblick eben steht, aber mit jeder Mantra-Rezitation, mit jeder Meditationssitzung bessert ihr euch. Langsam, langsam erhebt euch das Mantra. Selbst wenn ihr nicht über tiefe Konzentration verfügt, hat der einfache Versuch, zu visualisieren und das Mantra zu wiederholen, einen Effekt auf euch, den ich geradezu magisch nennen würde. Selbst wenn ihr das nicht einmal speziell versucht, berührt das Mantra euer tiefstes Unterbewusstsein und reinigt euch. Nichts an dem Mantra ist weltlich, vergiftet oder böse; ihm wohnt eine erhebende Kraft inne, die automatisch all eure unreine Müllenergie verbrennt. Das ist das Schöne an Mantras. Man muss kein großartiger Meditierender sein, um davon zu profitieren. Mantra kann euch automatisch von euren gewöhnlichen Denkmustern befreien und von einem Ort jenseits weltlicher Konzepte zu euch sprechen. Das wiederum gibt euch den Raum, die Dinge klarer zu sehen. Das ist gut genug.

Mantra ist auch eine Art Geheimsprache. Normalerweise kommunizieren wir auf einer sehr niederen Ebene. Wenn wir miteinander streiten, befinden wir uns auf einer niedrigen Energieebene. Unsere Auseinandersetzungen sind sehr weltlich. Mantra holt euch von den Dingen weg, die euch gewöhnlich zur Weißglut treiben, von den Dingen, in die ihr euch normalerweise furchtbar verstrickt. Es hypnotisiert euch gewissermaßen, so dass ihr mit höheren geistigen Ebenen kommuniziert und die normale konventionelle niedere Kommunikationsebene blockiert wird. Mantra ist auch in dieser Beziehung äußerst hilfreich. Natürlich lässt sich das eigentliche Wesen von Mantra mit bloßen Worten nicht beschreiben.

Ein weiterer Aspekt: Wir halten Vajrasattva und das Mantra nicht für zwei unterschiedliche Dinge. Das Vajrasattva-Mantra *ist* Vajrasattva; Vajrasattva *ist* das Vajrasattva-Mantra. Der Buddhismus ist für uns ein Weg, unseren gewöhnlichen Körper, unsere gewöhnliche Sprache und unseren gewöhnlichen Geist in die einer Gottheit zu verwandeln. Indem wir in der Form der Gottheit erscheinen, verwandeln wir unseren Körper, durch Rezitation des Mantra verwandeln wir unsere Sprache, und indem wir Bodhicitta und die Weisheit von Shunyata erzeugen, verwandeln wir unseren Geist.

Vajrasattva dient nicht bloß der Reinigung. Eure Visualisierung ist ein Prozess, der euch hilft, Weisheit und Mitgefühl zu erzeugen und etwas zu erleben, was den Erfahrungen der Vollendungsstufen-Praxis gleicht. Ihr visualisiert Vajrasattva ja auf dem Scheitel eures Kopfes in Vereinigung mit seiner Gefährtin. Von ihren Herzchakren strömt beseligende, weiße Kundalini-Energie ihre Shushumas hinab und tritt an der Stelle aus, wo sie mit ihren geheimen Chakren verbunden sind. Weiter fließt sie durch den Lotus- und Mondsitz, tritt an eurem Scheitelchakra in eure Shushuma ein, und ihr praktiziert die verschiedenen Meditationstechniken zur Reinigung. Dann vereinigt und identifiziert ihr euch mit Vajrasattva. Ihr erfahrt erleuchtete Energie. Das ist mehr als eine Reinigungspraxis.

Manche Leute finden Visualisierung seltsam; sie glauben, wenn man visualisiere, mache man sich etwas vor, man tue so als ob. Ich hingegen halte Visualisierung für eine äußerst machtvolle Methode: eine Methode, um eure gewöhnlichen Konzepte, eure vorgefassten Meinungen auf äußerst wirkungsvolle Weise zu knacken. Ich kann euch nicht einfach sagen: „Ihr habt Unrecht, ihr liegt falsch. Eure Art zu denken ist so falsch, ihr seid so verblendet." Das wären bloß Worte. Ihr müsst es selbst erleben: „Wie verblendet bin ich nur, ich projiziere immerzu." Ihr müsst aus eigener Erfahrung entdecken, welch unterschiedliche Gefühle bloße Projektionen in euch auslösen und wie diese eure Sicht der Wirklichkeit färben. Vajrasattva zeigt euch, wie ihr denkt, zeigt euch die Art und Weise, in der ihr die Realität eurer selbst und eurer Welt interpretiert. Das ist es, was Visualisierung uns zeigt. Die Visualisierung von Vajrasattva ist eine Belehrung über Shunyata.

Ich könnte 24 Stunden am Tag, sieben Tage die Woche, ein ganzes Jahr lang Lehren über Shunyata hören. „Shunyata, Shunyata, Shunyata, das Ego ist falsch, falsche Sicht ...", hören, hören, hören – irgendjemand dort oben belehrt mich. Am Ende jedoch wäre ich immer noch voller Konzepte und Gedanken. Die Vajrasattva-Visualisierung kann jedoch in kürzester Zeit unser geistiges Geschnatter zum Erliegen bringen und uns den Raum geben, mit dem zu arbeiten, was wir sehen. Ich glaube wirklich, dass das eine viel effektivere Methode ist, euch in Shunyata einzuführen; sie setzt bei eurer eigenen Erfahrung, eurer eigenen Sprache, eurem eigenen Geist und eurem eigenen Denken an. Wahrscheinlich habe ich Unrecht, aber ich glaube es trotzdem. Wirklich, sie ist zutiefst wirksam.

Grundsätzlich bin ich ein Skeptiker. Ich bin keineswegs leichtgläubig. Ich hatte nicht erwartet, dass die Vajrasattva-Meditation so viel für den westlichen Geist bewirken kann. Ich habe bloß beobachtet, was geschah. Inzwischen glaube ich, dass die Vajrasattva-Klausur ein beispielloser Erfolg unter meinen westlichen Schülerinnen und Schülern geworden ist. Ihr Geist hat sich definitiv verwandelt, und zwar zum Besseren. Ohne Klausur hätte sich ihr Geist wohl nicht verändert. Es bedarf kraftvoller Klausuren, um den Geist der westlichen Menschen zu verändern. Dann allerdings geschieht wirklich etwas. Diese Erfahrung hat mir bewiesen, dass die Praxis von Vajrasattva für Menschen des Westens wirklich funktioniert.

15 *Handeln ist alles*

Wir müssen handeln, nicht nur philosophieren. Philosophische Konzepte mögen in der Lage sein, falsche Ideen, irrige Denkgebäude und unrichtige Überzeugungen zu korrigieren; intellektuelle Korrekturen jedoch sind nicht genug. Zusätzlich brauchen wir eine wirkungsvolle Kraft, die unseren Geist in die korrekte, göttliche Philosophie des Mittleren Weges einführen kann.

Der Buddha zum Beispiel lehrte, man solle Extreme meiden und dem Mittleren Weg folgen. Denn ganz extrem zu werden und alles zu vermeiden macht krank. Er hat uns empfohlen, unser Leben sowohl relativ als auch absolut ins Gleichgewicht zu bringen. Aber sind nicht auch diese Aussagen bloß Sichtweisen, Ideen und Vorstellungen? Da sollte unser Leben doch etwas aktiver sein. Erst wenn man sich die Hände schmutzig macht, die Erde anfasst, Samen pflanzt und den Boden bewässert, wachsen grüne Pflanzen ganz organisch. Ganz ähnlich verhält es sich bei der Vajrasattva-Praxis.

Die Vajrasattva-Meditation ist nicht kompliziert; sie ist wirklich leicht verständlich. Man braucht nicht intellektuell über sie nachdenken. Ihr tut es einfach, ihr werdet einfach aktiv. Genau das ist es, was wir so nötig brauchen. Transformation ohne Handlung ist unmöglich. Gleichgültig, wie viel ihr studiert und lernt, wie viel Informationen ihr sammelt, immer ist es das Handeln, das euch hilft, euer Leben zu integrieren. In der tibetisch-buddhistischen Tradition gibt es eine Vielzahl von vorbereitenden Übungen (*ngön-dro*). Vajrasattva ist eine davon. Obwohl sehr einfach und praktisch, ist sie doch eine der wirksamsten Reinigungspraktiken, über die wir verfügen.

Anfänglich bin ich recht skeptisch gewesen, ob sich eine Methode, die für Asiaten funktioniert, auch bei Menschen aus dem Westen als wirksam erweisen würde. Mittlerweile aber habe ich Hunderte Fälle erlebt, in denen Menschen aus dem Westen mit großem Erfolg eine Vajrasattva-Klausur durchgeführt haben und eine deutliche Verbesserung ihres Geistes erzielten. Diese Erfahrung hat mich sowohl erstaunt als auch befriedigt, und heute habe ich nicht den geringsten Zweifel mehr, dass sich der Einsatz lohnt.

Der Buddhismus betont stets Meditation, Achtsamkeit, Gewahrsein – Methode und Weisheit. Jedes Wort der Lehre soll euch der Einsicht näher bringen. Die Yoga-Methode von Vajrasattva ist ein einfaches Mittel, um euch zu zeigen, wer ihr seid. Sie legt eure Fehler und eure Stärken bloß, und sie erweist sich als außerordentlich hilfreich, indem sie die dicke Decke falscher Vorstellungen und bloßer Annahmen wegreißt, die euch hindert, eure wahre Natur zu sehen. Selbst wenn ihr es schwierig finden solltet zu meditieren oder nur über schwache Konzentration verfügt, kann diese Praxis euch innere Befriedigung verleihen und euch den wahren Geschmack des Buddha-Dharma kosten lassen. Darum ist sie auch so nützlich.

Normalerweise bewegt sich unsere Motivation auf einer sehr niedrigen Ebene, und unsere Handlungen sind recht weltlich ausgerichtet. Manchmal kommt es mir so vor, als würden wir in unseren menschlichen Beziehungen den Höllenbereich bereits vorwegnehmen. Gut, das mag ein wenig übertrieben sein, ich will damit nur sagen, dass wir nicht genug Gebrauch von unserer menschlichen Intelligenz machen. Vajrasattva-Meditation erhebt euch von den eher niedrigen Ebenen des Geistes auf eine höhere, menschlichere Bewusstseinsebene. Wir müssen sie nur üben; das ist alles.

Darüber hinaus ist die Praxis folgendermaßen strukturiert: Während ihr auf einer bewussten Ebene mit der Sadhana arbeitet und über sie meditiert, wird positive Energie aus eurem Unterbewusstsein aktiviert und nährt eure Praxis. Das ist eines der psychologischen Merkmale des Tantra und einer der Gründe, warum es so wirksam ist. Tantra befreit euch, indem sowohl auf der bewussten als auch auf der unterbewussten Ebene gearbeitet wird, um den Geist auf den allmählichen Pfad zur Erleuchtung zu leiten.

Wir sind meistens sehr beschränkt, wenn es darum geht, sowohl den männlichen als auch den weiblichen Aspekt in uns zu erkennen. Vajrasattva-Meditation zeigt uns diese großartige, glückselig vereinigte Energie in uns. Das ist etwas, was wir dringend brauchen. Immer fühlen wir uns einsam, weil wir uns der Ganzheit der inneren Landschaft der Menschen überhaupt nicht bewusst sind. Und solange wir unserem Affenbewusstsein folgen, sind wir uns weiterhin dieses Teils unserer selbst nicht bewusst und fühlen uns einsam. Vajrasattva zeigt euch, was es bedeutet, ein vollständiger Mensch zu sein, eine Manifestation der Ganzheit. Das ist sehr heilsam.

Das Vajrasattva-Mantra ist von ganz besonderer Kraft. Ich nenne es „wundersamer Fernseher"! Im ganz normalen Fernseher sieht man die unglaublichsten Dinge, nicht wahr? Alle Arten samsarischer Dinge können auf eurem Bildschirm erscheinen. Mantra dagegen ist göttliches Fernsehen. Indem ihr einfach das Mantra rezitiert, gelangen die drei grundlegenden Aspekte des Pfades – Entsagung, Bodhicitta und die rechte Sicht (von Shunyata) – in euren Bewusstseinsstrom. Göttliche Würde und Klarheit kommen noch dazu. Mantras sind so machtvoll, weil sie euch Zugang zu Bewusstseinsebenen verschaffen, die weit jenseits der gewöhnlichen, weltlichen, niedrigen Ebenen liegen, auf denen ihr sonst operiert.

Intellektuell orientierte Menschen finden es häufig schwierig, sich zu verwandeln, weil sie denken, ihr Intellekt sei der Weg zur Vollkommenheit: „Wissen ist es; Wissen ist der Befreier; der Intellekt ist das Wichtigste." Der Intellekt ist jedoch nicht alles. So begibt sich zum Beispiel ein ganz einfacher Mensch, der sich nicht viel intellektuelles Wissen angeeignet hat, in ein Flugzeug und kommt doch an, wo immer er möchte. Ähnlich ist es, wenn jemand, der das Dharma nicht gründlich studiert hat, das Flugzeug der Yoga-Methode von Vajrasattva besteigt; er oder sie kann zur Verwandlung transportiert werden, ohne viel intellektuelles Wissen ansammeln zu müssen.

Unser Problem ist eher, dass wir ohnehin schon viel zuviel intellektuellen Ballast mit uns herumschleppen. Wir sagen: „Das ist nicht gut; das möchte ich nicht, ich möchte lieber jenes.“ So sind wir immer am beurteilen, und das ist unser Problem. Unser Intellekt ist für den größten Teil unserer Unzufriedenheit verantwortlich. Wir haben bereits so viele Gedankenflüge gemacht, sind aber immer noch unzufrieden. Im Westen kann man das am deutlichsten sehen.

Die Kernaussage des Tantra ist: Der Mensch ist die Gottheit. Der Mensch *ist* die Gottheit. Ich muss das so betonen. Wir haben die Qualitäten der Göttlichkeit in uns. Ihr denkt immer, die Gottheit sei etwas über allem Schwebendes und Unzugängliches, durch Tantra jedoch könnt ihr die Gottheit berühren, ja euch selbst als Gottheit erkennen. Darum ist die Praxis so wirksam.

Dem Buddhismus zufolge ist das grundlegende menschliche Problem die lächerliche Annahme, dass wir hoffnungslose Fälle seien. Diese Art der Selbstidentifikation schwächt unsere menschlichen Qualitäten. Deswegen müssen wir die Göttlichkeit in uns selbst erkennen, die göttlichen Qualitäten, die ja bereits vorhanden sind. Der Buddhismus ist so überaus realistisch, so wissenschaftlich, so präzise und gleichzeitig so geerdet: Menschen haben eine reine Natur und göttliche innere Qualitäten, also sollten sie sie erkennen und sich mit ihnen verbinden. Und nach unserem Lehrer, dem Buddha, erkennen wir unsere göttlichen Qualitäten nicht nur dadurch, dass wir von ihnen wissen, sondern durch Handeln, Handeln und nochmals Handeln. Der Weg des Handelns ist die Praxis des Tantra. Im Tantra geht es nicht primär um Worte; die Essenz des Tantra ist das Handeln.

Ich bin weder ein großer Meditierender, noch habe ich viele Erfahrungen. Mein Geist ist ein bisschen eng und ich sehe die Wirklichkeit nicht so wie sie ist. Ich habe jedoch einige Mantra-

Klausuren durchgeführt und – wunderbarerweise – habe ich dort bis zu einem gewissen Grad Dinge erfahren, die ich außerhalb von Klausuren nie erlebt hatte. Ich habe neue Dimensionen des Lebens kennen gelernt und eine neue Wirklichkeit. Mantra hat die Kraft, euch in eine neue Dimension, in einen neuen Raum zu führen. Das ist es, was Mantra vermag.

Manchmal können diese neuen Erfahrungen schockierend wirken, weil sie sich so sehr von der normalen Wirklichkeit unterscheiden. Andererseits könnt ihr auch reine, klare Visionen erfahren, die äußerst real für euch sind. Ich werde hier jedoch nicht den Versuch unternehmen, das alles zu erklären. Ich möchte nur betonen, dass es sich wirklich für euch lohnt zu handeln. Handeln ist einfach und direkt. Ich sage euch das alles, weil sich manche Möchtegern-Praktizierende von den vielen Lehren und Praktiken, die sie im Buddhismus vorfinden, verwirren lassen. Sie wissen nicht mehr, was zu tun ist und welche Praktiken denn nun für sie geeignet sind. Folglich machen sie nichts mehr mit ganzem Herzen. Wenn ihr aber bestimmte Meditationsübungen auswählt und euch sehr stark auf sie konzentriert, wenn ihr sie macht, kann ich euch garantieren, dass ihr euch zu eurem Vorteil verändert.

Wenn ich die Initiation von Vajrasattva gebe, verlange ich daher nicht, dass ihr die sonst übliche Verpflichtung einhaltet und das Mantra bis zum Lebensende täglich rezitiert, sondern bitte die meisten von euch, eine dreimonatige Gruppen-Klausur durchzuführen. Eine Klausur-Verpflichtung ist deshalb sinnvoll, weil ihr in der Klausur mit Sicherheit einige Erfahrungen macht und nicht nur einfach nach einer spirituellen Neuigkeit greift. Ihr tut etwas, um zu wachsen. Menschen, die die Klausur bereits ausgeführt haben, haben die Erfahrung schon gemacht und müssen die Klausur daher nicht unbedingt noch einmal durchführen.

Ich verstehe schon, dass das Leben im Westen es manchmal unmöglich macht, sich zu einer dreimonatigen Klausur zurückzuziehen, darum lasse ich gelegentlich Ausnahmen zu. Wenn ihr keine Zeit für eine strikte Klausur habt, könnt ihr auch zu Hause eine Stunde pro Tag praktizieren, bis ihr die erforderliche Mantra-Zahl rezitiert habt. Ihr solltet aber versuchen, in einem oder zwei Jahren fertig zu werden.

Die Bedingung dabei ist, dass ihr immer auf demselben Platz sitzt. Gewöhnlich ist unser Geist flatterhaft; wir können uns nicht richtig konzentrieren, sind ständig abgelenkt und auf der Suche nach etwas Neuem, etwas Anderem. Durch eine solch ungesunde Einstellung verliert ihr die durchdringende Einsicht; ihr verliert das intensive Gewahrsein. Ein Umfeld, das sich dauernd verändert, macht zwar nicht verrückt, aber es stört eure Meditation. Ein stabiles Umfeld fördert Einfachheit, Klarheit, Einsicht und intensives Gewahrsein. Wären wir nicht von Bedingungen abhängig und nicht beeinflussbar, wäre alles in Ordnung, aber unser Geist funktioniert auf einer niedrigeren Ebene, wo die äußere Situation uns eben beeinflusst. Alles beeinflusst uns: Sterne, Giftpflanzen, Schlangen, Menschen, Farben. Bewusst oder unbewusst werden wir beeinflusst. Um dieser Tendenz zu begegnen, meditieren wir an ein- und demselben Platz.

Ich denke, ich muss noch einen weiteren Kompromiss machen, um einem Lebensstil wie etwa dem amerikanischen gerecht zu werden, bei dem die Menschen dauernd unterwegs sind. Macht euch eine kleine Meditationskiste, die in euer Auto passt. Wenn ihr dann umzieht, könnt ihr euren Meditationsplatz leicht mitnehmen. Die Kontinuität täglicher Praxis ist äußerst wichtig, also bitte unterbrecht sie nicht – wo immer ihr auch hingeht, nehmt eure Meditationskiste mit.

Kontinuität ist wirklich wichtig. Wir alle kennen Momente empfindsamen, intensiven Gewahrseins, in denen wir beinahe die Blumen atmen hören konnten – vollkommene, glückselige, befriedigende Erlebnisse, in denen wir keinerlei Wunsch verspürten, uns nach etwas anderem umzuschauen. Der Zustand völliger Zufriedenheit oder intensiven Gewahrseins hat aber nicht angehalten, das intensive Gewahrsein wurde immer wieder unterbrochen. Bei uns geht es ständig: an, aus, an, aus, oben, unten – das ist unser Problem. Das tibetische Wort für Tantra ist *gyüd*, „Kontinuität", und Kontinuität ist etwas sehr Wichtiges, wenn man glücklich sein und bleiben möchte. Wenn ihr einen bestimmten Zustand von Glück und Zufriedenheit erreicht habt, möchtet ihr ihn schließlich bewahren. Ihr wollt euer Bewusstsein nicht mit Katastrophen füllen. Es ist so einfach, so logisch. Ab und zu *können* wir logisch sein. Das Problem ist nur: Wenn wir „aus" sind, sind wir unlogisch, und nur wenn wir „an" sind, kommt die Logik zum Tragen. Es ist wichtig, die Kontinuität glücklicher Situationen zu bewahren, ohne sie durch Leiden unterbrechen zu lassen. Aus diesem Grund ist kontinuierliche Praxis so wichtig.

Eine Klausur ist etwas ganz Besonderes. Die wörtliche Bedeutung des tibetischen Begriffs für Klausur, *tsam*, ist „Isolierung". Isolierung von was – von der Wirklichkeit? Nun, von der sind wir bereits isoliert. Wir müssen uns von mental oder äußerlich verwirrten Situationen isolieren – von allen Umständen, die uns unklar machen. Wenn ihr für die Dauer eurer Klausur all dem aus dem Wege gehen könnt, stellt sich Transformation ganz von selbst ein, ohne dass ihr euch um sie sorgen müsstet. Und wie ich schon zuvor sagte: Wenn ihr euch nicht zu einer strikten Klausur zurückziehen könnt, ist die Kontinuität täglicher Praxis umso wichtiger. Seid ihr an einem Tag so beschäftigt, dass keine Zeit für eure übliche Sitzung bleibt, übt eine halbe Stunde lang, wenn das immer noch zu viel ist, zwanzig Minuten, oder zehn, oder wenigstens fünf. Eine gewisse Kontinuität muss aufrechterhalten bleiben. Euer Bewusstseinsstrom ist wie eine Art Autobahn – haltet die Energie auf ihr am Fließen.

Buddha zeigt sich in der strahlend weißen Form von Vajrasattva. Warum zeigt sich der Buddha überhaupt in unterschiedlichen Formen? Weil verschiedene fühlende Wesen unterschiedliche Bedürfnisse haben und Buddha selbst gesagt hat, er werde sich den unterschiedlichen Interessen gemäß in verschiedenen Formen manifestieren. Wir glauben, dass er als Krishna, als Jesus, als Frau, als Tee, als Krimineller erscheinen kann – in jedweder Form, die den Wesen nutzt und ihre unterschiedlichen Bedürfnisse erfüllt.

Um die Dunkelheit der Unwissenheit zu vertreiben, manifestiert unser Lehrer, der Buddha, die Totalität seiner reinen Energie in einem strahlend weißen Körper. Wenn ihr verwirrt und negativ seid, wird euer Geist ganz dunkel, das könnt ihr selbst beobachten. Die beseligende, strahlend weiße Emanation von Vajrasattva reinigt diese Dunkelheit.

Wenn ihr die Vajrasattva-Meditation übt, solltet ihr euch nicht von dem Gedanken entmutigen lassen: „Oh, meine Praxis ist nicht vollkommen." Wer oder was ist schon vollkommen? Ihr müsst euch zur Stufe der Vollkommenheit vorarbeiten und dabei da beginnen, wo ihr jetzt steht. Ihr baut euer Traumhaus auf einem leeren Grundstück; hier baut ihr die vollkommene Energie aus der Leerheit von Shunyata heraus auf. Macht es einfach so gut ihr könnt und erwartet nicht zuviel. Der Buddha erwartet nicht, dass sich alle auf der gleichen Ebene befinden. Wir mögen alle über Vajrasattva meditieren, dieselben Worte sprechen, uns derselben Methode bedienen, und dennoch wird jeder von uns sein ganz eigenes Verständnis entwickeln, seinen eigenen Bewusstseinsbereich. Der Buddhismus versteht das. Ihr braucht nicht versuchen, es euren Nachbarn gleichzutun. Verspannt euch nicht, bleibt klar und tut, was ihr könnt. Das ist gut genug.

Wenn ihr die Vajrasattva-Initiation entgegennehmt, solltet ihr eine starke Motivation haben und nicht zweifeln. Motivation ist ein Kernpunkt der Befreiung. Die richtige Einstellung befreit euch. Wenn ihr die Initiation nehmt, sollte es euch nicht um Kurzzeitgenüsse wie Strand und Eiscreme gehen. Stattdessen solltet ihr den starken Wunsch verspüren, euer Leben so weit wie möglich in den Dienst anderer zu stellen. Das ist der wichtigste Faktor bei der Initiation. Ich glaube, ihr habt diese Motivation bereits. Denkt nicht: „Oh, das hört sich aber gar nicht nach mir an." Ihr könnt definitiv sämtliche unheilsamen Handlungen eures gewöhnlichen Körpers, eurer gewöhnlichen Sprache und eures gewöhnlichen Geistes reinigen und so Vajrakörper, -Sprache und -Geist entdecken.

[Lama Yeshe gibt die Initiation.]

Jetzt ist die Einweihung beinahe beendet. Nach der tibetischen Tradition berührt jetzt der Lama den Scheitel eines jeden anwesenden Schülers mit der Torma, die für die Gottheit steht. Ich habe das an anderer Stelle erklärt. Ich glaube, dass es sich hierbei um eine tibetische Innovation handelt und nicht um eine alte Überlieferung. Lamas sind sehr freundlich und nicht so beschäftigt, also versuchen sie, ihre ganze Energie in den Dharma-Pfad zu integrieren. Sie fertigen Tormas an, verwandeln sie durch Meditation in die Gottheit und berühren dann den Scheitel eines jeden Schülers, damit diese auch gewiss die Erfahrung machen, dass Vajrasattva in ihr Herz hinabsteigt. Ich werde dieser Tradition heute nicht folgen. Ich habe nichts gegen diese Praxis, aber wir sind hier im Westen, und ich denke, Vajrasattva ist bereits in euren Herzen, also ist es nicht nötig.

Ihr könnt jetzt sehen, dass die Vajrasattva-Praxis sehr einfach ist. Aber falls ihr es schwierig findet, die Gottheit über dem Scheitel eures Kopfes zu visualisieren, könnt ihr euch auch vorstellen, Vajrasattva sitze auf der Höhe des Brauenchakra. Sollte auch das noch zu schwierig sein, könnt ihr ihn statt in seiner üblichen Form als Gottheit auch als ein weißes OM auf einer Mondscheibe an eurem Brauenchakra visualisieren: Das OM ist von den Mantrasilben umgeben, die im Gegenuhrzeigersinn am Rande der Mondscheibe aufgereiht sind. Während ihr euch auf OM und Mantra konzentriert, geht glückselige Energie von ihnen aus, füllt euer gesamtes Nervensystem und verdrängt den ganzen Müll eurer Unreinheiten, besonders die des Körpers.

Ihr solltet eure Unreinheiten spüren können. Gelingt euch das nicht, kann es wohl sein, dass ihr bereits einen bestimmten Grad an Reinheit erreicht habt. „Reinheit“ und „Unreinheit“ sind keine Glaubensangelegenheiten, sie sind nicht notwendigerweise religiöse Vorstellungen. In eurem Geist gibt es eine Art substanzielles psychologisches Gebilde, das von eurem herkömmlichen Bewusstsein abhängig ist. Das ist es, was über Reinheit und Unreinheit bestimmt, und ihr solltet in der Lage sein, es zu entdecken.

Ähnlich wie beim Brauenchakra befindet sich ein rotes AH auf einer Mondscheibe an eurem Kehlchakra, umgeben von den Mantrasilben, und an eurem Herzen ein blaues HUM auf einer Mondscheibe, ebenfalls umgeben von den Mantrasilben. Wenn ihr das Mantra rezitiert, geht wie zuvor glückselige Energie davon aus und reinigt die unheilsamen Handlungen eurer Sprache und eures Geistes. Statt also einfach herumzusitzen, euch einsam und schlecht zu fühlen und auch noch unfähig, die Meditation mit der gesamten Visualisierung richtig auszuführen, könnt ihr diese vereinfachte Form praktizieren. Es funktioniert, es öffnet euch wirklich.

Im Hauptkommentar findet ihr die meisten Informationen für die Klausur. Wenn ihr ihn studiert, werdet ihr feststellen, wie ausgesprochen wertvoll und effektiv eine Klausur für euren Geist sein kann. Eine Klausur ist kein Scherz. Wir alle müssen uns die Zeit und den Raum nehmen, unseren Geist zu erheben. Wenn wir nicht einmal das für uns tun, wie können wir hoffen, jemals unser menschliches Potenzial zu entwickeln? Die Schülerinnen und Schüler, die die Klausur schon einmal gemacht haben, können euch bei der Erläuterung des Kommentars helfen.

Nachdem ihr eure Klausur beendet habt, ist es gut, die Dorje-Khadro-Feuer-Puja zu machen; ihr seid aber nicht dazu verpflichtet. Manche Leute fühlen sich schlecht, weil sie glauben, in der Klausur nicht ihr Bestes gegeben zu haben, weil sie das Mantra nicht richtig rezitiert haben oder etwas Ähnliches. Die Feuer-Puja brennt alle diese Zweifel weg, so dass ihr euch am Ende rein, klar und zufrieden mit eurer Praxis fühlen könnt.

Ich möchte noch einmal den Nutzen kurzer Sitzungen betonen. Macht eure Praxis intensiv und gut, und ihr werdet sie genießen. Ihr verlasst euren Meditationsplatz mit dem Wunsch zurückzukommen. Die Energie eurer positiven geistigen Schwingungen wird irgendwie bewahrt. Dadurch wird eure Klausur einfacher.

Ich finde es wundervoll, dass ihr euch reinigen wollt. Auf unserem Planeten gibt es heutzutage soviel unreine Energie, so viele Arten von Verseuchung. Es ist schon selten, überhaupt zu erfahren, dass es die Möglichkeit der Reinigung gibt, ganz zu schweigen davon, sie sogar zu praktizieren. Ihr seid so mutig. Ich bin so froh und zufrieden, dass ihr die Energien eures Unglücklichseins bereinigen und ein glückliches Leben führen wollt. Außerdem nützt es der Menschheit, wenn ihr euch richtig reinigt. Mehr können wir nicht tun. Ich empfinde Glückseligkeit bei dem Gedanken, dass ihr es ernst meint mit eurem Wunsch nach Reinigung, dass ihr nicht scheinheilig seid und dass wir unsere Zeit nicht verschwenden. Ich gehe sogar so weit zu sagen: Selbst wenn ihr nicht handelt – der bloße Wunsch, euch zu reinigen, ist genug für mich. Ihr rührt mein Herz. Vielen, vielen Dank!

Teil 4

Heruka-Vajrasattva Tsok

16 *Was ist Tsok?*

Tsok bedeutet Versammlung. Wir sammeln die Dinge, die wir als Opfergaben darbringen, und wir versammeln uns, um zu praktizieren. Sich mit anderen Praktizierenden zu versammeln, den Geist im selben Raum zu konzentrieren ist etwas zutiefst Inspirierendes. Es ist viel besser als zu Hause allein eine Puja zu machen. Das ist die Bedeutung des tibetischen Wortes „Tsok".

Einer meiner Kollegen aus dem Kloster Sera vergleicht Gruppen-Puja mit einem Reisigbesen. Mit einem einzigen Reisig kann man nicht viel fegen, aber wenn man viele Reisige zu einem Besen bindet, kann man einen ganzen Versammlungsraum im Handumdrehen ausfegen. Wir sind nicht so stark wie Ausnahme-Praktizierende nach der Art Milarepas. Er fühlte sich in vollkommener Einsamkeit wohl; so weit sind wir noch nicht.

Also ist es nützlich, dass wir zusammenkommen und versuchen, Einsgerichtetheit des Geistes zu entwickeln; die Bewusstseinsströme von einhundert Menschen treffen an einem Ort zusammen – das hat eine starke Wirkung.

In der tibetischen Tradition ist Tsok eine äußerst tief greifende Reinigungsmethode, ein tiefgründiger Weg, um Verwirklichung zu erlangen. Wenn ihr den Text auf Deutsch rezitiert, merkt ihr, wie viele Themen in dieser Praxis angesprochen werden. Die *Guru-Puja* zum Beispiel deckt den gesamten Pfad zur Erleuchtung von Anfang bis Ende ab. Es könnte geschehen, dass ihr in euren täglichen Meditationen über den Lamrim keine besonderen Fortschritte macht und plötzlich, während einer Puja, sich blitzartig Erkenntnisse einstellen, weil ihr eine unterstützende Atmosphäre geschaffen habt. Viele Menschen haben in einer Puja spirituelle Verwirklichungen erlangt, einfach aufgrund der besonderen Atmosphäre.

Normalerweise setzen wir uns unter Druck, um etwas zu erreichen – aber es geschieht nichts, weil wir den Raum nicht geschaffen haben, in dem etwas passieren könnte. Indem wir uns versammeln, um Tsok darzubringen, schaffen wir Raum. Wenn der richtige Raum sich öffnet, kommen die Verwirklichungen schlagartig, als würden sie magnetisch angezogen. Das ist wirklich so.

Daher ist die rechte Atmosphäre so wichtig, ob ihr nun eine Sadhana praktiziert oder irgendetwas anderes. Ihr mögt eine bestimmte Puja schon hundertmal gemacht haben, aber irgendwie seid ihr nie an der richtigen Stelle angekommen. Wenn ihr dann plötzlich zur rechten Zeit doch die richtige Stelle erwischt: rumms – geschieht etwas. Wir brauchen die richtige Atmosphäre, um zu wachsen.

In der philosophischen Terminologie des Buddhismus sprechen wir von Karma: „Schaffe gutes Karma, und du wirst dieses oder jenes gute Resultat erhalten." Ich möchte einfach nur sagen, dass ihr die richtige Atmosphäre schaffen müsst, um die erwünschten Resultate zu erzielen. Wenn ihr ein Gewächshaus baut, werden Blumen wachsen und vor Hagelschäden geschützt sein. Genauso ist es mit unserem Baby-Geist. Wir müssen die richtige Atmosphäre schaffen, in der er sich entwickeln kann. Und wir müssen ihn beschützen. Indem wir uns hier zur Puja versammeln und uns gegenseitig gute Energie geben, schaffen wir die Art von Schutz, die unser Geist braucht.

In der tibetischen Tradition des Mahayana-Buddhismus sprechen wir immer über das Gute, was wir von allen fühlenden Wesen erhalten. Ihr braucht zum Beispiel nur den Darjeeling-Tee betrachten, den wir trinken. Denkt nur, wie viele Menschen dazu beitragen, dass er hier vor uns steht: die Bauern, die Pflücker, die Sortierer, die Packer, die Schiffer, die Ladenbesitzer, unsere Köche … – schließlich können wir ihn hier und jetzt trinken. Aus euren Lamrim-Studien wisst ihr, dass jedes fühlende Wesen direkt oder indirekt mitgeholfen hat, damit ihr euren Tee trinken könnt. Und das gilt nicht nur für diese Tasse Tee. Unser Glück, von der niedrigsten samsarischen Sinneslust bis hin zur ewigen Glückseligkeit der Befreiung und Erleuchtung, ist immer etwas, was wir nur in gegenseitiger Zusammenarbeit erreichen.

Um Verwirklichungen zu erlangen, müssen wir die richtige Atmosphäre schaffen. Wir tun dies, indem wir uns versammeln und unseren Geist gebündelt auf eine bestimmte Atmosphäre ausrichten. Die Kraft dieser Praxis bringt die Erkenntnis. Ich halte das für großartig: Wir sind eine internationale Versammlung, und jeder von uns hat sich auf seine ganz einzigartige Weise entwickelt; aber trotz unserer Unterschiede können wir uns am selben Ort zusammenfinden und miteinander kommunizieren. Für mich ist das wirklich wunderbar. Eltern mögen nicht in der Lage sein, mit ihren Kindern zu kommunizieren, aber wir sind hier aus den verschiedensten Ländern der Welt zusammengekommen und können von Herz zu Herz miteinander kommunizieren.

Eine weitere Bedeutung von Tsok ist „Party" – eine Party, auf der wir die gleichzeitig geborene große Weisheit und Glückseligkeit teilen. Nun, *das* ist wirklich eine Party!

17 *Heruka-Vajrasattva Tsok: Der erste Kommentar*

Als ich nach einer Bezeichnung für dieses Tsok-Ritual suchte, hatte ich viele Namen zur Auswahl, aber irgendwie dachte ich, „Ein Gegenmittel gegen die Vajrahöllen" sei der geeignetste. Viele meiner Schülerinnen und Schüler haben die Heruka-Vajrasattva-Klausur gemacht, ein äußerst kraftvoller Weg, all seine negative Energie zu reinigen. Als ich daher gefragt wurde, ob wir nicht in Bodhgaya[22] unter dem Bodhibaum einen Tsok darbringen könnten, hielt ich es für eine gute Gelegenheit, ein kurzes Tsok-Ritual an Heruka-Vajrasattva zu verfassen.

Wir nennen diese Opfergabe ein Bankett, weil sie einer großen, glückseligen Party gleicht, zu der wir alle Buddhas, Bodhisattvas, Dakas, Dakinis und alle anderen reinen Manifestationen einladen.

Die Opfergaben

Jede Art von Speise und Trank kann als Gabe dargebracht werden. Ihr braucht keine Tormas aus Tsampa im tibetischen Stil – zu Nagarjunas Zeiten, damals im alten Indien, hatten sie auch keine. Ihr könnt Karotten, Schokolade, Milchmixgetränke, ja sogar „schwarze Speisen" wie Zwiebeln, Knoblauch und Rettich darbringen – alles, was euch gefällt, was sauber ist und dort, wo ihr gerade seid, zur Verfügung steht. Außergewöhnliche Praktizierende können sogar unreine Substanzen, etwa Exkremente, darbringen; da wir aber noch nicht so weit fortgeschritten sind, ist es besser für uns, uns auf reine Gaben zu beschränken.

DAS VERDIENSTFELD

Erster Vers. Da es sich hier um eine tantrische Praxis handelt, müssen wir unsere gewöhnliche Sicht unserer Umgebung und aller Wesen in ihr umwandeln, bevor wir den Tsok darbringen. Visualisiert euch selbst, die anderen, die den Tsok zusammen mit euch darbringen, die Opfergaben und eigentlich alles andere auch – als Manifestationen der Vereinigung der großen Glückseligkeit mit der Weisheit der Nicht-Dualität. Dann erscheint im Raum vor euch, aus nicht-dualer Glückseligkeit und Leerheit, das Vajrasattva-Mandala mit Heruka-Vajrasattva samt Gefährtin in seiner Mitte.

Unser Geist hat die natürliche Tendenz, das Mandala als klein und überfüllt zu visualisieren, das entspricht aber nicht der Realität. Das Mandala erfüllt den ganzen Raum und enthält unendliche Opfergaben, die ihrer Natur nach beseligender Nektar und transzendente Weisheit sind. Ihr solltet eure Opfergaben – ob es nur eine Orange oder ein ganzer Tisch voller Speisen ist – in unendliche Opfergaben verwandeln, die den gesamten Raum füllen: Millionen Orangen, Äpfel und so weiter. Manchmal visualisiere ich einen kosmischen westlichen Supermarkt und bringe ihn dar – eine viel bessere Gabe als ein begrenzter Gemüsemarkt der Dritten Welt! Eure Opfergaben sollten grenzenlos sein. Selbst wenn ihr nur eine einzige Gabe darbringt, strahlen unendliche Objekte für die fünf Sinne von ihr aus, die allesamt von der Natur großer Glückseligkeit sind.

Zweiter Vers. Normalerweise nehmen wir uns selbst und andere auf sehr gewöhnliche, begrenzte Weise wahr. Wenn wir uns zum Beispiel versammeln, um Tsok darzubringen, sehen wir uns selbst als eine hoffnungslose, lächerliche Person in Gesellschaft anderer hoffnungsloser, lächerlicher Personen, die sich alle zusammen bemühen, so eine Art Opferritual zustande zu bringen. Aus tantrischer Sicht funktioniert ein so geartetes Ritual nicht. Das ist nicht die rechte Art und Weise, Tsok darzubringen. Ihr solltet alle Anwesenden – selbst die, mit denen ihr zurzeit Streit habt – als eure lieben Freundinnen und Freunde betrachten und jeden als einen Vajrasattva aus strahlend weißem Licht sehen. Ihr könnt das! Eine der großen Schönheiten des Menschseins liegt darin, dass ihr jederzeit euren Geist verändern könnt. Er ist flexibel, und ihr könnt das Geschick entwickeln, schlechte Umstände in gute zu verwandeln.

In der Sphäre der großen nicht-dualen Glückseligkeit erscheinen alle Wesen als männliche und weibliche Gottheiten – Dakas und Dakinis. Ihre Erscheinung gleicht einer Illusion, als wäre sie von einem Magier geschaffen. Habt ihr schon mal die Erfahrung gemacht, irgendwo zu sein, wo viele Menschen verschiedenster Nationalitäten, Formen und Größen vorbeikommen, und dabei das Gefühl gehabt, alles sei nur ein Traum oder eine Illusion? Wenn ihr diesen Tsok darbringt, solltet ihr alle Menschen in die Form von Vajrasattva verwandeln und gleichzeitig eure gesamte Visualisierung als illusorisch betrachten. Wie wir uns gegenseitig wahrnehmen, ist ja ohnehin schon illusorisch, auch wenn wir uns für so solide und real halten.

Einige der Dakas und Dakinis, die wir visualisieren, erscheinen äußerst friedvoll und glückselig, andere erscheinen in einer Form, die unsere Entwicklung fördert, einige manifestieren große Macht, wieder andere schließlich großen Zorn. Sie alle scheinen zu tanzen. Ihr selbst solltet euch ebenfalls vorstellen, dass ihr tanzt, wenn ihr irgendwo hingeht. In gewisser Hinsicht *tanzt* ihr ja tatsächlich, wenn ihr ins Kino, in ein Restaurant oder wieder nach Hause geht. Wenn ihr Tsok darbringt, solltet ihr euch als Dakas und Dakinis visualisieren, die sehr aktiv und lebendig sind; sie tun wirklich etwas, um den fühlenden Wesen zu helfen, keinesfalls sind sie dumpf, antriebslos oder tot. Sie manifestieren sich schließlich in all diesen verschiedenen Formen, um allen fühlenden Wesen zu nutzen und verkörpern nicht etwas eine teilweise und zusammenhanglose, sondern die voll entwickelte Vereinigung von Methode und Weisheit.

Sämtliche Tsok-Rituale, zum Beispiel die *Guru Puja*, basieren auf Transformation. Zuerst erzeugt ihr nicht-duale, transzendente große Glückseligkeit und Weisheit, und daraus geht dann alles hervor: sämtliche Handlungen, die Gaben, ihr selbst, der Guru, dem ihr diese Gaben darbringt. In dieser Zeit solltet ihr keine Lebewesen als Leidende, Kranke, Hungergeister und so weiter wahrnehmen. Alles, was erscheint, wirkt transzendent und ruft große Glückseligkeit hervor. Darum ist es in diesem Zusammenhang am besten, alle Wesen als Vajrasattva zu visualisieren. Es wäre wahrlich hervorragend, wenn ihr für die Dauer des Tsok-Rituals – sei es eine Stunde oder mehr – euren Geist unter Kontrolle halten und das Entstehen der gewöhnlichen Müll-Konzepte verhindern könntet. Normalerweise füllen genau diese Gedanken unseren Geist vollkommen an, verursachen viel Verwirrung und machen uns verblendeter denn je. Wie wundervoll wäre es doch, wenn euer Geist wenigstens eine Stunde lang dem Selbstmitleid keinen Raum geben würde.

Segnung der Inneren Opfergaben

(OM KHANDA ROHI …) Hier segnen wir die Opfergaben. Die Gottheit Khandarohi hat ein Gesicht und vier Arme und sollte möglichst visualisiert werden, wie sie die störenden Geister und so weiter vertreibt. Es macht nichts, wenn euch diese Visualisierung nicht gelingt, aber zumindest solltet ihr etwas vom Nektar der Inneren Opfergabe auf die Opfergaben sprenkeln und spüren, dass so alle negativen, geizigen Geister vertrieben werden. Wenn wir von „Geistern" sprechen, bezieht sich das nicht bloß auf äußere Hindernisse, sondern auch auf alle negativen Energien in euch, die euer Opferritual verunreinigen. Auch diese Energie wird gereinigt.

(OM SVABHAVA …) Nun folgt das so genannte „Shunyata-Mantra". Shunyata, die Leerheit aller Opfergaben von inhärenter Existenz, zu erkennen, ist ein sehr machtvoller Weg, gewöhnliche Vorstellungen und negative Energien zu bereinigen. Bei einem richtigen Tsok-Ritual ist diese Erkenntnis wesentlich.

Die Keimsilbe OM symbolisiert den göttlichen Vajrakörper, der eine Einheit mit der göttlichen Vajrasprache und dem göttlichen Vajrageist bildet. SVABHAVA bedeutet *natürlich* im Gegensatz zu künstlich; SHUDDHA (und SHUDDHO) bedeutet *rein;* SARVA steht für *alle;* DHARMA bedeutet *existierende Phänomene,* und HAM bedeutet *ich bin,* was mit göttlicher Würde empfunden werden muss. Diese Sanskritworte enthalten eine umfassende Erklärung der reinen, grundlegenden Natur menschlicher Wesen und aller anderen Phänomene. Das Mantra bedeutet: Alle existierenden Phänomene sind inhärent rein [nicht im relativen aber im absoluten Sinn] und ebenso ich selbst.

Ihr müsst eure wahre Natur verstehen. Meistens seid ihr unnatürlich. Euer Ego ist sehr intelligent, wenn es um Zorn und Gier geht - doch das ist die falsche Art von Intelligenz. Euer Ego kreiert ein künstliches Selbstbild, und ihr glaubt: „Das bin ich, wie schön (oder hässlich) ich doch bin." Dann stellt ihr anderen dieses falsche Selbstbild vor. Solange ihr von eurem Ego beherrscht werdet, seid ihr nicht natürlich. Ihr müsst auf eure grundlegende, wahre Natur hören und in Kontakt mit ihr kommen. Gelingt euch das, berührt ihr die Reinheit. Die gewöhnliche, selbstmitleidige, falsche Vorstellung: „Ich bin hoffnungslos, ich bin unrein, ich bin schlecht, ich kriege nichts zustande, ich kann mir nicht mal selbst helfen ..." ist völlig falsch und das genaue Gegenteil dessen, was das Shunyata-Mantra sagt.

Eure Natur ist nicht, was eure negativen Projektionen euch glauben machen. Dem Buddha zufolge ist es falsch zu glauben, man sei wirklich böse oder sündig. Eure grundlegende Natur ist rein. Diese von eurem Ego produzierte künstliche Wolke ist nicht eure wahre Natur, sondern ein im Traum fabriziertes Gebilde. Also seid natürlich.

Es lässt sich leicht beobachten, dass wir nicht natürlich sind. Schaut, wie das Verhalten der Menschen sich mit ihren Ideen ändert. Ein einfaches Beispiel ist die Gangart der Menschen. Wenn sich ihr Selbstbild verändert, verändert sich auch ihre Art zu gehen. Das könnt ihr selbst beobachten. Junge Menschen haben ein bestimmtes Selbstbild und glauben sich entsprechend verhalten zu müssen; daraufhin gehen sie auf eine bestimmte Art und tragen bestimmte Kleidung. Alte Menschen wiederum verstehen nicht, warum die Jugendlichen sich so verhalten, kritisieren sie, und der Generationskonflikt verstärkt sich.

All das ist völlig künstlich! Handelt natürlich! Das Shunyata-Mantra zeigt, dass die wahre Natur des Menschen positiv ist. Niemals solltet ihr euren vom Ego projizierten negativen Selbstbildern Glauben schenken. Der Buddha hat deutlich gemacht, dass all euer Leiden von eurem Ego kommt, und darum lehrt der Buddhismus stets, wie zerstörerisch die Projektionen des Egos sind.

Bei der Shunyata-Meditation hört ihr auf euer inneres Selbst, geht über künstliche Gedanken hinaus, werdet ruhig und friedvoll und berührt die grundlegende Realität eures Seins. Auf diese Weise durchschneidet die Shunyata-Meditation alle Konzepte, die euch unglücklich machen, besonders die Vorstellung, ihr wäret auf irgendeine Weise dauerhaft und würdet aus euch selbst heraus existieren. Werden diese falschen Vorstellungen nicht durchschnitten, sondern bloß unterdrückt, kehren die von ihnen verursachten Symptome immer wieder. Ihr mögt dann in der Lage sein, eine Art Leiden unter Kontrolle zu bringen, doch wird stattdessen eine andere entstehen.

Ganz gleich, ob ihr nun das Shunyata-Mantra rezitiert oder nicht, entscheidend ist die Erkenntnis, dass das von eurem Selbstmitleid aufrechterhaltene Selbstbild nicht existiert. Ich könnte dies mit tief schürfenden philosophischen Begriffen erklären, aber ich halte die Dinge lieber einfach. Denkt ein Jahr zurück: Welches „ich bin so und so“ habt ihr damals gehabt? Vergleicht es mit eurem „ich bin so und so“ von heute. Hat das „Ich“, das ihr spürt, sich verändert oder nicht? Sorgfältige Analyse wird zeigen, dass das Ich, das ihr heute spürt, mit dem Ich, das ihr vor einem Jahr gespürt habt, identisch ist, auch wenn sich einige Dinge geändert haben. Ihr könnt leicht sehen, wie falsch – sowohl relativ als auch absolut – dieses Gefühl ist.

Alle Phänomene verändern sich von einem Augenblick zum anderen – unser Ich kann gar nicht unverändert bleiben. Wenn ihr erkennt, wie sehr sich eure nach einem Ich greifende Unwissenheit an ihrer unsinnigen Selbstidentität festgeklammert hat, indem sie zum Beispiel glaubt, dass das Du von vor zehn Jahren auch heute noch hier vorhanden ist, werdet ihr darüber lachen, wie verblendet ihr gewesen seid. Der Buddha hat stets gelehrt, dass wir verblendet sind. Verblendet zu sein bedeutet, sich an unsinnigen, halluzinatorischen Vorstellungen festzuklammern. Selbst wenn ihr schon zwanzig oder dreißig Jahre lang meditiert haben solltet: Wenn eure Meditation nicht angefangen hat, euer Ego zu erschüttern und diese Vorstellungen zu zerstören, habt ihr nicht richtig meditiert. Je extremer die Selbstidentität euers Egos ist, desto solider scheint euer Ego und desto intensiver klammert ihr euch fest. Wird euer Ego bis in seine Wurzeln erschüttert, erzeugt das ein Erdbeben, das den Berg Meru eures samsarischen Mandalas zusammenbrechen lässt.

Die Lehre des Buddha über die universale Wirklichkeit ist äußerst tiefgründig. Sie zeigt den Menschen den besten Weg zu wahrer Gesundheit. Sie zerbricht sämtliche Konzepte, erschüttert alle Illusionen. Der Buddha sagte sogar, wenn man an einer fixen Vorstellung von *ihm* festhalte, sei man in eine Falle geraten. Spirituelle Sucher von heute greifen unter dem Einfluss ihrer Egos nach ihren selbstexistenten Gurus und sagen: „Ich liebe dich, du bist ein wunderbarer Guru. Liebst du mich auch? Du solltest mich lieben." Der Buddha hätte Schüler mit einer derartigen Einstellung abgewiesen. Er wollte nicht, dass sich jemand an ihn oder an die Lehren klammert. Auch wenn eure Anhaftung dem Paramita-Pfad oder dem Tantra gilt, steckt ihr in der Falle, seid ihr Narren. Das ist keine gesunde Haltung. Es gibt da keinerlei Ausnahme: Man sollte nach nichts greifen, an nichts hängen bleiben. Ihr solltet nicht nach samsarischen Phänomenen greifen, ebenso wenig solltet ihr nach dem Dharma greifen. Das ist Buddhas Rezept für vollkommene Gesundheit.

Heutzutage scheinen viele Gurus an ihren Schülern zu hängen und erwarten dasselbe auch von ihren Schülern. Das ist völlig falsch. Es ist für die Schüler im höchsten Maße ungesund, an ihrem Lehrer oder an ihrem Pfad zu hängen. Der Buddha möchte, dass ihr gesund, stets glücklich und frei von allen Konzepten und Doktrinen seid – schlicht frei von allen Fesseln. Darum müsst ihr alle gegenwärtigen Vorstellungen über das „Du" der Vergangenheit als falsch erkennen und sie zerbrechen. In der Dunkelheit eurer Unwissenheit lasst ihr euch vom verführerischen Tanz der fünf Sinnesobjekte täuschen. Wenn ihr allerdings erkannt habt, wie euer Ego euch täuscht, wird es ihm nicht länger gelingen. Das wirklich zu verstehen, bedeutet Shunyata zu verstehen.

Das tiefgründige Shunyata-Mantra sagt euch, dass die wahre Natur eurer selbst und aller Phänomene eins ist. Euer Ego jedoch teilt, trennt und kategorisiert alles und jedes, so dass ihr keiner Sache jemals wirklich nahe kommt. Selbst nach einem ganzen gemeinsam verbrachten Leben sind sich Mann und Frau nicht wirklich nahe und verstehen einander nicht, weil ihre Egos sie stets trennten.

Im Mantra heißt es, alle existierenden Phänomene seien in Wirklichkeit eins und dann: „HAM, so bin auch ich." Letztendlich seid ihr rein, eins mit allem Existierenden; spürt daher göttliche Würde. Wenn ihr Shunyata erfahrt, werdet ihr eins mit allen Phänomenen, untrennbar, wie Milch, die in Milch gegossen wird. Wenn ihr Shunyata realisiert, verschwindet euer dualistischer Geist. Dualistisch ist er, weil er alles entzweit, zum Beispiel „ich" und „du". Wenn ihr eure eigene endgültige Natur entdeckt und die meine, gibt es keine Unterscheidung mehr zwischen uns.

Die Menschen protestieren weltweit gegen den Rassismus und organisieren politische Demonstrationen dagegen, bei denen bisweilen sogar Menschen umkommen. Vom buddhistischen Standpunkt wird der Rassismus so lange fortbestehen, bis der dualistische Geist ausgelöscht ist. Solange ihr die endgültige Wirklichkeit, die Einheit alles Existierenden, nicht wirklich erkannt habt, ist alles Gerede über die Abschaffung von Rassismus lediglich ein Witz. Der Buddha hat die vollkommene, praktische Methode zur Integration gelehrt, die wir alle in unserem Alltag erfahren können. Das genau ist das Schöne am menschlichen Dasein: Wir können die relative Welt überschreiten und das Absolute erfahren.

Alles wird leer ... Die Schädelschale, die wir hier visualisieren, ist nicht so klein wie jene, die in Pujas Verwendung finden. Sie sollte gewaltige Ausmaße haben, je größer desto besser. Sie enthält die fünf Arten von Fleisch und die fünf Arten von Nektar. Ihr selbst seid im Aspekt von Vajrasattva. Vom HUM an eurem Herzen strahlt Licht in die Schädelschale, heizt die Zutaten auf und verschmilzt sie zu einem riesigen Ozean unerschöpflichen glückseligen Nektars.

Beim Darbringen des Tsok müsst ihr stets der glückseligen Natur jeder eurer Gaben eingedenk sein. Orangen zum Beispiel mögen als Orangen erscheinen, sind aber in ihrer Essenz beseligender Nektar. Und die Gottheit, der ihr den Tsok darbringt - in diesem Falle Vajrasattva -, mampft die Gaben nicht einfach weg, wie wir es tun würden, sondern zieht stattdessen ihre Essenz - große Glückseligkeit - durch einen dünnen Lichthalm, den sie von ihrer Zunge ausgehen lässt, und nimmt sie so in sich auf. Auch ihr solltet erkennen, dass alle Opfergaben, ja eigentlich euer gesamtes tägliches Essen und Trinken, von der Natur großer Glückseligkeit sind.

Indem ihr dann dreimal das Mantra OM AH HUM HA HO HRI rezitiert, segnet ihr den Tsok.

Diese reine Opfergabe ... Die Rezitation dieses Verses hilft eurem Geist, den Einbildungen keine Energie mehr zuzuführen.

Vers eins

Hier bringen wir den Tsok mit der Bitte dar, dass wir die gleichzeitig geborene Glückseligkeit und Weisheit in uns entwickeln mögen, den einzigartigen tantrischen Pfad zur Erleuchtung.

Rezitiert nach jedem Vers einmal das Heruka-Vajrasattva-Mantra. Wenn ihr es klar, gleichmäßig und mit der richtigen Geschwindigkeit rezitiert, reinigt ihr das Unheilsame von Millionen Leben. Manchmal fühlt sich die Last des Unheilsamen so schwer an, dass ihr euch kaum noch bewegen könnt; ihr habt das Gefühl, in einem gigantischen Ozean unheilsamer Handlungen zu versinken. Habt ihr euch einmal entschlossen, euch schwer zu fühlen, dann fühlt ihr euch auch wirklich schwer! Der buddhistischen Psychologie zufolge, bewirkt die Überzeugung, negativ zu sein, dass man tatsächlich negativ wird. Wenn ihr euch selbst wie ein hoffnungsloser Fall vorkommt, erscheint ihr auch mir als ein hoffnungsloser Fall. So sollten wir nicht denken. Wir haben Methoden, um selbst die allerschlimmsten Fehler zu reinigen – zum Beispiel den Bruch tantrischer Wurzelgelübde. Viele große Yogis haben die Erfahrung gemacht, dass die Praxis von Vajrasattva ausnahmslos alle negativen Energien reinigen kann. Es ist sehr wichtig für euch, diese Tatsache zu begreifen. Ihr habt bereits eine sehr schlechte Meinung von euch selbst. Sie sollte durch die Begegnung mit Religion nicht noch schlimmer werden. Das wäre wirklich falsch. Natürlich solltet ihr eure Unzulänglichkeiten erkennen, aber gleichzeitig solltet ihr euch von dem Gedanken inspirieren lassen, dass ihr das Potenzial besitzt, ein Buddha zu werden.

Vers zwei

Wie verschwenden wir unsere kostbare menschliche Geburt? Indem wir an den Genüssen der fünf Sinnesobjekte haften. Warum? Weil unsere fünf Arten von Sinnesbewusstsein halluzinieren. Wir müssen ihre unreine, dualistische Sicht reinigen. Wir sind zu fixiert auf unser Wohlergehen in diesem einen Leben. Schaut euch zum Beispiel einmal an, was passiert, wenn ihr nach Indien zu einer Dharma-Veranstaltung geht. Ihr seid voller guter Absichten, aber sobald ihr ankommt, regt ihr euch schon auf, weil das Essen, der Tee oder der Kaffee nicht gut sind. Natürlich müsst ihr dafür sorgen, dass euer Körper gesund bleibt, aber selbst wenn dafür gesorgt ist, ärgert euch der Mangel an Komfort. Ihr sagt, ihr wollt Befreiung, Erleuchtung und wollt anderen helfen, aber in Wirklichkeit ist euer Geist vollkommen besessen von den lächerlichen selbstsüchtigen Vergnügungen eures Egos. Eine derart übertriebene Sorge um das Glück nur dieses einen Lebens muss beseitigt werden – sie macht euch nur zunehmend enger. Es stimmt ganz und gar nicht, dass man sich nur um das Glück dieses Lebens bemühen kann.

Studenten bemühen sich sehr, damit sie ihr Examen bestehen und einen Job bekommen. Im Verlauf ihres Studiums werden sie sich bestimmt auch vergnügen und dadurch abgelenkt werden, aber das bleibt immer nur zweitrangig, das Studium geht vor. Sie lassen sich von den kleinen Vergnügungen nicht daran hindern, ihr eigentliches Ziel zu erreichen. Gleichermaßen solltet ihr, die ihr ja nach dem höchsten Ziel, der immer währenden Zufriedenheit, strebt, euch ganz und gar diesem Ziel widmen, so dass ihr bereit seid, die Bequemlichkeiten dieses Lebens dafür aufzugeben. Ohne die Anhaftung an samsarische Vergnügungen aufzugeben, könnt ihr nicht Befreiung erlangen. Hat man sich allerdings einmal fest entschlossen, nach Befreiung zu streben, und sich bewusst gemacht, dass dieser Weg mit Opfern verbunden ist, empfindet man bei jeder Konfrontation mit Hindernissen eine Art Glücksgefühl. Alle Ego-Konflikte und alles Leiden entstehen aus dem Gift der Anhaftung an die gewöhnlichen Konzepte und Erscheinungen dieses Lebens. Wenn wir den Tsok darbringen, bitten wir mit diesem Vers um den Segen, dieses Anhaften aufgeben zu können.

Vers drei

Dieser Vers zeigt, auf welche Weise ihr schlechtes Karma schafft und euren Verblendungen hinzufügt. Fehleinschätzungen, die im Grunde auf Einbildung basieren, schaffen immer mehr Einbildungen. Wenn ihr unter ihrem Einfluss handelt, schafft ihr schlechtes Karma. Diese Dinge gleichen einer dichten Decke, die euren Geist bedeckt, und müssen, zusammen mit dem Dämon der unreinen dualistischen Sicht, gereinigt werden.

Hier bitten wir um den Segen, Samsara von Herzen entsagen zu können. Um wahre Entsagung zu erlangen, brauchen wir nicht nur starke Aversion gegenüber Samsara. Wir müssen auch untersuchen, wie Fehleinschätzung Einbildungen erzeugt und so Samsara mit Treibstoff versorgt. Dualistische Fehleinschätzungen müssen bereinigt werden. Dann erst können wir Entsagung entwickeln.

Einige Mönche und Nonnen scheinen zu glauben, sie seien bereits durch ihre Ordination zu Arhats geworden. Man kann aber nicht an einem Tag zum Arhat werden. Einige Laien scheinen ebenfalls zu denken, Mönche und Nonnen sollten Arhats sein, und kritisieren die Ordinierten, sobald sie einen Fehler machen: „Nun schau dir nur diese Mönche an, die sind doch keinen Deut besser als ich." Es ist so leicht, die Sangha zu kritisieren. Ihr könnt sogar den Buddha kritisieren: „Er war wirklich selbstsüchtig, als er weglief und sechs Jahre nur für sich allein meditierte." Meiner Meinung nach ist die Entsagung von Mönchen und Nonnen nicht unbedingt besser als die von Laien. Aber zumindest haben Mönche und Nonnen erkannt, was sie zu tun haben, um ihre samsarischen Schwierigkeiten zu überwinden, und versuchen, Entsagung zu entwickeln. Das ist das Richtige. Sie mögen keine Arhats sein, aber sie tun, was sie können.

Wie ihr ja von euren Studien der mittleren Ebene des Stufenwegs zur Erleuchtung wisst, wo die Ursachen von Samsara erklärt werden und wie man sie beseitigt, ist es schwierig, vollkommene Entsagung hervorzubringen. Es fällt uns schwer, Samsara zu entsagen, weil wir aufgrund unserer Einbildungen immer mehr Karma schaffen und die Decke unserer geistigen Schleier demzufolge immer dicker wird. Darum bitten wir Guru Vajrasattva, uns bei der Reinigung all dieser Dinge zu helfen.

Vers vier

Aus den Sutra-Lehren wisst ihr auch, dass der dualistische Geist der Selbstsucht die Ursache allen Leidens und damit das eigentliche Grundübel ist. Wir bringen diese Opfergabe dar, um die Selbstsucht zu reinigen und das vollkommenste Bodhicitta in unserem Herzen zu erzeugen.

VERS FÜNF

Sämtliche Phänomene werden von unserem getäuschten Bewusstsein mit Namen versehen. Aber unser fehlgeleiteter Geist gibt sich damit durchaus noch nicht zufrieden. Wenn ihr zum Beispiel ein schönes Objekt seht, das als schönes Objekt ja nur als Projektion eures getäuschten Bewusstseins existiert, dann lasst ihr es nicht einfach dabei bewenden, sondern versucht, seine Schönheit zu verdinglichen, sie selbstexistent und zu etwas ganz Besonderem zu machen. Da ist wieder die dualistische Sicht am Werk, sie muss bereinigt werden. Also bringen wir diese Gabe mit der Bitte dar, Mahamudra, das große Siegel der Leerheit, verwirklichen zu können.

VERS SECHS

Sobald ich im Alltag andere Menschen als gewöhnlich und lästig ansehe, beginnen meine Probleme. Ich beginne, sie respektlos zu behandeln, und mache sie herunter. All das entsteht aus gewöhnlichen Konzepten, meinen Einbildungen. Gemäß der tantrischen Philosophie gibt es achtzig Arten von Einbildungen, von denen einige grob und andere fein sind. Sie alle müssen gereinigt werden. Außerdem müssen wir die unreine dualistische Sicht reinigen, die man mit einem starken Wirbelsturm vergleichen kann, der alles zerstört: Flugzeugabstürze bewirkt, Häuser und Besitz vernichtet usw. Daher bringen wir Vajrasattva den Nektar-Tsok dar, dessen Natur die Weisheit der fünf Dhyani-Buddhas ist, und bitten um den Segen der tatsächlichen vier Einweihungen.

Warum bitten wir um noch mehr Initiationen, wenn wir doch schon so viele erhalten haben? Eigentlich sollten wir fragen: Haben wir wirklich überhaupt je *irgendeine* Initiation erhalten? Es ist äußerst schwierig, eine wirkliche Einweihung zu bekommen. Man erhält sie nicht so einfach von einem Lama. Meiner Meinung nach - und ich hoffe, das klingt nicht zu extrem - ist in einer Initiation der Schüler wichtiger als der Lehrer.

Obwohl ich sage, es sei sehr schwierig, die vier eigentlichen Initiationen zu erhalten, meine ich damit nicht, dass ihr in jedem

Fall überhaupt nichts erhalten habt. Die Einweihung, die ihr erhaltet, hängt von der Ebene eures Verständnisses ab. In einer Versammlung von zweihundert Menschen gibt es keine zwei, die dieselbe Erfahrung machen. Und obwohl der Lama alle vier Einweihungen erteilt, erhält wahrscheinlich niemand alle. Manche Leute haben das Gefühl, überhaupt nichts erhalten zu haben, und fragen ihre Freunde: „Habe ich die Einweihung erhalten?" Das kann man aber nur selbst beurteilen; niemand sonst kann dir sagen, was du erfahren hast. Es ist jedoch außerordentlich selten, dass jemand die vier Initiationen wirklich empfängt.

Bis zu welchem Grad man eine Einweihung erhält hängt auch von der betreffenden Gottheit und den Umständen ab, unter denen die Zeremonie durchgeführt wird. Mit einigen Gottheiten habt ihr eine starke karmische Verbindung, mit anderen eine schwächere. Und wenn ich sage, dass die Umstände eure Erfahrung beeinflussen, spreche ich hier über die relative Initiation, nicht über die absolute. Bei ihr unterscheiden sich eure Erfahrungen.

Ihr müsst vor allem versuchen, euren Geist über die gewöhnlichen, konkreten Konzepte des Alltags zu erheben. Wenn euch zumindest das gelingt, macht ihr eure Sache gut. Die meisten Menschen begeben sich niemals in eine Situation, in der sie meditieren oder empfänglich und bewusst sein können. Wenn sich euch bei einer Initiation diese Gelegenheit bietet, solltet ihr den bestmöglichen Gebrauch davon machen. Sucht nicht nach irgendeiner außergewöhnlichen Erfahrung! In diesem zwanzigsten Jahrhundert ist es schon genug, einfach nur zu versuchen, Ruhe, Glückseligkeit und Transzendenz zu erfahren. Warum sage ich, es sei schon genug, es einfach nur zu versuchen? Vergleicht doch einmal das Leben, das ihr sonst in eurem samsarischen Nest führt, mit dem, was ihr während der Initiation tut. Man kann Essen und Tanzen doch nicht mit dem Versuch vergleichen, den Geist zu entwickeln.

Manche Leute sagen: „Ich habe diese Initiation erhalten und du nicht." Ich halte nichts von dieser Art Arroganz. Ob Tibeter oder Mensch aus dem Westen: Wer kann schon sagen, wer welche Einweihung erhalten hat? Nur die betreffende Person kann sagen, welche Initiation sie bekommen hat. Ihr könnt nicht für andere entscheiden. Das ist auch der Grund, weshalb ich es gewöhnlich jedem aufrichtigen Menschen gestatte, zu einer Initiation zu kommen. Ich kann nicht entscheiden, ob der Geist des anderen hoch oder niedrig stehend ist. Ich kann nicht entscheiden, ob die Initiation für ihn oder sie hilfreich ist oder nicht. Seid vorsichtig! Falls ihr den arroganten Gedanken hegen solltet, diese oder jene Initiation erhalten zu haben, frage ich euch: Könnt ihr wirklich sicher sein? Ihr mögt zwar anwesend gewesen sein, als die Einweihung erteilt wurde, aber vielleicht habt ihr nichts empfangen.

Wenn ihr mit der richtigen Einstellung und einem offenen Geist zu einer Initiation geht, überträgt sich sicherlich eine außergewöhnliche Schwingung auf euch. Das ist genug. Ihr müsst nicht superintelligent fragen: „Warum machen wir das? Wie funktioniert es? Wozu dienen all diese tibetischen Dinge? Ich nehme keine Einweihung, bevor ich nicht alles verstanden habe." Das ist Quatsch.

Vers sieben

Bewusst und unbewusst und ohne jede Selbstbeherrschung brechen wir unsere Gelübde und Verpflichtungen, getrieben von einer Kraft, die einem wütenden Gewitter gleicht. Wir finden es äußerst schwierig, damit aufzuhören. Ich finde Menschen, die sich für sehr rein und heilig halten, in gewisser Hinsicht negativer als die, die um ihre Unreinheit wissen. Erstere geben sich niemals Mühe, sich durch Niederwerfungen, Klausuren und dergleichen zu reinigen, während Letztere stark praktizieren, um ihren Geist zu bessern. Der unkontrollierbar niederprasselnde Regen von unheilsamen Handlungen, das Brechen von Gelübden und Verpflichtungen, das Gefühl, unrein zu sein, und die halluzinatorische Vision des Ergebnisses – die Vajrahöllen – sind durchweg dualistisch und müssen gereinigt werden. Wir bringen den Tsok mit der Bitte um den Segen dar, nur Reinheit wahrzunehmen.

Opfergabe an den Vajrameister

Im Titel sprechen wir vom „Kreis reiner Gaben“, weil sowohl männliche als auch weibliche Gottheiten sich versammeln, um den Tsok darzubringen. Wenn es sich um entweder männliche oder weibliche Gottheiten allein handelt, sprechen wir bei einem Tsok nicht von einem Kreis. Gemäß der tantrischen Sichtweise wird der Tsok durch ihr Zusammenkommen wesentlich machtvoller. In der nächsten Zeile heißt es, der von uns dargebrachte Nektar sei frei von der dualistischen Erscheinung von Subjekt und Objekt.

Der Vajrameister antwortet: Jedes Mal, wenn ihr vom Tsok kostet, geht er zu eurem Nabelchakra und verursacht eine unvorstellbar glückselige Explosion von Tummo-Energie in eurem Zentralkanal.

Darbringen der übrig gebliebenen Opfergaben

Wir bringen dies den äußeren, inneren und geheimen Schützern dar, und wir bitten sie, uns in unserer Dharma-Praxis zu unterstützen, damit wir anderen auf so viele unterschiedliche Arten wie möglich helfen können.

18 Heruka-Vajrasattva Tsok: Der zweite Kommentar

Ich habe den kurzen Text *„Ein Bankett des großen, glückseligen Kreises reiner Opfergaben: Ein Gegenmittel gegen die Vajrahöllen"* geschrieben, weil wir meiner Meinung nach einen kraftvollen Weg zur Reinigung unserer unheilsamen Handlungen brauchen, und weil ich dies für eine gute Methode halte. Der Text ist zwar sehr kurz, deckt aber dennoch den gesamten Stufenweg ab, von der Entsagung bis zur tantrischen Erfahrung der Erleuchtung.

In Texten wie der *Guru-Puja* werden zuerst die Gaben dargebracht, und der Überblick über den Stufenweg zur Erleuchtung steht am Ende. Hier habe ich versucht, die Themen des Stufenwegs in die Verse zu integrieren, mit denen man den Tsok darbringt. Jeder Vers enthält ein Lamrim-Thema, denn meiner Meinung nach kann man so direkter zum Ausdruck bringen, woran es in unserem Leben mangelt, was es ruiniert und wie wir unsere Situation verbessern können. Wir beginnen mit dem Guru-Yoga; dann folgen: die Kostbarkeit der menschlichen Existenz, Vergänglichkeit und Tod, Entsagung, Bodhicitta, Shunyata und Tantra.

Westliche Dharma-Schüler feiern viele Pujas – die *Guru-Puja, Tara-Puja, jor-chö* und so weiter –, so habe ich mir gedacht, ich schreibe ihnen eine neue, mit der sie ein bisschen spielen können, wenn die anderen langweilig geworden sind. Nicht nur das: Da die normalen Pujas ziemlich lang sind und wir in der heutigen Welt immer wenig Zeit haben, habe ich die Puja kurz gehalten. Sie ist leicht auszuführen und schnell zu Ende. Wie dem auch sei, sie entspringt meiner eigenen Fantasie.

Was bedeutet der Begriff „Vajrahöllen"? „Vajra" kann relativ oder absolut gemeint sein, hier beziehe ich mich auf den relativen Vajra wie bei Vajra und Glocke, den tantrischen Gegenständen, die wir benutzen. Das Wort bedeutet unzerstörbar, „diamantgleich". Diamanten sind stärker als die meisten anderen Materialien; einen Diamanten zu zerstören ist äußerst schwierig. Das ist die Bedeutung von „Vajra". Ist es denn möglich, dass irgendwo ein unzerstörbarer, unglückseliger Bereich existiert? Nun, da kommt ein bisschen poetische Freiheit ins Spiel, eine leichte Übertreibung. Es gibt kein unveränderliches, dauerhaftes Phänomen. Doch wenn man über lange, lange Zeit in einer elenden Situation steckt, kann sich das Gefühl einstellen: „Ich werde nie darüber hinwegkommen." Für die meisten von uns dauert eine Depression nur ein paar Stunden, es gibt aber Menschen, die ihr ganzes Leben im Zustand der Depression verbringen. Sie haben bestimmt das Gefühl, ihr Elend sei endlos. Diese Erfahrung ähnelt den Vajrahöllen. Wie dem auch sei, „Vajrahölle" ist bloß ein Ausdruck; ihr solltet ihn nicht wörtlich nehmen.

Das Verdienstfeld

Wenn wir Opfergaben darbringen, visualisieren wir normalerweise das Objekt, dem wir die Gabe darbringen. In dieser Praxis ist das Objekt der Gabe Guru Vajrasattva. Wir visualisieren auch das Vajrasattva-Mandala, in dem Guru Vajrasattva sich aufhält, und meditieren darüber.

Die ersten beiden Zeilen dieses Verses handeln von der Qualität eurer Visualisierung. Sie besteht aus Licht. *De* bedeutet Glückseligkeit, und *tong* bedeutet die universelle Wirklichkeit von Shunyata; *nyi-su me-päi* heißt „ohne dualistische Natur". Das Vajrasattva-Mandala manifestiert sich als eine Erscheinung, die diese Qualitäten aufweist. Das ist tatsächlich sehr tiefgründig. Erfahrene Schülerinnen und Schüler mögen es verstehen, aber den neuen Schülern, die eben erst wie Pilze aus dem Boden geschossen sind, wird es wahrscheinlich ein bisschen wie ein Traum vorkommen, wie ein völlig abgehobenes neues Konzept.

Grundsätzlich haben wir alle eine begrenzte Vorstellung von unserer eigenen Natur und auch der Welt, in der wir leben. Darüber hinaus stülpen wir auch noch eine übertriebene Projektion über die ohnehin bereits begrenzte Sicht der Wirklichkeit. Wir dringen nicht bis zum Herz der Wirklichkeit vor, ja wir berühren nicht einmal die Wirklichkeit des Bodens, auf dem wir stehen. Das ist das Problem von uns Menschen. Wir haben keinerlei Einsicht, weder in unsere innere, noch in unsere äußere Wirklichkeit.

Stets sagen wir, wir wollten die Qualität unseres Lebens verbessern, wir wünschten uns ein glückliches, freudvolles, tiefgründiges und sinnvolles Leben. Wir führen alle möglichen Worte im Munde, um das vollkommene Leben zu beschreiben, das wir uns alle so sehr wünschen. Wollt ihr ein vollkommenes Leben führen, müsst ihr verstehen, wie ihr sowohl eure eigene innere Natur, als auch die der äußeren Phänomene erkennen könnt. Ob euch das gelingt oder nicht, ist verantwortlich dafür, ob euer Leben glücklich ist.

Ein Mandala gibt einen Einblick in eine vollständige Welt, in der ihr die grundlegende Natur ohne künstliche Projektion, ohne jede Halluzination erkennt. Da seid ihr beweglich und könnt wählen. Vorgefertigte Meinungen und das Festhalten an der dualistischen Wahrnehmung von Selbstexistenz machen euer Leben unerträglich. Wenn ihr ein Mandala visualisiert, seht ihr alles - euch selbst und eure Umgebung - in der Natur von Glückseligkeit. Ihr berührt die grundlegende Wirklichkeit jeglicher Existenz. Mit dieser Art von Erkenntnis oder Einsicht könnt ihr Depression und andere Übel überwinden und euer Leben genießen.

Dann mag die Frage aufkommen: „Wie kannst du behaupten, alles sei glückselig? Ich sei glückselig, die Blumen seien glückselig, mein Freund sei glückselig? Es gibt doch auch verdrießliche Dinge. Wie kannst du behaupten, man könne sie in glückselige Objekte verwandeln?"

Wenn ihr die grundlegende Natur, die endgültige Wirklichkeit irgendeines beliebigen Phänomens berührt, entsteht Freude.

Alles, was existiert, kann Freude in euren Geist bringen. Nur ihr seid zu eng. Euer Geist ist voller neurotischer Besessenheiten wie: „Ich mag nur lila Sachen." Für euch sind nur lilafarbige Dinge schön. Diese Art neurotischer, dualistischer, unrealistischer Denkweise bringt euch immer wieder in Schwierigkeiten. Aber genau so machen wir es die ganze Zeit über, oder etwa nicht?

Untersucht, was euer Geist für schön hält. Wahre Schönheit ist überall. Kalifornien ist nicht der einzige Ort, wo es Vergnügen und eine schöne Umwelt gibt. Jeder Ort hat seine eigene Schönheit.

Ihr könnt sehen: Ob ein Objekt Glückseligkeit verleiht oder nicht, ist nicht vom Objekt selbst abhängig. Vom wissenschaftlichen Standpunkt besitzt jedes Objekt eine Art allgemeiner Wirklichkeit, eine grundlegende Natur, die es mit anderen gemeinsam hat. Diese wahre Natur ist das wahrhaft Schöne: Das ist es, was wirkliche Zufriedenheit schenkt.

Die Art und Weise, wie wir die Schönheit eines Objekts interpretieren – anhand von Form, Farbe, Geruch und so weiter –, ist zu relativ, zu sehr an Konventionen gebunden. Diese Art Schönheit gleicht einem Jojo: Heute Morgen erscheint mir ein spezielles Objekt als schön, heute Abend schon erscheint es mir als hässlich. Auch mit mir selbst geht es ständig rauf und runter. Das ist das Hauptproblem. Wir brauchen eine sehr weite Sicht davon, was ein beseligendes Objekt ausmacht.

Gemäß der Philosophie und Psychologie des Tantra manifestiert sich alles als beseligendes Objekt, sobald man die glückselige Weisheit hat, die die grundlegende Natur oder wahre Wirklichkeit alles Existierenden versteht. Habt ihr diese Weisheit nicht, können euch die Objekte allein keine Seligkeit verleihen. Die menschliche Erfahrung beweist, wie wahr diese Aussage ist. Wenn ihr eine schmerzliche, unglückliche Zeit durchmacht, macht nichts, was ihr auch seht, euch glücklich. Wenn ich euch etwas Schönes zeige, solange ihr euch elend fühlt, macht euch das glücklich? Nein. Die magnetische Energie fehlt. Normalerweise üben Subjekt und Objekt eine Art magnetischer Kraft aufeinander aus, und so entsteht ein Gefühl von Vergnügen oder Schmerz. Eure Lebensqualität kommt nicht von außen, sondern hängt von eurem eigenen Grad an Zufriedenheit ab. Wenn ihr in euch die Qualität des Reichtums besitzt, wird euch alles Äußere Zufriedenheit schenken.

Ein glückliches, zufriedenes Familienleben hängt vom Geist der Menschen ab, nicht von ihrem materiellen Besitz. Ihr könnt sehen, dass das Leben vieler reicher amerikanischer Familien katastrophaler ist als das der Armen. Vielleicht wollt ihr das nicht zugeben, weil ihr auf der Seite Amerikas steht! Aber ich schieße mich nicht auf Amerika ein, weil ich ein Fremder bin. Wenn ich nach Amerika komme, habe ich keinen vorgefassten Plan. Ich sehe mich nur um. Vielleicht bin ich kritisch, weil ich nicht an der amerikanischen Lebensweise teilnehme; wäre es anders, würden mir diese Dinge wohl überhaupt nicht auffallen.

Jemand, der in dieser Gesellschaft geboren wurde, kann nur schwer erkennen, dass Besitz nicht zu Glück führt, denn schließlich wird hier immer wieder betont, wie glücklich Reichtum macht. Doch diese Einstellung ist das genaue Gegenteil der Wahrheit. Unglücklicherweise basiert die ganze amerikanische Gesellschaft auf dieser falschen Annahme, also müsst ihr euch damit auseinandersetzen.

Wahre Zufriedenheit kommt immer von innen. Das heißt aber nicht, dass ihr eure amerikanischen Vergnügen aufgeben müsstet. Aber ob die amerikanischen Vergnügungen euch wirklich Freude machen, hängt ganz und gar von eurem Geist ab: Amerikanische Vergnügungen können euch unglücklich machen. Daran seid ihr dann aber selbst schuld, nicht die amerikanische Gesellschaft.

Die buddhistische Haltung ist: „Ich bin für meine Lebensqualität selbst verantwortlich. Ich bin verantwortlich für meine eigene Zufriedenheit." Ihr könnt nicht eurem Vater, eurer Mutter, eurem Ehemann oder eurer Ehefrau die Schuld geben. Diese Art von Schuldzuweisung hört nie auf. Sie hört nie auf, weil sie unlogisch ist und keine Probleme löst. Materialisten und Kapitalisten haben gleichermaßen völlig falsche Vorstellungen. Dem Buddhismus zufolge sind falsche Vorstellungen die Hauptursache von Leiden.

Falsche Vorstellungen schaffen negatives Karma und daraus entsteht Leiden. Was wären solche grundlegend falschen Vorstellungen? Zum Beispiel folgende Gedankengänge: „Mein Genuss und mein Erfolg hängen von anderen Menschen ab", oder „ein höherer Lebensstandard und mehr materieller Besitz wird mich zufrieden machen", oder „materielle Objekte sind alles, was ich brauche, um glücklich zu sein". Derartige Vorstellungen sind völlig falsch. Für jemanden, der denken kann, ist es gleichgültig, ob sein Lebensstandard hoch, mittel oder niedrig ist - er fühlt sich wohl in seiner eigenen Haut. Das ist das Allerwichtigste.

Visualisiert, dass der gesamte Raum vor dem Vajrasattva-Mandala mit den großartigsten Objekten für die fünf Sinne angefüllt ist, mit zutiefst beseligenden Objekten von [Samantabhadras] Opfergaben, wie es in der vierten Zeile des ersten Verses heißt. Auch werden in der buddhistischen Praxis nicht nur den Buddhas und anderen heiligen Wesen Opfergaben dargebracht, sondern ebenso allen fühlenden Wesen. Ihr müsst die Göttlichkeit in anderen Lebewesen erkennen: ihr Potenzial für die Erleuchtung oder ihre Buddhanatur. Im Tantra verwandeln wir alle Wesen in ausgesprochen freudvolle und majestätisch erscheinende Dakas und Dakinis. Im glückseligen Raum der Nicht-Dualität manifestieren sich alle Wesen als Dakas und Dakinis in verschiedensten Aspekten: freudvoll, friedvoll, machtvoll, zornvoll - eine Vielfalt verschiedener und doch völlig vereinter Erscheinungen. Wir sehen sie als die Verkörperung vereinter Weisheit und Methode, nicht als Hungergeister oder andere Emanationen des Elends. Wenn ihr elend aussehende Objekte visualisiert, fühlt ihr euch selbst elend - irgendwie unbehaglich.

Darum ist es wichtig, die Natur der von euch visualisierten Objekte in große Glückseligkeit zu verwandeln und ihre grundlegende Wirklichkeit zu erkennen, wodurch ihr alle dualistischen Konzepte beseitigt. Ihr könnt jedes beliebige Sinnesobjekt visualisieren und darbringen. Den meisten von uns stellen sich geizige und begrenzte Gedanken psychologisch in den Weg; wir denken: „Oh, ich habe nicht genug Geld, um Urlaub zu machen", obwohl wir genug haben. Wenn ihr dieses Tsok-Opfer praktiziert, solltet ihr grenzenlose Sinnesobjekte visualisieren, so schön, beseligend und unerschöpflich wie nur irgend möglich, und sie allen darbringen – Buddhas und fühlenden Wesen – ohne jeden Unterschied. Diese Art Schulung haben wir alle dringend nötig.

Gewöhnlich schenken wir nur den Menschen etwas, die wir mögen, und diejenigen, die wir nicht mögen, gehen leer aus. So handhabt man das im Westen. Hier in Asien haben wir wenigstens eine Menge Bettler, die uns ständig daran erinnern, auch Fremden etwas zu geben. Reiche Menschen gehen zu den Armen und geben ihnen Tausende Rupien. Dabei sind sie keineswegs befreundet. Es ist einfach so, dass unser Umfeld diese Art des Verhaltens fördert. Also haben wir im Osten doch auch einige gute Dinge! Manche Leute glauben, die Länder der Dritten Welt hätten nichts zu bieten: „Sie haben ja nicht einmal genug Verstand, um reich und glücklich zu werden."

Natürlich gibt es auch in den Vereinigten Staaten Arme. Viele hungrige Menschen wühlen ständig im Abfall der anderen, essen das, was andere weggeworfen haben. Man kann das in jeder Großstadt und im Fernsehen beobachten. Die Reichen geben den Armen nichts – nicht weil sie es sich nicht leisten könnten, sondern weil sie sie nicht mögen. Sie lassen sie einfach hungern. Ich spreche hier nicht über Politik oder Religion, sondern darüber, wie die Dinge sind. Diese Haltung ist sehr schlecht. Der selbstsüchtige Geist gibt denen, die er mag, während er denen, die er nicht mag, nichts gibt – ungeachtet der wahren Bedürftigkeit. Unsere eigenen Bedürfnisse sind stets das Wichtigste, erst nachdem wir uns um sie gekümmert haben, geben wir auch anderen. Das ist Samsara.

Wir sollten unseren Geist in großzügigem und unvoreingenommenem Geben üben. Allerdings bedeutet Geben nicht, einfach nur Geld oder dergleichen herüberzuschieben. Denkt nicht: „Ich bin ja selbst arm, wie könnte ich geben?" Wahres Geben ist eine Haltung der Großzügigkeit. Nicht-Geben ist die knauserige Haltung: „Ich will nichts geben." Das ist bloß selbstsüchtig. Tsok darzubringen ist eine hervorragende Schulung, um diese Haltung zu überwinden. Alle fühlenden Wesen sind Gäste auf eurem Gabenfest, und ihr bringt ihnen allen umfangreiche Gaben dar. Wenn wir sowohl in der Dharma-Praxis als auch im Leben selbst Erfolg haben wollen, ist es wesentlich, unseren Geist auf diese Weise zu üben.

Segnung der Inneren Opfergaben

Erinnert euch, dass wir die Gaben darbringen, indem wir die grundlegende Natur oder Existenzweise der jeweiligen Gabe erkennen. Dies gilt für die Gaben, die ihr tatsächlich auf dem Altar angerichtet habt, ebenso wie für die prächtigen Opfergaben, die in eurer Visualisierung den ganzen Raum füllen.

Das umfangreiche Thema der Inneren Opfergaben wurde an anderer Stelle erklärt, daher werde ich jetzt nicht viel Zeit darauf verwenden.[23] Ich will es jedoch kurz erklären. Stellt euch vor, ihr bringt eine Schale Tee als Opfergabe dar. Visualisiert im Raum über der Schale die Silben OM, AH und HUM, eine über der anderen. Strahlend weißes Licht geht vom OM in die zehn Richtungen des Raumes und zieht magnetisch die höchsten Qualitäten der Körper aller erleuchteten Wesen an, die große Weisheit, große Liebe und großes Mitgefühl besitzen und sich wirklich ihres Lebens erfreuen. Diese Qualitäten kehren in Form von Licht zurück und verschmelzen im OM. Das OM schmilzt, wird zu beseligender Energie und löst sich im Tee auf.

Rotes Licht geht aus vom AH und ruft die reine Sprache der höchsten Wesen in den zehn Richtungen herbei. Diese kehrt zurück, sinkt in das AH, welches schmilzt, zu beseligender Lichtenergie wird und sich ebenfalls im Tee auflöst. Gleichermaßen strahlt blaues Licht vom HUM, ruft die Qualitäten der göttlichen Weisheit, der Liebe und des Mitgefühls der höchsten Wesen in den zehn Richtungen an. Diese erleuchteten Qualitäten kehren als Licht zum HUM zurück. Auch das HUM löst sich im Tee auf.

Ihr könnt all euer Essen und Trinken auf diese Weise segnen. Wenn ihr Nahrungsmittel und Getränke zu euch nehmt, auf die ihr eine so konzentrierte Gedankenkraft gerichtet habt, kommuniziert diese Energie mit eurem Nervensystem und hat ausgleichende Wirkung. Es entsteht eine Art Harmonie zwischen eurem physischen Nervensystem und eurem Bewusstsein.

Im Westen nehmen wir so gut wie alles zu uns, selbst Speisen, die uns völlig fremd sind. Wir kommunizieren nicht mit den Dingen, die wir zu uns nehmen. Wenn die Inhaltsstoffe dann in euer Nervensystem gelangen, kann sich das ziemlich zerstörerisch auswirken. Sie können sogar Krebs verursachen. Das geschieht, wenn man sich in Bezug auf Speisen und Getränke unbewusst oder ignorant verhält. Ihr könnt es wahrscheinlich kaum glauben, aber der menschliche Körper ist wie eine Blume, nicht wie Fels oder Beton. Glaubt ihr, dass der menschliche Körper so organisch ist wie eine Blume oder nicht? Was geschieht, wenn man eine Blume überdüngt? Sie verbrennt von innen. Organische Dinge brauchen Gleichgewicht. Ich glaube, dass im Westen - neben dem Zusammenbruch der zwischenmenschlichen Beziehungen - auch die Beziehung zwischen den Menschen, ihrer Nahrung und ihrer Umwelt zusammenbricht.

Vielleicht spreche ich hier über etwas, mit dem ich mich nicht auskenne. Ihr denkt vielleicht, dass ein wie ein Pilz aus dem Boden geschossener Mönch wie ich träumen muss, wenn er das Leben in Amerika zu beschreiben versucht. Klar, ich scherze ein wenig, aber bis zu einem gewissen Grad habe ich wirklich das Gefühl, dass westliche Menschen nicht wissen, wie wichtig die Qualität ihrer Nahrungsmittel ist. Sie verschlingen einfach alles, was man ihnen vorsetzt. Wenn sie etwas nicht mögen, nehmen sie, was immer sie sonst kriegen können: „Nein, das mag ich nicht, bring mir ein Coca-Cola. Nein, ein Seven Up! Nein, doch lieber Ingwerlimonade!" Alles wird zusammengemixt. Das kann eurem Körper einen Schock versetzen; euer Nervensystem verträgt es nicht und protestiert lauthals. Ihr müsst der organischen Natur eures Körpers Beachtung schenken. Achtet darauf, was ihr esst und trinkt. Mit Einsicht könnt ihr eine kommunikative Beziehung zu euren Nahrungsmitteln aufbauen.

Nun kehren wir zu den Opfergaben zurück. Die Objekte der fünf Sinne sollten als die fünf Weisheiten erkannt werden – in den entsprechenden Farben und in ihrer wahren Natur glückseliger Nicht-Dualität. Sie fachen die Energie großer Glückseligkeit und Zufriedenheit in euch an. Diese Erkenntnis ist sehr hilfreich bei der Entwicklung großer Glückseligkeit.

Darbringen der Opfergaben und Mantra-Rezitation

Als nächstes richtet man eine Bitte an den Guru, dem man die Opfergaben darbringt. Der beseligende Nektar, die vollkommene Energie, die in diesem Vers erwähnt wird, ist von grundlegender Wichtigkeit für das Erlangen aller Verwirklichungen. Er ist auch die reine Sicht der Yogis und Yoginis und geht daher über die Sichtweise gewöhnlicher Wesen hinaus. Diese Opfergaben werden dem Guru dargebracht, der sie mit seiner von allen Einbildungen befreiten, äußerst glückseligen Weisheit genießt. Hier gebe ich euch implizit etwas zu verstehen: Wenn wir uns an den Sinnesgenüssen freuen, sind wir voller Einbildungen oder falscher Vorstellungen. Wenn höhere Wesen sich an Genüssen erfreuen, reagieren sie nicht mit Einbildungen darauf.

Was meine ich mit „Einbildung“? Es ist so: Ich sehe zum Beispiel eine Blume und langsam entwickele ich eine Beziehung zu ihr. Ich berühre die Blume und hafte an ihrer Farbe. Ich denke, wie wunderbar, wie freundlich und großzügig sie ist und welch große Freude sie mir schenkt. Nichts anderes kann mich derartig erfreuen. Die Blume wird zu meiner besten Freundin. Dass ich der Blume solch edle und feine Qualitäten zuschreibe, das ist Einbildung. Ich stülpe der Beziehung eine Reihe von Eigenschaften über, die tatsächlich gar nicht vorhanden sind.

Das setzt die Beziehung stark unter Druck; sobald ihr beginnt, die Blume als dies oder jenes zu beschreiben, setzt ihr die

Beziehung unter Druck. Jedes Mal, wenn ihr die Blume als wunderbar, schön und herrlich erlebt, werden eure Fesseln enger und enger. Das Ganze wird zu einer Fantasterei, die Kommunikation ist nicht realistisch. Sie ist zu oberflächlich. Spannungen entstehen und statt locker und entspannt zu sein, habt ihr immer mehr Schwierigkeiten. Das meine ich mit „Einbildung". Derartige Fantasie-Beziehungen zu Menschen und Dingen können nur zu Problemen führen.

Buddhas und Bodhisattvas andererseits genießen Freuden auf wesentlich vernünftigere Weise. Sie haben nicht unsere oberflächliche, konventionelle und übertriebene Art und Weise, mit den Dingen umzugehen. Sie sind realistischer: Sie berühren die grundlegende Natur der Wirklichkeit. Ihre Genüsse sind wesentlich stabiler und feiner, sie führen zu Liebe und Frieden. Darum bittet ihr in dieser letzten Zeile Guru Vajrasattva, den feinsten Nektar mit zutiefst glückseliger, von allen Einbildungen freier Weisheit zu genießen.

Ihr könnt nun sehen, dass es die Einbildungen eures Geistes sind, die euch in die Irre führen, indem sie die Qualitäten der Objekte übertreiben, indem sie Dinge sehen, die nicht wirklich da sind. Einbildungen sind unrealistisch und machen aus eurem Leben eine Fantasie. Wenn ihr jedoch euer Verhältnis mit anderen klar versteht – so wie es ist –, gibt es nicht mehr so viele Spannungen zwischen euch. Wenn ihr fehlgeleitete Vorstellungen überwindet, werdet ihr stets glücklich sein. Aus diesem Grund setzen wir Meditationen zur Überwindung von Einbildungen ein: damit ihr gesünder werdet, klares und reines Gewahrsein gewinnt und nicht länger Täuschungen und Verblendungen unterliegt.

Jede Beziehung, sei sie angenehm oder unangenehm, ist vergänglich, vorübergehend. Da wir selbst flüchtig sind, sind es zwangsläufig auch unsere Beziehungen. Das müssen wir akzeptieren. Ich denke, für Amerikaner ist es besonders wichtig, die Natur von Beziehungen zu verstehen. Beziehungen zwischen Männern und Frauen, zwischen Freunden, zwischen wem oder was auch immer verändern sich ständig. Gleichzeitig geht es den Leuten schlecht. Der ewige Wandel macht sie unglücklich. Ich hoffe, ihr versteht das. Alles ist in Veränderung begriffen, also ändern sich auch eure Freundschaften. Wenn ihr versteht, dass Beziehungen von Natur aus von flüchtiger Natur sind, fühlt ihr euch nicht mehr unter Druck: Ihr habt den Raum zur Kommunikation, zum Loslassen. Ihr erkennt, dass ihr euch unglücklich fühlt, weil Beziehungen sich verändern. Aber denkt bloß nicht, es sei die Veränderung des Objekts, die euch unglücklich macht. Nein! Eure unvernünftige Kommunikation in der Beziehung ist die Quelle der Verwirrung.

Wenn euer engster Gefährte stirbt, dann weint ihr und fühlt euch zutiefst deprimiert – vielleicht sogar für lange Zeit. Das führt zu nichts. Der Tod ist der Tod; und der Tod ist natürlich, er ist in Ordnung. Ihr solltet ihn akzeptieren. Natürlich spreche ich hier nur von der Verstandesebene her.

Genuss ohne Einbildung ist sehr schwierig. Dem Buddhismus zufolge solltet ihr alle viel Freude haben und ein glückseliges Leben genießen. Was hindert euch an dieser Erfahrung? Einbildungen. Wegen eurer Einbildungen berührt ihr die grundlegende Wirklichkeit nicht.

Vers eins

Im Raum befindet sich der Regenbogenkörper von Vajrasattva. Von seiner Natur her ist er euer spiritueller Lehrer, eure Gottheit, die Dakas und Dakinis und euer Dharma-Schützer. Die Art und Weise, in der Christen ihren Gott als den einzigen Gott ansehen, gleicht ein wenig der Art, in der wir die essenzielle Natur Vajrasattvas als unsere wahre Befreierin ansehen. In diesem Vers bitten wir Vajrasattva unsere halluzinierten Verblendungen zu reinigen, die uns Vajrasattva nicht als die Essenz von Guru, Gottheit, Dakas, Dakinis und Schützer sehen lassen. *Trül-nang* bedeutet halluziniert, verblendet. Das sind Einbildungen; Nicht-Wissen ist Einbildung. Wir halluzinieren. Die Halluzination müssen wir reinigen. Während wir Guru Vajrasattva all die prächtigen

Opfergaben darbringen, bitten wir um den Segen oder die Inspiration, damit die gleichzeitig geborene, große glückselige Weisheit in unserem Herzen wachsen möge.

Während ihr die Gaben darbringt, solltet ihr darüber meditieren, dass die halluzinierte, dualistische Sichtweise gereinigt wird, die die Einheit dieser heiligen Objekte nicht erkennt, sondern sie als getrennt wahrnimmt. Dann rezitiert ihr das Vajrasattva-Mantra, indem ihr eine der drei üblichen Visualisierungstechniken (*yän-de, män-de* oder *phung-de*) zur Reinigung der unheilsamen Handlungen verwendet. Dies beseitigt alle eingebildeten oder negativen Erscheinungen und insbesondere die in diesem Vers angesprochene, halluzinierte, dualistische Sicht.

Diese Praxis ist äußerst wirkungsvoll, weil ihr meditiert, während ihr die Opfergaben darbringt, das Gebet sprecht und das Mantra rezitiert. Das hat eine starke Wirkung auf den Geist: „Ich halluziniere, wenn ich die Einheit von Vajrasattva, meinem Guru, meiner Gottheit, den Dakas und Dakinis und meinem Dharma-Schützer nicht erkenne." Sie sind von einer Natur, aber ich nehme sie getrennt war. Aber das ist eine Halluzination, eine von meinen dualistischen Konzepten projizierte Erscheinung. Das genau muss ich reinigen."

Vers zwei

Unser menschliches Dasein ist kostbar und zutiefst bedeutsam, dennoch ruinieren wir es und lassen es nutzlos verstreichen, weil unsere fünf Sinne ständig nach Genussobjekten streben und an ihnen hängen. Wir bitten Vajrasattva, die halluzinierte, dualistische Erscheinung zu reinigen, die uns ständig an den Sinnesobjekten hängen lässt. Und wir bringen Opfergaben dar, mit der Bitte um Segen und Inspiration, damit wir das Haften an den weltlichen Genüssen dieses Lebens aufgeben können.

Es ist mir wichtig, verständlich zu machen, wie wir unser vollkommenes Leben ruinieren. Körperlich gesehen haben wir keine Probleme, und selbst wenn wir krank sind, können wir gewöhnlich noch Dinge mit unserem Körper, unserer Sprache und unserem Geist tun. Die meiste Zeit jedoch sind wir mit nutzlosen Aktivitäten beschäftigt, tun Dinge, die keinen Sinn haben. Essen, Schlafen und Ausscheiden ist nicht genug. Was führt dazu, dass unser kostbares Leben sinnlos verstreicht? Wodurch wird es zerstört? Durch die Wahrnehmungen unserer fünf Sinne. Sie sind das Hauptproblem. Es steht keine strahlende, kraftvolle Weisheit hinter ihnen, trotzdem dominieren und kontrollieren sie unser Leben.

Blind folgen wir unseren Sinneswahrnehmungen. Sie sagen uns: „Eiscreme ist fantastisch!" Also essen wir Eis, um Befriedigung zu erlangen. Und was geschieht dann? Den meisten Menschen, die zuviel Eis essen, geht es schlecht. Sie werden dick und denken, dass andere sie nun nicht mehr mögen. Das stimmt wahrscheinlich nicht, aber wir projizieren eben diese Art von Fantasien.

Unsere fünf Sinne werden zu den Sinnesobjekten hingezogen. Sie ruinieren unser Leben, indem sie unseren Horizont einengen. Wir dienen anderen nicht mehr und unser Leben wird sinnlos, unzufrieden und unglücklich. Der Grund für all das Elend ist, dass wir uns nur um die sinnlichen Genüsse dieses Lebens scheren. Diese Besessenheit muss bereinigt werden.

Viele von uns meditieren zum Beispiel, und wir alle hatten gewisse Meditationserfahrungen. Aber diese Erfahrungen sind immer wieder vergangen, oder? Ihr macht großartige Erfahrungen in der Klausur, aber wenn ihr wieder nach Hause zurückkommt, kommen die alten Gewohnheiten wieder zum Vorschein und eure Meditationserfahrungen verflüchtigen sich. Ich kenne Menschen, die ausgezeichnete Meditationserfahrungen machten, aber es waren nur ganz kurze Eingebungen, wie Blitze, die nicht andauern. Dann bleibt nur noch ein Hungergeist übrig!

Ich zweifle nicht daran, dass auch ihr Meditationserfahrungen gemacht habt. Aber warum verfallt ihr immer wieder in euer altes Unglück, sobald ihr aufhört zu meditieren? Warum wird euer kostbares menschliches Dasein – wenn ihr nicht meditiert – nutz- und sinnlos? Warum fallt ihr immer wieder in denselben alten Müllhaufen zurück? Weil ihr nicht erkennt, dass alle angenehmen Phänomene der Welt illusorisch sind. Solange ihr sie für real haltet, werdet ihr fortfahren, euer Leben auf die eben beschriebene Weise zu ruinieren. Ihr glaubt, die Dinge seien real, weil ihr sie mit euren Händen berühren könnt: Ihr mögt zwar irgendetwas spüren, aber die Wirklichkeit ist das nicht.

Während der Meditation hatten wir alle schon Einblicke in etwas sehr Wohltuendes, aber hinterher fielen wir in unsere alten Gewohnheiten zurück, und diese wertvollen Erfahrungen verschwanden. Das geschieht, weil wir nicht alle unsere Sinneswahrnehmungen als illusorisch wahrnehmen. Sie sind bloße mentale Projektionen, aber wir bauen sie in ein Fantasie-System ein. Wir fantasieren. Betrachtet zum Beispiel diese Blume. Ich schließe meine Augen und mein Geist greift nach ihr, hängt an ihr, will sie nicht loslassen. Würde ich sie in Ruhe lassen, bliebe sie hübsch, indem ich aber mehr und mehr an ihr hafte, zerstöre ich sie. Wir können aber auch anders reagieren. Wir können die Blume betrachten und uns an ihr erfreuen, sie aber zur gleichen Zeit als Fantasie erkennen, als optische Illusion, als etwas, was nicht wirklich so existiert, wie es unserem Auge erscheint. Unser Sehsinn ist vollkommen verblendet. Dem Buddhismus zufolge solltet ihr niemals auf das vertrauen, was eure Sinneswahrnehmungen euch mitteilen; vertraut nicht darauf, dass die Dinge wirklich so existieren, wie sie euren Sinnen erscheinen.

Wie beseitigt ihr nun aber die Sehnsucht und das Greifen eurer Sinne nach Sinnesfreuden? Indem ihr erkennt, dass die Dinge, die euren Sinnen erscheinen, Halluzinationen sind. Begreift, dass ihr halluziniert, ob ihr nun Drogen genommen habt oder nicht! Das ist die Wahrheit. Ihr versteht überhaupt nicht, was euren Sinnen da eigentlich erscheint. Der Glaube, dass die Fantasie der Wirklichkeit entspricht, vergiftet eure Sinneswahrnehmung und ruiniert euer Leben. Das ist der springende Punkt.

In eurem Leben geht es ständig auf und ab. Ihr könnt nicht einfach eurem Karma die Schuld dafür geben. Eure Sinneswahrnehmungen treffen ständig Entscheidungen: „Gut, schlecht, das will ich, das will ich nicht …" Diese Entscheidungen werden nicht von irgendetwas weit Entferntem schwer Begreiflichem wie eurem Karma verursacht. Euer Sehsinn irrt sich schlicht und einfach. Er beschwört alle möglichen optischen Illusionen herauf, und ihr gründet eure Entscheidungen darauf. Glaubt ihr wirklich, ihr solltet eure Lebensentscheidungen darauf gründen, was eure Augen euch mitteilen, was eure diversen Sinne euch einreden?

Vom buddhistischen Standpunkt aus gesehen kann man nicht auf das vertrauen, was die Sinne wahrnehmen. Ihr denkt, nur weil ihr etwas riechen oder anfassen könnt, müsse es real sein, und was man nicht riechen oder berühren kann, existiere nicht, weil man es nicht spürt. Ähnliche Erfahrungen haben Menschen, die zu einem Meditationskurs in ein Dharma-Zentrum kommen. Während sie da sind, glauben sie, etwas Wertvolles mitzubekommen und etwas Kontrolle über ihr Leben zu gewinnen, kommen sie aber wieder nach Hause zurück, verlieren sie alles. Warum wohl? Warum habt ihr das Gefühl, etwas zu gewinnen, auf dem Pfad zur Befreiung zu sein, nur dann, wenn ihr in einem Meditationszentrum meditiert, während euer Geist bereits nach nur einer Nacht in eurer gewohnten Umgebung wieder in seine alten Verhaltensmuster zurückfällt? Untersucht das. Meiner Meinung nach zeigt das, dass ihr das Dharma nicht wirklich verstanden habt.

Wenn ihr zu einem Meditationskurs in ein Zentrum kommt, habt ihr gewisse Fantasien über die Umgebung, und wieder greift ihr danach, als wäre es real. Wenn ihr diese Umgebung dann wieder verlasst, verschwindet ihre Realität und wird durch diejenige eures neuen Aufenthaltsortes ersetzt. So verschwinden die wertvollen Dinge, die ihr im Zentrum gewonnen habt, und ihr steckt wieder mitten im Elend und Unglück eurer alten Gewohnheiten. Ihr versteht nicht, dass alles, was ihr wahrnehmt, illusorisch ist, eine reine Projektion eures eigenen Geistes – gleichgültig, wo ihr euch befindet – im Dharma-Zentrum, in der Stadt oder wieder zu Hause. So sind zum Beispiel sowohl eure gegenwärtige wie auch eure frühere Freundin illusorisch. Ihr konntet nicht erkennen, dass die Erscheinung eurer alten Freundin illusorisch war, also könnt ihr es bei eurer neuen auch nicht erkennen.

Wenn ihr begreift – wirklich durch und durch versteht –, dass die Umgebung des Dharma-Zentrums illusorisch ist, und euch diese Erkenntnis mit intensivem Gewahrsein stets vergegenwärtigt, beginnen sich eure Erfahrungen sehr von euren gewöhnlichen zu unterscheiden. Ob ihr in der großen Stadt seid, am Strand oder im Himalaja, ihr könnt stets dieselbe Energie aufrechterhalten, im selben Zustand verweilen.

Der Buddhismus ist sehr realistisch, wenn es um die Beschreibung der menschlichen Natur geht. Sicherlich habt ihr alle schon gehört, dass ihr keine Urteile fällen solltet, nicht zwischen Gut und Schlecht unterscheiden solltet und so weiter. Gewöhnlich sagen wir: „Oh, Nirwana, fantastisch!“, und greifen danach. Oder: „Igitt, Samsara ist schrecklich!“ und versuchen, es aus unserem Geist zu verdrängen. Wir sagen: „Mein Guru ist fantastisch, Dharma ist so fantastisch!“, und „dieser Mensch ist so grauenhaft.“ Alle diese Urteile basieren darauf, wie unser von Einbildung überfluteter Geist unsere verblendeten Wahrnehmungen interpretiert. Das sollten wir erkennen.

Es ist aber auch nicht genug, von alldem nur intellektuell überzeugt zu sein. Es muss zur Erfahrung werden. Tatsächlich habt ihr bereits genug Erfahrungen gemacht – genug, um euch das Herz zu brechen. Der Buddhismus geht also mit dem Leben um, mit Erfahrung, und auf diese Weise zeigt er euch, wie ihr gesund werdet, wie ihr einen gesunden Geist entwickelt. Ihr wisst, wie ihr mit euch selbst umgehen müsst, wenn ihr beginnt, extrem zu werden.

Vielleicht ist der Buddhismus nur hier, im Vajrapani-Institut, wahr, und wenn ihr nach San Francisco geht, verliert er seine Gültigkeit! Kurze Meditationserfahrungen in Dharma-Zentren sind nicht ausreichend. Ihr müsst das kontinuierliche Gewahrsein der rechten Sicht aufrechterhalten, wo immer ihr auch seid.

Dieser Vers spricht also davon, wie wir unser Leben vergeuden. Die meisten von uns würden es vorziehen, wenn ihr Leben sinnvoll für sie selbst und andere wäre. Wir alle suchen nach Befriedigung im Leben. Was unser Leben sinnlos und unbefriedigend macht ist der Geist, der nach den Sinnesgenüssen greift und ihre konkrete, permanente Erscheinung für wahr hält. Diese beiden Fehler müssen wir vollständig ausmerzen. Wenn wir glücklich und zufrieden leben wollen, müssen wir glasklar verstehen, dass die Erscheinungsweise der Dinge täuschend ist. Nichts ist dauerhaft und unveränderlich. Aus diesem Grund betonen viele buddhistische Schriften, dass wir in Bezug auf alle Objekte des Greifens Entsagung entwickeln müssen. Wir verstehen nicht, wie wir aus unseren Beziehungen mit den Sinnesfreuden Zufriedenheit gewinnen können. Gewöhnlich übertreiben wir die guten Qualitäten von Sinnesfreuden. Darum spreche ich immer davon, dass wir halluzinieren. Unser Urteil ist alles andere als realistisch.

Wenn ihr die Natur - oder Wirklichkeit - der Sinnesgenüsse versteht, habt ihr genug inneren Raum, um loszulassen. Sinnesgenüsse kommen und gehen. So ist es nun mal, und ihr akzeptiert es. Weil wir aber voller Halluzinationen nach den Genüssen greifen, sind wir jedes Mal schockiert, wenn sie wieder verschwinden, und fühlen uns elend. Das ist unvernünftig. Wir erliegen also unseren Sinnestäuschungen.

Solange euer halluzinierender Geist die guten Qualitäten eines angenehmen Objektes übertreibt, könnt ihr gar nicht wirklich zufrieden sein. Der Buddhismus betont daher die Notwendigkeit, die Genüsse als das zu erkennen, was sie sind, indem man die Qualität ihres Seins begreift. Dann habt ihr Raum. So werdet ihr weniger emotional: Wenn ihr euch vergnügt, ist das in Ordnung, ihr erkennt es als illusorisch. Wenn ihr nichts habt, was euch Vergnügen bereitet, ist es auch in Ordnung. Nur eure nach Vergnügungen greifenden konkreten Vorstellungen machen euch verwirrt, unzufrieden und emotional aufgewühlt.

Denkt an die Bedeutung dieses Verses, während ihr das Vajrasattva-Mantra rezitiert. Gleichzeitig macht ihr die üblichen drei Meditationstechniken, um euch von euren konkreten Konzepten, den Sinnestäuschungen, der unreinen Energie, die eurem physischen Nervensystem innewohnt, und der Unwissenheit, die ja die Basis all dieser Probleme ist, zu reinigen. Tief innen mögt ihr das Gefühl haben: „Es ist unmöglich, alle meine Fehler, mein Greifen und meine Selbstsucht zu reinigen. Wie kann ich das alles nur jemals loswerden?" Obwohl ihr intellektuell vielleicht akzeptiert, dass Reinigung funktioniert und die buddhistischen Lehren richtig sind, habt ihr tief innen immer noch Zweifel. Die Praxis der Vajrasattva-Meditation kann auch diese unreinen Zweifel beseitigen, indem sie euch die Möglichkeit zeigt, sämtliche negative Energie vollkommen zu beseitigen, und euch inspiriert, das auch zu tun.

Vers drei

„... Bitte segne mich, auf dass ich makellose Entsagung hervorbringe." Unser Leben ist schon am Anfang recht schlimm, und während seiner gesamten Dauer fügen wir immer mehr und mehr Verwirrung hinzu. Dafür muss es einen Grund geben, eine Ursache für das, was wir im Buddhismus „Karma" nennen. Diese Ursache ist Verblendung. Durch unsere Verblendung schaffen wir das Karma, das uns immer wieder in Elend und Verwirrung führt. Wir verfangen uns in einer beinahe unzerstörbaren Falle neurotischer Vorstellungen und Emotionen. Was da geschieht wird im Vers mit dem Begriff *tsül-min yi-je* erklärt. Er bedeutet, dass ihr euch etwas vorstellt, das weder mit der relativen noch der absoluten Natur der Objekte, die ihr wahrnehmt, zu tun hat – etwas, das mit der charakteristischen Natur der Phänomene überhaupt nicht verbunden ist. Was ihr seht ist ausschließlich eure Vorstellung.

Aufgrund dieser Vorstellung entwickelt ihr täuschende, konkrete Konzepte, den nach einem Ego greifenden Geist und dualistische Konzepte. So fängt es an. In eurer Vorstellung baut ihr eine unrealistische Fantasie bezüglich des Objektes auf, eure Ansichten verhärten sich, und schließlich beschließt ihr: „Ja. Das ist gut; das ist schlecht." Ihr haltet intensiv an dem fest, was ihr „gut" genannt habt, und baut es weiter aus. Mit großer Intensität verstärkt ihr das mehr und mehr. Es ist eine lange Entwicklung. Ihr verfestigt dieses, ihr vertieft jenes, ihr trefft bestimmte Entscheidungen bezüglich der Dinge, und auf diese Weise zimmert ihr euch eure eigene Doktrin zurecht, eure eigene Welt, euren eigenen Berg Meru. Dann wird es für andere sehr schwer, euch zu sagen, dass ihr Unrecht habt. Die Fantasie, die ihr entwickelt habt, ist zu stark geworden. Von Anfang an sind all diese Fantasien schließlich bloß eure eigenen Erfahrungen, für euch jedoch sind sie die Wirklichkeit. Vom buddhistischen Standpunkt sind alle fühlenden Wesen in ihren eigenen egoistischen, dualistischen Konzepten befangen, die allesamt auf ihren unrealistischen Fantasien beruhen. Auf diese Weise verstricken wir uns alle im Netz von Samsara.

Was die Wirklichkeit angeht, ist der verblendete Geist jedoch höchst oberflächlich. Er mag zu einem geringen Anteil mit der relativen Wahrheit vermischt sein; die meisten Erscheinungen jedoch sind völlig von Verblendungen und Sinnestäuschungen geprägt. Alle verblendeten, eingebildeten Konzepte sind dualistisch – Hindernisse, die es zu bereinigen gilt.

Jedes Mal, wenn ihr das Gebet sprecht, müsst ihr so präzise wie möglich über euren Seinszustand, eure Lebenssituation nachdenken. Aus einem tiefen Verständnis eurer eigenen Erfahrungen heraus, solltet ihr denken: „Wie verblendet ich nur bin; wie ich mich ständig durch meine dualistische Wahrnehmung betrügen lasse. Alles, was ich im Leben tue, ist oberflächlich. Ob ich bei meiner Arbeit oder bei meinen Freunden bin, alles, was ich tue, ist von meinen Einbildungen geprägt und völlig abgelöst von der Wirklichkeit. Ständig entstehen unrealistische, imaginäre Fantasien von jedem Sinnesobjekt, mit dem ich zu tun habe. So verfange ich mich in der Falle von Samsara." Mit diesem klaren Verständnis rezitiert ihr das Mantra in Verbindung mit den drei reinigenden Meditationstechniken. So wird eure Reinigung äußerst effektiv.

Die Reinigung wird deshalb so wirksam, weil ihr das Hindernis bekämpft, das der Erkenntnis der Wirklichkeit im Wege steht. Das allein ist schon eine Art Verwirklichung und schwer auszuführen. Sobald ihr den wirklichen Störenfried jedoch erkannt habt, beginnt ihr, euch zu verändern. Es findet eine natürliche Transformation statt. Häufig ist unsere Reinigung völlig fehlgeleitet, weil wir überhaupt nicht wissen, was genau unser Problem ist. Habt ihr dagegen ein klares und reines Verständnis eures Problems, könnt ihr eure Reinigungsmeditation richtig machen, und sie wird sehr wirkungsvoll. Ihr werdet realistischer und aufrichtiger. Aufrichtigkeit spielt eine große Rolle in der Religion; und sie muss daraus erwachsen, dass ihr versteht, was eure eigene Lebenssituation ausmacht, wie sich euer Samsara entwickelt hat, und wie ihr Nirwana erreichen könnt. Dann macht ihr mit eurer Praxis ernst, und eure Wertschätzung für das Buddha-Dharma wächst.

Wenn ihr eure Probleme erkennt und wisst, wie man Reinigung praktiziert, dann bittet ihr um den Segen, reine Entsagung zu entwickeln. Ihr müsst reine Entsagung entwickeln, ob ihr nun ordiniert seid oder Laien, Buddhisten oder Nicht-Buddhisten.

Was heißt es, der Welt zu entsagen? Betrachtet zum Beispiel Shakyamuni Buddha. Er verließ sein Königreich und ging in den Dschungel. Wir nennen das Entsagung. Er hatte die Sonne, die Bäume und die Erde um sich, und obwohl er seine Frau und die Familie hinter sich gelassen hatte, fand er dort vielleicht andere Vergnügungen. Da westliche Menschen ihr Leben dem Streben nach Sinnesgenüssen widmen, ist es wichtig, sich klar zu machen, was Entsagung bedeutet. Aus buddhistischer Sicht braucht jeder Mensch Entsagung. Ohne sie gibt es zu viel Leiden: Menschen werden verrückt, ihr Herz bricht und sie geraten in emotionalen Aufruhr. Entsagt zu haben bedeutet, dass man vernünftiger geworden ist, weil man die charakteristische Natur der Genüsse und der Genussobjekte erkannt hat.

Bevor Buddha Shakyamuni dem königlichen Leben entsagte, war er heimlich in die Stadt ausgefahren und hatte dort verschiedene Formen des Leidens gesehen: Alter, Krankheit und Tod. Er erkannte, dass es keinen Grund gab, an dem Ansehen eines Königs oder den Freuden der Ehe festzuhalten. Er war flexibel. Er sah, dass es ihm mit diesen Dingen gut ging, dass es ihm aber ohne sie mindestens ebenso gut gehen würde. Er wusste, dass er im Dschungel leben könnte und dort ebenso glücklich und gesund wäre wie in seinem Palast. Flexibilität ist der Schlüssel: Es geht euch gut, wenn ihr über Annehmlichkeiten verfügt, und es geht euch ebenso gut, wenn ihr keine bekommt. Auf diese Weise werdet ihr sehr gelassen und umgänglich.

Wir Menschen aus dem Westen sind nicht gelassen. Wenn wir nichts Vergnügliches erleben, sind wir alles andere als gelassen. Das zeigt, dass wir keine Entsagung haben. Entsagung bedeutet nicht, dass ihr Eiscreme aufgeben müsst, sondern eher, dass ihr sie auf vernünftige Weise genießt, wenn ihr sie bekommt. Und wenn ihr kein Eis bekommt, dann macht es euch auch nichts aus. Ihr müsst nicht eure Eltern oder Ehepartner anschreien. Denkt einfach: „Okay, heute gibt es eben kein Eis, und es geht mir trotzdem gut." Eisessen ist natürlich nur ein Beispiel, ihr könnt diese Erklärungen auf jede beliebige Beziehung zu Menschen oder Dingen anwenden.

Wenn ihr die Gelegenheit habt, etwas zu genießen, dann genießt in vollen Zügen, aber auf vernünftige Weise – mit Würde und einer feinfühligen, einer transzendenten Haltung. Genießt die Freude wie sie ist, statt mit Verblendung, Einbildung und Fantasterei. Wenn ihr das „Wie-sind-sie" der Dinge erkennt, könnt ihr alles genießen. Das ist wahr. Ich glaube es wirklich. Wenn ihr die Wirklichkeit berührt, findet und schätzt ihr das Schöne überall, und jedes Objekt, mit dem ihr in Kontakt kommt, verleiht euch Freude.

Wenn wir uns von unseren Fantasien beherrschen lassen, werden wir sehr kleinlich und entwickeln eine überaus begrenzte Vorstellung von Schönheit: „Nur das ist schön." Damit geht der Ärger los. Ihr habt eine begrenzte Vorstellung von Schönheit, eine begrenzte Vorstellung von Genuss, also übertreibt ihr die Schönheit der Objekte, die euch Genuss verschaffen, und stellt eine Liste von „Lieblingsdingen" zusammen. Das bringt Verwirrung und Leiden. Ihr seid nicht offen für die wahre Natur der Dinge, sondern verschlossen.

Schaut nur einmal die Werbung im Fernsehen an. Sie zeigt nur Begierde-Objekte. Die Leute, die diese Werbefilme machen, zeigen nur eine Art von Schönheit. Sie zeigen beispielsweise nie Blumen. Warum nicht? Untersucht es; das hat mit der menschlichen Psychologie zu tun. Diese Werbefachleute wissen, wie unser Geist funktioniert.

Schönheit ist überall. Es ist sehr wichtig, dass ihr die Wirklichkeit berührt und den Wert jedes Objekts auf vernünftige Weise schätzt – wegen seiner einzigartigen Schönheit, seiner speziellen energetischen Zusammensetzung und seiner eigenen relativen und absoluten Wirklichkeit. Ihr müsst diese Dinge verstehen, um flexibel mit angenehmen Dingen umgehen zu können.

Daran könnt ihr auch sehen, warum der Buddhismus als eine realistische Religion, Philosophie oder Doktrin – wie immer man es nennen will – bezeichnet wird. Wer könnte die Tatsache leugnen, dass euer Unglücklichsein, eure Verwirrung und Unzufriedenheit von eurem eigenen verblendeten Geist kommen? Die Hindernisse sind in euch: Einbildungen, Fantasien, Konzepte und Wunschvorstellungen sind in euch. Diese Faktoren sind die Ursache für all euer Leiden und eure Verwirrung. Wer könnte dem widersprechen? Das ist eine ganz einfache, wissenschaftliche Tatsache.

Viele Leute fürchten den Buddhismus: „Oh, Buddhismus bedeutet, dass man entsagen muss. Der Buddha hat Frau und Kinder verlassen und ist in den Dschungel gegangen. Er hat sich verantwortungslos gezeigt, er gibt ein schlechtes Beispiel für unsere Gesellschaft." Welch ein grundlegendes Missverständnis! Entsagung bedeutet nicht, irgendetwas wegzuwerfen. Euer Körper ist beispielsweise immer bei euch. Aus der Sicht des Abhidharma war selbst Guru Shakyamunis Körper samsarisch.

Schaut euch Milarepa an. Er gab alles auf, selbst seinen Lehrer, und ging in die Berge. Wir sagen zwar, er entsagte Samsara, aber auch er musste seinen Körper mitnehmen. Sein Körper war samsarisch, oder nicht? Die Brennnesseln, mit denen er seinen Körper ernährte, waren samsarische Phänomene. Aber er war gelassen, er hatte keine Probleme. Wir dagegen sind zwanghaft damit beschäftigt, nach den Sinnesfreuden zu greifen. Am wichtigsten ist es, dass wir die Natur der sinnlichen Vergnügungen verstehen, sowohl von der Seite des Objekts als auch von der Seite des Subjekts. Seid vernünftig.

Selbst in der Vinaya der Theravada-Schule wird erklärt, dass es hauptsächlich vom Geist abhängt, ob ein Mönch oder eine Nonne eine Ordensregel gebrochen hat oder nicht, nicht vom Objekt oder der Handlung. Bei jeder Regel wird auf bestimmte Umstände hingewiesen, die erst zum Bruch führen: Motivation, Objekt, Handlung und Vollendung. Alle diese Aspekte einer Handlung müssen präsent sein, damit sie vollständig ist. Der Hauptaspekt ist die Motivation.

Richtige Entsagung basiert auf dem Verständnis der Natur der Wirklichkeit. Ohne dieses Verständnis könnt ihr nie und nimmer Entsagung entwickeln; habt ihr es aber erworben, stellt sich Entsagung einfach ein. Sich unter Druck zu setzen hilft nicht weiter. Entsagung bedeutet, eine neue, grundlegende Wirklichkeit zu entdecken.

Die Begründung dafür findet ihr im Lamrim: Es gibt keinen Grund, nach Sinnesfreuden zu greifen, weil sie so unbedeutend, so flüchtig, so vergänglich sind; ihr betrügt euch nur selbst, indem ihr nach Dingen greift, die ihr fälschlicherweise für dauerhaft haltet. Im Lamrim geht ihr mit der Wirklichkeit um, und die Wirklichkeit spricht zu euch. Das vermindert den Druck, den euer greifender Geist erzeugt. Ich rede nur theoretisch, aber wenn ihr in eurem Alltagsleben analysiert, wie eure Vorstellungen Fantasien erzeugen, wie diese Fantasien immer konkreter werden, bis sie euch zu verblendeten Handlungen treiben, versteht ihr die Evolution von Samsara aus eigener Anschauung.

Vielleicht verwirrt euch der Prozess der Vajrasattva-Praxis. Einerseits bitten wir Vajrasattva um die Verwirklichung von Entsagung, andererseits bringen wir ihm beseligende Sinnesobjekte dar.

Wenn ihr Menschen nach ihren speziellen Interessen fragt, wird euch jeder etwas anderes sagen. Manche Menschen lieben Musik, manche Kunst, andere Astronomie. Das ist nicht richtig. Meiner Meinung nach sollten alle alles genießen. Jeder sollte Formen, Farben, Geschmäcker, Gerüche und Klänge genießen. Jedes Sinnesobjekt besitzt die Fähigkeit, Genuss zu bereiten.

Darum ist es gut für euch, Vajrasattva alle Objekte der fünf Sinne darzubringen, wobei ihr eurer Vorstellungskraft keine Grenzen setzen solltet. Jedes Phänomen hat seine eigene Schönheit; Schönheit ist ein universales Phänomen. Wenn ihr möglichst reiche und schöne Gaben darbringt, erweckt ihr die Ganzheit eures eigenen Geistes, um den Genuss zu schätzen. Gewöhnlich sind wir so begrenzt. Unser Geist kann die Ganzheit des Genusses überhaupt nicht fassen. Ich jedoch glaube, dass jeder von uns das Potenzial in sich trägt, vollständigen Genuss, vollständiges Glück zu erfahren - wir müssen es nur erwecken.

Warum mögen manche Menschen bestimmte Objekte und keine anderen? Ihr seid fähig, sie alle zu genießen. Ihr müsst nur die ganzheitliche Freude und Zufriedenheit entdecken, die bereits in euch sind. Beklagt euch nicht: „Ich habe nur so wenig Freude im Leben. Allen um mich herum geht es schlecht. Mir geht es auch schlecht." Das ist lächerlich. Schaut euch nur in der Welt um. Es gibt so viele verschiedene Lebensumstände, so viele arme Länder, so viele Menschen. Aber jeder findet etwas Schönes, etwas Vergnügen, etwas Sinn im Leben. Untersucht es. Ich spreche hier von der menschlichen Erfahrung, von wissenschaftlichen Tatsachen, nicht bloß von einem religiösen Dogma. Meiner Meinung nach gibt es immer angenehme Objekte, selbst wenn ihr deprimiert oder aufgebracht seid, und egal, wo ihr euch aufhaltet.

Im Tantra ist von absoluter Schönheit die Rede, aber bisher habe ich nur von relativer Schönheit gesprochen. Absolute Schönheit ist Shunyata, und im Tantra wird Shunyata als weiblich betrachtet. Das ist einfach ein psychologischer Ausdruck. Ihr müsst begreifen, dass Schönheit grenzenlos ist.

Versucht, relative Schönheit zu entdecken. Bisher haben wir nicht einmal das getan. Mit einem voreingenommenen Geist entscheiden wir, dass ein Mensch oder eine kleine Sache das Allerschönste ist. Das ist so begrenzt. Versucht, die Ganzheit von relativer und absoluter Schönheit zu entdecken. Dann stellt sich wahre Entsagung ein. Ist es nun klar geworden? Entsagung und das Darbringen aller Sinnesobjekte, verwandelt in Glückseligkeit, passen zusammen. Das ist meine Botschaft.

Manchmal bedeutet Entsagung aber auch, dass ihr einige Dinge *aufgeben* müsst. Wenn ihr in einer Großstadt lebt und euch in sehr verwirrende Situationen verstrickt habt, könnte es schwierig sein, noch Raum zu finden. In diesem Falle ist es besser, die Situation für eine Weile hinter sich zu lassen, um eurem verwirrten Geist die Gelegenheit zu geben, sich wieder ein wenig zu klären. Das ist wichtig, denn in diesem Fall bereitet euch die Situation selbst Schwierigkeiten. Ihr verlasst eure Umgebung nicht aus wahrer Entsagung, sondern weil ihr überlastet seid und euch die Situation so überwältigt, dass ihr keinen Raum mehr findet, um das Durcheinander zu klären. Lässt man eine solche Situation für eine Weile hinter sich, kann man sie objektiver betrachten und klarer erkennen, was zu tun ist. Wenn ihr bleibt, nimmt die Verwirrung von Tag zu Tag weiter zu, bis sie euch ganz und gar erstickt. Weisheit kann sich niemals entwickeln, solange ihr vom Dämon dualistischer Vorstellungen erstickt werdet. Darum ist es wichtig, für eine Weile zu verschwinden – geht dabei aber geschickt vor.

Wahre Entsagung fußt auf Verständnis; einfach weggehen ist keine wahre Entsagung. Viele Menschen tun das bereits: Wenn es Ärger gibt, gehen sie anderswo hin. Das ist unser Stil. In Urlaub fahren bedeutet genau das: Man entfernt sich von seinen gewöhnlichen Problemen. Ihr meint es zwar gut, aber wahre Entsagung ist das nicht. Andererseits haben viele buddhistische Meditierende das Gleiche getan: Sie haben sich an versteckte, einsame Plätze begeben, um den samsarischen Situationen zu entkommen. Es hängt alles davon ab, wie man sein Leben meistert, wie man mit normalen Situationen umgeht.

Erinnert ihr euch an die Geschichte von Lama Je Tsong Khapa? Er hatte schon seit Jahren studiert und gelehrt und hatte bereits Tausende von Schülern. Eines Tages wählte er acht Bodhisattva-Schüler aus und nahm sie mit in eine Berg-Klausur, wo sie lange Zeit einsam lebten. Er musste sich keineswegs über Samsara Sorgen machen – er besaß bereits vollkommene Entsagung –, aber durch seine Tat teilte er uns etwas mit: Wenn ihr von eurer jetzigen Bewusstseinsebene zu einer höheren wechseln wollt, braucht ihr eine lange Periode Ruhe und Frieden, um intensives Gewahrsein zu üben.

Aus diesem Grund empfehle ich meinen Schülerinnen und Schülern auch immer, mindestens zehn Tage des Jahres in Klausur zu verbringen und all ihren weltlichen Beziehungen während dieser Periode intensiver Meditation zu entsagen. Sich für zehn Tage von allem loszusagen ist nicht übermäßig viel, aber zumindest gibt es euch eine Kostprobe der Entsagung. Wenn ihr nicht wenigstens den Frieden und die Ruhe dieser Ebene von Entsagung erfahrt, wird sie für euch nicht zu etwas Realem und ihr Wert wäre nicht offensichtlich. Entsagung bleibt dann einfach eines der Themen, von denen ihr mal gehört habt.

Erfahrung ist das Allerwichtigste. Auf diese Weise findet ihr Lösungen für eure Probleme. Unsere Probleme – wie in diesem Vers angesprochen – sind so tief in unserem Unbewussten verwurzelt, dass es ungeheurer Energie bedarf, sie zu beseitigen. Man kann das sicher nicht auf einen Schlag erledigen und abhaken.

Vers vier

Hier bitten wir um die Inspiration zur Entwicklung makellosen Bodhicittas. „Bodhi" bedeutet Ganzheit, „citta" bedeutet Herz. Wenn wir von einem „Herz der Ganzheit" sprechen, impliziert das, dass unsere Herzen gegenwärtig eng, nicht voll entwickelt sind. Das Gefühl, uns selbst mehr zu lieben als andere, muss überwunden werden. Wir müssen diese Haltung loswerden, um unser Herz vollkommen für andere zu öffnen.

Warum sind wir gelangweilt, einsam und faul? Weil wir nicht gewillt sind, unser Herz völlig für die anderen zu öffnen. Wenn ihr die Willenskraft aufbringt, anderen euer Herz zu öffnen, werdet ihr Faulheit, Selbstsucht und Einsamkeit beseitigen. Der eigentliche Grund für eure Einsamkeit ist, dass ihr nichts tut. Wäret ihr beschäftigt, hättet ihr keine Zeit, euch einsam zu fühlen. Einsamkeit kann nur einen inaktiven Geist befallen. Ist euer Geist dumpf und euer Körper inaktiv, zieht das Einsamkeitsgefühle nach sich. Grundsätzlich kommt das von einer selbstsüchtigen Haltung, davon, dass ihr euch nur um eure eigenen Interessen schert. Das ist die eigentliche Ursache von Einsamkeit, Faulheit und einem verschlossenen Herzen.

Solange ihr eine Einstellung pflegt, in der ihr ausschließlich euch selbst nahe steht, und nicht endlich anderen euer Herz öffnet und euch ihnen widmet, könnt ihr keine dauerhafte Zufriedenheit erlangen. Gelingt euch dieser Schritt jedoch, ist eure Zufriedenheit garantiert, und ihr werdet eure Faulheit ganz und gar überwinden.

Der selbstsüchtige Geist ist unglaublich schlimm, schlimmer als ein Messer im Herzen. Selbstsucht bringt euch um, zerstört euer Leben. Alle politischen Querelen in der heutigen Welt rühren aus einer selbstsüchtigen Haltung. Egal, was das Objekt eurer Selbstsucht ist – euer guter Ruf, eure Nation, die Ressourcen des Planeten, Geld –, die selbstsüchtige Haltung selbst ist der große Störenfried. Wir töten einander aus selbstsüchtigen Motiven, kümmern uns ausschließlich um unser eigenes Wohlergehen und ignorieren das der anderen völlig. Alle schlechten

Beziehungen – zwischen Mann und Frau, Lehrern und Schülern – sind das Ergebnis von Selbstsucht. Wenn ihr darüber nachdenkt, könnt ihr verstehen, dass jedes Problem auf Erden nur daher kommt, dass wir stets nur um uns selbst besorgt sind und nie um die anderen.

Selbstsucht ist schmerzhaft, wirklich schmerzhaft. Wenn ihr frei werden wollt von dem Schmerz in eurem Herzen, öffnet es, indem ihr universale Fürsorge für alle entwickelt und so viele Wesen in euer Herz lasst, wie ihr nur könnt. Das ist das Gegenmittel gegen die Selbstsucht, gegen den Schmerz in eurem Herzen. Meiner Überzeugung nach ist dies der Weg zur Befreiung.

Wir haben immer Angst, die Befreiung nicht zu erlangen. Wir möchten nicht unglücklich sein oder im Gefühlswirrwarr stecken; wir wollen gute Beziehungen, wir sorgen uns um unser eigenes Wohl. Dauernd reden wir über diese Dinge. Die praktischste Methode, euch von Schmerz und Emotionalität zu befreien, ist, euch anderen zu widmen, so viel ihr könnt. Das beseitigt automatisch die ewige Sorge um das eigene Wohl und den Schmerz der Selbstsucht. Könnt ihr euch nicht ganz in den Dienst der anderen stellen, könnt ihr den Schmerz in eurem Herzen durch das Gleichsetzen mit ihnen überwinden. Denkt: „Ich möchte so glücklich sein wie möglich, ich wünsche nicht das geringste Unglück. Den anderen geht es genauso. Unabhängig von Rasse, Hautfarbe oder was auch immer – hierin sind wir uns alle gleich. Daher sollte ich mir keine Probleme schaffen, indem ich Unterschiede mache."

Diese Haltung zu erzeugen ist leichter als zu versuchen, unzerstörbare Meditation zu entwickeln. Sie ist wirksam, intellektuell leicht zu verstehen, und ihr alle habt bereits diese fürsorgliche Einstellung bis zu einem gewissen Grad in euch. Ihr müsst sie nur noch erweitern. Auch können Meditierende überempfindlich werden und voller Zorn. Sie dulden dann keinerlei Ablenkung und können ziemlich selbstsüchtig werden. Jemand macht ein bisschen Lärm, und schon regen sie sich auf: „Du störst meine Meditation!" Eine Praxis, die ihr philosophisch, psychologisch und wissenschaftlich versteht, kann euch viel leichter fallen. „Andere sind äußerst kostbar; ich will mich ihrem Wohle widmen." In dem Augenblick, in dem ihr euch anderen widmet, habt ihr Raum – den Raum, nicht zornig zu werden, wenn jemand euch beschimpft.

Ich glaube, dass die meisten Menschen ein gutes Herz haben und auch Fürsorge für andere kennen, obwohl die meisten von ihnen keine Meditierenden sind. Darum erscheint mir die fürsorgliche Haltung so einfach, so logisch. Sie bringt euch eine völlig andere Art von Zufriedenheit, als ihr sie normalerweise erfahrt, und sie beseitigt alle Arten negativer Gedanken. Wenn ihr sie annehmen könnt, wird diese Haltung zu eurer Meditation, zu eurem Leben; eure Praxis des Gewahrseins besteht dann darin, eure selbstsüchtige Haltung zu beseitigen und euch anderen zu widmen. Ich finde es wunderbar, wenn jemand das von sich sagen kann. Es ist sehr praktisch, wenn ihr euer Leben dem Wohl der anderen widmen könnt. Ihr werdet damit vielleicht nicht berühmt, aber es ist bereits genug, wenn ihr es einfach nur auf eure Weise tut.

Meine Eltern waren stets unterschiedlicher Meinung, wenn es darum ging, wie man anderen helfen sollte. Meine Mutter war eine sehr praktische Frau. Wann immer sich eine Gelegenheit ergab, anderen zu helfen, nutzte sie sie. Mein Vater fand das falsch und sagte ihr dann immer, dass sie kritischer auswählen solle, wem sie helfe. Wenn sie meinem Vater ihre Logik erklärte, argumentierte sie: „Stell dir vor, du wärest sehr weit weg auf Reisen und hättest nichts zu essen und kein Dach über dem Kopf. Du bittest jemanden um Hilfe, aber die Leute sagen dir, du seiest kein geeignetes Objekt für ihre Großzügigkeit. Wie würdest du dich fühlen? Egal, wer zu einem kommt, ich glaube, man sollte ihm dienen." In gewisser Hinsicht hatten beide Recht, aber meine Mutter war praktischer veranlagt.

Die Meditation über Bodhicitta muss ich hier nicht im Detail erklären, da das alles ja in den Lamrim-Lehren vorkommt. Erinnert euch nur daran, dass die Anhaftung, die euch suggeriert, ihr selbst wäret am wertvollsten, die Ursache allen Elends ist. Alle Probleme in der Welt - Machtkämpfe, die Gier nach Reichtum, Hunger, Kampf - kommen davon, dass man sich selbst mehr schätzt als andere. Das war der Grund, das ist der Grund und wird immer der Grund sein. Widmet euch daher den anderen, so sehr ihr könnt. Nur so könnt ihr glücklich werden - ich denke, ich kann guten Gewissens sagen: Nichts anderes kann euch wirklich zufrieden machen. Ihr müsst nicht reich sein, um euch für das Wohl der anderen einzusetzen. Selbst wenn ihr nichts besitzt, könnt ihr euer Leben auf diese Weise widmen.

So, ich hoffe, das ist allen klar geworden. Dieser Vers bezieht sich auf das Tor zu allem Elend und jeder Verwirrung - die Selbstsucht - und auf den Dämon oder Erzbösewicht - dualistische Wahrnehmung -, einen Geist also, der euch an die erste Stelle setzt und alle anderen dahinter. Wir bringen Vajrasattva transzendente, beseligende Sinnesobjekte dar mit der Bitte, unsere dualistischen Konzepte und Erscheinungen zu reinigen und uns zu segnen, damit wir makelloses Bodhicitta, die Essenz des Bodhisattva-Pfades, hervorbringen. Wir alle geben unser Bestes, diesen Pfad zu beschreiten, aber es ist nicht einfach. Wenn ihr denkt, ihr wäret Bodhisattvas, untersucht, was ein Bodhisattva wirklich ist.

Vers fünf

Dieser Vers handelt von Shunyata, dem großen Siegel der Leerheit (*mahamudra*). Früher wurden Siegel zum Beispiel verwendet, um eine öffentliche Genehmigung zu kennzeichnen; ein Siegel verlieh einer Sache offizielle Gültigkeit. Der Begriff „Siegel der Leerheit“ mag euch ein bisschen komisch vorkommen: „Das Siegel ist leer; leer bedeutet nichts. Wie könnte so etwas einen vernünftigen Zweck erfüllen? Warum nennt man es Siegel?“ Vom buddhistischen Gesichtspunkt ist der Zustand der Nicht-Dualität der höchste. Was enthält er? Er umfasst sämtliche existenten Phänomene, ohne eine einzige Ausnahme: Nicht-Dualität durchdringt alles Bestehende - das Relative ebenso wie das Absolute.

Wir sehen alle unterschiedlich aus: Er, sie, du, ich, dieses, jenes. Der Mensch, der Nicht-Dualität versteht, sieht die Einheit, die hinter unseren unterschiedlichen Erscheinungen liegt. Wenn wir einander anschauen, scheinen wir alle so konkret, unterschieden, unverbunden. Der Mensch, der Leerheit verstanden hat, sieht uns individuell und gleichzeitig als Ganzes, als wären wir Tröpfchen in einer Wolke aus Dampf. Das ist das Siegel. Es enthält die Gesamtheit der absoluten Natur, so wie sie ist. Während wir bitten, dass das Verständnis des großen Siegels in uns wachsen möge, bringen wir Guru Vajrasattva die glückselige Erfahrung der fünf Sinnesobjekte dar.

Alle Phänomene existieren bloß als Bilder mentaler Spekulation. Ihr erschafft Erscheinungen und benennt diese dann, gebt der Wirklichkeit Namen. *Tok-pä par-zhak* bedeutet produziert, bzw. projiziert von den Einbildungen. Und alle diese Dinge existieren bloß durch Benennung. Es findet sich nicht die kleinste Spur von Selbstexistenz in irgendeinem Phänomen. Was immer ihr schön, hässlich, wunderbar, lecker, aromatisch oder was auch immer findet, ist einfach eine Projektion eures getäuschten Geistes.

Aus diesem Grund funktioniert Werbung. Produkte werden als hervorragend angepriesen, es heißt, sie würden uns erfolgreich oder glücklich machen und dergleichen. Anzeigen suggerieren uns, ein bestimmtes Produkt sei wirklich wertvoll und erstrebenswert. Als Ergebnis greifen wir nach dem, was wir sehen, und betrachten es als selbstexistentes Objekt. Zuerst ist es nichts, dann kommen die Werbeleute und visualisieren, stellen sich etwas vor und fantasieren, und schließlich entscheiden sie, wie sie es präsentieren wollen. Natürlich hat das Objekt seine eigene relative und absolute Funktion, aber wir greifen nach ihm, als sei es selbstexistent. Wir erkennen nicht, wie sich die täuschende Projektion entwickelt.

Es ist natürlich nicht einfach, diese Entwicklung zu verstehen. Ihr müsst tief darüber nachdenken und im Lichte dieser Gedankengänge euer Alltagsleben untersuchen, damit ihr aus eigener Erfahrung verstehen könnt, wie es funktioniert. Durch

Worte allein wird es nicht verständlich. Ihr müsst über die Tatsache reflektieren, dass alle existenten Phänomene, beispielsweise Dinge, die ihr für nützlich oder begehrenswert haltet, keinerlei innewohnenden Wert besitzen, bis ihr ihnen einen Namen gebt. Unser getäuschtes Bewusstsein verleiht ein geistiges Etikett, und plötzlich haben sie einen Wert. Bis zu diesem Punkt haben die Dinge keine Wirklichkeit für euch. Darum arbeiten die Werbeleute auch so hart daran, die Produkte für euch real zu machen. In gewisser Hinsicht sind sie sehr freundlich. Aber ihr seid dafür verantwortlich, was immer sie euch zeigen als dualistische Projektion des abergläubischen Geistes zu erkennen, und zu begreifen, dass ihr bloß träumt, wenn ihr hofft, absolutes Glück durch diese Dinge zu erlangen. Diese Art Verständnis ist sehr nützlich, weil es den Druck mindert, der aus dem begrifflichen, greifenden, egoistischen Geist entsteht.

Kurz: Alles Existierende ist bloß benannt. Durch den getäuschten Geist wird ihm Wert verliehen. Diese vergiftete, übel riechende (*dri-ma ngän-päi*), dualistische Halluzination muss gereinigt werden.

Jeder Vers dieser Praxis behandelt ein anderes Thema. Ihr müsst über jedes einzelne sehr tief und intensiv nachdenken, damit ihr klar erkennt, was ihr überwinden und was ihr erreichen sollt. Aus diesem klaren Verständnis entsteht die starke Motivation, die in den Versen beschriebenen Fehler zu reinigen. Dann rezitiert ihr das Vajrasattva-Mantra zusammen mit den drei Meditationstechniken. Wenn ihr auf diese Weise praktizieren könnt, wird eure Reinigung auf Logik basieren und daher ausgesprochen ernsthaft und kraftvoll sein.

Nun möchte ich eigentlich nicht mehr reden, lasst uns lieber eine kurze Meditation machen. Denkt folgendermaßen: Vor zwei- oder dreihundert Jahren existierte noch keines der Objekte, die wir heute in unseren Supermärkten finden. Dann begannen die Menschen zu intellektualisieren, und es wucherten die Fantasien. Schließlich produzierten sie Coca-Cola und all die anderen Supermarktgüter, mit denen wir heute so vertraut sind. Alle diese Dinge wurden vom Geist der Einbildung benannt oder produziert. Von ihrer Seite gibt es nicht die Spur von Dualität oder Selbstexistenz. Solange ihr die Dinge dualistisch sehen wollt, ist die dualistische Erscheinung vorhanden. Wenn ihr die Gesamtheit seht, verschwindet die dualistische Erscheinung. Ihr und ich sind eine Ganzheit der Nicht-Dualität. Seid euch der Ganzheit gewahr, fühlt Ganzheit. Ganzheit hat keine Vorstellung von gut und schlecht, schön oder hässlich. Jetzt meditiert mit intensivem Gewahrsein über die Ganzheit.

Vor kurzem haben wir über das große Siegel der Leerheit gesprochen. Der Buddhismus glaubt, dass alle Menschen über die Fähigkeit verfügen, ihre eigene wahre Natur zu verstehen, und dass die Entwicklung eines solchen Verständnisses das Wichtigste für uns ist. Alle Probleme, Verwirrung und Unzufriedenheit, die wir ständig erfahren, entstehen, weil wir dieses Verständnis nicht entwickelt haben, und solange wir dies nicht nachholen, werden wir nicht frei von unseren Fesseln. Wir Menschen verstehen unsere eigene Wirklichkeit nicht, das ist unser Hauptproblem.

Daher wollen alle Lehren des Buddha, gleichgültig, welche man auswählt, uns helfen, sowohl die konventionelle Natur unseres Lebens, als auch die universelle Ganzheit, Shunyata, zu verstehen. Beide sind von großer Bedeutung.

Der fünfte Vers bezieht sich also auf die wissenschaftliche buddhistische Auffassung der Wirklichkeit, indem er zuerst die konventionelle, relative oder wechselseitig abhängige Existenzweise unseres Körpers und Geistes beschreibt. Sowie unser Geist diese konventionellen Phänomene wahrnimmt, versucht er, die Wirklichkeit dessen, was er sieht, zu identifizieren, um die Wirklichkeit unserer eigenen Existenz, der Existenz anderer, der universellen Existenz, der Existenz aller Phänomene zu begreifen. Und was kommt schließlich dabei heraus? Wir *benennen* die wahrgenommenen Objekte und versuchen, ihnen damit Wirklichkeit zu verleihen.

Das bedeutet *tok-pä par-zhak*: Etwas ist da – eine Nektarine zum Beispiel – und wir versuchen, sie als Realität zu identifizieren. So geben wir ihr den Namen „Nektarine", der ihre Realität repräsentieren soll. Tatsächlich ist die wahre Realität der Nektarine nichts als die Ansammlung ihrer ständig sich verändernden Teilchen. Die richtigen Elemente sind zusammengekommen, die Frucht hat sich organisch entwickelt und kann nun gegessen werden. Neben dieser oberflächlichen gegenseitigen Abhängigkeit und der ständigen Verwandlung der Elemente, die die Nektarine ausmachen, könnt ihr ihrer Existenz keinerlei weitere Dimensionen hinzufügen – es doch zu tun, hieße zu übertreiben, ihre Qualitäten zu überschätzen.

Wenn wir die wechselseitig abhängige Existenzweise der Nektarine verstehen, ihre flüchtige Energie, ihre Farbe und Schwingung und ebenfalls die Beziehung zwischen uns und ihr, werden wir die universale Realität der Nektarine verstehen – oder zumindest hätten wir das Potenzial, es bald zu tun.

Als erstes müssen wir erkennen – und das ist wichtig –, wie das konventionelle Ich oder Selbst existiert, wie es funktioniert. Wenn ihr das untersucht, werdet ihr herausfinden: Es existiert einfach dadurch, dass der Geist einer seifenblasengleichen Ansammlung von Teilen ein Etikett überstülpt: „Es ist dies und das." Die Verbindung von Name und Blase konstituiert die konventionelle Realität des Objekts. Es gibt keine darüber hinausgehende „absolute" konventionelle Wirklichkeit: Sie ist lediglich konventionell.

Sobald ihr einen schönen Körper seht, erinnert euch, dass es sich einfach um eine wechselseitig abhängige Zusammenballung von vom Geist benannten Schwingungen handelt. Wenn ihr die konventionelle Wirklichkeit auf diese Weise verstehen könnt, legen sich eure gewohnheitsmäßigen Über- und Untertreibungen der relativen Wahrheit. Das ist der Mittlere Weg des Buddhismus, der Weg, auf dem Verwirrung beseitigt und Gesundheit hergestellt wird. Das geschieht durch den Kontakt mit der Wirklichkeit, durch das Verständnis der wahren Natur eurer eigenen Existenzweise. Das ist das Tor zu Zufriedenheit. Solange ihr die wahre Natur der konventionellen Wirklichkeit nicht kennt, seid ihr nach buddhistischer Sicht nur Träumer, wenn ihr über das Verständnis der absoluten Wirklichkeit sprecht; was ihr sagt entbehrt jeder Grundlage.

Darum beginnen buddhistische Belehrungen stets mit einer Erklärung des menschlichen Dilemmas: Was ist ein Mensch? Welche Qualitäten zeichnen Menschen aus? Welche Probleme haben sie? Buddhistische Philosophie, Psychologie und Lehre befassen sich stets mit der menschlichen Wirklichkeit: Wie beseitigen wir alle unsere Probleme? Mit anderen Worten: Wie erlangen wir Erleuchtung? Oder in philosophischen Worten: Wie vereinigen wir uns mit der Ganzheit des Seins, von der in der Vollendungsstufe des Tantra gesprochen wird?

Vor kurzem habe ich meine Vorlieben für Nektarinen entdeckt. Neulich nahm Åge, einer meiner Schüler, mich zum Nektarinenkauf mit, und wir hatten uns verständigt, dass wir nur die besten aussuchen würden. Also suchten wir beide einige aus. Gestern Abend aßen Åge und ich zusammen Nektarinen, und eine der seinigen war innen faul. Er sagte: „Die habe ich ausgesucht, weil ich dachte, sie sei gut, und nun ist sie innen faul." Er gab es selbst zu, ohne dass ich etwas gesagt hätte!

Ich erzähle diese Geschichte, weil sie ein gutes Beispiel dafür ist, was wir gewöhnlich tun. Wir nehmen etwas in die Hand, betasten es, schauen es uns genau an und sagen schließlich: „Ah, das hier ist gut." Aber wenn wir nach Hause kommen, ist es faul. Nun können wir uns fragen: Wir haben eine bestimmte Substanz als „Nektarine" bezeichnet – was aber ist die Realität dieser Substanz? Ist eine verfaulte Nektarine eine Nektarine?

Nennt ihr etwas eine Nektarine, so soll das irgendwie die Wirklichkeit der Sache berühren, aber vom buddhistischen Gesichtspunkt handelt es sich dabei nur um eine sehr oberflächliche Angelegenheit. Der oberflächliche Geist nennt etwas Nektarine, und eine Nektarine beginnt zu existieren. Aber in unserer Verblendung hören wir das Wort „Nektarine" und eine Nektarine erscheint in unserer Wahrnehmung. Aber so etwas wie eine konkrete Nektarine – inhärent existent, unabhängig, dauerhaft

– gibt es gar nicht. Grundlegend ist die Beziehung zwischen dem Namen Nektarine und der Wirklichkeit der Nektarine für uns ein Produkt unserer Unwissenheit, das entsteht, weil wir die eigentliche Wirklichkeit der Nektarine nicht berührt haben.

Statt eine Nektarine für eine Nektarine zu halten, versucht doch einmal sie „John" zu nennen! Gebt ihr einen menschlichen Namen! Wir haben eine feste Vorstellung vom Namen John. Wenn ich euch frage, warum er John heißt, welche seiner Qualitäten den Namen John rechtfertigen, was werdet ihr antworten? Eure Antworten werden sehr oberflächlich sein; sie werden nicht einmal seinen Bart umfassen! Der Name John deckt nicht einmal seinen Bart ab. Er mag einen winzigen Teil seiner Wirklichkeit abdecken, aber selbst das ist zweifelhaft.

Die Buddhisten halten es für sehr wichtig, dass man keine voreiligen Schlüsse zieht: „Du *bist* John, ich weiß, dass du's bist." Schaut euch stattdessen lieber die Geschichte dieser Projektion an: Warum hat man ihm diesen Namen gegeben? Dann könnt ihr erkennen, wie falsch es ist anzunehmen, er sei wirklich John. Die Art, wie Dinge und Menschen zu ihren Namen kommen, ist ganz falsch; sie haben wenig mit der Wirklichkeit der benannten Objekte zu tun hat. Schaut euch die Geschichte der konventionellen Phänomene an, und ihr werdet erkennen, warum der Buddhismus *tok-pä par-zhak* sagt: Der oberflächliche, fehlgeleitete Geist erzeugt eine bestimmte Projektion, gibt ihr einen Namen und plötzlich nimmt man so ein funktionierendes menschliches Wesen wahr. Mehr ist nicht nötig, damit wir funktionieren. Wir sind so sicher, dass wir wissen, wer oder was wir wirklich sind. Wie können wir so sicher sein, wenn wir faule Nektarinen aussuchen, weil wir sie für gut halten?

Vom buddhistischen Standpunkt ist die menschliche Existenz die am höchsten entwickelte, tiefgründigste Form des Lebens – viel schwerer zu durchschauen als eine Nektarine. Es ist schwer zu verstehen, wer wir sind, was wir sind, und was die wahre Natur unserer relativen und absoluten Existenzweise ist. Aber es lohnt sich wirklich, dieses Verständnis zu entwickeln.

Der Buddha selbst hat gesagt: „Einigen Schülern sage ich, dass die Dinge tatsächlich existieren, einigen anderen, dass sie nicht wirklich existieren. Ich erkläre Dinge unterschiedlich, je nach Situation. Es mag so scheinen, als ob ich mir selbst widerspräche, aber was immer ich auch lehre, soll die jeweiligen Schüler zu einem besseren Verständnis der Wirklichkeit führen. Daher müsst ihr nicht unbedingt alles glauben, nur weil ich es gesagt habe." Alles, was der Buddha lehrte, soll uns helfen, die beiden Ebenen der Wahrheit zu verstehen: die relative und die absolute Wahrheit unserer eigenen Existenzweise. Alle seine Lehren galten diesem Zweck.

Wie beendet man nun die Verblendung? Erkennt zuerst, dass der verblendete Geist in der Tat verblendet ist, dass seine Konzepte falsch sind. Nur wenn man Verblendungen als das erkennt, was sie sind, kann man sich aus ihrem Bann befreien. Daher müsst ihr Verantwortung für euren eigenen Geist übernehmen; analysiert ihn, untersucht ihn aufs Sorgfältigste, damit ihr eure Verwirrung beseitigen könnt.

Kürzlich habe ich gehört, dass einige Wissenschaftler das Gehirn mit einer Kamera vergleichen. Natürlich meinen sie mit „Gehirn" das, was wir gewöhnlich Bewusstsein nennen. Aber sie gelangen zu den gleichen Schlussfolgerungen wie wir. Sie sagen, das Gehirn nehme Bilder einer bestimmten Schwingung auf, die Wirklichkeit der Sache sei aber etwas anderes. Ich finde das wirklich interessant. Ihre Beschreibung gleicht der des Buddha: Konventionelle Existenz ist nichts anderes als ein Zusammenkommen wechselseitig abhängiger Energien. Es wartet keine unveränderliche, konkrete Existenz dort draußen auf uns. Wir, besonders westliche Menschen, haben ständig das Gefühl, „dort draußen" warte ein wunderbarer Gefährte, eine wunderbare Gefährtin auf uns. Vielleicht finden wir es deshalb so schwierig, mit der Wirklichkeit umzugehen.

Ein weiteres Lieblingsbeispiel von mir ist der Linearbeschleuniger. Die Wissenschaftler machen Millionen von Aufnahmen eines Teilchens, das unter kontrollierten Bedingungen im gleichen Raum beschleunigt wird. Sie versuchen, identische Bilder zu erhalten, aber jedes ist anders. Warum? Weil sie ein vergängliches, relatives Phänomen aufnehmen, das Bedingungen unterworfen ist. Gleichgültig, wie viele Bilder sie aufnehmen - es ist ihr Denken, das nicht mit der Wirklichkeit übereinstimmt. Wir sind so grob, dass wir nicht einmal die konventionelle Bewegung des Prozesses der Veränderung wahrnehmen können. Dieses Beispiel verdeutlicht, wie verblendet unsere Vorstellungen und Sinneswahrnehmungen wirklich sind.

Meiner Meinung nach ist das bloße Nachdenken darüber, wie euer Körper existiert, auf welche Weise euer Freund existiert, bereits eine der besten Meditationen. Es jagt euch Angst ein; statt nach eurem Freund zu greifen, bekommt ihr Angst vor ihm. Ihr könnt ihn sogar als Skelett sehen. Das ist der beste Weg zur Beseitigung eurer Ängste, eures Greifens und eurer Egozentrik. Die meisten Menschen haben ein falsches Verständnis der Bedeutung von Meditation. Sie glauben, sie würde zu einer Art Betäubung führen. Meditation hilft euch, die Ablenkungen des vergifteten, halluzinierenden Geistes zu überwinden, und bringt ihn der Realität näher. Das, so glaube ich, sollte Meditation bewirken. Lama Je Tsong Khapa zufolge gibt es zwei Arten der Meditation: die analytische und die einsgerichtete. Möglicherweise meditieren wir alle in diesem Augenblick. Wir intellektualisieren zwar, aber unser Geist ist doch in eine Art spirituelle Zone eingetreten.

So, es ist wohl besser, wenn ich nun zum Text zurückkehre. In allen Gebeten wird Dualität erwähnt: Dualität dies, Dualität das. Unser Geist beschäftigt sich dauernd mit konventionellen Phänomenen, also befinden wir uns dauernd in einem Konflikt. Glaubt nicht, dass ich mit „Konflikt" eine Art emotionaler Störung meine. Es gibt verschiedene Grade von Konflikten; einige Konflikte sind schwerer als andere. Da unser Geist auf der Basis konventioneller Phänomene arbeitet - bewusst wie unbewusst -, gibt es immer mindestens zwei Dinge, die in Konflikt miteinander sind. Unser Geist vergleicht ständig eine Sache mit einer anderen. All dies ist Dualität in Aktion. Für uns existiert etwas nur dadurch, dass wir zwei Dinge vergleichen. Wenn du keine Arbeit findest, Dinge dieser Art, alles ist dualistisch. Glaubt aber nicht, ausschließlich die Gut-Schlecht-Dichotomie sei dualistisch. Gut selbst kann dualistisch sein: Was ihr für gut haltet, ist gewöhnlich bloß eine Fantasie. Sämtliche Phänomene, die ihr für gut oder schlecht haltet, funktionieren dualistisch, weil sie samt und sonders relativ sind, und selbst wenn ihr euch vergnügt, ist das dualistisch, weil es so begrenzt ist. Euer Genuss ist begrenzt, weil ihr im Rahmen der Dualität agiert. Wenn ihr diesen Rahmen niederreißt, erlebt ihr die grenzenlose Freude.

Vers sechs

In diesem Vers geht es um Tantra. Ich setze voraus, dass ihr durch eure früheren Studien des Tantra wisst, was mit „grobem" und „feinem" Körper und Geist gemeint ist.[24]

Eines der größten Probleme von uns Menschen ist, dass wir eine begrenzte Vorstellung von uns selbst haben. Mit anderen Worten: Wir setzen uns herab. Wir haben eine schlechte Meinung von uns selbst und ebenso von anderen. „Er hat dies oder das getan, darum ist er schlecht." „Ich habe dieses oder jenes getan, darum bin ich schlecht." Dauernd sehen wir uns in einem ausgesprochen hässlichen Licht. Wir projizieren uns selbst auf sehr gewöhnliche Weise. Diese Probleme kann Tantra lösen.

Ta-mäl nang-zhen bedeutet „gewöhnliche Sicht", „gewöhnliche Projektion", das Erzeugen gewöhnlicher Vorstellungen. Wie wir dem gewöhnlichen Geist erscheinen und unsere äußerst gewöhnlichen Vorstellungen von uns selbst sind gefährlich. Sie lassen ein begrenztes, selbstmitleidiges Ich entstehen. All dies hindert uns daran, unser menschliches Potenzial zu entwickeln, große Liebe und großes Mitgefühl hervorzubringen und die Ganzheit von Weisheit und Liebe in uns wachsen zu lassen. Wenn ihr euch selbst als begrenztes, selbstmitleidiges Wesen projiziert, dann werdet ihr zu einem solchen, weil ihr glaubt: „Ich bin so." Ihr manifestiert euch so. Tantra ist das Gegenmittel für diese Art gewöhnlicher, selbstmitleidiger Ego-Vorstellung.

Um all das zu beseitigen, manifestiert ihr nun das archetypische Bild einer Gottheit, wodurch ihr ein Selbstbild mit göttlichen Fähigkeiten und einer reinen Natur entwickelt. Das spiegelt euren wahren Seinszustand. Auf diese Weise zerschlagt ihr das völlig verblendete, unvernünftige, selbstmitleidige von eurem Ego projizierte Selbstbild.

Soll dieser Schritt gelingen, bedarf es starker durchdringender Einsicht und intensiven Gewahrseins, um sich selbst davon zu überzeugen, dass man die vollkommenen Qualitäten eines Buddha oder einer Gottheit besitzt. Damit müsst ihr euch identifizieren. Tantrische Praxis gründet darauf, dass ihr euch selbst als Gottheit visualisiert und euch mit göttlicher Würde auf diese Vorstellung konzentriert.

Die tantrische Methode zur Beseitigung des groben Geistes soll – durch meditative Techniken wie etwa die Tummo- oder Vasenmeditation – die Funktion des subtilen, unbewussten Geistes zum Vorschein bringen. Diese Techniken sollen das grundlegende Bewusstsein stärken, das im Unbewussten wohnt, so dass es eine Funktion auf der bewussten Ebene übernimmt. Der grobe Geist muss eliminiert werden, weil er durch seine Verblendungen das Haupthindernis darstellt, das eurer Berührung der Wirklichkeit im Wege steht. Deshalb müsst ihr meditieren.

Nyi-dzin lung-shuk drak-pöi. Der grobe Geist ist wie ein Wirbelsturm, weil er euer Leben erschüttert. Euer dualistischer Geist erschüttert und stört euer Leben. Unser Leben wurde vom dualistischen, abergläubischen Geist gefangen genommen. So hat mich mein dualistischer, abergläubischer Geist nach Kalifornien verschlagen, dann treibt er mich weiter nach Europa, Asien und so weiter. Ständig führt er mich hierhin und dorthin, treibt mich um wie ein Wirbelsturm. Vielleicht übertreibe ich; prüft es einfach für euch selbst. Der verblendete Geist ist sehr machtvoll. Er trifft alle Lebensentscheidungen für euch.

Vielleicht lässt sich das auch noch anders ausdrücken: Ich kann sagen, dass euer ursprünglicher Geist schläft; euer grundlegender Geist liegt in tiefem Schlaf. Es ist, als wäre er für nichts zuständig und würde keinerlei Verantwortung für euer Leben übernehmen. Wer übernimmt stattdessen die Verantwortung? Euer oberflächlicher Geist. Dieser Taschenspieler hat alles übernommen und trifft alle eure Lebensentscheidungen. Das ist nicht fair. Aber wenn es euch gelingt, durch die Praxis von Tantra Ruhe und Frieden, Stille und Klarheit zu finden, könnt ihr euren ursprünglichen Geist aktivieren. Wenn er in euren Zentralkanal eintritt, seid ihr automatisch in Kontakt mit eurer eigenen universellen Wirklichkeit. Wir nennen das die Erfahrung des Klaren Lichts, die Sicht der Ganzheit.

Warum bitten wir darum, die vier eigentlichen Initiationen zu erhalten? Der Empfang einer Einweihung hat mehr mit eurer eigenen Entwicklungsstufe zu tun als damit, dass der Guru etwas Besonderes wäre. Ihr erhaltet eine Einweihung nicht nur, weil der Guru etwas Besonderes wäre – tatsächlich ist es genau umgekehrt: Es hängt von euren Qualitäten ab. Weil euer eigener Geist fähig ist, höhere Zustände zu erreichen, kann er während einer Initiation den Geist des Gurus berühren oder mit ihm verschmelzen, so dass ihr beide dieselbe Erfahrung macht. Eine solche Erfahrung kann zu Recht „Empfangen einer Einweihung" genannt werden.

Wenn ihr zufällig an einem Ort seid, wo eine Einweihung erteilt wird, erhaltet ihr natürlich etwas, aber höchstwahrscheinlich nicht die wahre Sache. *Nge-dön* bedeutet: „das, was wahrhaftig als Einweihung bezeichnet werden kann." Ist es das, was ihr erhalten habt? Habt ihr die wahre Natur der relativen Einweihung erfahren? Es ist alles eine Frage eurer Bewusstseinsebene.

Wenn in alten Zeiten hochqualifizierte Gurus Initiationen erteilten, stellten sich bei einigen ihrer Schüler augenblicklich Verwirklichungen ein! Das hört sich an wie westliche Verwirklichungen – wie löslicher Kaffe, der in Sekunden zubereitet ist! Wir kennen aus unserer Geschichte aber tatsächlich derartige Vorkommnisse: Einer dieser hoch qualifizierten Gurus erteilte Initiationen, und der reife Schüler öffnete sich automatisch, als wäre er von einer Atomrakete getroffen worden. Die Initiation traf direkt ins Herz des Schülers, und er wurde völlig verwandelt. Es ist gut zu wissen, dass es solche Dinge gibt. Gewöhnlich läuft es so ab, wie wir es hier machen: Ich sitze hier oben und rede Unsinn, ihr berührt nicht die Wirklichkeit, während ich rede, und natürlich vergesst ihr alles, was ich gesagt habe, sobald ich weg bin. Verglichen mit den Alten sind wir Praktizierende von minderer Qualität. Vielleicht sollte ich das nicht von euch sagen, für mich jedenfalls gilt es mit Sicherheit.

Die Menschen interpretieren die Erfahrungen anderer sehr unrealistisch. Ich will euch ein Beispiel dafür geben. Angenommen, ich hätte eine bestimmte Praxis erklärt und später würde ein Schüler zu mir kommen und berichten, dass er eine ganz besondere Erfahrung gemacht hat. Ich antworte darauf: „Das glaube ich dir nicht. Du bist bloß so ein pilzartig emporgeschossener Schüler. Du hast nicht zwanzig Jahre buddhistische Philosophie studiert. Wie kannst du behaupten, eine solche Erfahrung gemacht zu haben?“ Natürlich steht es mir frei zu glauben, dass diese Erfahrung in Wirklichkeit keine Basis hat und dass man ohne akademisches Studium die Wirklichkeit nicht berühren kann, aber ich wäre im Unrecht. Wie kann ich das Bewusstsein einer anderen Person beurteilen? Man kann nie wissen.

Erstens haben wir ja nicht nur ein Leben. Wir bringen die Erfahrungen zahlloser Vorleben in dieses Leben mit. Wie kann ich da jemanden beurteilen? „Du hast die Lehre nicht viele Jahre lang studiert, du bist kein Buddhist, sondern kommst aus dem Land der Ungläubigen, du kannst unmöglich eine solche Erfahrung gemacht haben.“ Aber eigentlich habe ich keine Ahnung, was im Geist dieses Menschen vorgeht. Wie kann ich seine Erfahrung leugnen? Aber wir verleugnen dauernd die Erfahrungen anderer, ihre Wirklichkeit. Das ist nicht richtig; passt auf. Ihr dürft andere nicht herabsetzen. Tatsächlich sind alle menschlichen Erfahrungen flüchtig, augenblicklich, vergänglich und existieren nicht von ihrer eigenen Seite her. Daher hängt es ganz und gar von eurer eigenen Entwicklungsstufe ab, was ihr bei einer Einweihung erhaltet. Fangt nun aber nicht an zu denken: „Oje, ich war schon auf hundert Einweihungen – vielleicht habe ich nichts erhalten. Es war nichts als Zeitverschwendung." Das ist nicht wahr. Etwas müsst ihr erhalten haben – wie viel hängt einfach von der Ebene eures eigenen Geistes ab. Die vier großen Einweihungen spielen sich auf verschiedenen Stufen ab, und man kann in unterschiedlichem Maße für eine Einweihung bereit sein. Es steht außer Frage, dass gute Dinge geschehen, aber wir müssen uns fragen, ob wir die *tatsächliche* Einweihung erhalten haben.

Seid vernünftig, akzeptiert eure eigenen körperlichen und geistigen Qualitäten: „Ich bin in Ordnung. Mein Gesicht ist nicht so hässlich, dass ich mich nicht im Supermarkt in meiner Nachbarschaft zeigen könnte. Ich muss mir keine Sorgen machen." Sobald ihr beginnt, euch so zu akzeptieren, wie ihr seid, beginnt ihr euch zu verwandeln. Sich in seiner eigenen Haut wohl zu fühlen ist bereits eine Art der Transformation. Ruft euch auf vernünftige Weise eure guten Eigenschaften ins Gedächtnis und versucht eine positive Lebenseinstellung zu entwickeln. Mit dieser Grundhaltung werdet ihr erfolgreicher, positiver und realistischer. Das wiederum führt zu spirituellem Wachstum. Diese Lebensweise ist sehr praktisch.

Wenn ihr ein schlechtes Bild von euch habt, entspricht es nicht der Wahrheit, und ihr macht euch nur das Leben schwer.

Vers sieben

Wir haben so viele negative Eindrücke in unserem Bewusstseinsstrom. Wir schaffen sie Tag für Tag, Woche für Woche, Monat für Monat. Warum? Weil unser Geist unkontrolliert ist. Je unkontrollierter unser Geist und unsere Gewohnheiten sind, desto mehr halluzinieren wir und verfallen der Täuschung. Je mehr wir halluzinieren, desto größer wird der dunkle Schatten der Unwissenheit in unserem Geist. Je größer dieser dunkle Schatten ist, desto weniger Weisheit haben wir. Weil alles so unklar ist, neigen wir dazu, Angst und Anspannung zu entwickeln. Wir stecken im Dunkeln. Unsere Umgebung ist trüb. Neurotisch projizieren wir all unsere Zweifel, Ängste, Unrast und Befürchtungen in diese Dunkelheit: „Vielleicht geschieht dies, vielleicht geschieht jenes." Wir leben in einer Fantasiewelt, wo fantasierte Reaktionen die einzige Wirklichkeit sind, und auf diese Weise gelangen wir schließlich in die Vajrahöllen - eine selbst geschaffene Halluzination eines dunklen Kerkers. Die Höllen und anderen Elendsbereiche sind in Wirklichkeit nichts anderes.

Es gibt keinen unglückseligen Ort, der irgendwo liegt wie etwa Alaska, der auf euch wartet, um euch in Eis zu verwandeln. Aber wie immer ihr es auch nennt - Hölle oder leidvolle Bereiche -, es gibt einen Zustand, in den ihr eintretet, wenn ihr eine Welt neurotischer Fantasien schafft und diese für real haltet. Es klingt so einfach, aber genau das geschieht.

Wenn ihr also die wirklich tiefen, tiefen, neurotischen, halluzinierten, verblendeten dunklen Schatten berührt, ist es schwierig, ruhig zu bleiben, und schwierig, sich von diesem Ort wieder zu entfernen oder über ihn hinauszugehen. Ihr könnt das analysieren und für euch selbst herausfinden, ob es stimmt. Zum Beispiel kann man im amerikanischen Fernsehen viele depressive Menschen sehen, die berichten, wie niedergeschlagen sie viele Jahre lang gewesen sind. Wie ihr seht, muss ich in kein Labor gehen, um meine Forschungen zu betreiben. Mein Fernseher sagt mir genau, was in eurem Geist vorgeht! Die Hölle - oder wie immer ihr es nennen wollt - hat mit eurem eigenen Geist und eurer eigenen Interpretation der Wirklichkeit zu tun. Was immer ihr als Wirklichkeit interpretiert, erscheint euch als Wirklichkeit.

Darum bitten wir in diesem Vers darum, dass das unendliche Reine Land erscheinen möge: *Dak-pa rap-jam ba-zhik char-war shok.* Wie funktioniert das psychologisch? Wenn ihr eine völlig positive Einstellung euch selbst gegenüber habt und die reine Natur eurer grundlegenden Wirklichkeit berührt, verschwinden alle negativen Projektionen und die Welt wird besser. Eure Umgebung wird positiv, schöner und attraktiver. Statt also eine gefährliche, von Umweltbelastung, Strahlung und vergifteten Ressourcen heimgesuchte Welt zu projizieren, projiziert ihr nun eine unglaublich schöne Landschaft mit Bäumen und Wasser und sanfte Menschen, die einander helfen; und das bereitet euch große Freude. Wenn ihr die Welt auf diese Weise interpretiert, wird sie wirklich zum Reinen Land für euch.

Das tatsächliche Reine Land hängt also in großem Maße von eurem Geist ab. Ist euer Geist glücklich, klar und rein und in Kontakt mit der grundlegenden Wirklichkeit, dann erscheint die wahre Natur des Reinen Landes um euch herum. Wenn ihr die reine Sicht in diesem Leben habt, setzt sie sich garantiert im nächsten fort. So wirkt Karma.

Das Umgekehrte gilt natürlich auch. Wenn ihr euch elend fühlt, schlecht über euch und andere denkt und stets negative Schwingungen aussendet, garantiert die karmische Wirkung, dass ihr an einem elenden Ort wiedergeboren werdet. Das ist nichts anderes als die karmische Wirkung eurer eigenen Erfahrung.

Opfergabe an den Vajrameister

Mit dem nächsten Vers wird der Tsok dem Vajrameister dargebracht. Er wird gebeten, zuzuhören und den beseligenden Nektar zu genießen, der frei ist von der Verwirrung dualistischer Konzepte und der von mutigen Männern und Frauen, den Dakas und Dakinis, dargebracht wird.

Tantra versteht, dass im grundlegenden Kern des menschlichen Daseins männliche und weibliche Energie untrennbar vereint sind. Indem wir den Pfad üben, erkennen wir die gleichzeitige Existenz dieser Energien. Wenn wir Erleuchtung erlangen, manifestieren wir uns als Vajradhara, die vollkommene Vereinigung des Weiblichen und Männlichen. Es ist sehr wichtig, das zu wissen.

In der vollkommenen tantrischen Versammlung kommen Männer und Frauen zusammen, um die Opfergaben gemeinsam darzubringen. *Tsok-kyi khor-lo* bedeutet „Kreis der Opfergaben". Wegen des Gefühls von Einheit oder Vollständigkeit der Energien, wenn Männer und Frauen die Opfergaben gemeinsam darbringen, nennt man es einen Kreis. Die Ganzheit der Erfahrung ist für den Geist aller Beteiligten heilsam. Gewöhnlich genießen wir die Dinge mit einem dualistischen Geist, aber durch Tantra wird es uns möglich, die Sinnesobjekte nicht-dual zu genießen.

Im nächsten Vers antwortet der Lehrer, indem er etwa Folgendes sagt: „Oh, große glückselige Weisheit, die große Sammlung der Gaben, der Keim der die Tummo-Hitze-Energie hervorbringt; die Erfahrung geht über Worte und Konzepte hinaus. Genießt die große Glückseligkeit für immer." Das brauche ich nicht weiter erklären.

Opfergaben und Lobpreis an Vajrasattva; achtfacher Lobpreis; Lied der Frühlingskönigin

Auch diese Verse muss ich an dieser Stelle nicht kommentieren. Ich habe sie nicht verfasst, sie stammen aus anderen Übungen. Ihr könnt die entsprechenden Kommentare sicherlich in anderen Texten finden.

Darbringung des restlichen Tsok

Vorhin haben wir den höheren Wesen Gaben dargebracht. Hier opfern wir denen, die niedriger stehen. In der buddhistischen Praxis bringen wir allen Lebewesen des Universums Opfergaben dar. Damit schulen wir unseren Geist. Die Objekte eurer Großzügigkeit sollten keinesfalls nur die höheren Wesen sein. Ihr müsst allen etwas geben: den Buddhas und Bodhisattvas, den Tieren und anderen gewöhnlichen Wesen. Jeder ist ein Objekt für Großzügigkeit.

Außerdem meinen wir es zwar gut, aber unsere Konzepte sind gewöhnlich doch so begrenzt, dass wir nicht wissen, was Großzügigkeit eigentlich bedeutet. Wahre Großzügigkeit bedeutet, ohne Ego zu geben und der eigenen wahren Natur gerecht zu werden. Denkt daran, wir spiegeln uns gegenseitig.

Also bringen wir die Reste des Tsok in einer Schädelschale als illusorische Erscheinung von vereinigter großer Glückseligkeit und Weisheit dar, indem wir diese Energie als die Fünf Weisheiten wahrnehmen. Wir bringen es den positiv gesonnenen weltlichen Wesen dar, denjenigen, die unser spirituelles Wachstum auf vier Arten unterstützen: durch friedvolle, zornvolle, entwickelnde und kontrollierende Mittel.

Abschliessendes Glück verheissendes Gebet

Da auch diese Verse anderen Ursprungs sind, muss ich sie nicht kommentieren.

Abschluss

Nun könnt ihr erkennen, wie weit reichend die tantrische Aussage ist, dass die Einheit eurer eigenen männlichen und weiblichen Energien in euch wirkt. Die Meditationstechniken des Tantra bewirken, dass sich diese beiden Energien in eurem Nervensystem entwickeln und euer Bewusstsein mit Energie aufladen.

Aus tibetisch-buddhistischer Sicht ist Tantra der letztendliche Pfad. Der Buddha hat viele verschiedene Lehren über unterschiedliche Aspekte von Methode und Weisheit gegeben, die höchste von allen aber war das Tantra. Es zeigt, dass Männer und Frauen gleich sind, wenn es darum geht, die Ganzheit zu erreichen, sie können die gleichen Verwirklichungen zur gleichen Zeit und in der gleichen Geschwindigkeit entwickeln; sie können gleichermaßen immer währende Zufriedenheit erlangen. Das wird im buddhistischen Tantra erklärt.

Wir müssen erkennen, dass Männer und Frauen einander spiegeln. Wir sind gleichermaßen dafür verantwortlich, die Verwirklichungen zu erlangen, das Ziel zu erreichen, das intensive Gewahrsein zu entwickeln. Wir besitzen auch die gleiche Fähigkeit zu führen: Frauen haben die Fähigkeit, Männer zur höchsten Bestimmung zu führen, und Männer haben die Fähigkeit, Frauen an denselben Ort zu führen. Die tantrische Theorie weist besonders darauf hin, dass Männer ohne die Hilfe von Frauen nicht Erleuchtung erlangen können. Darin stimmen alle Texte überein.

Jeder weiß, dass die Gelug-Tradition als äußerst strikt gilt. Die Gelug-Tradition geht auf Lama Je Tsong Khapa zurück, der

Mönch war. Er sagte einmal, während einer seiner Meditations-Klausuren seien zuerst viele gewöhnliche Frauen in seine Höhle gekommen, später jedoch, als seine Meditation Fortschritte gemacht hatte, seien echte Emanationen von Vajrayogini erschienen. Aus dieser Geschichte lässt sich Folgendes schließen: Weil er vielen unreifen Schülern Einweihung erteilt hatte, musste er ein negatives Ergebnis hinnehmen. Er hatte Visionen von gewöhnlichen Frauen statt von Dakinis; aber im Laufe der Zeit reinigte er diese Sicht.

Dies alles soll nur zeigen, dass Lama Tsong Khapas Tradition zwar als äußerst strikt gilt – und dass wir wegen unseres ungezähmten, einem verrückten Elefanten gleichenden Geistes auch strikt sein müssen –, aber dass uns alles ganz von selbst zufällt, wenn wir einen bestimmten Punkt erreicht haben; wir müssen nur aufgeben und loslassen,. Ich glaube, das wollte Lama Tsong Khapa damit sagen. Als er sich von allen negativen Eindrücken gereinigt hatte, war die göttliche weibliche Weisheit immer gegenwärtig.

Milarepa und viele andere Heilige hatten Kontakte mit Frauen. Nagarjuna zum Beispiel hatte eine enge Beziehung zu Tara, viele andere auch. Diese weiblichen Aspekte führten sie zu vielen Verwirklichungen. Auch wir brauchen die Hilfe weiblicher Praktizierender, direkt und indirekt, innerlich und äußerlich.

Wenn wir über Ganzheit sprechen, sprechen wir nicht über etwas Oberflächliches: was Frauen können, was Frauen nicht können. Wir reden über das Potenzial für vollkommene Entwicklung. Darin herrscht totale Gleichheit zwischen Männern und Frauen. Und die Dakas und Dakinis des Tantra sind ebenfalls gleich hoch entwickelt, haben die gleiche Stufe des Bewusstseins erreicht und die gleichen Verwirklichungen, um sich gegenseitig helfen zu können.

Tantra erklärt nicht nur im Detail die inneren Qualitäten des Geistes, die es zu erkennen gilt, sondern beschreibt ebenso bestimmte weibliche Körpermerkmale, die für die Praxis des Tantra wichtig sind, und wie die weiblichen Organe mit Energie aufgeladen werden. Ihr könnt all dies später erforschen, ich würde euch nur langweilen, wenn ich hier ins Detail ginge.

Wenn Männer und Frauen sich zum Tsok versammeln, geht es über das Körperliche hinaus; das muss man erkennen. Wir versammeln uns im Geiste des unendlichen Fortschritts des menschlichen Bewusstseins, der schließlich zu völliger Zufriedenheit führt. Diese Motivation sollte man auch im Alltag beibehalten, so werden Männer und Frauen ständig voneinander lernen und Unterstützung erfahren.

Viele große Heilige unter den tibetischen Gurus der Überlieferungslinie waren Frauen, und wir nehmen Zuflucht zu ihnen. Als ich zum ersten Mal nach Europa kam, wo es ja viele Kirchen gibt, habe ich beobachtet, was die Menschen dort machen. Ich bemerkte, welch starke Verbindung viele zur Jungfrau Maria haben. In den europäischen Kirchen ist diese Hingabe so offensichtlich; die Menschen scheinen ihr sogar mehr Kerzen darzubringen als Jesus. Ich vermute, dass sie in ihren Gebeten zur Jungfrau Maria wegen deren weiblicher Form eine tiefere organische Herz-zu-Herz Kommunikation spüren. Das ist einfach menschliche Erfahrung.

Die Hingabe der tibetischen Buddhisten zu Tara entspringt aus einer ähnlichen Anziehung. Nicht bloß ernsthaft Praktizierende, sondern auch Geschäftsleute empfinden sie. Sie machen Tara-Pujas für ihren geschäftlichen Erfolg. Sie hat wirklich etwas ganz Besonderes.

Der Erfolg des Buddhismus, als er nach Tibet kam, ist großteils Frauen zu verdanken. Tibets erster Dharma-König, Songtsen Gampo, wurde von seiner chinesischen und seiner nepalesischen Frau, die wir als Emanationen Taras sehen, zum Buddhismus bekehrt. Der König hatte das Gefühl, ohne sie hätte das Buddha-Dharma in Tibet nicht in vollkommener Weise Fuß fassen können.

Das gilt nicht nur für Tibet. Überall in der Welt, selbst in der Politik, kann den Männern ohne die Unterstützung von Frauen nichts gelingen. Dafür gibt es viele Beweise – ihr könnt es selbst beobachten.

Männer und Frauen können harmonisch miteinander leben und sich gegenseitig helfen, nicht nur im Zusammenhang mit weltlichen Dingen, sondern beim Erlangen vollkommener Zufriedenheit. Das solltet ihr wissen.

Zentral ist, dass eure Unreinheiten eure eigenen Projektionen sind, eure eigenen Symptome. *Ihr selbst* habt euer Selbstbild geschaffen und denkt: „Ich bin ein schlechter Mensch." Darum seid ihr auch in der Lage und fähig, diese Projektion zu überwinden, indem ihr Reinigung übt.

Da dies jetzt mein letzter Vortrag an diesem Ort ist, frage ich mich, was ich noch sagen soll.[25] Natürlich möchte ich euch allen danken, dass ihr eure Freuden mit mir geteilt habt. Ich habe meinen Aufenthalt hier sehr genossen. Wie ihr sehen könnt, bin ich einigermaßen gesund, also macht euch keine Sorgen. Ich bin glücklich und freue mich des Lebens. Ich möchte all den Menschen danken, die zu meinem Wohl und zum Wohle anderer so viel Energie in die Entwicklung der Anlagen hier im Vajrapani-Institut gesteckt haben, und ganz besonders denjenigen, die so hart gearbeitet und mich wie ein Baby umsorgt haben. Von ganzem Herzen: vielen Dank euch allen. Ich glaube, mehr kann ich nicht sagen.

Vielleicht kann ich noch ein paar Fragen beantworten. Gibt es irgendwelche Schwierigkeiten? Manchmal schaffe ich mehr Verwirrung als Klarheit, also fragt bitte.

Frage: Manchmal sagt der Buddhismus Gut und Schlecht seien dasselbe, und manchmal ist Gut besser als Schlecht. Was stimmt denn nun?

Antwort: Das ist eine gute Frage. Vom absoluten oder endgültigen Standpunkt sind Gut und Schlecht dasselbe, absolut dasselbe: Wenn ihr Ganzheit erfahrt, gibt es in eurem Bewusstsein weder Gut noch Böse. Aber relativ gesprochen gibt es sie, weil euer konventioneller Geist die Dinge als gut oder schlecht interpretiert. Es hängt davon ab, auf welcher geistigen Ebene man sich befindet. Aber ich möchte hier noch einen anderen Punkt anbringen. Wenn ihr konkrete Vorstellungen von Gut und Böse habt, steckt ihr in Schwierigkeiten. Dem Buddha zufolge gibt es kein konkretes Gutes und kein konkretes Böses: Beide sind nichtdual, beide sind nicht selbstexistent. Sie werden ausschließlich durch die dualistischen Vorstellungen zu etwas Realem.

Dieses Wissen kann in Alltagssituationen ganz praktisch hilfreich sein. Wenn euch gute Dinge widerfahren, ist es nicht unbedingt fantastisch, wunderbar; wenn euch schlechte Dinge zustoßen, ist es nicht gleich das größte Desaster. Auf diese Weise könnt ihr erkennen, wie durch die Dichotomie von Gut und Böse die Realität eures oberflächlichen Geistes sichtbar wird. Gut und Schlecht sind wie ein Traum, nichts, worüber es sich aufzuregen lohnt. Mache ich mich verständlich oder nicht? Auf der praktischen Ebene ist dieses Wissen sehr wichtig. Wenn ihr das nächste Mal denkt: „Oh, das ist ausgezeichnet, fantastisch, echt", wenn euer Geist wieder einmal Unmengen von Superlativen auf eine andere Person oder ein Objekt projiziert, haltet inne, untersucht die Sache tiefer. Versucht zu erkennen, dass die übertriebene Reaktion auf eine schöne Sache auf eine neurotische Sicht der Wirklichkeit zurückgeht. Diese Perspektive hält euch psychologisch stabil und sie hält eure Wirklichkeit stabil. Wenn ihr die guten Qualitäten einer Sache übertreibt, geht euer Geist ständig rauf und runter – himmelhoch jauchzend und dann wieder zu Tode betrübt – und bewirkt so viel Enttäuschung. Seid realistisch, wählt den mittleren Weg: Erwartet nicht zu viel, befürchtet nicht zu viel. Genießt eure Beziehungen auf vernünftige Art und Weise.

Frage: Tantra gilt als der schnellste Pfad zur Erleuchtung, aber ich habe auch gehört, dass er der gefährlichste sein soll. Wie stellt man fest, ob man bereit ist, eine Einweihung zu riskieren?
Antwort: Ihr und ich, wir alle spekulieren ständig: „Wenn ich dieses tue, wird vielleicht etwas Gutes dabei herauskommen, wenn ich jenes tue, ergibt sich vielleicht etwas Schlechtes." Natürlich wissen wir nie, was als nächstes geschieht; wir wissen

nicht, was morgen passieren wird. Es gibt keinerlei Garantien. Aber als Menschen sind wir immer optimistisch; wir spekulieren, dass hinter der nächsten Ecke schon etwas Gutes auf uns wartet.

Stellt euch vor, wir planen einen Trip zum Strand, um schwimmen zu gehen. Wir erwarten Vergnügen: Sonne, Sand, Meer - einen friedlichen Tag im Freien. Wir wissen aber auch, dass es gefährlich werden könnte - vielleicht kommt ein Orkan auf. Auch das ist Spekulation. Trotzdem gehen wir zum Strand und erwarten das Beste.

Einen ähnlichen Gedankenprozess durchlaufen wir, wenn wir erwägen, an einer Initiation teilzunehmen. Auf der negativen Seite wissen wir um das große Risiko, dass wir unsere Gelübde vielleicht nicht halten können. Aber wir wissen auch, dass die Vorteile grenzenlos sind und dass die Energie, die wir erhalten, große Kraft besitzt. Ich erinnere mich, wie Seine Heiligkeit Song Rinpoche einmal sagte, man solle die Initiation ruhig nehmen, da man ja ohnehin in die Höllen gelangen werde. Er war immer äußerst direkt. Es ist extrem wichtig, Tantra zu praktizieren; selbst wenn ihr die Gelübde brechen solltet, ist es besser, die Initiation zu nehmen, als es nicht zu tun. Selbst wenn ihr an einem unglückseligen Ort wiedergeboren werden solltet, habt ihr doch die tantrischen Eindrücke in eurem Bewusstseinsstrom verankert und diese bewirken, dass ihr irgendwann unter Bedingungen wiedergeboren werdet, unter denen ihr wieder praktizieren könnt. Andere Lamas haben das gleiche gesagt.

Zudem halte ich den riskanten Teil, das Brechen der Gelübde, nicht für eine schmerzliche Erfahrung, sondern eher für eine Art Verwirklichung. Gewöhnlich prüfen wir uns selbst nie, wir setzen uns keinen Umständen aus, die uns auf die Probe stellen; wir streben stets dorthin, wo es schön gemütlich ist. Solange ihr psychologisch nicht wirklich frei seid, müsst ihr Regeln oder Richtlinien einhalten. Habt ihr jedoch Befreiung erlangt, seid ihr wirklich frei, braucht ihr diese Regeln nicht mehr. Wenn ihr psychologische Beschränkungen einzuhalten versucht, wird euch klar, wann ihr die Grenze zwischen konstruktivem und destruktivem Verhalten überschreitet. Wenn ihr euch Schwierigkeiten ausgesetzt seht, könnt ihr euch fragen: Warum? Liegt es an eurer Nase, euren Händen, eurem Körper? Oder liegt es an eurem Geist? Auf diese Weise erkennt ihr, dass es euer Geist ist, der euch aus der Begrenzung drängt.

Grenzen zu haben hilft euch auch, die Menge an negativer Energie einzuschätzen, die euch zum Bruch eurer Gelübde gezwungen hat. Das ist sehr nützlich, denn daraus könnt ihr schließen, wie viel positive Energie ihr erzeugen müsst, um die entsprechende negative Energie zu neutralisieren. Dem Tantra zufolge könnt ihr jede nur vorstellbare unheilsame Handlung reinigen. Wenn ihr jeden Tag eures Lebens einundzwanzig Vajrasattva-Mantras rezitiert, wird euer Geist extrem rein und klar. Es gibt keine unheilsame Handlung, die das Vajrasattva-Mantra nicht reinigen könnte. Das ist sehr einfach und wissenschaftlich. Wenn ihr ein Gelübde brecht, erzeugt ihr eine bestimmte Menge negativer Energie; um dem entgegenzuwirken, müsst ihr die gleiche Menge positiver Energie in eurem Geist erzeugen.

Nach einem Gelübdebruch solltet ihr euch selbst ermutigen: „Ich war dafür verantwortlich. Ich kann ihn also auch reinigen." Das ist der Weg zur Selbstbefreiung. Eure Schwierigkeiten mit eurem eigenen Geschick zu überwinden macht euch frei. Die Hauptsache ist, nie zu vergessen, dass das Unheilsame flüchtig, konventionell und ein wechselseitig abhängiges Phänomen ist. Statt unrealistisch zu denken: „Es ist alles meine Schuld. Ich bin ganz und gar negativ. Ich werde niemals frei", könnt ihr denken: „Ich bin fähig, unheilsam zu handeln, also muss ich auch fähig sein, es zu bereinigen."

Frage: Im Zusammenhang mit dem Inneren Opfer hast Du gesagt, unser impulsiver Konsum von Speisen und Getränken könnte unserem Nervensystem einen Schock versetzen. Könntest Du das bitte noch weiter erklären?

Antwort: Körperliche Leiden wie etwa Krebs sind ein Ergebnis unseres eigenen Fehlverhaltens – unseres Mangels an Gewahrsein dafür, was unser Körper braucht und was wir ihm zuführen. Wir sind unrealistisch. Wir verstehen unser eigenes organisches Nervensystem nicht: Wir schätzen es nicht, achten es nicht und erwarten Dinge von ihm, die es nicht leisten kann. Wir essen alles Mögliche, wobei vieles nicht richtig verdaut werden kann. Ich glaube, dass all diese Beschädigungen unseres Nervensystems Krebs verursachen.

Wir müssen ein vernünftiges Verständnis der organischen Natur unseres körperlichen Seins entwickeln und es achten. Wir sollten wissen, was zu einer bestimmten Zeit und an einem bestimmten Ort angemessen ist, und den mittleren Weg wählen: weder unseren kleinen Körper überladen, noch extrem asketisch leben.

Etwas vereinfacht könnte man sagen: Körperliche Störungen kommen von einem gestörten Geist. Wir geben unserem Körper nicht den Raum und die Zeit, die er brauchen würde, um richtig zu funktionieren, zu verdauen und die Nährstoffe auf eine gesunde Weise zu verwerten. Wir atmen auch nicht richtig. Wenn es uns schlecht geht, halten wir unseren Atem zu lange an. Wir atmen nicht mehr vollständig aus, und unser Körper füllt sich mit der zurückgehaltenen Luft, bis unser Nervensystem nicht mehr richtig funktioniert und unser Geist unkontrollierbar zu zittern beginnt. Das Ergebnis von alldem ist ein kranker Körper. Erinnert ihr euch an die vier Grundlagen der Achtsamkeit, die der Buddha lehrte? Eine davon war Achtsamkeit in Bezug auf den Körper. Wir sind unserem Körper gegenüber nicht achtsam, also werden wir krank.

Ich möchte sogar so weit gehen zu sagen, dass wir immer kränker werden, je raffinierter die von der modernen Gesellschaft produzierte Nahrung wird. Natürlich gibt es auch in Indien und Nepal Krebs, aber ich glaube, im Westen ist er verbreiteter. Ich habe einmal einen Gesundheitsexperten, einen Arzt, gehört, der berichtete, dass es im industrialisierten Westen Krankheiten gibt, die in der Dritten Welt, wo das Leben einfacher und natürlicher ist, so gut wie nicht vorkommen. Meiner Meinung nach ist es offensichtlich, dass wir von unserem empfindlichen Nervensystem zuviel erwarten. Wir sagen ihm: „Ich will das essen, du hast keine Wahl. Nimm es auf! Verdaue!" Auf diese Weise können wir nicht überleben. Unsere Körper sind natürliche, organische Phänomene – es ist wichtig, gute Essgewohnheiten zu entwickeln. Nahrung ist Arznei. Sie ist viel besser für unsere Gesundheit als die chemischen Plastikdrogen, die wir gewöhnlich für Arznei halten.

Anhang

Anhang 1

Die Yoga-Methode des glorreichen, erhabenen Heruka-Vajrasattva

ZUFLUCHTNAHME

Sang-gyä chö-dang ge-dün-la
Tak-tu dak-ni kyab-su chi
Tek-pa sum-po tam-chä-dang
Näl-jor sang-ngak ka-dro-ma
Pa-wo pa-mo wang-Iha-mo
Jang-chup-sem-pa dak-nyi che
Kyä-par-du-yang lop-pön-la
Tak-tu kyab-su chi-war gyi.

ERZEUGEN VON BODHICITTA

Sem-chän kün-gyi dön-gyi chir
Dak-ni he-ru-kar gyur-nä
Sem-chän tam-chä he-ru-käi
Go-pang chok-la gö-par gyi.

[Die Vasen-Meditation: Atemübung in neun Runden]

VISUALISIERUNG VON [HERUKA] VAJRASATTVA

Rang-gi chi-wor PAM-lä pä-ma-dang AH-lä da-wäi dän-gyi teng-du HUM-lä dor-je kar-po tse nga-pa te-wa-la HUM-gyi tsän-pa. De-lä wo-zer trö. Dön-nyi jä. Dü yong-su gyur-pa-lä Dor-je Sem-pa kar-po.
Zhäl-chik chak-nyi.

Die Yoga-Methode des glorreichen, erhabenen Heruka-Vajrasattva[26]

ZUFLUCHTNAHME

(Rezitiere dreimal)
Für immer nehme ich Zuflucht zum Buddha, zum Dharma und zur Sangha der drei Fahrzeuge, den Dakas und Dakinis des geheimen Mantra-Yoga, den Helden und Heldinnen, Göttern und Göttinnen, den Bodhisattvas und - ganz besonders - zu meinem Guru.

ERZEUGEN VON BODHICITTA

(Rezitiere dreimal)
Ich muss Heruka werden, um alle Wesen in den erhabenen Zustand der Herukaschaft führen zu können.

[Die Vasen-Meditation: Die Atemübung in neun Runden.]

VISUALISIERUNG VON [HERUKA] VAJRASATTVA

Aus dem Raum der Leere, etwa eine Handbreit über meinem Scheitel, erscheint die Keimsilbe PAM. Sie verwandelt sich in einen tausendblättrigen Lotus. Auf dem Lotus stehend erscheint die Keimsilbe AH. Sie verwandelt sich in eine Mondscheibe. In der Mitte der Mondscheibe steht die Keimsilbe HUM. Sie verwandelt sich plötzlich in einen fünfzackigen Vajra mit einem HUM in der Mitte. Vom HUM und vom Vajra geht strahlendes Licht aus. Es strahlt in alle zehn Richtungen und erfüllt die beiden Vorhaben. Das ganze Universum wird zu Licht. Dieses Licht kehrt zum HUM im Vajra zurück und wird von ihm absorbiert. HUM und Vajra werden ebenfalls zu Licht und verwandeln sich in Heruka-Vajrasattva. Vajrasattva ist weiß. Er hat ein Gesicht und zwei Arme.

Dor-je-dang dril-bu dzin-pa. Dor-je kyil-trung-gi zhuk-pa. Yum Dor-je Nyem-ma kar-mo. Zhäl-chik chak-nyi. Dri-guk-dang tö-pa dzin-pä kyü-pa.
Nyi-ka-ang dar-dang rin-po-chei gyän na-tsok-pä trä-pa. Nyi-käi-chi-wor om drin-par AH tuk-kar HUM. Tuk-käi HUM-lä wö-zer trö-pä rang-dräi ye-she-pa chän drang.

Opfergaben an Heruka-Vajrasattva

OM KHANDA ROHI HUM HUM PHAT
OM SVABHAVA SHUDDAH SARVA DHARMA SVABHAVA SHUDDHO HAM

Tong-pa-nyi-du gy-ur. Tong-päi ngang-lä AH-lä tö-pa yang-shing gya-che-wäi nang-du sha nga dü-tsi nga-nam. Zhu-wa-lä jung-wäi ye-she-kyi dü-tsii gya-tso chen-por gyur.

OM AH HUM, HA HO HRIH

OM VAJRASATTVA ARGHAM PRATICCHA HUM SVAHA
OM VAJRASATTVA PADYAM PRATICCHA HUM SVAHA
OM VAJRASATTVA PUSHPE PRATICCHA HUM SVAHA
OM VAJRASATTVA DHUPE PRATICCHA HUM SVAHA
OM VAJRASATTVA ALOKE PRATICCHA HUM SVAHA
OM VAJRASATTVA GANDHE PRATICCHA HUM SVAHA
OM VAJRASATTVA NAIVEDYA PRATICCHA HUM SVAHA
OM VAJRASATTVA SHABDA PRATICCHA HUM SVAHA

JAH HUM BAM HOH
Nyi-su mpar gyur.

In seiner Rechten hält er einen Vajra und in seiner Linken eine Glocke. Er sitzt in der vollständigen Lotushaltung; die Hände hält er in der Mudra der Umarmung. Seine Gefährtin Dorje Nyima Kharmo umarmt ihn, ihre Beine umfangen seinen Körper. Auch sie ist weiß, hat ein Gesicht und zwei Arme. In der Rechten hält sie ein geschwungenes Hackmesser und in der Linken eine Schädelschale. Beide tragen Gewänder aus himmlischer Seide und sind geziert mit kostbarem Juwelenschmuck. Im Scheitelchakra tragen beide die Keimsilbe OM, im Kehlchakra die Keimsilbe AH und im Herzen die Keimsilbe HUM. Von dem HUM im Herzen geht strahlendes Licht aus und ruft die höchste göttliche Weisheitsenergie aller Tathagatas herbei.

OPFERGABEN AN HERUKA-VAJRASATTVA

OM KHANDA ROHI HUM HUM PHAT *(Klärt die Opfergaben.)*
OM SVABHAVA SHUDDAH SARVA DHARMA SVABHAVA SHUDDHO HAM *(Macht sie rein.)*

Alles ist leer. Aus dem Raum der Leerheit erscheint eine Keimsilbe AH. Sie verwandelt sich in eine riesige weiße Kapala, in der die fünf Arten Fleisch und die fünf Arten Nektar enthalten sind. Sie schmelzen und werden zu einem Ozean aus der Amrita-Energie göttlicher transzendenter Weisheit.

(Segne die Opfergaben durch dreimalige Rezitation von:)
OM AH HUM HA HO HRI
(Bringe sie dar mit:)
OM VAJRASATTVA ARGHAM PRATICCHA HUM SVAHA
(OM Vajrasattva, nimm das Begrüßungswasser an HUM SVAHA)
und gleichermaßen mit: PADYAM (Wasser zum Waschen der Füße), PUSHPE (Blumen), DHUPE (Weihrauch), ALOKE (Licht), GANDHE (Parfüm), NAIVEDYA (Speisen) und SHABDA (Musik/Klang) *anstelle von* ARGHAM

JAH HUM BAM HO
Werde nicht-dual.

Ermächtigung durch die Buddhas der fünf Familien

Lar-yang tuk-käi HUM-lä wö-zer trö. Wang-gi Iha-nam chän-drang.

OM PANCHA KULA SAPARIVARA ARGHAM ... SHABDA PRATICCHA HUM SVAHA

„De-zhin-shek-pa tam-chä-kyi ngon-par wang-kur-du söl."
Zhe söl-wa tap-pä de-nam-kyi ye-she-kyi dü-tsi gang-wäi bum-pa tok-nä OM SARVA TATHAGATA ABHISHEKATA SAMAYA SHRIYE HUM zhe wang kur.

Ku ye-she-kyi du tsi gang Mi-kyö-pä u gyän-ching.

Tuk-kar da-wäi teng-du HUM-gyi tar yi-ge gya-päi ngak-kyi kor-war gyur.

Opfergaben an Heruka-Vajrasattva

OM VAJRASATTVA ARGHAM ... SHABDA PRATICCHA HUM SVAHA
OM VAJRASATTVA OM AH HUM

Lobpreis

Nyi-me ye-she dro-wäi päl
Chok-tu mi-gyur de-wa che
Dik-tung ma-lü drung-jin-päi
Dor-je sem-chok-la chak-tsäl

Ermächtigung durch die Buddhas der fünf Familien

Wieder geht strahlendes Licht vom HUM im göttlichen Herzen aus und ruft alle Einweihungsgottheiten der fünf Familien herbei.
(Bringe Gaben dar mit:)
OM PANCHA KULA SAPARIVARA ARGHAM ... SHABDA PRATICCHA HUM SVAHA

„All ihr Tathagatas, bitte gewährt mir die Initiation (von Heruka-Vajrasattva)."
Auf diese Bitte hin heben alle Tathagatas ihre Initiationsvasen, gefüllt mit der Amrita-Energie göttlicher transzendenter Weisheit, und das Amrita beginnt zu fließen. Mit der Rezitation des Mantras OM SARVA TATHAGATA ABHISHEKATA SAMAYA SHRIYE HUM findet die Einweihung statt. Der göttliche Körper vollkommener absoluter Weisheit, Heruka-Vajrasattva, ist vollständig mit der Amrita-Energie glückseliger transzendenter Weisheit angefüllt. Etwas Amrita fließt über und verwandelt sich in Akshobhya, der seinen Scheitel schmückt. Im Zentrum des göttlichen Herzens, auf einer Mondscheibe, steht die Keimsilbe HUM, und am Rande des Mondes stehen die hundert Silben des Mantras im Gegenuhrzeigersinn.

Opfergaben an Heruka-Vajrasattva

OM VAJRASATTVA ARGHAM ... SHABDA PRATICCHA HUM SVAHA
OM VAJRASATTVA OM AH HUM

Lobpreis

Ich preise die nicht-dualistische göttliche Weisheit, den großartigen inneren Juwelenschmuck aller fühlenden Wesen, die erhabene, unveränderliche, immer währende große Glückseligkeit, den unzerstörbaren höchsten Weisheitsgeist, der alle fühlenden Wesen von allen unheilsamen Kräften ihres Körpers, ihrer Sprache und ihres Geistes befreit, besonders von gebrochenen Gelübden und Versprechen. Vor dir verneige ich mich.

Mandala-Gabe

Die lange Mandala-Gabe

OM VAJRA-BHUMI AH HUM! wang-chen ser-gyi sa-zhi/OM VAJRA-REKHE AH HUM! chi chak-ri kor-yuk-gi kor-wäi ü-su rii gyäl-po ri-rap/Shar lü-pak-po/Lho dzam-büi ling/Nup ba-lang-chö/Jang dra-mi-nyän/Lü-dang lü-pak/Nga-yap-dang nga-yap zhän/Yo-dän-dang lam-chok dro/Dra-mi-nyän-dang dra-mi-nyän-gyi da/Rin-po-chei ri-wo/Pak sam-gyi shing/Dö-jöi ba/ Ma-mö-pa-yi lo-tok//Kor-lo rin-po-che/Nor-bu rin-po-che/ Tsün-mo rin-po-che/Lön-po rin-po-che/Lang-po rin-po-che/ Ta-chok rin-po-che/Mak-pön rin-po-che/Ter-chen pöi bum-pa/ Gek-ma/Treng-wa-ma/Lu-ma/Gar-ma/Me-tok-ma/Duk-pö-ma/Nang-säl-ma/Dri-chap-ma/Nyi-ma/Da-wa/Rin-po-chei duk/Chok-lä nam-par gyäl-wäi gyäl-tsän/Ü-su lha-dang mi-yi päl-jor pün-sum-tsok-pa, ma-tsang-wa me-pa, tsang-zhing yi-du wong-wa/Di-dak drin-chen tsa-wa-dang gyü-par chä-päi päl-dän la-ma dam-pa-nam-dang/Kyä-par-du yang La-ma Dor-je Sem-pai lha-tsok-la zhing-kam ül-war gyi-wo/Tuk-je dro-wäi dön-du zhe-su söl/Zhe-nä dak-sok dro-wa mar-gyur nam-käi ta-dang nyam-päi sem-chän tam-chä-la tuk-tse-wa chen-pöi go-nä jin-gyi lap-tu söl!

Die kurze Mandala-Gabe

Sa-zhi pö-kyi juk-shing me-tok tram
Ri-rap ling-zhi nyi-dä gyän-pa di
Sang-gyä zhing-du mik-te ül-war gyi
Dro-kün nam-dak zhing-la chö-par-shok!

Die geheime Mandala-Gabe

De-tong lhän-chik kye-päi ye-she-kyi
Zung-nam pung-kam kye-che-lä jung-wäi
Ri-ling rin-chen ter-bum nyi-dar chä
Kyab-gön tuk-jei ter-la ül-war gyi

Mandala-Gabe

(Rezitiere wahlweise die lange oder die kurze Mandala-Gabe:)

Die lange Mandala-Gabe

OM VAJRA BHUMI AH HUM: Hier ist der goldene Grund, stark und mächtig! Umgeben von einer eisernen Gebirgskette, in der Mitte der Berg Meru, der König der Berge, im Osten der Kontinent Videha, im Süden der Kontinent Jambudhvipa, im Westen Godaniya, im Norden Kuru, im Osten die Nebenkontinente Deha und Videha, im Süden Chamara und Aparachamara, im Westen Shata und Uttaramantrina, im Norden Kuru und Kaurava. Juwelenberge, wunscherfüllende Bäume, wunscherfüllende Kühe, die Ernte ohne Feldarbeit. Das kostbare Rad, das kostbare Juwel, die kostbare Königin, der kostbare Minister, der kostbare Elefant, das kostbare Pferd, der kostbare General. Die große Schatzvase. Die Göttinnen der Schönheit, der Girlanden, der Lieder, des Tanzes, der Blumen, des Räucherwerks, des Lichts und des Parfüms. Die Sonne und der Mond; der kostbare Sonnenschirm und das Siegesbanner. In der Mitte: alle wunderbaren Reichtümer der Götter und Menschen. Meinem gütigen Wurzelguru und den heiligen Gurus der Überlieferungslinie, im Besonderen aber Guru Vajrasattva und seiner göttlichen Gefolgschaft bringe ich dies als Buddhafeld dar. Aus eurem großen Mitgefühl heraus, bitte nehmt diese Dinge zum Wohle aller Wesen an und gewährt mir und allen Wandelwesen eure Inspiration!

Die kurze Mandala-Gabe

Dieses duftende Mandala, bestreut mit Blumen und geschmückt mit dem Berg Meru, den Kontinenten, der Sonne und dem Mond, bringe ich dar, vorgestellt als Buddhafeld. Mögen sich alle fühlenden Wesen an diesem Reinen Land erfreuen.

Die geheime Mandala-Gabe

Die rechte Sicht von Shunyata ist eins mit der Weisheit großer Glückseligkeit. Diese Weisheit verwandelt sich in den Berg Meru, die Sonne, den Mond und alle anderen Phänomene im Universum. Alles Großartige bringe ich dir dar, Ozean großer Güte, der du befreit bist und alle anderen ebenfalls zur Befreiung führst.

Die innere Mandala-Gabe

Dak-gi chak-dang mong-sum kye-päi yül
Dra-nyen bar-sum lü-dang long-chö chä
Pang-pa me-par bül-gyi lek-zhe-nä
Duk-sum rang-sar dröl-war jin-gyi lop

IDAM GURU RATNA MANDALAKAM NIRYATAYAMI

Reinigung

Chom-dän-dä Dor-je Sem-pa dak-zhän sem-chän tam-chä-kyi dik-drip-dang dam tsik nyam-chak tam-chä jang-zhing dak-par dzä-du söl
Zhe söl-wa tap-pä tuk-käi ngak-treng HUM-dang chä-pa-lä wö-zer trö Sem-chän tam-chä-kyi dik-drip jang sang-gyä sä-chä-la nye-päi chö-pa pül
De-nam-kyi ku-sung-tuk-kyi yön-tän tam-chä wö-kyi nam-par dü-nä ngak-treng Hum-dang chä-pa-la tim-pä de-lä dü-tsii gyün kar-po bap-pa yap-yum-gyi jor-tsam-nä bap
Rang-gi tsang-buk-nä zhuk-te lü tam-chä ye-she-kyi dü-tsii gyün-gyi gang
Go-sum-gyi dik-drip tam-chä sang-kyi dak-par gyur

Mantra-Rezitation

OM VAJRA HERUKA SAMAYA MANUPALAYA. HERUKA TENOPATISHTHA. DRIDHO ME BHAVA, SUTOSHYO ME BHAVA, SUPOSHYO ME BHAVA, ANURAKTO ME BHAVA. SARVA SIDDHI ME PRAYACCHA. SARVA KARMA SUCHA ME CHITTAM SHRIYAM KURU, HUM! HA HA HA HA HOH! BHAGAVAN VAJRA HERUKA MA ME MUNCHA. HERUKA BHAVA MAHA SAMAYA SATTVA AH HUM PHAT!

Die Innere Mandala-Gabe

Bitte segne mich und alle anderen fühlenden Wesen, auf dass wir augenblicklich frei werden mögen von den drei Giften. Ohne Anhaftung und ohne das leiseste Zögern bringe ich dir alle Objekte meiner Gier, meines Hasses und meiner Ignoranz dar: Freunde, Feinde und Fremde sowie meinen Körper und all meinen Besitz. Nimm all dies an, darum bitte ich.

IDAM GURU RATNA MANDALAKAM NIRYATAYAMI

Reinigung

„Bhagawan Vajrasattva, bitte reinige alle unheilsamen Taten und gebrochenen und beschädigten Gelübde von mir selbst und allen anderen Wesen." Aufgrund dieser Bitte geht funkelndes Licht von der Mantrakette und dem HUM im göttlichen Herzen aus. Es reinigt alle unheilsamen Handlungen und geistigen Schleier aller fühlenden Wesen und wird zu einer Opfergabe für alle Buddhas und Bodhisattvas. Die Essenz der vollkommenen Qualitäten ihrer Körper, ihrer Sprache und ihres Geistes kehrt in der Form von Licht zurück, das sich in das HUM und die Mantrakette auflöst. [Vom HUM und der Mantrakette] beginnt ein Strom weißen Nektars der Glückseligkeit durch die Chakren des göttlichen Paares nach unten zu fließen. Er fließt durch deren Chakra der Vereinigung und tritt durch meinen Scheitel in mich ein. Dieser Strom von Amrita transzendenter Weisheit füllt meinen ganzen Körper und zerstört alle unheilsamen Handlungen und Schleier meines Körpers, meiner Sprache und meines Geistes. Alles Negative wird völlig gereinigt.

Mantra-Rezitation

OM VAJRA HERUKA SAMAYA MANUPALAYA. HERUKA TENOPATISHTHA. DRIDHO ME BHAVA, SUTOSHYO ME BHAVA, SUPOSHYO ME BAVA, ANURAKTO ME BHAVA. SARVA SIDDHI ME PRAYACCHA. SARVA KARMA SUCHA ME CHITTAM SHRIYAM KURU, HUM! HA HA HA HA HOH! BHAGAVAN VAJRA HERUKA MA ME MUNCHA. HERUKA BHAVA MAHA SAMAYA SATTVA AH HUM PHAT!

Darbringung und Lobpreis

OM VAJRASATTVA ARGHAM ... SHABDA PRATICCHA HUM SVAHA
OM VAJRASATTVA OM AH HUM

Nyi-me ye-she dro-wäi päl
Chok-tu mi-gyur de-wa che
Dik-tung ma-lü drung-jin-päi
Dor-je sem-chok chak-tsäl tö

Zufluchtnahme zu Heruka-Vajrasattva

Dak-ni mi-she mong-pa-yi
Dam-tsik-lä-ni gäl-zhing nyam
La-ma gön-pö kyap-dzö-chik!
Tso-wo dor-je dzin-pa-te
Tuk-je chen-pöi dak-nyi-chän
Dor-wäi tso-la dak kyap-chi

Auflösung

Dor-je Sem-päi zhäl-nä:
„Rik-kyi bu (*oder* bu-mo) kyö-kyi dik-drip-dang dam-tsik nyam-chak tam-chä jang-zhing dak-gö"
Zhe sung-nä rang-la tim-pä rang-gi go-sum-dang Dor-je Sem-päi ku-sung-tuk yer mi che-par gyur

Widmung

Ge-wa di-yi nyur-du dak
Dor-je Sem-pa drup-gyur-nä
Dro-wa chik-kyang ma-lü-pa
Kye-kyi sa-la gö-par-shok!

Darbringung und Lobpreis

OM VAJRASATTVA ARGHAM ... SHABDA PRATICCHA HUM SVAHA
OM VAJRASATTVA OM AH HUM

Ich preise die nicht-dualistische göttliche Weisheit, den großartigen inneren Juwelenschmuck aller fühlenden Wesen, die erhabene, unveränderliche, immer währende große Glückseligkeit, den unzerstörbaren höchsten Weisheitsgeist, der alle fühlenden Wesen von allen unheilsamen Kräften ihres Körpers, ihrer Sprache und ihres Geistes befreit, besonders von gebrochenen Gelübden und Versprechen. Vor dir verneige ich mich.

Zufluchtnahme zu Heruka-Vajrasattva

Aus Unwissenheit und Verblendung habe ich meine Gelübde beschädigt und gebrochen. Ich nehme Zuflucht zu meinem heiligen Guru, der die Macht hat, mich zu befreien, zu dir, meinem inneren Meister, der den Vajra hält und dessen Essenz großes Mitgefühl ist, Herr aller Wandelwesen.

Auflösung

Daraufhin spricht Vajrasattva zu mir: „Oh Kind aus guter Familie, deine unheilsamen Handlungen und geistigen Schleier sowie alle beschädigten und gebrochenen Gelübde sind nun geklärt und gereinigt." Dann löst er sich in mir auf. Meine drei Tore (Körper, Sprache und Geist) werden eins mit Vajrasattvas heiligem Körper, seiner heiligen Sprache und seinem heiligen Geist.

Widmung

Möge ich, dank dieses Verdienstes, schnell zu Heruka-Vajrasattva werden und persönlich jedes einzelne fühlende Wesen in dessen göttlichen erleuchteten Bereich führen.

Nachwort

Viele intelligente Schülerinnen und Schüler aus dem Westen spornten mich an und sagten, es sei Bedarf für eine Sadhana von Vajrasattva, die zum einen Hindernisse beseitigt, und Fortschritt auf dem Pfad bringt und zum anderen als Vorbereitung auf die Meditation über die zwei Stufen [des Höchsten Yogatantra] dient. So habe ich, mit Namen Muni Jnana [Thubten Yeshe], dies als einen Verblendungs-Durchtrenner für Notfälle verfasst. Ich bitte um Vergebung.

Anhang 2

Die Tsok-Opfergabe an Heruka-Vajrasattva

Ein Bankett des großen glückseligen Kreises von Opfergaben: Ein Mittel gegen die Vajrahöllen

Einführung[27]

In den tantrischen Lehren bezeichnet Shakyamuni Buddha die Vajrasattva-Meditation als eine vorbereitende Übung für die Meditationen der Erzeugungs- und Vollendungsstufe des Höchsten Yogatantra. Darüber hinaus ist die Vajrasattva-Meditation auch während der Stufen des Pfades selbst notwendig, damit beide Ansammlungen - Weisheit und Methode - vollendet werden, um die verschiedenen Blockaden und Störungen zu beseitigen, die sich an bestimmten Punkten des Pfades einstellen, und um sich mit den allmählich gewonnenen Verwirklichungen vertraut zu machen.

Will man Vajrasattva üben, muss man den Geist zuerst in einen geeigneten Zustand bringen. Dies wird durch die Erlaubnis (*je-nang*) von Körper, Sprache, Geist, Qualitäten und göttlicher Aktivität im Zusammenhang mit den vier großen Initiationen erreicht. Ist dies geschehen und verweilt man in dem langen oder einem abgekürzten Yoga der Gottheit, kann man mit dem *Bankett des großen glückseligen Kreises von Opfergaben: Mittel gegen die Vajrahöllen* beginnen, und wie gesagt wurde [kann man dann wahrlich behaupten]: „Ich bin ein vom Glück Begünstigter, Glückseliger." Diese Erlaubnis, die zum Höchsten Yogatantra-Aspekt von Vajrasattva gehört, wurde durch die mündliche Übertragungslinie der Gelug-Tradition des Tibetischen Buddhismus übertragen, und die Wärme des Segens dieser Linie ist bis auf den heutigen Tag ungebrochen erhalten. Darum steht diese Praxis von Vajrasattva auch für uns heute zur Verfügung, und man kann sie in der Überzeugung üben, dass nichts davon falsch ist.

Was folgt, ist ein Tsok-Opferritual, das ganz besonders auf die Durchführung im Zusammenhang mit dem Höchsten Yogatantra-Aspekt von Vajrasattva hin gestaltet wurde. Der tibetische Begriff *Tsok*, den man häufig einfach unübersetzt lässt, bedeutet wörtlich „Versammlung" oder „Ansammlung", und in der folgenden Praxis wird er auch oft als „reine Opfergaben" wiedergegeben. Der eigentliche Tsok ist natürlich die eigene Meditation über die transzendente, glückselige Weisheit. Der gesamte Sinn und Zweck der Darbringung der Tsok-Opfergaben ist, die Erfahrung dieser glückseligen Weisheit in einem selbst zu erzeugen und die gewöhnliche Vorstellung und Erscheinung der Sinnesobjekte zu überwinden. Daher ist es in dieser Praxis außerordentlich wichtig, die gewöhnlichen Erscheinungen und Vorstellungen ganz von Anfang an am Erscheinen zu hindern. Da die Darbringung von Tsok eine tiefgründige Methode zur Überschreitung weltlichen Denkens ist, soll man während der gesamten Praxis über die gewöhnliche Erfahrung von Subjekt und Objekt hinausgehen.[28]

Meditation über das Mandala von Guru Vajrasattva: Das Verdienstfeld

HUM!
De-tong nyi-su me-päi nam-röl-lä
Jung-wäi Dor-je Sem-päi zhäl-yä-kang
Ten-dang ten-päi kyil-kor yong-dzok dün
Kün-zang chö-trin nam-käi kyön-kün kang

Nyi-me de-wa chen-pöi ka-ying-la
Ngo-tsar dor-nam Iha-dang Iha-möi tr-ül
Zhi-gyä wang-drak trül-päi gar-kän-gyi
Tap-she yong-su dzok-päi kur zheng-gyur

Segnung der Gaben

OM KHANDA ROHI HUM HUM PHAT

OM SVABHAVA SHUDDHA SARVA DHARMA SVABHAVA SHUDDHO HAM

Tong-pa nyi-du gyur. Tong-päi ngang-lä AH-lä tö-pa yang-zhing gya-che-wäi nang-du sha nga dü-tsi nga-nam zhu-wa-lä jung-wäi ye-she-kyi dütsii gya-tso chen-por gyur

OM AH HUM HA HO HRI *(rezitiere dreimal)*

Vorbereitungen

Stelle auf dem Altar saubere und schön anzuschauende Opfergaben zusammen mit bala *und* mandana *auf.*[29] *Nach Vollendung entweder der kurzen oder ausführlichen Selbstvisualisierung als Vajrasattva*[30] *visualisiere wie folgt:*

Meditation über das Mandala von Guru Vajrasattva: Das Verdienstfeld

HUM!
Im Raum vor mir erscheinen aus der Freude untrennbarer großer Glückseligkeit und Leerheit
Die vollständigen unterstützenden und unterstützten Mandalas von Vajrasattva.
Wolken von Samantabhadras Opfergaben füllen den Raum.

In der Sphäre nicht-dualistischer Glückseligkeit
Erscheinen alle Wesen wunderbarerweise als Götter und Göttinnen,
Verkörperungen voll entwickelter Weisheit und Methode,
Wie geschickte Tänzer zeigen sie Frieden, Ausdehnung, Macht und Zorn.

Segnung der Gaben

(Die Opfergaben sollten dann gesegnet werden. Rezitiere:)
OM KHANDA ROHI HUM HUM PHAT
(Damit sind alle hindernden Kräfte vertrieben. Durch Rezitation von:)
OM SVABHAVA SHUDDA SARVA DHARMA SVABHAVA SHUDDHO HAM
(sind sie von gewöhnlicher Erscheinung gereinigt. Dann visualisiere:)
Alles wird leer. Aus dem Raum der Leere erscheint eine weiße Silbe AH, die sich in eine sehr große weiße Kapala verwandelt. In ihr befinden sich die fünf Arten von Fleisch und die fünf Arten von Nektar. Sie schmelzen, vermischen sich und werden zu einem riesigen Ozean von Weisheitsnektar.

OM HA HUM HA HO HRI *(rezitiere dreimal)*

Darbringen der Gaben und Rezitation des Mantra

Ta-mäl wang-pöi yül-lä rap-dä-shing
Yo-gäi dam-tsik dak-nang de-wa-che
Ngö-drup kün-gyi zhir-gyur dü-tsii chok
Tok-me de-wa chen-pö nye-par dzö

1. HUM! Ka-ying ja-tsön Dor-je Sem-päi ku
La-ma yi-dam ka-dro chö-kyong-gi
Ngo-wor ma-tok nyi-dzin trül-nang dak
Dam-dzä dö-yön na-ngäi tsok-chö-la
La-ma Dor-je Sem-pa nye-chir bül
Lhän-kye de-chen kye-war jin-gyi-lop

OM VAJRA HERUKA SAMAYA MANUPALAYA. HERUKA TENOPATISHTHA. DRIDHO ME BHAVA, SUTOSHYO ME BHAVA, SUPOSHYO ME BHAVA, ANURAKTO ME BHAVA. SARVA SIDDHI ME PRAYACCHA. SARVA KARMA SUCHA ME CHITTAM SHRIYAM KURU, HUM! HA HA HA HA HOH! BHAGAVAN VAJRA HERUKA MA ME MUNCHA. HERUKA BHAVA MAHA SAMAYA SATTVA AH HUM PHAT!

2. HUM! Ka-ying ja-tsön Dor-je Sem-päi ku
Dö-yön de-la chak-päi nam-she ngä
Däl-jor dön-me ja-wäi trül-nang dak
Dam-dzä dö-yön na-ngäi tsok-chö-la
La-ma Dor-je Sem-pa nye-chir bül
Tse-dii nang-zhen dok-par jin-gyi-lop
OM VAJRA HERUKA SAMAYA …

Darbringen der Gaben und Rezitation des Mantra

Diese reine Gabe ist des Yogis Verpflichtung.
Als reine Vision ihrer großen Glückseligkeit
Ist sie mehr als ein Objekt der gewöhnlichen Sinne;
Sie ist die Grundlage aller Verwirklichungen und der vorzüglichste Nektar.
Daher, oh Guru, mit deiner unverblendeten
Gleichzeitig geborenen großen Glückseligkeit, bitte genieße sie!

1. HUM! Oh wunderbare Regenbogenwolke,
Im Raum des Dharmakaya erscheinst du, heiliger Körper Vajrasattvas –
Gereinigt sind die Täuschung und die dualistische Vorstellung, die nicht erkennen, dass der Guru in Essenz Gottheit, Dakini und Dharma-Schützer ist –
Um dich zu erfreuen, Guru Vajrasattva, bringe ich diese geheiligten Gaben dar, als reine Opfergaben zum Genuss für Deine fünf Sinne.
Bitte segne mich, damit ich die gleichzeitig geborene große Glückseligkeit hervorbringen möge.[31]
OM VAJRA HERUKA SAMAYA …[32]

2. HUM! Oh wunderbare Regenbogenwolke,
Im Raum des Dharmakaya erscheinst du, heiliger Körper Vajrasattvas –
Gereinigt ist die Täuschung der Anhaftung,
Mit der die fünf Sinne nach den Vergnügungen begehrenswerter Objekte greifen,
Und so dieses vollkommene menschliche Dasein seines Sinns berauben –
Um dich zu erfreuen, Guru Vajrasattva, bringe ich diese geheiligten Gaben dar, als reine Opfergaben zum Genuss für Deine fünf Sinne.
Bitte segne mich, damit ich das Hängen an den gewöhnlichen
Konzepten und Erscheinungen des Lebens aufgebe.
OM VAJRA HERUKA SAMAYA ...

3. HUM! Ka-ying ja-tsön Dor-je Sem-päi ku
Tsül-min yi-je nam-tok lä-nyön-gyi
Drip-yok nyi-dzin dön-gyi trül-nang dak
Dam-dzä dö-yön na-ngäi tsok-chö-la
La-ma Dor-je Sem-pa nye-chir bül
Nge-jung nam-dak kye-war jin-gyi-lop
OM VAJRA HERUKA SAMAYA …

4. HUM! Ka-ying ja-tsön Dor-je Sem-päi ku
Rang-nyi che-dzin duk-ngäl kün-gyi go
Nyi-dzin dü-kyi gong-pöi trül-nang dak
Dam-dzä dö-yön na-ngäi tsok-chö-la
La-ma Dor-je Sem-pa nye-chir bül
Nam-dak jang-sem kye-war jin-gyi-lop
OM VAJRA HERUKA SAMAYA …

5. HUM! Ka-ying ja-tsön Dor-je Sem-päi ku
Tok-pä par-zhak ming-kyang tak-yö-la
Nyi-dzin dri-ma ngän-päi trül-nang dak
Dam-dzä dö-yön na-ngäi tsok-chö-la
La-ma Dor-je Sem-pa nye-chir bül
Chak-gya chen-po tok-par jin-gyi-lop
OM VAJRA HERUKA SAMAYA …

3. HUM! Oh wunderbare Regenbogenwolke,
im Raum des Dharmakaya erscheinst du, heiliger Körper Vajrasattvas –
Gereinigt ist die Täuschung:
Der Dämon dualistischer Vorstellung und die Geistesschleier von Fehlauffassungen, Einbildungen, Karma und Verblendungen –
Um dich zu erfreuen, Guru Vajrasattva, bringe ich diese geheiligten Gaben dar, als reine Opfergaben zum Genuss für Deine fünf Sinne.
Bitte segne mich, makellose Entsagung zu entwickeln.
OM VAJRA HERUKA SAMAYA …

4. HUM! Oh wunderbare Regenbogenwolke,
im Raum des Dharmakaya erscheinst du, heiliger Körper Vajrasattvas –
Gereinigt ist die Täuschung, durch die man sich selbst mehr schätzt als andere,
Das Tor zu allem Leiden und die dualistische Vorstellung,
Die alles Böse bewirkt –
Um dich zu erfreuen, Guru Vajrasattva, bringe ich diese geheiligten Gaben dar, als reine Opfergaben zum Genuss für Deine fünf Sinne.
Bitte segne mich, makelloses Bodhicitta zu entwickeln.
OM VAJRA HERUKA SAMAYA …

5. HUM! Oh wunderbare Regenbogenwolke,
im Raum des Dharmakaya erscheinst du, heiliger Körper Vajrasattvas –
Gereinigt ist die Täuschung:
Der Gestank der dualistischen Vorstellung,
Die bloß von Einbildung Benanntes für wahr hält, –
Um dich zu erfreuen, Guru Vajrasattva, bringe ich diese geheiligten Gaben dar, als reine Opfergaben zum Genuss für Deine fünf Sinne.
Bitte segne mich mit dem großen Siegel der Leerheit.
OM VAJRA HERUKA SAMAYA …

6. HUM! Ka-ying ja-tsön Dor-je Sem-päi ku
Ta-mäl nang-zhen kün-tok tra-rak-kyi
Nyi-dzin lung-shuk drak-pöi trül-nang dak
Dam-dzä ye-she nga-yi ts-ok-chö-la
La-ma Dor-je Sem-pa nye-chir bül
Nge-dön wang-zhi top-par jin-gyi-lop
OM VAJRA HERUKA SAMAYA …

7. HUM! Ka-ying ja-tsön Dor-je Sem-päi ku
Nye-tung drak-char wang-me bap-pa-lä
Dor-je nyäl-wa nyong-wäi trül-nang dak
Dam-dzä yeshe nga-yi tsok-chö-la
La-ma Dor-je Sem-pa nye-chir bül
Dak-pa rap-jam ba-zhik char-war shok
OM VAJRA HERUKA SAMAYA …

Gaben an den Vajrameister

Dor-je dzin-pa gong-su söl
Pa-wo pa-mo tsok-kor de
Zung-dang dzin-päi trö-pa dräl
Dü-tsii de-la tak-tu röl
A LA LA HO!

6. HUM! Oh wunderbare Regenbogenwolke,
im Raum des Dharmakaya erscheinst du, heiliger Körper Vajrasattvas –
Gereinigt ist die Täuschung gewöhnlicher Erscheinung und Vorstellung, die achtzig Arten der Einbildung, grob wie fein, der gewaltsame, unkontrollierbare Wind des dualistischen Geistes –
Um dich zu erfreuen, Guru Vajrasattva, bringe ich diese geheiligten Gaben dar, als reine Opfergaben zum Genuss für Deine fünf Sinne.
Bitte segne mich, auf dass ich die vier tatsächlichen Ermächtigungen erhalte.
OM VAJRA HERUKA SAMAYA …

7. HUM! Oh wunderbare Regenbogenwolke,
im Raum des Dharmakaya erscheinst du, heiliger Körper Vajrasattvas –
Gereinigt ist die Täuschung der Erfahrung der Vajrahöllen,
Ergebnis des unkontrollierbaren Niederschlags negativer Handlungen und gebrochener Samaya –
Um dich zu erfreuen, Guru Vajrasattva, bringe ich diese geheiligten Gaben dar, als reine Opfergaben zum Genuss für Deine fünf Sinne.
Möge nur noch unendliche Reinheit entstehen!
OM VAJRA HERUKA SAMAYA …

Gaben an den Vajrameister

(Bringe den Tsok an den Vajrameister jetzt mit folgender Rezitation dar:)
Oh Vajrahalter, bitte beachte mich!
Diese reinen Gaben, dargebracht von der Versammlung der Dakas und Dakinis,
Diesen Nektar, frei von allen Unterscheidungen in Subjekt und Objekt,
transzendent glückselig, bitte genieße sie ewiglich!
A LA LA HO!

E-MA! De-chen ye-she, kyäi!
Tsok-chen tum-mo bar-wäi drö
Ma-sam jö-dä ga-de-la
Kün-kyang aho sukha che
AHO MAHA SUKHA HO!

Äussere und Innere Opfergaben an Vajrasattva

OM GURU VAJRASATTVA SAPARIVARA ARGHAM … SHABDA PRATICCHA HUM SVAHA
OM GURU VAJRASATTVA SAPARIVARA OM AH HUM

Verse des Lobpreises

Gang-gi tsän-tsam jö-pä kyang
Lä-ngän dik-tung ma-lü-pa
Kä-chik nyi-la drung-jin-päi
Dor-je Sem-pa-la chak tsäl

Der achtfache Lobpreis

OM Chom-dän pa-wöi wang-chuk-la chak-tsäl HUM HUM PHAT!
OM Käl-pa chen-pöi me-dang nyam-päi wö HUM HUM PHAT!
OM Räl-päi chö-pän mi-zä-pa-dang dän HUM HUM PHAT!
OM Che-wa nam-par tsik-pa jik-päi zhäl HUM HUM PHAT!

(Der Vajrameister antwortet:)
Oh große glückselige Weisheit!
Die großartige Sammlung von Gaben,
Der Keim, der die Tummo-Hitze entfacht,
Diese freudige, glückselige Erfahrung jenseits aller Konzepte, jenseits von Worten –
Willkommen große ewige Seligkeit!
AHO MAHA SUKHA HO

ÄUSSERE UND INNERE OPFERGABEN AN VAJRASATTVA
(Die äußeren und Inneren Opfergaben werden dann dargebracht:)
OM GURU VAJRASATTVA SAPARIVARA ARGHAM … SHABDA PRATICCHA HUM SVAHA
OM GURU VAJRASATTVA SAPARIVARA OM AH HUM

VERSE DES LOBPREISES
(Rezitiere folgenden Lobpreis:)
Denkt man nur an deinen Namen,
Sind schon alle Hindernisse getilgt,
Und alles negative Karma ist gereinigt.
Dir, unübertrefflicher Vajrasattva erweise ich Verehrung,
Vor Dir werfe ich mich nieder.

DER ACHTFACHE LOBPREIS
(Rezitiere Folgendes zum Lobpreis von Heruka und Vajravarahi:)
OM ich verneige mich vor dem Bhagavan, dem Herrn der Tapferen HUM HUM PHAT!
OM vor Dir, dessen Glanz dem Feuer gleicht am Ende der Zeiten HUM HUM PHAT!
OM vor Dir, mit dem unerschöpflichen, krönenden Haarknoten HUM HUM PHAT!
OM vor Dir, mit den gefletschten Reißzähnen und dem zornigen Gesicht HUM HUM PHAT!

OM Tong-trak chak-ni bar-wäi wö-zer-chän HUM HUM PHAT!
OM Dra-ta zhak-seng dung-dang katwang dzin HUM HUM PHAT!
OM Tak-gi pak-päi na-za dzin-pa-chän HUM HUM PHAT!
OM Ku-chen dü-ka gek-tar-dzä-la dü HUM HUM PHAT!

OM Chom-dän-dä-ma dor-je pak-mo-la chak-tsäl HUM HUM PHAT!
OM Pak-ma rik-mäi wang-chuk kam-sum-gyi HUM HUM PHAT!
OM Jung-pöi jik-pa tam-chä dor-je chen-pö jom HUM HUM PHAT!
OM Dor-je dän-zhuk zhän-gyi mi-tup wang-je chän HUM HUM PHAT!
OM Tum-mo tro-möi zuk-kyi tsang-pa kem-par dzä HUM HUM PHAT!
OM Dü-nam trak-ching kem-pä zhän-gyi chok-lä gyäl HUM HUM PHAT!
OM Muk-je reng-je mong-je kün-lä nam-par gyäl HUM HUM PHAT!
OM Dor-je pak-mo jor-je dö-wang-ma-la dü HUM HUM PHAT!

Lied der Frühlingskönigin

1. HUM! De-zhin shek-pa tam-chä-dang
Pa-wo dang-ni näl-jor-ma
Ka-dro dang-ni ka-dro-ma
Kün-la dak-ni söl-wa-dep
De-wa chok-la gye-päi He-ru-ka
De-wä rap-nyö ma-la nyen-jä-nä
Cho-ga zhin-du long-chö-pa-yi ni
Lhän-kye de-wäi jor-wa-la zhuk-so
A-LA-LA! LA-LA HO! A! I! AH! ARA-LI HO!

Dri-me ka-dröi tsok-nam-kyi
Tse-wä zik-la lä-kün dzö

OM vor Dir, dessen tausend Arme leuchten und strahlen HUM HUM PHAT!
OM vor Dir, der eine Axt, ein Lasso und einen Knochenstab hält HUM HUM PHAT!
OM vor Dir, der einen Tigerfellschurz trägt HUM HUM PHAT!
OM vor Dir, dessen rauchfarbener Körper alle Hindernisse besiegt HUM HUM PHAT!

OM ich verneige mich vor der Bhagavati Vajra Varahi HUM HUM PHAT!
OM vor Dir, Königin der Yoginis, unbesiegbar in den drei Reichen HUM HUM PHAT!
OM vor Dir, die du alle Furcht vor bösen Geistern mit deinen Vajra-Methoden völlig zerstörst HUM HUM PHAT!
OM vor Dir, deren Augen die Inhaber des Vajra-Thrones vor jedem Angriff schützen HUM HUM PHAT!
OM vor Dir, deren zorniger Körper der inneren Hitze Brahma austrocknet HUM HUM PHAT!
OM vor Dir, siegreich über alle, die du Dämonen erschreckst und austrocknest und alle anderen Kräfte zerstörst HUM HUM PHAT!
OM vor Dir, siegreich über alle, die Dumpfheit, Erregung und Ärger bringen HUM HUM PHAT!
OM ich verneige mich vor Baghavati Vajra Varahi, der Gefährtin, die Verlangen besiegt HUM HUM PHAT!

Lied der Frühlingskönigin

(Hier kann das „Lied der Frühlingskönigin" gesungen werden, um Verwirklichungen zu erbitten:)

1. HUM! Tathagatas, Helden, Yoginis, Dakas und Dakinis,
diese Bitten richten wir an euch:
Heruka erfreut sich an höchster Seligkeit und wohnt der Herrin bei, die völlig berauscht ist von Seligkeit,
Bitte tretet ein in die Vereinigung von Glückseligkeit und Leere,
Durch die dem Ritual gemäßen Freuden.
AH-LA-LA! LA-LA-HO! AH! I! AH! ARA-LI HO!

Mögen die Scharen makelloser Dakinis mit Mitgefühl auf uns schauen und alle Taten vollbringen.

2. HUM! De-zhin shek-pa … söl-wa-dep
De-wa chen-pö yi-ni rap-kyö-pä
Lü-ni kün-tu yo-wäi gar-gyi-ni
Chak-gyäi pä-mar röl-päi de-wa che
Näl-jor-ma tsok-nam-la chö-par dzö
A-LA-LA! LA-LA HO! A! I! AH! ARA-LI HO!
Dri-me ka-dröi tsok-nam-kyi
Tse-wä zik-la lä-kün dzö

3. HUM! De-zhin shek-pa … söl-wa-dep
Yi-wong zhi-wäi nyam-kyi gar-dzä-ma
Rap-gye gön-po kyö-dang ka-dröi tsok
Dak-gi dün-du zhuk-te jin-lop-la
Lhän-kye de-chen dak-la tsäl-du söl
A-LA-LA! LA-LA-HO! A! I! AH! ARA-LI HO!
Dri-me ka-dröi tsok-nam-kyi
Tse-wä zik-la lä-kün dzö

4. HUM! De-zhin shek-pa … söl-wa-dep
De-chen tar-päi tsän-nyi dän-pa kyö
De-chen pang-päi ka-tup du-ma-yi
Tse-chik dröl-war mi-zhe de-chen yang
Chu-kye chok-gi ü-na nä-pa yin
A-LA-LA! LA-LA-HO! A! I! AH! ARA-LI HO!
Dri-me ka-dröi tsok-nam-kyi
Tse-wä zik-la lä-kün dzö

5. HUM! De-zhin shek-pa … söl-wa-dep
Dam-gyi ü-su kye-päi pä-ma zhin
Chak-lä kye-kyang chak-päi kyön ma-gö
Näl-jor-ma chok pä-mäi de-wa-yi
Si-päi ching-wa nyur-du dröl-war dzö
A-LA-LA! LA-LA-HO! A! I! AH! ARA-LI HO!
Dri-me ka-dröi tsok-nam-kyi
Tse-wä zik-la lä-kün dzö

2.. HUM! Tathagatas … Bitten richten wir an euch:
Mit deinem Geist großer Seligkeit voll erregt
Und deinem Körper im Tanz dauernder Bewegung,
Bringe bitte den Scharen der Yoginis
Die große Freude des Spiels im Lotus der Gefährtin.
AH-LA-LA! LA-LA-HO! AH! I! AH! ARA-LI HO!
Mögen die Scharen makelloser Dakinis mit Mitgefühl auf uns schauen und alle Taten vollbringen.

3. HUM! Tathagatas … Bitten richten wir an euch:
Dakinis tanzen mit anmutigen, friedvollen Schritten.
Du freudvoller Beschützer, erscheine vor uns,
und segne uns mit Deinen Scharen von Dakinis.
Gewährt uns die innewohnende große Glückseligkeit.
AH-LA-LA! LA-LA-HO! AH! I! AH! ARA-LI HO!
Mögen die Scharen makelloser Dakinis mit Mitgefühl auf uns schauen und alle Taten vollbringen.

4. HUM! Tathagatas … Bitten richten wir an euch:
Die große Glückseligkeit, die alle befreienden Qualitäten besitzt,
Die große Glückseligkeit, ohne die Befreiung in einem Leben nicht erlangt werden kann,
Auch wenn man strengste Askese übt –
Diese große Glückseligkeit wohnt im Zentrum des höchsten Lotus.
AH-LA-LA! LA-LA-HO! AH! I! AH! ARA-LI HO!
Mögen die Scharen makelloser Dakinis mit Mitgefühl auf uns schauen und alle Taten vollbringen.

5. HUM! Tathagatas … Bitten richten wir an euch:
Gleich dem reinen Lotus, der aus dem Schlamm entsteht,
Ist die große Glückseligkeit zwar aus der Begierde geboren,
Doch ist frei vom Makel ihrer Fehler.
Oh höchste Yoginis, mögen die Fesseln von Samsara
Durch die Glückseligkeit eures Lotus schnell gelöst werden.
AH-LA-LA! LA-LA-HO! AH! I! AH! ARA-LI HO!
Mögen die Scharen makelloser Dakinis mit Mitgefühl auf uns schauen und alle Taten vollbringen.

6. HUM! De-zhin shek-pa … söl-wa-dep
Drang-tsii jung-nä-nam-kyi drang-tsii chü
Bung-wäi tsok-kyi kün-nä tung-wa tar
Tsän-nyi druk-dän tso-kye gyä-pa-yi
Chu-ching-pa-yi ro-yi tsim-par dzö
A-LA-LA! LA-LA-HO! A! I! AH! ARA-LI HO!
Dri-me ka-dröi tsok-nam-kyi
Tse-wä zik-la lä-kün dzö

Darbringen des übrigen Tsok

OM AH HUM *(dreimal)*

De-tong yer-me gyu-mäi ka-pa-lar
Ye-she nga-yi dü-tsii tsok-lhak-nam
Zhing-kyong drek-pa de-gyä tsok-la bül
Dam-chö drup-päi lä-zhii trin-lä dzö

Abschliessendes Glück verheissendes Gebet

Pün-tsok ge-lek je-wäi trün-päi ku
Ta-yä dro-wäi re-wa kong-wäi sung
Dro-wäi sam-pa ji-zhin zik-päi tuk
Rang-sem la-mar jäl-wäi tra-shi shok

Jung-gyüi chi-war bar-do kye-wa sum
Jong-je ku-sum lam-du kyer-wäi tü
Rang-sem nyuk-sem tra-mo jäl-wa-lä
Ku-tuk zung-juk char-wäi tra-shi shok

Trö-dräl ka-ying tong-pa chen-pöi yum
Nang-si de-wa chen-pöi ye-she-la
Kyü-päi ya-tsän kor-dä ngö-po kün
De-tong chen-por dom-dzä tra-shi shok

6. HUM! Tathagatas … Bitten richten wir an euch:
Wie Scharen von Bienen in allen Richtungen Blütennektar trinken,
So mögen wir Befriedigung erlangen,
Durch den verführerischen Nektar des reifen Lotus,
Der die sechs Qualitäten besitzt.
AH-LA-LA! LA-LA-HO! AH! I! AH! ARA-LI HO!
Mögen die Scharen makelloser Dakinis mit Mitgefühl auf uns schauen und alle Taten vollbringen.

Darbringen des übrigen Tsok

(Schließlich werden die Reste des Tsok auf folgende Weise dargebracht:)
OM AH HUM *(dreimal)*

Der Versammlung der acht Klassen zornvoller Schützer
Bringe ich alle Reste der reinen Opfergaben dar –
Den Nektar der fünf Weisheiten in dieser Schädelschale,
Eine illusorische Erscheinung untrennbarer Glückseligkeit und Leerheit.
Erfüllt eure Pflichten, die vier Riten für die Dharma-Praktizierenden.

Abschliessendes Glück verheissendes Gebet

Möge alles verheißungsvoll sein, damit ich meinen Geist als den Lama erkenne: Der die Gedanken aller Wesen vollkommen versteht, dessen Sprache die Wünsche unzähliger Wesen erfüllt und dessen reiner Körper aus einer unendlichen Ansammlung von Verdienst entsteht.
Möge alles verheißungsvoll sein für die Verwirklichung der Einheit von Rupakaya und Dharmakaya, indem ich mein eigenes feines, kontinuierlich-innewohnendes Bewusstsein erkenne und indem ich die drei Kayas zum Pfad mache: Gegenmittel für das Herannahen von Tod, Bardo und Wiedergeburt, die mir bevorstehen.
Möge alles verheißungsvoll sein, damit alles in Samsara und Nirwana mit der großen Leerheit und Glückseligkeit verschmelzen möge, durch die ungewöhnliche Umarmung der Mutter – der Sphäre der Leerheit jenseits aller künstlichen Unterteilungen – mit dem Vater – der großen glückseligen Weisheit, Erscheinung aller existierenden Phänomene.

Nachwort und Widmung[33]

An diesem besonderen Tag der Dakas und Dakinis – dem fünfundzwanzigsten Tag des elften Monats des Eisen-Vogel-Jahres (19.1.1982) – schrieb der Ehrwürdige Lama Thubten Ye-she dieses Tsok-Opfer an Heruka-Vajrasattva für eine Puja unter dem Bodhibaum, durchgeführt von einer internationalen Versammlung von Sangha- und Laienschülern, die zusammen Hunderte und Tausende von Opfergaben darbrachten. Diese Puja wurde dargebracht vom italienischen Gelong Thubten Dönyö, einem Schüler mit unübertroffenem Verständnis des Sutra- und Tantraweges zur Erleuchtung und unerschütterlicher Hingabe gegenüber Buddha Shakyamunis Lehren, äußerlich geschmückt durch die safranfarbenen Roben und innerlich mit den drei Arten von Gelübden.

Verknüpft mit diesem Tsok-Opfer ist das Gebet, dass die ganze Sangha in allen zehn Richtungen sich harmonischer Beziehungen erfreuen, die Reinheit der Gelübde ethischen Verhaltens achten und die Praxis der drei höheren Übungen vollenden möge. Möge sie so geschickte Führer hervorbringen, die den Wesen großen Nutzen bringen. Sie ist der geschwinden Wiederkehr unseres großen Gurus von unaussprechlicher, unerreichter Güte, Kyabje Trijang Dorje Chang, gewidmet. Mögen wir zum Wohle aller fühlenden Wesen, unserer Mütter, während unseres gesamten Pfades zur Erleuchtung niemals von diesem großen Guru getrennt werden.

Weiterhin ist zu bemerken, dass heutzutage in vielen Ländern – Tibet zum Beispiel – diejenigen, die ihr Leben so verbringen, dass es *nicht* im Widerspruch zu den drei Ordinationen der Pratimoksha-, Mahayana- und Tantra-Gelübde steht, nicht einmal für Menschen gehalten werden! Dennoch gibt es selbst in derartig degenerierten Zeiten noch viele glückliche Praktizierende, und es ist äußerst wichtig, dass diese Yogis und Yoginis über eine Methode verfügen, die kraftvoll genug ist, um die erhabene Verwirklichung gleichzeitig geborener großer Glückseligkeit und Leerheit hervorzubringen. Diese tiefgründige Methode ist einfach und leicht zu praktizieren, sie sammelt einen großen Vorrat an verdienstvollem Potenzial an und kann alle unheilsamen Handlungen, die aus gebrochenen Gelübden und Versprechen entstehen, reinigen.

Tatsächlich ist diese Methode so kraftvoll, dass viele Lamas der Gelugpa-Tradition sagten, sogar Übertretungen der tantrischen Wurzelgelübde könnten durch die Rezitation des Vajrasattva-Mantras gereinigt werden. Man sollte also verstehen, dass keine unheilsame Handlung so stark ist, dass sie nicht durch die Praxis von Vajrasattva gereinigt werden könnte.

Aus all diesen Gründen hat der Vajrasattva-Yogi und Anhänger von Buddha Shakyamunis Lehren, der Bhikshu Muni Jnana[34] dieses Tsok-Opfer verfasst.

NACHSCHRIFT

Das folgende scherzhafte Gedicht kam dem Autor spontan in den Sinn, als er dieses Werk verfasste:[35]

Ganz Samsara erscheint
Dem als Feind,
Der fürchtet,
Das sprichwörtliche Hasenhorn
Der tantrischen Ordination könne ihn durchbohren:
Die Basis des goldenen Grundes.

Im gewöhnlichen Pfad ungeübt,
In's Tantra nie ordiniert,
Hat er keine Ermächtigung;
Welch eine Situation;
Wie komisch! Welch ein Witz!
Er ist ein Himmelsblumen-Yogi!

Dieses Tsok-Opfer kann auch anderen Gottheiten des Höchsten Yogatantra dargebracht werden, indem man einfach den Namen Vajrasattvas durch den Namen der entsprechenden Gottheit ersetzt, die Opfergaben in Übereinstimmung mit der Yoga-Methode der entsprechenden Gottheit ausführt und das Mantra dieser Gottheit rezitiert.

Der obige Text wurde übersetzt mit der freundlichen Unterstützung von Lama Thubten Zopa Rinpoche und dem Ehrw. Konchog Yeshe. Die Bearbeitung des Textes übernahm Jon Landaw. Das „Lied der Frühlingskönigin" wurde ursprünglich vom Ehrw. Jampa Gendun und Andy White übersetzt und hier leicht verändert wiedergegeben. Die Übersetzung des achtfachen Lobpreises an Heruka und Vajravarahi stammt von Alexander Berzin.[36]

Anhang 3
Übersetzung und Erklärung des Hundersilbenmantras

OM VAJRA HERUKA SAMAYA MANUPALAYA. HERUKA TENOPATISHTHA. DRIDHO ME BHAVA, SUTOSHYO ME BHAVA, SUPOSHYO ME BHAVA, ANURAKTO ME BHAVA. SARVA SIDDHI ME PRAYACCHA. SARVA KARMA SUCHA ME CHITTAM SHRIYAM KURU, HUM! HA HA HA HA HOH! BHAGAVAN VAJRA HERUKA MA ME MUNCHA. HERUKA BHAVA MAHA SAMAYA SATTVA AH HUM PHAT!

OM ist die Keimsilbe, die den göttlichen Vajrakörper symbolisiert, das heißt, den heiligen Körper eines erleuchteten Wesens. Der Vajrakörper ist ganz und gar eins mit der göttlichen Sprache und dem göttlichen Geist. Gegenwärtig funktionieren euer Körper, eure Sprache und euer Geist getrennt voneinander, aber wenn ihr den erleuchteten Zustand von Heruka-Vajrasattva erlangt, werden euer göttlicher Körper, eure göttliche Sprache und euer göttlicher Geist gleichzeitig funktionieren.

VAJRA HERUKA. Die reine Energie des unzerstörbaren göttlichen Weisheitsdenkens des größten, glückseligen, innersten Herzens, das alle Phänomene umfasst.

SAMAYA. Wenn ihr während einer Initiation euer heiliges Ehrenwort gebt, die Gelübde und Versprechungen rein zu halten, wird eine subtile Energie in eurem Geist und inneren Nervensystem erzeugt. Diese Energie befreit euch augenblicklich von eurer Negativität. Das ist mit Samaya gemeint. Es ist das genaue Gegenteil der halbherzigen Versprechungen, die Menschen gewöhnlich machen; Versprechen, die so leicht gebrochen werden. Wenn es um eure Samaya geht, solltet ihr nicht rationalisieren, selbst wenn euer Leben auf dem Spiel steht.

MANUPALAYA. Die Kraft der göttlichen liebevollen Güte, die euch zum ewigen Glück führen kann.

HERUKA TENOPATISHTHA. Glorreicher Heruka, sei meinem Herzen nah.

DRIDHO. Unzerstörbar, ewig, unveränderlich.

ME BHAVA. Gewähre mir die göttliche, unzerstörbare Weisheit der Verwirklichung der absoluten Natur meiner selbst und aller anderen Phänomene im Universum.

SUTOSHYO ME BHAVA. Vajrasattva, gewähre mir durch deine Nähe die größte, freudvolle, göttliche Weisheit, die große Glückseligkeit bringt.

SUPOSHYO ME BHAVA. Möge diese glückselige Energie sich vollkommen in meinem Herzen entwickeln.

ANURAKTO ME BHAVA. Möge ich beeinflusst werden durch die göttliche Widerspiegelung der Anhaftung, mitfühlende Weisheit, die völlig jenseits aller Dualität liegt.

SARVA SIDDHI ME PRAYACCHA. Gewähre mir vollständig alle hervorragenden Verwirklichungen.

SARVA KARMA SUCHA ME. Gewähre mir sämtliche Weisheitsaktivitäten von Vajrasattva.

CHITTAM SHRIYAM KURU. Möge deine großartige göttliche Weisheit in meinem Herzen wirken.

HUM ist die Keimsilbe, die die Natur des göttlichen Vajra-Herzens symoblisiert, die größte göttliche glückselige Weisheit.

HA HA HA HA HOH. Diese fünf Silben symbolisieren die Weisheiten der fünf Dhyani-Buddhas.

BHAGAWAN. Der Erleuchtete.

VAJRA HERUKA. Die größte, unzerstörbare glückselige Weisheit.

MA ME MUNCHA. Gib mich nicht auf.

HERUKA BHAVA. Bleibe unzerstörbar in meinem Herzen, indem ich meine Samaya unerschütterlich halte, so wie du den unzerstörbaren Vajra hältst.

MAHA. Die Größte.

SAMAYA. Wie oben.

SATTVA. Der göttliche Weisheitsgedanke.

AH. Die Keimsilbe, die die göttliche Sprache symbolisiert.

HUM. Wie oben.

PHAT! Zerstöre alle negativen Ablenkungen!

Anhang 4
Segnen der Shi-Dak Torma

OM VAJRA AMRITA KUNDALI HANA HANA HUM PHAT!
OM SVABHAVA SHUDDHA SARVA DHARMA SVABHAVA SHUDDO HAM!

Tong-pa nyid-du gyur.
Tong-päi ngang-lä DRUNG-lä rin-po-che nö-yang shing-gya che-wä nang-du OM-ö du-zhu wa-lä jung-wä tor-ma zag-pa me-pä ye-she kyi dü-tsi gya-tso chen-por gyur

OM AH HUM *(dreimal)*
NAMA SARVA TATHAGATA AVALOKITE OM SAMBARA SAMBARA HUM *(dreimal)*

Chom-dän de-zhin shek-pa gyäl-wa rin-chen mang-la cha-k tsäl-lo
De-zhin shek-pa zug-tse dam-pa-la chak tsäl-lo
De-zhin shek-pa ku-jam lä-la chak tsäl-lo
De-zhin shek-pa jig-pa tham-chä dang-dräl wa-la chak tsäl-lo

Pün-tsok dö-yön nga-dän pa
Dü-tsi gya-tso tor-ma di
Sa-yi Iha-mo te-ma sok
Tong-sum shi-dak tham-chä dang
Tse-ring chä-nga ten-kyong gi
Gang-chen nä-pa tham-chä dang
Kye-par yu-jor de-nyi kyi
Lha-lü shi-dak nam-la bül
Zhe-nä dak-chak yön-chö nam
Lä-dang ja-wa chi-chi kyang
Kor-long tra-dok ma-tse pa

Segnen der Shi-Dak Torma[37]

OM VAJRA AMRITA KUNDALI HANA HANA HUM PHAT!
OM SVABHAVA SHUDDHA SARVA DHARMA SVABHAVA SHUDDO HAM!

Alles wird leer.
Aus dem Raum der Leerheit wird aus der Silbe DRUNG ein riesiges mit Juwelen geschmücktes Gefäß, in dem aus dem Schmelzen der Silbe OM eine Torma eines großen Ozeans aus makellosem Weisheits-Nektar entsteht.

OM AH HUM *(dreimal)*
NAMA SARVA TATHAGATA AVALOKITE OM SAMBARA SAMBARA HUM *(dreimal)*

Ich werfe mich nieder vor dem Bhagawan, dem Tathagata Mit-vielen-Juwelen (*Bahuratna*)
Ich werfe mich nieder vor dem Tathagata Form-von-höchster-Schönheit (*Varasurupa*).
Ich werfe mich nieder vor dem Tathagata Unendliche-Körper (*Paryantakaya*).
Ich werfe mich nieder vor dem Tathagata Frei-von-aller-Furcht (*Sarvabhayashri*).

Diese Torma, ein Ozean aus Nektar,
Versehen mit den fünf vollkommenen Sinnesobjekten
Bringe ich Tema, der Göttin der Erde, dar
Und allen Landbesitzern der dreitausend Welten;
Den fünf Schwestergöttinnen des langen Lebens
Und allen Schützern der Stabilität im Lande Tibet.
Besonders aber bringe ich sie dar den Devas, Nagas
Und Landbesitzern, die diese Region bewohnen.
Nachdem ihr die Gabe angenommen habt, bitte ich euch,
so wie wir es wünschen, alle günstigen Bedingungen zu schaffen,
Die wir und unsere Gönner für unsere Aktivitäten benötigen.

Tün-kyen yi-shin drub-par tzö
Dak-gi sam-pä tob-dang ni
De-zhin shek-pä jin-tob dang
Chö-kyi ying-gi tob-nam kyi
Dön-nam gang-dak sam-pa yi
De-dak tham-chä chi-rik pa
Tok-pa me-par jung-gyur chik

Ohne Zorn oder Eifersucht zu zeigen.
Durch die Kraft meiner Gedanken,
Durch die Kraft des Segens aller Tathagatas
Und durch die Kraft der Sphäre der Wirklichkeit
Möge alles, was wir anstreben,
Was immer es auch sei, ohne Hindernisse verwirklicht werden!

Anmerkungen

1 *Wisdom Archive* Nummern 000154 - 166 - 392 und 596.

2 1974 gab es in Kopan nur zwei sehr einfache Toiletten: *Sam* und *Sara*.

3 Siehe Lama Yeshe, *Inneres Feuer*, das seine Belehrungen über die Praxis des Tummo aus den Sechs Yogas von Naropa enthält. Diamant Verlag, 1999.

4 In den Jahren 1981 und 1982 bereitete Lama Yeshe seinen ersten Vorrat an Chu-Len-Pillen nach den traditionellen Herstellungsmethoden zu. Dabei werden äußerst wertvolle natürliche Zutaten verwendet. Die Pillen wurden dann mit der Rezitation einer Million Mantras von Heruka-Vajrasattva gesegnet. Im Sommer 1982 führte eine Gruppe von fünfzig Dharma-Schülern aus der ganzen Welt unter Leitung des mittlerweile verstorbenen Geshe Jampa Wandu im Tushita Klausur-Zentrum, Dharamsala, Indien, mit Hilfe dieser Pillen erfolgreiche Klausuren durch, wodurch sie bewiesen, dass diese Praxis nicht mehr ausschließlich Tibetern vorbehalten ist.

5 Siehe Thubten Yeshe, *Wege zur Glückseligkeit, Einführung in Tantra,* Diamant Verlag, S.143 ff.

6 Übersetzung und Erklärung des Mantras finden sich im Anhang 3.

7 Vollständige Anweisungen zum Ablegen von Gelübden finden sich in: Lama Zopa Rinpoches *Direct & Unmistaken Method*.

8 Als Symbol für das Speiseopfer stellen manche noch eine vierte Torma in die Opferschale, so wie auf der Zeichnung dargestellt. Ansonsten sollte diese Schale andere Speisen oder Wasser enthalten. Diese Gabe sollte täglich dargebracht werden. Lama Zopa Rinpoche betont, dass traditionelle Tormas durch andere Nahrungsmittel ersetzt werden können, wie ja auch von Lama Yeshe erwähnt. Bei diesen Ritualen gibt es viele Varianten. Am besten fragt man seinen eigenen Lama, was man tun sollte.

9 Eine kurze Version der Praxis zum Segnen der Tormas ist die folgende: Zuerst rezitiert man dreimal HA HO HRI mit den Händen in der korrekten Mudra – die Rechte über der

linken, offen, nach vorne gerichtet, Daumen in die richtige Richtung weisend. Mit dieser Rezitation werden alle Makel bezüglich Geruch, Geschmack und Potential gereinigt, und die Torma wird zu beseligendem Nektar. Dann rezitiert man dreimal OM AH HUM. Der Nektar schwillt an und wird gesegnet. Man visualisiert, dass er unerschöpflich wird. Danach bringt man die äußeren Opfergaben dar: OM VAJRASATTVA ARGHAM … SHABDA PRATICCHA HUM SVAHA. Schließlich rezitiert man den Lobpreis *Nyime ye-she* … aus der Sadhana, wobei man in der letzten Zeile … *ch'ak-s'äl-tö* (Ehrerbietung und Lobpreis) durch … *la-ch'ak-ts'äl* ersetzt. Will man ein längeres Segnungsritual durchführen kann man „Die Darbringung des Inneren Opfers" zum Beispiel aus der Sadhana von Vajrayogini und dergleichen rezitieren oder die Segnung des Heruka-Vajrasattva Tsok, die im Teil 4 des Buches erklärt wird.

10 Laut Geshe Tsulga aus der Klosteruniversität Sera-je, der in den FPMT-Zentren der amerikanischen Ostküste lehrt, kann man diese Torma jeden Tag darbringen, weil man visualisiert, dass man jedes Mal ein „frisches" Stück von ihr opfert. Man kann aber auch einen Keks oder andere Speiseopfer neben dieser Torma aufstellen und dies jeden Tag als Haupttorma darbringen. Die beste Zeit zur Darbringung dieser Torma ist die letzte Sitzung des Tages. Nach Mantrarezitation und vor Opfergaben und Lobpreis segnet man die Torma wie oben; dann visualisiert man, dass die Silbe HUM auf den Zungen von Heruka-Vajrasattva und Dorje Nyima Kharmo sich in Röhren aus Regenbogenlicht verwandeln, die den Durchmesser eines Weizenkorns haben. Mit der Rezitation des Mantras OM VAJRASATTVA SAPARIVARA IDAM BALINTA KAKA KAHI KAHI strahlen diese Röhren bis zur Torma und saugen ihre Essenz, große Glückseligkeit. Danach fährt man mit der Sadhana fort.

11 Dieser besondere Schützer ist der Vierarmige Mahakala. Idealerweise solltet ihr diese Torma dreimal darbringen: zuerst zu Anfang der Klausur, dann etwa in der Mitte und schließlich bei Beendigung eurer Klausur. Das *Kang-sö*-Ritual von Mahakala (zur Erfüllung und Wiederherstellung) kann während dieser Opferung ausgeführt werden.

12 Lama Zopa Rinpoche zufolge braucht man diese dritte Tor-

ma-Opfergabe nur einmal zu Anfang der Klausur auszuführen. Andererseits könne man sie auch jeden Tag oder dreimal im Verlauf der Klausur zusammen mit dem Mahakala *kang-sö* darbringen. Ein Ritual zur Segnung der *Shidak*-Torma findet sich im Anhang 4.

13 In *Befreiung in unseren Händen*, S. 168, finden sich weitere Erklärungen zum Nutzen des Gebens von Wasser.

14 Dasselbe gilt für die Tsok-Puja von Heruka-Vajrasattva. Geshe Tsulga sagt, dass es in der Klausur gut wäre, den Vaj-rasattva-Tsok täglich darzubringen, solange es einen nicht daran hindert, die einhunderttausend Mantras zu rezitieren, was man sich ja vorgenommen hat. Auf jeden Fall sollte man die Tsok-Puja aber am 10. und 25. Tag, den üblichen Tsoktagen des tibetischen Monats, machen.

15 Geshe Tsulga erklärt, man solle das *ye-she-pä-nga* rezitieren, damit die Ansammlung vollkommen wird und um den Segen von Heruka-Vajrasattva schnell, kraftvoll und dauerhaft zu erhalten. Nachdem man also einhunderttausend Vajrasattva-Mantras rezitiert hat, rezitiert man weitere zehntausend (10%), bei denen man statt der Endsilbe PHAT die Silben HA ANDZE SVAHA an das gewöhnliche Mantra anhängt. Das Ende des Mantras lautet dann also … SAMAYA SATTVA AH HUM HA ANDZE SVAHA. Danach kann die Dorje Khadro Feuerpuja ausgeführt werden.

16 Geshe Tsulga erklärt, man müsse unbedingt einhunderttausend Mantras zählen und eine Feuerpuja machen, um sich für bestimmte Aktivitäten – wie sie etwa in einem Handbuch des tibetischen Lamas Ngul-chu Dharmabhadra erwähnt werden – zu qualifizieren. Ein Beispiel für diese Aktivitäten ist die Selbsteinweihung. Natürlich kann man eine Feuer-Puja auch dann machen, wenn man die Einhunderttausend nicht abgeschlossen hat, man ist aber in diesem Falle nicht für die entsprechenden Aktivitäten qualifiziert. Jede Gottheit hat ihre eigene Reihe von Aktivitäten (*lä-tsok*).

17 Tib.: *tsa-me-nga*, wörtlich ‚fünf ohne Wahl'. Der Ausdruck bedeutet, dass man bei diesen unheilsamen Handlungen keine Wahl mehr hat, sondern definitiv in einer Hölle wiedergeboren wird, sobald das Leben, in dem die entsprechende unheilsame Handlung begangen wurde, beendet ist.

18 Auf S. 213 erklärt L.Y., warum er das manchmal *nicht* macht.

19 Das Hauptobjekt der Zuflucht kann auch Vajradhara sein, wie Lama Yeshe im Hauptkommentar erklärt.

20 Siehe Anmerkung 17 weiter oben. Obwohl diese fünf gewöhnlich „unauslöschlich" genannt werden, können sie durch die wirksamen Methoden des Tantra trotzdem gereinigt werden.

21 Siehe zum Beispiel: Lama Yeshe, *Cittamani Tara Commentary* (transcript) Kopan, Jan./Feb. 1979 lectures 5-7.

22 1982 organisierte Lama Yeshe die erste *Enlightened Experience Celebration (*EEC*)*, eine große internationale Versammlung seiner westlichen Schülerinnen und Schüler in Bodhgaya, Indien. An dieser sechsmonatigen Reihe von Belehrungen, Initiationen und Klausuren nahmen mehr als 200 Schülerinnen und Schüler teil, von denen beinahe die Hälfte Mönche und Nonnen waren. Seit Lama Yeshes Tod hat Lama Zopa Rinpoche weitere EEC veranstaltet.

23 Siehe zum Beispiel: Lama Yeshe, *Cittamani Tara, Commentary* (transcript), Kopan, Jan./Feb., 1979, lectures 5-7.

24 Siehe Lama Yeshe, *Wege zur Glückseligkeit. Einführung in Tantra,* Diamant Verlag.

25 Traurigerweise war dies wirklich Lamas letzter Vortrag im Vajrapani-Institut. Trotz seiner Versicherungen verschlechterte sich sein Gesundheitszustand ein paar Monate später in Nepal rapide. Er verstarb am 3. März 1984 in Los Angeles. Einige Tage später wurde Lama im Vajrapani-Institut eingeäschert, wo eine wunderbare Stupa zu seinem Gedenken errichtet wurde.

26 Die hier vorgestellte Übersetzung der Sadhana ist eine Kombination aus Lama Yeshes mit Kommentaren versehenen Originalübersetzung und der Version Martin Willsons, wie sie sich in der Tonbandabschrift *Heruka Vajrasattva: Sadhana und Rituelles Fest* (Boston: Wisdom Publications, 1984), einer wörtlichen Übersetzung von Lama Yeshes Text, findet.

27 Diese interpretative Übersetzung wurde von Jon Landaw in Zusammenarbeit mit Lama Yeshe, Lama Zopa Rinpoche und dem Ehrw. Konchog Yeshe angefertigt. Einige ergänzende Korrekturen wurden später von Thubten Chödak und Piero Cerri beigetragen. Martin Wilsons wörtliche

Übersetzung des Einführungs-Textes folgt:

In den Tantras des Herrn wird gelehrt, dass Meditation und Mantrarezitation von Vajrasattva ausgezeichnete Mittel zur Vorbereitung der Praktiken von Entwicklungs- und Vollendungsstufe des Pfades darstellen, sowie für das Erlangen von Gewinn und die Beseitigung von Hindernissen für die vollkommene Praxis von Methode und Weisheit auf den mittleren Stufen des Pfades.

Damit das eigene Kontinuum zu einem geeigneten Gefäß werden kann, sollte man anfänglich von den Gurus die Erlaubnis (*je-nang*) des Körpers, der Sprache, des Geistes, der Qualitäten und der Aktivitäten der entsprechenden Gottheit erhalten und den Segen in Verbindung mit der Überzeugung bzgl. der vier Ermächtigungen. Der Praktizierende, der diese Voraussetzung erfüllt und im langen oder kurzen Yoga der Gottheit weilt [das heißt man muss sich selbst als die Gottheit erzeugt haben — entweder mit Hilfe der ungekürzten Sadhana oder einer kürzeren Methode aus den Vorbereitungen (siehe Anm. 29 unten)], hat die Chance *Das Bankett [der großen Glückseligkeit]: Gegenmittel gegen die Vajrahöllen* durchzuführen. Wie gesagt wurde: „Glücklich bin ich in großer Glückseligkeit."

Die Übertragung dieser Erlaubnis für die Praxis von Vajrasattva in der Tradition des Höchsten Yogatantra, entstammt der Sprache des Herrn der Siddhas, Dharmavajra, als eine spezielle Lehre, die sich nirgends findet außer in der tiefgründigen mündlichen Übertragung der ins Ohr [geflüsterten] Lehren aus der Übertragungslinie von Gadän. Bis heute ist die Wärme der Übertragung des Segens unvermindert. Man muss die Praxis selber machen, nun, da sie einen erreicht hat. Denkt nur nicht, aufgrund Horden falscher, verblendeter und gleich Elstern geschwätziger Gebete, dass diese Lehre verkehrt sei und ihre Praktizierenden Teufel (*mara*). Dies Verhalten würde euch nämlich mit Sicherheit in die Höllen bringen.

28 Der letzte Abschnitt ist nicht Teil des Textes, sondern stammt von einer Belehrung, die Lama Yeshe John Landaw über Tsok erteilt hat, während wir an der Übersetzung arbeiteten. Wir fanden es hilfreich, dieses Stück hier einzufügen.

29 *Bala und mandana:* Sanskritbegriffe für die rituelle Opferung von Fleisch und Alkohol. Diese Genussmittel erscheinen der gewöhnlichen Wahrnehmung als Fleisch und Alkohol, sollten aber nicht für diese gehalten werden. Stattdessen sollte man sie in ihrer wahren Natur von gleichzeitig geborener Glückseligkeit und Leerheit erkennen und stets von „bala" und „mandana" sprechen.

30 Die Sadhana von Heruka Vajrasattva in Anhang 1 ist eine ausführliche Meditation der Selbstvisualisierung als Vajrasattva. Die folgende abgekürzte Methode wurde von Lama Zopa vorgeschlagen:

a) Nimm Zuflucht und erzeuge Bodhicitta.
b) Meditiere über die vier Unermesslichen.
c) Führe die spezielle Erzeugung von Bodhicitta durch, zum Beispiel: „Speziell zum Wohle aller fühlenden Wesen muss ich äußerst schnell den kostbaren Zustand vollständiger und vollkommener Buddhaschaft erlangen. Aus diesem Grunde werde ich den tiefgründigen Pfad von Guru Heruka Vajrasattva üben."
d) Rezitiere die *Hunderte von Gottheiten aus dem Land der Freude (Ga-dän lha-gyä-ma)* und danach das *Mik-tse ma.*
e) Führe eine Überblicks-Meditation über den Stufenweg aus, zum Beispiel die *Grundlage aller guten Eigenschaften (Yön ten zhir gyur ma)* von Lama Tsong Khapa oder das Lamrim-Gebet aus der Guru-Puja.
f) Dann löst sich der vor dir im Raum visualisierte Lama Tsong Khapa in dein Herz auf, und du wirst eins mit ihm. Wenn du eine Einweihung des Höchsten Yogatantra erhalten hast, erfahre nicht-duale Glückseligkeit und Leerheit. Dann wird das, was du als „Ich" etikettierst, als Vajrasattva manifest.

31 Lama Zopa rät (Brief an die Schüler vom 27.3.84), dass man den Tsok mit jedem Vers darbringt. Denkt, dass er große Glückseligkeit im Geiste Guru Vajrasattvas erzeugt, der die Verkörperung von Guru, Buddha, Dharma und Sangha darstellt.

32 Während man das Mantra rezitiert, kann man die Reinigungsvisualisierungen *män-de, yän-de* und *phung-de* praktizieren, wie sie im Kommentar beschrieben sind. Lama Zopa merkt zusätzlich an:

Visualisiert, dass von Guru Vajrasattva starker Nektar und strahlendes Licht ausströmen und alles negative Karma aller fühlenden Wesen völlig beseitigen, einschließlich jedes beliebigen Problems, das von einem Wesen erfahren werden mag, für das ihr besonders beten möchtet. Alle Verwirklichungen des gesamten Pfades, besonders die im jeweils vorausgegangenen Vers erwähnten, werden in eurem eigenen Geist und dem der anderen erzeugt.

33 Martin Wilson übersetzte dies von einem tibetischen Text, der im *She-rig Par-khang* gedruckt wurde. Es scheint, dass Lama Yeshe später dem Text, den Jon Landaw übersetzte, noch etwas angefügt hat. Die Endfassung der Übersetzung Martin Wilsons liest sich folgendermaßen:

a) Abschluss: Wenn in Tibet und vielen anderen Teilen der Welt die Zeiten nicht völlig unvereinbar mit den Regeln der drei gelobten Disziplinen sind, dann sind sie doch bei weitem degenerierter als selbst die Schicksale außerhalb der Menschenwelt. Daher sollten glückliche Praktizierende des Geheimen Mantra erkennen, dass die Praxis von Vajrasattva, die sehr wirkungsvoll bei der Überwindung ihrer Übeltaten und Übertretungen ist, eine unverzichtbare Basis für die Verwirklichung des Weisheitswissens der großen Glückseligkeits-Vereinigung darstellt. Und da diese Praxis machtvoll die Ansammlung von Verdienst und Weisheit mehrt und zerstörte und gebrochene Gelübde wiedergutmacht und da die Gelugpa-Lamas besonders gelehrt haben, dass die Rezitation von einhunderttausend Hundertsilbenmantras selbst tantrische Verfehlungen reinigen kann, kann man sich darauf verlassen, dass dieses Yoga unreines Übel tilgen kann.

Da mein Wurzelguru, versehen mit den drei Arten der Güte, der Heruka der endgültigen Bedeutung, Trijang Dorje Chang, in seiner heiligen Belehrung *Selbsteinweihung in das Körpermandala von Ganta[pada Shri Chakrasamvara]: Ein Wasserstrom zur Reinigung des Schmutzes von Missetaten und Übertretungen* selbst gesagt hat:

Wenn wir glauben, durch lange vertraute Verblendung
Und Rücksichtslosigkeit entstünden Fehler und Missetaten,

Die sich wie Regen ergießen,
Fürchten wir, hilflos in die Vajrahöllen getrieben zu werden.
Das Mitgefühl des Feindbezwingers ist jedoch äußerst schnell;
Indem man sich auf eine kurzes aber tiefgründiges Ritual stützt,
Kann jemand mit Geschick im Vajrayana
Übertretungen und Missetaten von der Wurzel her beseitigen – wie wunderbar!

b) Kolophon: In Vajrasana (Bodhgaya) brachte einer meiner Schüler, der italienische *Gelong* Thubten Dönyö, mit bemerkenswertem Verständnis des Pfades, der Sutra und Tantra vereinigt, der festen, vertrauensvollen Glauben in die Lehren des Weisen (Shakyamuni Buddha) gefunden hat, gekleidet in safranfarbene Roben und Besitzer der drei [gelobten Disziplinen], mit besonderer Motivation, unter dem Bodhibaum in Bodhgaya in Begleitung einer internationalen Mahayana-Sangha [Mitglieder des *International Mahayana Institute*] einhundert fünffache Wolken von Opfergaben, eintausend rituelle Feste und 18.000 Rupien für allgemeine Zwecke dar.

Aufgrund des offensichtlichen Bedarfs, habe ich, ein plappernder Praktizierender des Vajrayana, der buddhistische Mönch namens Muni Jnana, am dritten Tag des Februar im Jahre 1982, dem zehnten Tag des zwölften Monats des tibetischen Jahres 2108, dem Tag der großen Versammlung der Dakinis, mit dem Gebet, dass in der Sangha der zehn Richtungen Harmonie und Reinheit in Ethik herrschen möge, dass sie das Ende der Praxis der drei Übungen des direkten Pfades und außerordentlichen Nutzen für alle Wesen erreichen möge, und mit dem Wunsch auszusprechen, was ich gesehen habe, dies per Hand niedergeschrieben.

Auch dies soll noch gesagt werden:
Aus Furcht, der goldene Grund könne wanken,
Durch das Hasenhorn tantrischer Gelübde,
Erscheint alle Existenz als Feind.
Wie seltsam ist es, wenn sich Menschen,
Deren Geist nicht durch Ermächtigung und den ge-

wöhnlichen Pfad zur Reife gebracht wurde,
Wie Himmels-Lotosse durch Magie in Yogis verwandeln.

d) Anpassung für den Gebrauch mit anderen Gottheiten: Das rituelle Fest kann auch so angepasst werden, dass es sich zur Praxis mit anderen Gottheiten des Höchsten Yogatantra eignet. Um es zum Beispiel an die Praxis mit einem Aspekt des Höchsten Yogatantra von Tara anzupassen, gehe folgendermaßen vor: Ruhe im Yoga von Tara (d. h. visualisiere dich selbst als Tara), visualisiere als Feld der Ansammlung [von Verdienst] das Mandala von Guru Tara. An diesem Punkt (erster Vers der Visualisation des Mandala von Vajrasattva), sprich: *„Jung-wai pak-ma Dröl-mäi zhäl-yä kang"* (Erscheint vor mir im Raum das Mandala von Arya Tara ...). In den Versen zu den Opfergaben (Verse 1-7) sprich: *„Ka-ying Ja-tsön pak-ma Dröl mäi-ku"* (Regenbogen im Raum, das ist der Körper Arya Taras!" [Passe die fünfte Zeile entsprechend an.]
[Nach jedem Vers] visualisiere, dass von den einundzwanzig Taras Nektar und Lichtstrahlen zu dir gelangen und sich in dir auflösen. Denke, dass Missetaten, die Ergebnisse vom Hängen an gewöhnlichen Erscheinungen, nun gereinigt sind, während Du einundzwanzig Mal Taras Mantra rezitierst.
Gleichermaßen für Guhyasamaja, Heruka, Yamantaka oder andere: Führe die entsprechende kurze oder lange Selbsterzeugung durch, und, darin verweilend, segne die Opfergaben, entweder durch die allgemeine oder die dieser speziellen Gottheit eigene Prozedur. Indem du die obige Visualisation aufrechterhältst oder eine Visualisation ausführst, etwa die des Empfangens der vier Ermächtigungen, rezitiere das Herz- und Herznahe-Mantra einundzwanzig Mal oder öfter, lang oder kurz, wie es dir möglich ist.

34 *Thub(ten) Yeshe* auf Sanskrit: *Muni(shasana) Jnana.*

35 Anmerkung 33 enthält eine wortgetreuere Übersetzung. Jon Landaw hat mit Lama Yeshe an dieser Version gearbeitet und sagt, dass ein wenig Freiheit mit dem Vokabular nötig war, um es in englische Versform zu bringen. Er sagte

auch: „Am schwierigsten wiederzugeben war eine Stelle in Vers 1: Der Ausdruck ‚Hasenhorn der tantrischen Ordination' bedeutet, dass ein Mensch, der – aus lauter Angst, seine Samaya zu brechen – alles als seinen Feind sieht, die Einweihung niemals wirklich erhalten hat. Daher war die Initiation für ihn wie das sprichwörtliche Hasenhorn … Ich habe versucht, diesen Punkt in Zeile drei des zweiten Verses noch einmal herauszuarbeiten."

36 Ganz am Ende enthält der tibetische Text einen Glück verheißenden Schlussvers, der hier nicht erscheint und weder von Jon Landaw noch Martin Wilson übersetzt wurde. In phonetischer Umschrift liest er sich:
Tsa-gyü la-ma nam-kyi jin-lab dang
Yi-dam Dor-je Sem-päi ngö-drub che
Nä-sum kha-dro chö-kyong trin-lä kyi
Dro-kün tän-de tsim-pä tra-shi-shog
Eine editierte Version einer Übersetzung von Thubten Chödak und Piero Cerri lautet:

Durch den Segen aller Wurzel- und Linien-Lamas,
Die großen Verwirklichungen der geist-gebundenen Gottheit Vajrasattva und
Die göttlichen Aktivitäten der Dakinis und Schützer der drei Orte,
Mögen alle Wesen endgültigen Frieden genießen!

37 Dank an David Molk, der diesen Text und seine Übersetzung beisteuerte.

Glossar

(Skt = Sanskrit, Tib = Tibetisch)

Ajatashatru (Skt): Früher indischer König, der seinen Vater, Bimbisara, einkerkerte und schließlich tötete. Als er das Ausmaß seiner Missetat erkannt hatte, konnte er sie unter Führung des Buddha reinigen und wurde zu einem Arhat.

Akshobya (Skt; Tib: Mi-kyö-pa „Der Unerschütterliche"): Einer der fünf *Dhyani*-Buddhas oder Oberhäupter der fünf Buddha-Familien, die symbolisch für die völlig gereinigten *Skandhas* oder Aggregate: Form, Empfindung, Wahrnehmung, Bildekräfte und Bewusstsein stehen. Akshobya ist von blauer Farbe, repräsentiert das völlig gereinigte Aggregat des Bewusstseins und ist Herr der Vajra-Familie.

Angulimala (Skt): Eine Person aus einer klassischen Dharma-Geschichte, die den falschen Guru gewählt und grauenhafte Handlungen begangen hatte. Er tötete 999 Menschen und machte sich eine Kette aus ihren Daumen. Der Buddha hinderte ihn daran, sein tausendstes Opfer zu töten, was ihm, nach den Aussagen seines falschen Gurus, die Befreiung gebracht hätte. Er konnte sich reinigen und zu einem Arhat werden.

Arhat (Skt): Wörtlich: „Feindzerstörer". Ein Mensch, der seine geistigen Schleier zerstört und Befreiung aus dem Daseinskreislauf erlangt hat.

Avalokiteshvara (Skt; Tib: Chenrezig): Der Buddha des Mitgefühls. Eine männliche Meditationsgottheit, die vollständig erleuchtetes Mitgefühl symbolisiert.

Befreiung: Siehe *Nirwana.*

Bodhicitta (Skt): Der altruistische Entschluss, Erleuchtung zu erlangen, um alle Wesen zur Erleuchtung führen zu können.

Bodhisattva (Skt): Jemand, dessen spirituelle Praxis auf das Erlangen der Erleuchtung gerichtet ist. Jemand, der die mitfühlende Haltung von Bodhicitta besitzt.

Buddha (Skt): Ein völlig erleuchtetes Wesen. Jemand, der alle geistigen Schleier beseitigt und alle guten Qualitäten bis zur Vollkommenheit entwickelt hat. Das erste der Drei Juwelen der *Zuflucht.* Siehe auch *Erleuchtung.*

Chakra (Skt): Energierad. Ein Konzentrationspunkt der Energie entlang des Zentralkanals *(shushuma),* auf den man seine Konzentration richtet, insbesondere während der Vollendungsstufe des *Höchsten Yoga Tantra.* Die Haupt-Chakren sind Scheitel-, Kehl-, Herz-, Nabel- und geheimes Chakra.

Chu-len (Tib): Wörtlich: „Die Essenz nehmen". Chu-len-Pillen werden aus Essenzen hergestellt. Indem sie einige dieser Pillen am Tag einnehmen, können hoch entwickelte Meditierende monate- oder gar jahrelang in einer Klausur ausharren, ohne normale Nahrung zu sich zu nehmen. Siehe auch Anmerkung 5.

Daka (Skt; Tib: kha-dro): Wörtlich: „Himmelswandler". Ein männliches Wesen, das hilft, die Energie der Glückseligkeit in einem qualifizierten tantrischen Praktizierenden zu erwecken.

Dakini (Skt; Tib: kha-dro-ma): Wörtlich: „Himmelswandlerin". Ein weibliches Wesen, das hilft, die Energie der Glückseligkeit in einem qualifizierten tantrischen Praktizierenden zu erwecken.

Damaru (Skt): Eine kleine Handtrommel, die man bei der tantrischen Praxis verwendet.

Dharma (Skt): Spirituelle Lehren, besonders die des Buddha. Wörtlich: „das, was einen vom Leiden abhält". Das zweite der Drei Juwelen der *Zuflucht.*

Dharmakaya (Skt): Der „Wahrheitskörper". Der Geist eines völlig erleuchteten Wesens, der, frei von allen Schleiern, meditativ in der direkten Wahrnehmung der Leerheit verharrt, während er gleichzeitig alle Phänomene erkennt. Einer der drei Körper eines Buddha (siehe auch *Nirmanakaya* und *Sambhogakaya*).

Dorje (Skt; Tib: vajra): Die magische Waffe des vedischen Gottes Indra, bestehend aus Meteormetall, sehr scharf und hart wie Diamant. Ein Donnerkeil. Ein tantrisches Gerät, das Methode (Mitgefühl oder Glückseligkeit) symbolisiert und in der Rechten (auf der männlichen Seite) gehalten wird. Gewöhnlich wird es in Verbindung mit einer Glocke benutzt, die Weisheit symbolisiert und in der linken Hand (auf der weiblichen Seite) gehalten wird.

Dorje Khadro (Tib; Skt: Vajradaka): Eine Gottheit, deren Funktion es ist, Negatives durch ihre spezielle Feuer-Puja (*jin-sek*) zu reinigen. Siehe auch *ngön-dro.*

Dualistische Sicht: Die unwissende Sicht, die charakteristisch für den unerleuchteten Geist ist und die alle Dinge fälschlich als mit konkreter Selbstexistenz versehen wahrnimmt. Bei dieser Sichtweise ist die Erscheinung eines Objekts immer mit der falschen Vorstellung seiner Unabhängigkeit oder Eigenexistenz vermischt, was wiederum zu weiteren dualistischen Sichtweisen in Bezug auf Subjekt und Objekt, Selbst und Andere, dieses und jenes usw. führt.

Dzok-rim (Tib): Siehe *Vollendungsstufe.*

Einsgerichtete Konzentration (Skt: samadhi): Ein Zustand tiefer meditativer Versenkung. Einsgerichtete Konzentration auf die tatsächliche Natur der Dinge, frei von diskursiven Gedanken und dualistischen Vorstellungen führt zur Erfahrung von *Leerheit.*

Einsichtsmeditation (Pali: vipassana): Die Hauptform der Meditation in der Theravada-Schule. Sie gründet sich auf die von Buddha gelehrten „vier Grundlagen der Achtsamkeit". Manchmal wird sie auch „Achtsamkeitsmeditation" genannt. Im *Mahayana* hat *Vipasyana* (Skt) eine andere Bedeutung. Hier bezieht sich der Begriff auf die Untersuchung und das Vertrautwerden mit der wirklichen Existenzweise der Dinge und wird zur Entwicklung der Weisheit eingesetzt, die die *Leerheit* versteht.

Einweihung: Siehe *Initiation.*

Erleuchtung (Skt: Bodhi): Vollkommenes Erwachen, Buddhaschaft. Das endgültige Ziel buddhistischer Praxis, das erlangt wird, wenn alle Begrenzungen aus dem Geist beseitigt sind und alles Potential entwickelt ist. Ein Zustand, der sich durch grenzenloses Mitgefühl, Geschick und unendliche Weisheit auszeichnet.

Erzeugungsstufe (Tib: kye-rim): Die erste der beiden Stufen des Höchsten Yogatantra, während der man die klare Erscheinung und die göttliche Würde der persönlichen Meditationsgottheit entwickelt.

Fühlendes Wesen: Ein unerleuchtetes Wesen. Jedes Lebewesen, dessen Geist nicht völlig von den groben und feinen Formen der Unwissenheit befreit ist.

Geheimes Mantra (Tib: sang-ngak): Siehe *Tantra.*

Gelübde: Gelübde, die auf der Zuflucht basieren, gelten für alle Ebenen buddhistischer Praxis. *Pratimoksha*-Gelübde (Gelübde der individuellen Befreiung) sind die Hauptgelübde der Hinayana-Tradition und werden von Mönchen, Nonnen und Laien abgelegt. Sie stellen die Basis aller weiteren Gelübde dar. Bodhisattva- und tantrische Gelübde sind die Hauptgelübde im Mahayana. (Siehe auch *Vinaya*).

Gelug (Tib): Der tugendhafte Orden. Der Orden des Tibetischen Buddhismus, der von Lama Tsong Khapa und seinen Schülern Anfang des fünfzehnten Jahrhunderts gegründet wurde.

Göttliche Würde: Die starke Überzeugung, dass man den Zustand einer speziellen Meditationsgottheit erlangt hat. (Siehe auch *Erzeugungsstufe*).

Greifen nach dem Ich: Der aus Unwissenheit geborene Zwang, das eigene Selbst oder Ich als dauerhaft, selbstexistent und unabhängig von anderen Phänomenen wahrzunehmen.

Guru (Skt; Tib: Lama): Ein spiritueller Führer oder Lehrer. Derjenige, der dem Schüler den Pfad zu Befreiung und Erleuchtung weist. Im Tantra wird der eigene Lehrer als untrennbar von der Meditationsgottheit und den Drei Juwelen der *Zuflucht* angesehen. Siehe auch *Wurzelguru*.

Guru Yoga (Skt): Die grundlegende tantrische Praxis, in der man den eigenen Guru als identisch mit den Buddhas, seiner persönlichen Meditationsgottheit und der essenziellen Natur des eigenen Geistes sieht.

Heruka Chakrasamvara (Skt; Tib: Kor-lo Dem-chog): Männliche Meditationsgottheit aus der Klasse des Mutter-Tantra im Höchsten Yogatantra. Er ist die Gottheit, die hauptsächlich mit Heruka-Vajrasattva verbunden ist, und war Lama Yeshes *yi-dam*.

Hinayana (Skt): Wörtlich: „kleines Fahrzeug". Es handelt sich um eine der beiden Hauptströme des Buddhismus (der zweite ist das *Mahayana*). Praktizierende des Hinayana folgen dem Pfad des Dharma hauptsächlich wegen ihres intensiven Wunsches nach persönlicher Befreiung aus dem Kreislauf bedingter Existenz, *samsara*. (Siehe auch *Theravada*).

Höchstes Yogatantra (Skt: Annutara-Yogatantra): Die vierte und höchste Klasse tantrischer Praxis, bestehend aus *Erzeugungs-* und *Vollendungsstufe*. Durch diese Praxis kann man vollkommene *Erleuchtung* innerhalb eines Lebens erlangen.

Initiation: Übertragung durch einen tantrischen Meister, die es dem Schüler gestattet, die Praxis einer spezifischen Meditationsgottheit aufzunehmen. Manchmal spricht man auch von Ermächtigung.

Inneres Feuer (Tib: tum-mo): Diese am Nabel-*Chakra* ruhende Energie wird während der *Vollendungsstufe* des *Höchsten Yogatantra* erweckt und benutzt, um die Energie-Winde in den *Zentralkanal* einzuführen. Man spricht auch von „Innerer Hitze".

Innere Opfergabe (Tib: nang-chö): Eine tantrische Gabe, deren Umwandlungs-Basis aus den eigenen fünf Aggregaten besteht, die als die fünf Arten von Fleisch und die fünf Arten von Nektar visualisiert werden. Während das Mantra des Inneren Opfers der entsprechenden Gottheit rezitiert wird (bei Praktiken in Verbindung mit Heruka lautet es z.B.: OM KHANDA ROHI HUM HUM PHAT), wird die Basis durch *Mantra, Mudra* und Konzentration gereinigt, transformiert und vermehrt. Als äußere Unterstützung für diese Meditation wird häufig eine gesegnete Pille des Inneren Opfers (*nang-chö ril-bu*) verwendet, die in schwarzem Tee oder Alkohol aufgelöst wird.

Jor-chö (Tib): Die Vorbereitungsriten (Siehe Pabongka Rinpoche, *Befreiung in unseren Händen,* München: Diamant Verlag 1999 und Sopa, Geshe Lhundup und Hopkins Jeffrey, *Cutting Through Appearanc,* Ithaka: Snow Lion, 1989).

Kagyü (Tib): Die im elften Jahrhundert von Marpa, Milarepa und Gampopa gegründete Schule des Tibetischen Buddhismus.

Kanäle (Skt: nadi): Bestandteile des *Vajra*-Körpers, durch die Energien, Winde und Tropfen fließen. Der zentrale, der rechte und der linke Kanal sind die Hauptkanäle; insgesamt gibt es 72.000.

Kapala (Skt; Tib: tö-pa): Schädelschale; in diesem speziellen Fall diejenige, die Yum Dorje Nyima Kharmo, hält.

Karma (Skt; Tib: lä): Handlung; die Gesetzmäßigkeit von Ursache und Wirkung, durch die positive Handlungen zu Glück und negative Handlungen zu Leiden führen.

Keimsilbe: In tantrischen Visualisationen erscheint aus dem Raum der Leerheit eine Sanskrit-Silbe, aus der wiederum die Meditationsgottheit entsteht. Eine einzige Silbe repräsentiert das gesamte *Mantra* der Gottheit.

Kriya (Skt): Erste der vier Tantraklassen; Handlungstantra.

Kundalini (Skt): Im physischen Körper schlafende glückselige Energie, die durch tantrische Praxis erweckt und zur durchdringenden Erkenntnis der wahren Natur der Wirklichkeit genutzt wird.

Kusha (Tib): Eine Art langstieliges Gras, das unter dem Klausur-Sitz, während tantrischer *Initiationen* und zur Herstellung von Besen in Indien Verwendung findet. *Shakyamuni Buddha* hatte sich unter dem Bodhibaum in Bodhgaya einen Sitzplatz aus diesem Gras errichtet, auf dem er schließlich Erleuchtung erlangte.

Kye-rim (Tib): Siehe *Erzeugungsstufe.*

Lama (Tib): Siehe *Guru.*

Lam-rim (Tib): Siehe *Stufenweg.*

Leerheit: Siehe *Shunyata.*

Madhyamaka (Skt): Der *mittlere Weg,* ein von *Nagarjuna* begründetes System philosophischer Analyse, das sich auf die *Prajnaparamita-Sutras Shakyamuni Buddhas* stützt. Es wird als die höchste Darlegung der Weisheit der Leerheit betrachtet.

Maha-Annutara (Skt): Auch Anuttara genannt. Siehe *vier Klassen des Tantra* und *Höchstes Yogatantra.* Es teilt sich in die Entwicklungs- oder Erzeugungsstufe und die Vollendungsstufe.

Mahamudra (Skt; Tib: chag-chen): Das große Siegel. Ein tiefgründiges System der Meditation über den Geist und die endgültige Natur der Wirklichkeit.

Mahayana (Skt): Wörtlich: „Großes Fahrzeug". Eine der beiden Hauptströmungen des Buddhismus. Die Mahayana-Praktizierenden folgen dem Pfad hauptsächlich, weil sie den tiefen Wunsch empfinden, dass alle *fühlenden Wesen* von der bedingten Existenz oder Samsara Befreiung finden und die vollständige Erleuchtung der Buddhaschaft erlangen mögen. Das Mahayana unterteilt sich nochmals in: *Paramitayana* oder *Sutrayana* und *Vajrayana* oder *Tantra.*

Mala (Skt): „Rosenkranz". Eine Kette aus gewöhnlich 108 Perlen, die zum Zählen von Mantras verwendet wird.

Mandala (Skt; Tib: khyil-khor): Ein kreisförmiges Diagramm, das symbolisch das ganze Universum darstellt, Aufenthaltsort einer Meditationsgottheit.

Manjushri (Skt; Tib: Jam-pel-yang): Männliche Meditationsgottheit. Die Verkörperung völlig erleuchteter Weisheit.

Mantra (Skt): Wörtlich: „Schutz für den Geist". Mantras sind

Sanskrit-Silben, die in Verbindung mit einer spezifischen Meditationsgottheit rezitiert werden. Der Klang symbolisiert die Qualitäten der jeweiligen Gottheit.

Mantra-Mala (Skt): Ein in Form einer *Mala* (Perlenkette) visualisiertes Mantra, dessen Silben den Perlen entsprechen. Sie ist gewöhnlich kreisförmig angeordnet und die Silben stehen - wie bei Heruka Vajrasattva - im Kreis am Rande der Mondscheibe.

Marpa (Tib; 1012-1096*):* Gründer der *Kagyü*-Tradition des Tibetischen Buddhismus. Er war ein bekannter tantrischer Meister und Übersetzer, Schüler von *Naropa* und Guru *Milarepas*.

Milarepa (Tib; 1040-1123*):* Wichtigster Schüler *Marpas*, berühmt für seine intensive Praxis und seine Hingabe an seinen Guru. Er erlangte noch zu Lebzeiten Erleuchtung und verfasste viele Lieder spiritueller Erfahrung.

Mitgefühl (Skt: karuna): Der Wunsch, dass alle Wesen frei sein mögen von ihrem geistigen und körperlichen Leiden. Eine Voraussetzung für die Entwicklung von *Bodhicitta*. Mitgefühl wird durch die Meditationsgottheit *Avalokiteshvara* symbolisiert.

Mittlerer Weg: Die Sichtweise, die in Buddha Shakyamunis *Prajnaparamita-Sutras* dargelegt und von *Nagarjuna* weiter ausgeführt wird, dass alle Phänomene in Abhängigkeit entstehen, wodurch die falschen Extreme der Selbstexistenz und der Nichtexistenz - Eternalismus und Nihilismus - widerlegt werden. (Siehe auch *Madhyamaka*).

Mudra (Skt; Tib: chag-gya): Wörtlich: Siegel, Zeichen. Eine symbolische, Handgeste, die - ähnlich dem Mantra - eine gewisse Kraft besitzt. Ein tantrischer Gefährte, eine tantrische Gefährtin.

Nagarjuna (Skt): Der buddhistische Philosoph, der im zweiten Jahrhundert die *Madhyamaka*-Philosophie der Leerheit verbreitete.

Nang-chö (Tib): Siehe *Inneres Opfer.*

Ngön-dro (Tib): Vorbereitende Übungen, die sich in allen Schulen des Tibetischen Buddhismus finden und jeweils 100.000 Mal ausgeführt werden. Die vier Hauptübungen sind: Rezitation der Zufluchtsformel, Mandala-Opfer, Niederwerfungen und Rezitation des Vajrasattva-Mantras. Die Gelug-Tradition fügt noch fünf weitere Vorbereitungen hinzu: *Guru-Yoga*, Darbringen von Wasserschalen, Reinigungsmeditation durch Damtsig Dorje, Herstellung von *Tsa-tsas* (kleine heilige Bildnisse, meist aus Ton) und das *Dorje Khadro* Feueropfer (*jin-sek*).

Nirmanakaya (Skt): „Ausstrahlungskörper. Die Form, in der der erleuchtete Geist erscheint, um gewöhnlichen Wesen zu helfen. Einer der drei Körper eines *Buddha*. (Siehe auch *Dharmakaya* und *Sambhogakaya*).

Nirwana (Skt; Tib: thar-pa): Der Zustand vollständiger *Befreiung* von *Samsara*. Das Ziel eines Praktizierenden, der nach persönlicher Freiheit vom Leiden strebt (siehe auch *Hinayana*). „Geringeres Nirwana" bezieht sich auf diesen Zustand der Selbstbefreiung, während „höheres Nirwana" sich auf die höchste Verwirklichung der vollständigen Erleuchtung der Buddhaschaft bezieht.

Nyingma (Tib): Der „alte" Orden des Tibetischen Buddhismus, der seine Lehren auf Padma Sambhava zurückführt - jenen indischen tantrischen Meister des achten Jahrhunderts, der auf Einladung von König Trisong Detsen die der Einführung des Buddhismus in Tibet hinderlichen Kräfte beseitigte. Der Kanon dieser Schule enthält Werke und Übersetzungen der frühen Verbreitungsperiode des Buddhismus in Tibet.

Pandit (Skt): Gelehrter.

Paramitayana (Skt): Das „Fahrzeug der Vollkommenheiten"; einer der beiden Teile des *Mahayana*. Der stufenweise Weg zur Erleuchtung, den Bodhisattvas durch die Praxis der sechs Vollkommenheiten - Großzügigkeit, Ethik, Geduld, enthusiastische Anstrengung, Konzentration und Weisheit - beschreiten. Er verläuft über die zehn Ebenen eines Bodhisattva (*bhumis*) im Verlauf zahlloser Äonen von Wiedergeburten in Samsara zum Wohle aller *fühlenden Wesen*. (Siehe auch *Vajrayana*).

Prajnaparamita (Skt): Die „Vollkommenheit der Weisheit". Die Prajnaparamita-Sutras sind die Lehren Buddha Shakyamunis, in denen die Weisheit der Leerheit und der Pfad der Bodhisattvas dargelegt sind. Sie sind die Basis der Philosophie *Nagarjunas*.

Pratimoksha (Skt): Siehe *Gelübde*.

Puja (Skt): Wörtlich: „Darbringen von Gaben". Das Wort wird häufig umgangssprachlich gebraucht, etwa: „Lasst uns eine Puja machen", wobei es sich dann sowohl auf die Durchführung eines Rituals wie der *Guru-Puja (Opfergabe an den spirituellen Meister,* Tib: *Lama Chöpa)* als auch auf die Rezitation einer *Sadhana* - wie der von Heruka-Vajrasattva - beziehen kann.

Sadhana (Skt): Methode der Verwirklichung; die Schritt-für-Schritt-Anweisungen für die Meditationen im Zusammenhang mit einer bestimmten Meditationsgottheit.

Samadhi (Skt): Siehe *einsgerichtete Konzentration.*

Samaya (Skt; Tib: dam-tsig): Geheiligtes Ehrenwort. Die Versprechen und Verpflichtungen, die Schüler während einer Initiation ablegen: die tantrischen Gelübde ein Leben lang einzuhalten oder bestimmte mit der Gottheit verbundene Praktiken auszuführen, etwa die tägliche Rezitation der entsprechenden Sadhana oder die Durchführung einer *Guru-Puja* am zehnten und fünfundzwanzigsten Tag jedes tibetischen Monats.

Sambhogakaya (Skt): Der „Körper der Freude"; die Form, die der erleuchtete Geist annimmt, um hoch entwickelte *Bodhisattvas* zu unterstützen. Einer der drei Körper eines Buddha. (Siehe auch *Dharmakaya* und *Nirmanakaya*).

Samsara (Skt; Tib: khor-wa): Daseinskreislauf; die sechs Daseinsbereiche bedingter Existenz: Drei niedere - Höllen, Hungergeister (*Skt*: *pretas*) und Tiere - und drei höhere - Menschen, Halbgötter und Götter. Es ist der anfangslose, ständig sich wiederholende Kreislauf von Tod und Wiedergeburt unter der Kontrolle von Verblendung und Karma, der vom Leiden geprägt ist. Der Begriff bezieht sich auch auf die verunreinigten Aggregate eines *fühlenden Wesens.*

Sangha (Skt): Spirituelle Gemeinschaft. Das dritte der Drei Juwelen der *Zuflucht.* Die absolute Sangha besteht aus denjenigen, die Leerheit direkt erfahren haben; die relative Sangha aus Mönchen und Nonnen.

Shakyamuni Buddha (563-483 vor unserer Zeitrechnung): Vierter der eintausend Gründungsbuddhas des gegenwärtigen Weltzeitalters. Als Prinz der Shakya-Sippe in Nordindien geboren, lehrte er die Pfade von *Sutra* und *Tantra* zur Befreiung und völligen Erleuchtung. Gründer der Bewegung, die „Buddhismus" genannt wurde (Siehe auch *Buddha*).

Shi-dak (Tib): Herr des Landes, Besitzer des Ortes. Der Buddhismus lehrt, dass mit jedem Ort ein *fühlendes Wesen* verbunden ist, welches ihn für sein Eigentum hält. Diesem Wesen werden Opfergaben dargebracht, um die zeitweilige Nutzung des Ortes für eine Klausur oder Ähnliches zu erbitten.

Shunyata (Skt): Leerheit. Die Abwesenheit aller falschen Vorstellungen über die Existenzweise der Dinge, besonders der augenscheinlichen unabhängigen Selbstexistenz der Phänomene. Gewöhnlich mit „Leerheit" übersetzt.

Shushuma (oder *Avadhuti, Skt; Tib: tsa uma):* Der *Zentralkanal,* der vom Scheitelpunkt des Kopfes bis zum geheimen Chakra verläuft. Er ist der Hauptenergiekanal des *Vajra*-Körpers. Visualisiert wird er als hohle Lichtröhre, die vor der Wirbelsäule verläuft. (Siehe Kapitel 3).

Stufenweg (Tib: lam-rim): Eine Darstellung der Lehren *Buddha Shakyamunis* in Form eines für Schüler geeigneten schrittweisen Schulungsweges. Der Lamrim wurde erstmalig von dem großen indischen Lehrer Atisha (Dipamkara Shrijnana, 982-1055) formuliert, als er im Jahre 1042 nach Tibet kam.

Sutra (Skt): Eine Lehrrede Buddha *Shakyamunis.* Die vor-tantrische Abteilung der buddhistischen Lehren, in der besonders die Entwicklung von Bodhicitta und die Praxis der sechs Vollkommenheiten betont werden. (Siehe auch *Paramitayana*).

Tantra (Skt; Tib: gyüd): Wörtlich: Faden oder Kontinuität. Die Schriften des *Geheimen Mantra* im Buddhismus; häufig bezieht das Wort sich auch auf diese Lehren selbst. (Siehe auch *Vajrayana).*

Tathagata (Skt; Tib: de-zhin shek-pa): Wörtlich: „jemand, der die Soheit verwirklicht hat", ein *Buddha.*

Theravada (Skt): Die Schule der Ältesten, eine der achtzehn Schulen, in die sich das *Hinayana* bald nach dem Tod des Buddha aufsplitterte. Die heute vorherrschende Schule, die vor allem in Sri Lanka, Thailand und Burma und auch im Westen stark verbreitet ist.

Torma (Tib): Ein Opferkuchen zum Gebrauch in tantrischen Ritualen. In Tibet wurden Tormas gewöhnlich aus *Tsampa* hergestellt, aber andere Nahrungsmittel, etwa Kekse, erfüllen den gleichen Zweck.

Tropfen: Bausteine des *Vajra*-Körpers, die bei der Erzeugung der großen Glückseligkeit gebraucht werden. Sie sind von zweierlei Art. Zur Zeit der Empfängnis erhält man die roten Tropfen von seiner Mutter, die weißen hingegen vom Vater.

Tsampa (Tib): Geröstetes Gerstenmehl; ein tibetisches Grundnahrungsmittel.

Tsok (Tib): Wörtlich: Versammlung; eine Ansammlung von Opfergaben und eine Versammlung von Schülerinnen und Schülern, die die Gaben darbringen.

Tsong Khapa, Lama Je (Tib 1357-1417*):* Gründer der *Gelug*-Tradition des Tibetischen Buddhismus. Er hat viele *Sutra*- und *Tantra*-Linien sowie die monastische Tradition Tibets wiederbelebt.

Tummo (Tib): Siehe *inneres Feuer.*

Vajradhara (Skt; Tib: Dorje Chang): Männliche Meditationsgottheit. Die Form, in der Buddha *Shakyamuni* die Lehren des *Geheimen Mantra* enthüllte.

Vajrasattva (Skt; Tib: Dorje Sempa): Männliche Meditationsgottheit, die die allen Buddhas innewohnende Reinheit symbolisiert. Eine wesentliche tantrische Reinigungspraxis zur Beseitigung von Hindernissen, die durch *Karma* und das Brechen der *Gelübde* entstanden.

Vajravarahi (Skt; Tib: Dorje Phagmo): Weibliche Meditationsgottheit, Gefährtin Herukas.

Vajrayana (Skt): Das diamantene Fahrzeug; der zweite der beiden Pfade des Mahayana; auch *Tantrayana* oder *Mantrayana* genannt. Es handelt sich um das schnellste Fahrzeug des Buddhismus, weil es den Praktizierenden erlaubt, Erleuchtung in nur einem Leben zu erlangen. (Siehe auch *Tantra*).

Verblendung (Skt: klesha; Tib: nyön-mong): Schleier, die die essenziell reine Natur des Geistes verdecken und damit für Leiden und Unzufriedenheit verantwortlich sind; die Hauptverblendung ist die Unwissenheit, aus der gierige Anhaftung, Hass, Eifersucht und alle weiteren Verblendungen hervorgehen.

Vier Tantra-Klassen: Die Einteilung des Tantra in *Kriya* (Handlung), *Carya* (Ausübung), *Yoga* und *Anuttara-Yoga* (höchstes Yoga).

Vinaya (Skt; Tib: dül-wa): Der Teil der buddhistischen Schriften, der sich mit der monastischen Disziplin beschäftigt – den Verhaltensregeln für Mönche und Nonnen und für ihr Gemeinschaftsleben.

Vipassana (Pali): Siehe Einsichtsmeditation.

Vollendungsstufe (Tib: dzok-rim): Die zweite der beiden Stufen im Höchsten Yogatantra, auf der durch Praktiken wie das *Innere Feuer,* Kontrolle über den *Vajra*-Körper erworben wird.

Wurzelguru (Tib: tsa-wäi lama): Der Lehrer, der für einen bestimmten Schüler den größten Einfluss beim Eintritt und Befolgen des spirituellen Pfades hatte.

Yamantaka (Skt; auch *Vajra Bhairava, Tib: Dorje Jig-je):* Männliche Meditationsgottheit aus der Klasse des Vater-Tantra des *Höchsten Yogatantra.*

Yana (Skt): Wörtlich: Fahrzeug. Ein spiritueller Pfad, der vom gegenwärtigen Ort zu seinem angestrebten Ziel führt. (Siehe auch *Hinayana, Mahayana* usw.).

Yidam (Tib): Wörtlich: geistgebunden. Die persönliche Haupt- oder, wie Lama Yeshe es ausdrücken würde, Lieblingsgottheit für die tantrischen Praxis. Die Gottheit, mit der man die stärkste Verbindung hat.

Zentralkanal: Siehe *Shushuma.*

Zuflucht: Das Eingangstor zum *Dharma*-Pfad. Aus Furcht vor den Leiden von Samsara nimmt ein Buddhist, eine Buddhistin Zuflucht zu den Drei Juwelen, Buddha, Dharma und Sangha, in der festen Überzeugung, dass sie die Kraft besitzen, ihn oder sie aus dem Leiden heraus und zu Glück, *Befreiung* oder *Erleuchtung* zu führen.

Der Diamant Verlag

ist Mitglied in der Gesellschaft zur Erhaltung der Mahayana-Tradition (FPMT), einem Zusammenschluss von etwa 140 Meditations-, Studien- und Klausurzentren rund um den Erdball, die unter der Leitung von Lama Thubten Zopa Rinpoche stehen.

Falls Sie Interesse an den Lehren von Lama Thubten Yeshe und Lama Thubten Zopa Rinpoche haben, können Sie sich an eines der FPMT-Zentren wenden. Deutschsprachige Kurse gibt es in folgenden Zentren:

Aryatara Institut
Barerstr. 70/Rgb.
D-80799 München
www.aryatara.de

Longku Zopa Gyu Zentrum
Zentrum für Buddhismus
Reiterstr. 2
CH-3013 Bern
www.zentrumfuerbuddhismus.ch/fpmt

Meditationshaus Kushi Ling
CP 118
Laghel 19
I-38062 Arco/Tn.
www.kushi-ling.com

Panchen Losang
Chogyen Zentrum
Naafgasse 18
A-1180 Wien
www.fpmt-plc.at

Informationen über die weltweite Organisation:
www.fpmt-europe.org
www.fpmt.org

Informationen zum *Lama Yeshe Wisdom Archive*:
www.LamaYeshe.com

Weitere Titel aus dem Verlagsprogramm

Berzin, Alexander, ***Den Alltag meistern wie ein Buddha***
Chodron Thubten, ***Tara die Befreierin***
Dalai Lama, ***Der Stufenweg zu Klarheit, Güte und Weisheit***
Dalai Lama, ***Die Lampe auf dem Weg***
Dalai Lama, ***Ein menschlicher Weg zum Weltfrieden***
Dalai Lama, ***Mögen alle Wesen glücklich sein***
Gen Lamrimpa, ***Kalachakra, Die drei Zyklen der Zeit***
Geshe Jampa Tegchok, ***Leerheit und Abhängiges Entstehen***
Geshe Thubten Ngawang, ***Mit allem verbunden***
Geshe Yeshe Tobden, ***Der Weg des sanften Kriegers***
Khunu Lama Tenzin Gyaltsen, ***Allen Freund sein***
Ladner Lorne, ***Die verlorene Kunst des Mitgefühls***
Lama Yeshe, ***Der Buddha des Mitgefühls***
Lama Yeshe, ***Die Grüne Tara. Weibliche Weisheit***
Lama Yeshe, ***Inneres Feuer***
Lama Yeshe, ***Grenzenlos ist die Kraft des Geistes***
Lama Yeshe u. a., ***Heilung, Tibetische Lehren und Übungen***
Lama Yeshe, ***Wege zur Glückseligkeit. Einführung in Tantra***
Lama Zopa Rinpoche, ***Herzensrat eines tibetischen Meisters***
Lama Zopa Rinpoche, ***Probleme umwandeln***
Lama Zopa Rinpoche, ***Mitgefühl, Heilkraft für Geist und Körper***
Landaw, John, Weber, Andy, ***Bilder des Erwachens. Tibetische Kunst als innere Erfahrung***
Landaw, Jonathan, ***Prinz Siddharta, das Leben des Buddha***
Mackenzie, Vicki, ***Die Wiedergeburt***
Mackenzie, Vicki, ***Im Westen wiedergeboren***
McDonald, Kathleen, ***Wege zur Meditation***
Pabongka Rinpoche, ***Befreiung in unseren Händen, Band 1***
Pabongka Rinpoche, ***Befreiung in unseren Händen, Band 2***
Schweiberer, Birgit (Hrsg.), ***Sutra vom Goldenen Licht***
Tsong Khapa, ***Der mittlere Stufenweg***